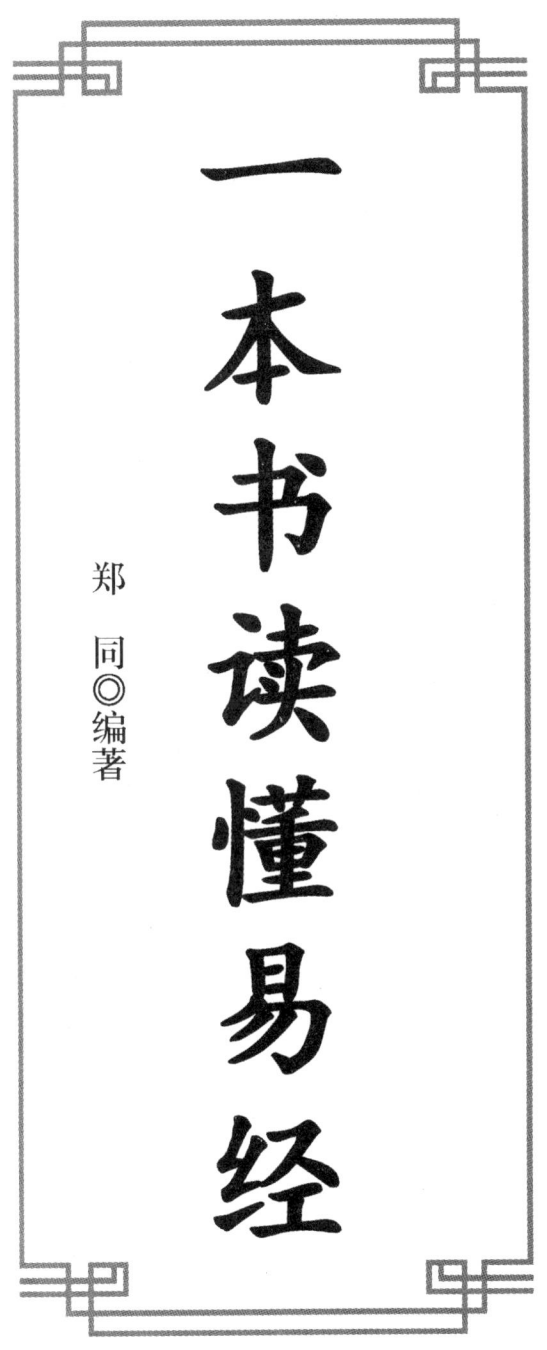

一本书读懂易经

郑 同 ◎ 编著

华龄出版社

责任编辑：苏　辉　薛　治
责任印制：李未圻

图书在版编目（CIP）数据

一本书读懂易经/郑同编著．—北京：华龄出版社，2010.1
ISBN 978-7-80178-710-1

Ⅰ．一…　Ⅱ．郑…　Ⅲ．周易—注释　Ⅳ．B221.1

中国版本图书馆 CIP 数据核字（2009）第 242882 号

书　　　名：一本书读懂易经	
作　　　者：郑同编著	
出版发行：华龄出版社	
地　　　址：北京市东城区安定门外大街甲 57 号	邮　　编：100011
电　　　话：(010) 58122246	传　　真：(010) 84049572
网　　　址：http://www.hualingpress.com	
印　　　刷：三河市九洲财鑫印刷有限公司	
版　　　次：2010 年 1 月第 1 版　2023 年 9 月第 9 次印刷	
开　　　本：787×1092　1/16	印　　张：23.5
字　　　数：440 千字	印　　数：25001～28000
定　　　价：38.00 元	

版权所有　　翻印必究
本书如有破损、缺页、装订错误，请与本社联系调换

目 录

导言：一天学会《易经》 ... 1

三《易》 ... 1

《易经》、《易传》和易学 ... 3

《易经》的三原则 ... 4

卦与八卦 ... 6

常用名词 ... 7

八卦与六十四卦的速成法 ... 7

变不变卦 ... 9

六十四卦的方圆图 ... 10

什么是五行 ... 14

五行的生克 ... 15

天干地支 ... 16

二十四节气 ... 17

天文历法 ... 20

时差与天文时间 ... 21

干支纪年 ... 22

纳甲与易数 ... 23

天干地支与五行相配 ... 24

掐指一算 ... 24

《周易》的理、象、数 ... 26

京房的高论 ... 27

先知——邵康节的失误 ... 28

古老的筮法 ... 31

动爻的断法 ... 33

金钱卦	34
最简单的大学问——《梅花易数》	34
圣贤的教诲	35
本书的读法	38
下一步读什么书	38

卷一

周易上经 41

乾卦第一	41
坤卦第二	53
屯卦第三	60
蒙卦第四	64
需卦第五	68
讼卦第六	71
师卦第七	75

卷二 79

比卦第八	79
小畜卦第九	83
履卦第十	87
泰卦第十一	91
否卦第十二	95
同人卦第十三	98
大有卦第十四	102

卷三 107

谦卦第十五	107
豫卦第十六	111
随卦第十七	115
蛊卦第十八	119
临卦第十九	123
观卦第二十	127
噬嗑卦第二十一	131
贲卦第二十二	134

卷四 ... 139
- 剥卦第二十三 ... 139
- 复卦第二十四 ... 142
- 无妄卦第二十五 ... 146
- 大畜卦第二十六 ... 150
- 颐卦第二十七 ... 154
- 大过卦第二十八 ... 158
- 坎卦第二十九 ... 161
- 离卦第三十 ... 165

卷五 ... 169
- 周易下经 ... 169
  - 咸卦第三十一 ... 169
  - 恒卦第三十二 ... 173
  - 遁卦第三十三 ... 177
  - 大壮卦第三十四 ... 181
  - 晋卦第三十五 ... 184
  - 明夷卦第三十六 ... 188
  - 家人卦第三十七 ... 192
  - 睽卦第三十八 ... 196
  - 蹇卦第三十九 ... 200

卷六 ... 205
- 解卦第四十 ... 205
- 损卦第四十一 ... 209
- 益卦第四十二 ... 214
- 夬卦第四十三 ... 218
- 姤卦第四十四 ... 222
- 萃卦第四十五 ... 226
- 升卦第四十六 ... 230
- 困卦第四十七 ... 233

卷七 ... 239
- 井卦第四十八 ... 239
- 革卦第四十九 ... 242

鼎卦第五十 ······ 247
震卦第五十一 ······ 250
艮卦第五十二 ······ 254
渐卦第五十三 ······ 258
归妹卦第五十四 ······ 262
丰卦第五十五 ······ 265

卷八 ······ 271
旅卦第五十六 ······ 271
巽卦第五十七 ······ 274
兑卦第五十八 ······ 277
涣卦第五十九 ······ 280
节卦第六十 ······ 283
中孚卦第六十一 ······ 286
小过卦第六十二 ······ 289
既济卦第六十三 ······ 293
未济卦第六十四 ······ 297

卷九 ······ 301
系辞上传 ······ 301
系辞下传 ······ 321

卷十 ······ 337
说卦传 ······ 337
序卦传 ······ 344
杂卦传 ······ 349

导言：一天学会《易经》

三《易》

《易经》在我们中华文化中占有至高无上的地位。《易经》为儒家十三经之首，在经学中，易学也占有最重要的地位。在中国历史上有成就的人，往往本人就是易学家，如唐朝的虞世南、宋朝的司马光、王安石、苏轼、清朝的李光地等。汉朝的王凤、唐代的虞世南都非常推崇《易经》，说"不读《易》不可为将相"。不学《易经》的人，不能作一个很好的宰相，亦不能作一个很好的大将，《易经》竟有如此的重要。《易经》的重要有如此，我们该怎样去研究它呢？我们这本书所注解的《易经》，只是中国《易经》学问的一部分。这本书名《周易》，是周文王在羑里坐牢的时候，研究《易经》所作的结论，也就是《史记》中说的"文王拘而演《周易》"。我们儒家的文化，道家的文化，一切中国的文化，都是从文王著了这本《周易》

司马光像

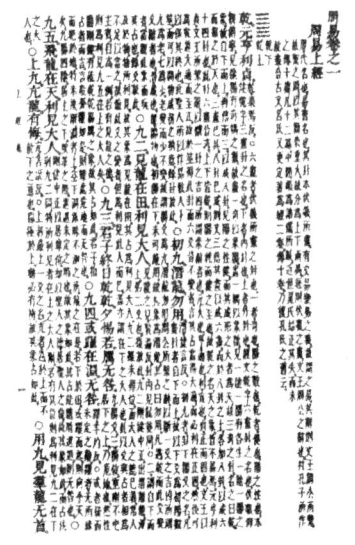

《周易》书影

---

① 说明：本书分为两个部分，现在您将要读到的是《易经》的提要部分，讲的是大家最感兴趣的东西，也是最基础的东西。如果您没有多少时间来研究《易经》，那么，花一天的时间，读完《导言》部分，您对《易经》的了解也就足够了。如果有时间进行详细的研究，本书后面的部分既有详尽的音义讲解，更有古今易学大师的义理阐释，是最适合入门的一本书。

以后，开始发展下来的。南怀瑾先生甚至称"诸子百家之说，都渊源于这本书，都渊源于《易经》所画的这几个卦"。

事实上，在《周易》之前，还有两种《易经》，一种叫《连山易》，一种叫《归藏易》。加上我们现在手边所持的《周易》，总称为"三《易》"。《周礼·大卜》："大卜掌三《易》之法，一曰《连山》，二曰《归藏》，三曰《周易》。"《连山》是神农时代的《易》，所画八卦的位置，和《周易》的八卦位置是不一样的。黄帝时代的《易》为《归藏》。《连山》以艮卦开始，《归藏》以坤卦开始，到了《周易》则以乾卦开始，这是三《易》的不同之处。说到这里，我们要有一个概念，现在的人讲《易经》，

王安石像

往往被这一本《周易》范围住了，因为有人说《连山易》和《归藏易》已经遗失了、绝传了，其实并非如此。近几十年的考古发现，如江陵王家台秦简《归藏》的发现，证实了"三《易》"之说的基本可信。有兴趣的读者，可以读一下清人辑录的《三易备遗》。关于《周易》与《连山》、《归藏》的传承关系，现有的资料尚不充分，但学者们都认为，三《易》有传承关系是毫无疑问的。

《易经》、《易传》和易学

《易经》是中国古代研究、占测宇宙万物变易规律的典籍，因汉儒将其列入六经，故称《易经》。我们现在看到的通行本的《易经》，包括《周易》和《易传》两个部分。"经"有常规不变之义，汉朝人对儒学尊奉的典籍，如《诗》、《书》、《礼》、《春秋》等皆称为经，不限于《周易》。"传"，有传授之义，古代传授经书的经师，往往对"经"的文字和内容作出解释，其所作的解释称为"传"。解释《易经》的著作，则称为《易传》。

苏轼像

《周易》指西周时期形成的典籍，即原本《周易》，是《易经》中的经文部分，由六十四卦组成，每一卦包括卦符、卦名、卦辞、爻题、爻辞。六十四卦共三百八十四爻，加上乾卦、坤卦的用九爻、用六爻，共三百八十六爻。六十四卦爻辞，内容涉及自然现象、历史人物事件、人事行为得失、吉凶断语等。

《易传》亦称《易大传》、《十翼》，传统的说法是孔子对《周易》的解释，共十篇：《彖》上下、《象》上下、《文言》、《系辞》上下、《说卦》、《杂卦》、《序卦》。其中《彖》说明《易经》各卦之义，专门解释卦名、卦象、卦辞，而不涉及爻辞；《象》说明《易经》各卦的卦象、爻象；《文言》专门解释乾、坤两卦卦义；《系辞》通论《周易》原理；《说卦》解释八卦性质、方位和象征意义；《序卦》说明六十四卦排列次序；《杂卦》说明各卦之间错综关系。

周文王像

从春秋时期开始，随着社会和文化的发展，人们对《周易》进行了各种各样的解释。在我们中国历史上，解释《周易》的著作有两三千种，目前流传下来的就有近千种。我们在提到这些典籍时，通常把它们称作"易学"，如《周易集解》、《周易本义》、《周易折中》等等。"学"，指汉朝以来的经师、学者对《周易》和《易传》所作的种种解释。之所以称为

"学，是因为从汉朝开始，凡研究儒家经典的学问皆称为学，即经学。儒家经学系统的典籍从汉朝开始，都包括经、传、学三部分，《周易》系统的典籍也是如此。

这本《一本书读懂易经》，也是专门解释《周易》的著作，即由此三部分组成。其中，正文楷体文字中，卦画、卦名、爻题、爻辞等称为经文。附经的楷体字部分即《彖》曰"、"《象》曰"、"《文言》曰"后的文字，以及六十四卦后的《系辞传》、《说卦传》、《序卦传》、《杂卦传》等部分就是传文。我们对经文、传文所作的注解则就属于易学。由于本书对《周易》经传所作的注解为今人所撰，那么本书就属于当代易学。

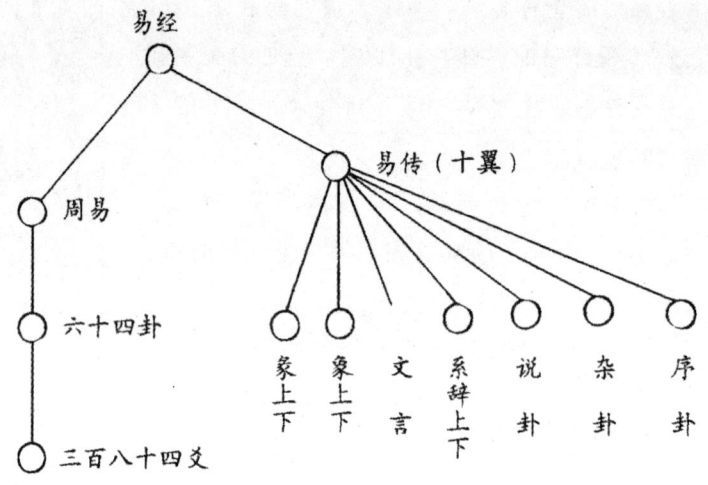

易经结构简图

《易经》的三原则

司马迁说：《易》本隐之以显，《春秋》推见至隐。也就是说，《周易》能把最不为人所知的东西放到桌面上来，教人趋吉避凶。那么，如何才能做到这一点呢？郑康成作《易赞》及《易论》云："易一名而含三义。易简，一也；变易，二也；不易，三也"。也就是说，《周易》这门学问中，有三个最重要的原则，也叫作"三易"。我们在研究这门学问之前，首先就要掌握的三个原则就是：一、易简；二、变易；三、不易。研究《易经》，首先就要了解这三大原则的道理。

第一，易简，也就是简易，说的是宇宙间万事万物，有许多是我们的智慧知识和能力没有办法了解的；但是，宇宙间的任何事物，有其事必有其理，万事万物的存在都是有因果的，

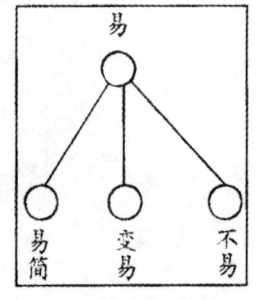

易经三原则示意图

都不是无缘无故的。有这样一件事，就一定有它的原理。有了这样的结果，就一定会有它的前因。只是我们的智慧不够、经验不足，找不出它的原理，找不出它的前因，我们才会觉得茫然。《易经》的简易，就是告诉我们人生的最高的原则：宇宙间无论如何奥妙的事物，都是最简单最平凡的。只是由于我们的智慧不够，才觉得神奇奥妙。当我们的智慧够了，了解它以后，就变成为平凡，最平凡而且非常简单。我们研究邵雍的《皇极经世》，觉得奥妙神奇。根据他的理论推算出的历史事实，和最新的考古发现是一致的。① 这就是《周易》的大原则在历史上的应用。懂了邵雍的方法，就知道过去、未来。有没有这个道理？有，有这个方法。古人懂了《易经》的法则以后，懂了宇宙事物以后，就可以利用六十四卦推算出万事万物来，把最隐秘的东西说清楚，说得简单明白。把那么复杂的道理，变得非常简化，就叫作简易。也就是说，宇宙间的事物随时都在变，尽管变的法则很复杂，但是，《易经》首先告诉我们，宇宙间再错综复杂的现象，在我们懂了原理、原则以后，就非常简单了。

第二，所谓变易，也就是万事万物随时都在变化之中，没有不变的事物。《易经》告诉我们，世界上的事，世界上的人，乃至宇宙万物，没有一样东西是不变的。在时空当中，没有一事、没有一物、没有一境界、没有一思想是不变的，不可能不变，一定要变的。譬如一条河流，我们在第一秒观察它的时候，已经在变了，第二秒钟的情况立即又不同了。所以孔子在河边说："逝者如斯夫！不舍昼夜。"这句话非常简练，但说的是宇宙中的时间和空间的大道理，由这句话我们也可以看出孔子伟大之处。孔子的感叹的就是时间不同，环境不同，情感亦不同，精神亦不同，万事万物，随时随地，都在变中，非变不可，没有不变的事物。所以我们学《易》先要知道"变"，人不但知变而且能适应这个变，才能不机械地处理问题，这就是为什么不学《易》不能为将相的道理了。

孔子像

第三，不易，万事万物随时随地都在变的，可是却有一项永远不变的东西存在，就是能变出来万象的那个东西是不变的，那是永恒存在的。那个东西是什么呢？也就是万有的源头，老子把它称为"道"，有的人也把它称为"上帝"、"神"、"主宰"、"佛"、"菩萨"，哲学家叫它是"本体"，科学家叫它是"功能"。别管它是什么名称，反正有这样一个东西，这个东西是不变的，这个能变万有、万物、万事的"它"是不变的。

掌握了这三个原则，我们就可以开始研究《易经》了。

---

① 参见《〈皇极经世〉与〈夏商周年表〉》，郭彧著。

卦与八卦

什么叫作卦？古人解释："卦者挂也。"也就是说，卦就是挂起来的现象。八卦就是告诉我们宇宙之间有八个东西，即：乾☰、兑☱、离☲、震☳、巽☴、坎☵、艮☶、坤☷等八个三画卦。八卦两两相重，就构成了六十四卦。

这八个东西的现象挂出来，就是八卦。整个宇宙就是由八卦组成，就是一本《易经》。宇宙的现象都挂在那里，现在我们先了解它的原理。

乾卦代表天，坤卦代表地，这两个符号，代表了时间、空间、宇宙。

在这个天地以内，有两个大东西，一个是太阳，一个是月亮，像球一样，不断在转，所以离卦代表太阳，坎卦代表月亮。这两个东西不停地旋转于天地之间，于是有四个卦挂出来了。

还有两个卦是震卦、巽卦。震卦代表雷，巽卦代表风。雷电震动了就是雷，雷生万物，所以万物出乎震。一震动以后，对面变成气流了，就是风。

另外还有两个卦是艮卦和兑卦，艮卦代表高山、陆地，兑卦代表海洋、河流、沼泽。

在宇宙间，除了这八个大现象以外，再找不出第九样大的东西了。大的现象只有八个，没有九个，亦不能七个，只有八个，而且都是对立的。可是这八个现象，变化起来就大极了，是无穷的，不能穷尽的数字，变化当然也是无穷无尽的。

八卦各有自己的方位，下面是伏羲八卦方位图和文王八卦方位图。

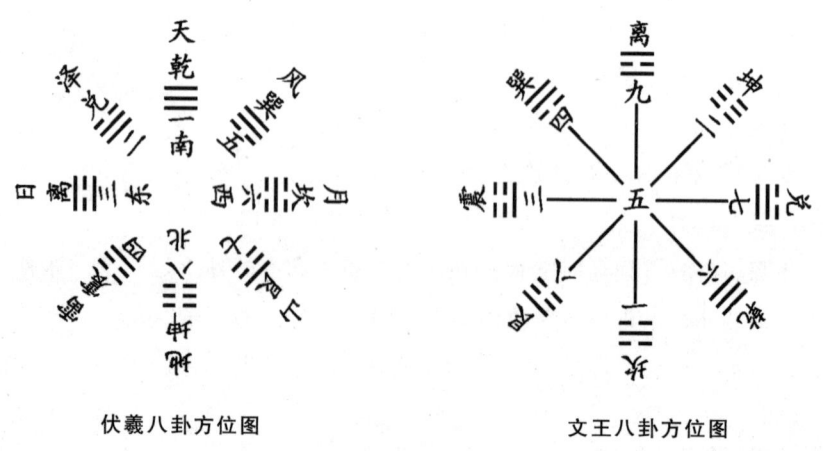

伏羲八卦方位图　　　　　　文王八卦方位图

伏羲八卦方位图又名"先天八卦"，文王八卦方位图又名"后天八卦"。

常用名词

卦辞：解释六十四卦之义的称为"卦辞"。

如乾卦：

乾，☰（乾下乾上）

乾，元亨利贞。

初九　潜龙勿用。

九二　见龙在田，利见大人。

九三　君子终日乾乾，夕惕若。厉，无咎。

九四　或跃在渊，无咎。

九五　飞龙在于，利见大人。

上九　亢龙有悔。

用九　见群龙无首，吉。

上面的"乾，元亨利贞"就是"卦辞"。

爻位：一卦之中有六个位次，自下而上，依次叫做初、二、三、四、五、上。卦象的符号共两种，一长称"阳"，两短曰"阴"。一长的阳符号用数字"九"表示，两短的阴符号用"六"表示，一个阳符号或一个阴符号在卦中位次出现时，我们可以称之为"爻"了，即初爻、二爻、三爻、四爻、五爻、上爻。每卦有六爻，六十四卦共有三百八十四爻，亦即"爻题"。爻题下的说明文字如"初九，潜龙勿用"，即称"爻辞"。

八卦与六十四卦的速成法

如何快速记住八卦呢？古人为我们准备了一套歌诀：乾三连☰，坤六断☷；震仰盂☳，艮覆碗☶；离中虚☲，坎中满☵；兑上缺☱，巽下断☴。

如何快速记住六十四卦卦名呢？古人也为我们准备了一套歌诀，叫做《上下经卦名次序歌》：

乾坤屯蒙需讼师，比小畜兮履泰否。

同人大有谦豫随，蛊临观兮噬嗑贲。

剥复无妄大畜颐，大过坎离三十备。

咸恒遁兮及大壮，晋与明夷家人睽。

蹇解损益夬姤萃，升困井革鼎震继。

艮渐归妹丰旅巽，兑涣节兮中孚至。

小过既济兼未济，是为下经三十四。

这首歌前三句讲上经，后四句讲下经，按通行本卦序叙述了六十四卦卦名，方便了我们的记忆。

通行本《易经》六十四卦的排序有些什么特点呢？对此，古代学者有不同的说法。最早对此做出解释的是成书于汉初以前的《序卦》传，这是《易传》七种中的一种，其内容就是从理论上解释六十四卦的排列顺序。它认为，六十四卦从乾、坤到既济、未济，乃是一个存在着因果关系的系列，后卦因前卦而来，或者是相承接，或者是相反对。《序卦》对六十四卦的解释，主要是重视卦名的义理，只有对乾、坤的解释是按取象说，以乾为天，以坤为地。下面我们截取《序卦传》的一段话来具体分析一下。该《传》的开头说："有天地，然后万物生焉。盈天地之间唯万物，故受之以屯。屯者，盈也。屯者，物之始生也。物生必蒙，故受之以蒙。蒙者，蒙也，物之稚也。物稚不可不养也，故受之以需。需者，饮食之道也。"其中文首"天地"指乾坤。依中国古人观念，天地合气，便形成了万物。"屯"的一个意思是充盈，义即天地之间充满了万物，所以乾坤两卦之后就是屯卦。"屯"同时又指万物初生之时，还比较幼稚，所以屯卦之后是蒙卦，"蒙"就是事物幼稚的意思。事物幼稚的时候，需要养育，所以"蒙"之后便是"需"卦，需就是饮食之义。如此等等。可以看出，《序卦传》就卦名来分析前后卦的关系，有其一定的合理性，也方便读者记忆。

除了通行本的卦序外，还有其它的卦序。下面，我们先讲一下分宫卦象次序：

乾为天	天风姤	天山遁	天地否	风地观	山地剥	火地晋	火天大有
震为雷	雷地豫	雷水解	雷风恒	地风升	水风井	泽风大过	泽雷随
坎为水	水泽节	水雷屯	水火既济	泽火革	雷火丰	地火明夷	地水师
艮为山	山火贲	山天大畜	山泽损	火泽睽	天泽履	风泽中孚	风山渐
坤为地	地雷复	地泽临	地天泰	雷天大壮	泽天夬	水天需	水地比
巽为风	风天小畜	风火家人	风雷益	天雷无妄	火雷噬嗑	山雷颐	山风蛊
离为火	火山旅	火风鼎	火水未济	山水蒙	风水涣	天水讼	天火同人
兑为泽	泽水困	泽地萃	泽山咸	水山蹇	地山谦	雷山小过	雷泽归妹

先看分宫卦象次序的头八个卦：

乾为天，天风姤，天山遁，天地否，风地观，山地剥，火地晋，火天大有。

先看乾卦，这个乾卦是阳极了。第一爻变了，阳极就变阴，是由内开始变，于是外卦还是乾卦，内卦第一爻变作阴，就成为巽卦，巽为风，所以成为天风姤。接着第二爻变了，外卦还是乾，内卦第二爻变，变为艮卦，艮代表山，所以成为天山遁。继续变下去，外卦还是不动，内卦第三爻变，变为坤卦，坤代表地，于是成为天地否。接着是第四爻变，外卦第一爻变了，于是成为风地观。然后第五爻变了，于是成为山地剥。到了第七卦不能再往上变了，于是改为外卦的初爻再变，即第七卦火地晋。这第七个卦名为游魂之卦，这是表示由内在的思想，变成行动，由行动影响到外在的环境，现在又是外在的环境，又压迫自己内在的思想发生了变，游魂就是这样回来的。到了第八卦，名归魂卦，意思是回到本位了，内卦变成原位，于是成为火天大有。

这样一看便次序井然，懂了这个道理，就易默诵了。

乾宫八个卦就是这样变的。下面我们作一个总结，简单地说，分宫卦象次序的变化是这样的：一、本体卦，二、初爻变，三、第二爻变，四、第三爻变，五、第四爻变，六、第五爻变，七、第四爻变回原爻，八、内卦变回本体卦。知道了这个道理，掌握了变化的规律，其它七个本宫卦的变化也就容易掌握了。

变不变卦

我们常说某人"变卦"了，变卦的说法就是从卦变来的，是卦变的颠倒语。我们常常说某件事错综复杂，这"错综复杂"的语源，就是本自《易经》。《易经》的范围太广，真可说是"错综复杂"。我们中国人说话，常常都是来自《易经》，比如说"革命"，为什么不说"命革"或"改命"呢？"革命"这句话，就是根据《易经》来的。因为孔子在革卦的《象》中说"汤武革命，顺乎天而应乎人"，我们就有了"革命"这个词。

中国人处处都在引用《易经》的话，只是自己不知道而已。

《序卦》之外，古人对六十四卦的卦序还有另外一种认识。这种认识是唐代学者孔颖达在《周易正义》一书中提出来的。与《序卦》着眼于卦名不同，孔颖达注意的是卦象。他认为，从卦象上来看，六十四卦的排列是"二二相偶"，就是说每两卦为一个对子，互相配合。它们配合的方式有两种：非覆即变。"覆"的意思是说两卦的卦象完全颠倒，如屯与蒙；泰与否；同人与大有等。"变"的意思是两卦卦象六爻完全相反，如乾与坤；坎与离；中孚与小过等。在《易经》六十四卦三十二对中，只有四对八卦完全属于"变"类。除了前举三对外，另外一对是颐与大过，其余二十八对都可以说属于"覆"类。但其中有些卦较特殊，既可归入覆类，也可归入变类，如既济与未济，渐与归妹等。孔颖达此说确实道出了六十四卦排列中一些规律性的东西，符合《易经》的实际情况，影响也很大。后人进一步将"覆"类称为综卦，"变"类称为错卦。

以现在的观念来解说，综卦可以称之为反对的或相对的，错卦可称之为正对的。那么，六十四卦的排列为什么依"非覆即变"的法则来进行呢？现代一些学者认为，因为《易经》是卜筮之书，这样排列是为了便于记忆或背诵，以更好地适应占筮的需要。这种说法有一定道理。但是，我们也要注意，在每组对偶卦之间，并没有规律性的联系，如乾、坤为对偶卦，屯、蒙为对偶卦，但是乾卦与坤卦之间在卦象上并无特殊关联，所以仍然是不大方便于记忆。也许，我们应该承认，六十四卦卦序的排列中体现着人们对对立及对立面之间关系的认识。就《易经》卦象来说，构成它们的基本单位是"———"和"— —"，这是一组对立。"———"和"— —"三重构成八卦，八卦即由四组对立面构成。由八卦相重构成六十四卦，六十四卦也由三十二个对立面构成。周文王在卦序中将这种对立表现出来，反映出了人类理性思维的发展程度，对后世人们认识水平的不断提高有促进作用。

至于复杂，复卦就和综卦一样，是重复的意思，杂是指彼此的相互关系。复卦和杂卦，在来知德的《周易集注》中有详细的论述，有兴趣的读者可以看一下。我们这里说的是，六十四卦可发展到无数的卦，每一卦牵一发而动全身，都是彼此相互的关系。

《周易》卦序的最后一卦是火水未济，这就告诉我们，自宇宙开始，人生最后永远是未济，有始无终，没有结论，所以学了《易经》，没有人能下一个结论的。历史没有结论，人生没有结论，宇宙亦没有结论，把握到了这个哲学，研究《易经》的道理就出来了。

《周易》六十四卦的排列，并不是照分宫卦象的次序。它的排列次序，是周文王研究《易经》所整理出来的一个学术思想系统，后人把它编成了一个韵文的歌，叫做《上下经卦名次序歌》，上文我们已见到了，便于我们记忆。我们要弄懂《易经》且知道运用，甚至上知天文，下知地理，万事万物都能未卜先知，还要把上面所讲分宫卦的次序要背诵得滚瓜烂熟，这是很要紧的，因为《易经》的用处都在那里。对初学的人背诵这些，自然很吃力，但是要学《易经》，没有办法不背诵的。

六十四卦的方圆图

接下来第二个阶段更加吃力，就是六十四卦方圆两图的研究，如果死记硬背，当然很辛苦，也很难记得住。下面我讲一下诀窍，就很容易学了。下面是伏羲六十四卦方圆图：

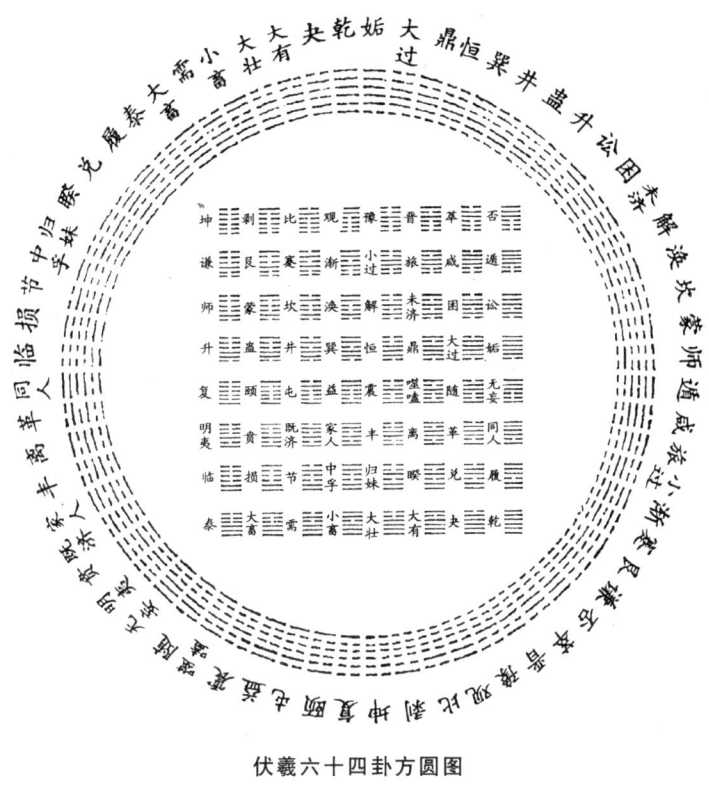

伏羲六十四卦方圆图

这个方圆图，圆图管时间，代表宇宙的运行法则，亦可说代表太阳系时间运行的法则或原理，圆图中的方图管空间，代表方位方向，这就是前人的秘诀了。

伏羲六十四卦方图

上面是方图，右边第一行最下为乾卦，我们由下向上看，为什么先从下看？八卦的卦爻是自下向上画的，所以这方图亦是自下向上看，因此，乾卦上边的第二卦是天泽履，第三卦是天火同人，第四卦是天雷无妄，第五卦是天风姤，第六卦是天水讼，第七卦是天山遁，第八卦是天地否。

根据邵雍先天卦的理论，先天卦的数字是乾一、兑二、离三、震四、巽五、坎六、艮七、坤八。那么我们从方图的第一行由下往上看，全部八个卦，每卦的上卦，亦即是外卦，都是天，亦即乾卦，而每卦的下卦，亦即是内卦，都是依照先天卦的次序乾、兑、离、震、巽、坎、艮、坤配合的，所以成了乾、履、同人、无妄、姤、讼、遁、否等八个重卦。

我们再从乾卦起，从右向左看横列的卦，重卦的次序是乾、夬、大有、大壮、小畜、需、大畜、泰等八个卦，再仔细分析这八个重卦的内外卦，又可以发现，内卦都是乾卦，而外卦从右到左，则是乾、兑、离、震、巽、坎、艮、坤，又是先天卦的次序。

如果以数字来代表，直行的乾是一一，履为一二，同人一三，无妄一四，姤一五，讼一六，遁一七，否一八。横列乾一一，夬二一，大有三一，大壮四一，小畜五一，需六一，大畜七一，泰八一。以图示之如下：

八八	七八	六八	五八	四八	三八	二八	一八
八七	七七	六七	五七	四七	三七	二七	一七
八六	七六	六六	五六	四六	三六	二六	一六
八五	七五	六五	五五	四五	三五	二五	一五
八四	七四	六四	五四	四四	三四	二四	一四
八三	七三	六三	五三	四三	三三	二三	一三
八二	七二	六二	五二	四二	三二	二二	一二
八一	七一	六一	五一	四一	三一	二一	一一
坤八	艮七	坎六	巽五	震四	离三	兑二	乾一

六十四卦方图数字图

这个六十四卦的方图,变化无穷。了解了这个规律,我们就能迅速地记住先天六十四卦顺序了。首先我们要记住八卦的数字,也就是乾一、兑二、离三、震四、巽五、坎六、艮七、坤八。

这个方图的数字,则是这样一纵一横,慢慢向上走的,构成如此错综复杂的关系。可是亦同时告诉我们,虽然方图看起来非常复杂,但是掌握了它的规律以后,也非常简单明白了。这也是《周易》的"易简"的原则。宇宙间的万事万物,看来是非常复杂,但懂了《易经》以后,从《易经》的观点,任何乱七八糟的事物,都有它的法则。换句话说,懂了《易经》原理以后,去待人,去做事,遇到最复杂的问题,也不会看成复杂了,而是能找得到它的关键,在关键上轻轻一点,问题就解决了。所谓"四两拨千斤"的道理,也是如此。不懂这个原理,越做就越糊涂,就像这方圆圈一样,觉得很乱。

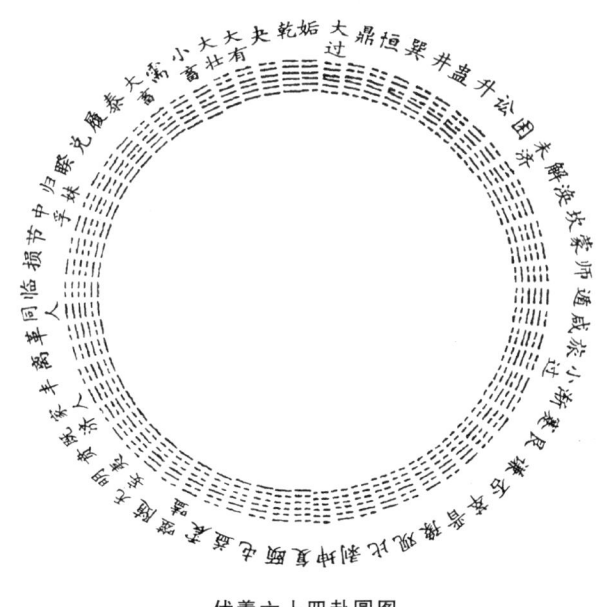

伏羲六十四卦圆图

围绕在这个方图外的圆图,亦是六十四卦,是用什么方法排列起来的呢?首先用方图最下面的第一横列的乾、夬、大有、大壮、小畜、需、大畜、泰等八个卦,依次序放到圆圈的顶端,左边开始,顺原次序向左排列。第二步,又将第二横列的履、兑、睽、归妹、中孚、节、损、临等八个卦的履卦紧接在泰卦之后,依原次序排列下去,然后将第三、第四横列的每个卦,都照这个方法排列,最后复卦紧靠了中线下端的左边为止,这是第一步骤,排列成了左边的半个圆圈。

然后第二个步骤,排列右边半个圆圈,排列的次序又不同了,是怎样地排列呢?现在不是从第五横列开始,而从第八横列排起,将否、革、晋、豫、观、比、剥、坤等八个卦，以逆次序接在复卦的后面，亦就是仍以反时针的方向，排成复、坤、剥、比、观、豫、晋、革、否的次序。但要特别注意的，如果是画卦，还是要内卦画在内圈，外卦画在外圈，切不可错。第八横列排好以后，再用第七横列，照第八横列的排法排下去，以谦卦接在否卦的后面，成否、谦、艮、蹇、渐、小过、旅、咸、遁的反时针次序，第六横列、第五横列，都是这样。最后第五横列的姤卦，刚刚又接到了最起始的乾卦，就完成了这个圆图的排列。

懂了这个法则，六十四卦方圆图也就一目了然了。宇宙万象，都可运用这种《易经》的法则。这又一次证明了"易简"的道理。

先天方圆之图建立在一个基本理论之上，即阴阳二气消长说。依据此说，冬至一阳初生，此后阳长阴消，天气转暖；到夏至阳气极盛，一阴初生，此后阴长阳消，天气转凉；到冬至，阴气极盛，又是一阳初生，开始下一年循环。随着阴阳消长，是温凉寒暑的变迁。随着温凉寒暑的变迁，是春生夏长、秋收冬藏，一切人事活动，政治、军事、宗教、生产，都必

阴阳二气消长图

须据此安排，否则就会受到天的惩罚：冬雷夏霜、人病田荒，直到国家败亡。

现在我所讲的这些东西，虽然是易学里面精微奥妙的东西，但是我们首先要把这几个东西记牢，然后再学习具体的理论，就简单了。

什么是五行

所谓五行，就是金、木、水、火、土。我们翻《易经》，乾卦的"天行健"这句话，这个"行"是代表运动的意思，就是"动能"，宇宙间物质最大的互相关系，就在这个动能。这个"动能"有五种，以金、木、水、火、土作代表。五行和卦一样，是种传统符号，而不是其它的。

"五行"不仅是汉代以来的筮法中的重要概念，也是推断事物吉凶和发展趋势的一个重要依据。同时，"五行"也是中国文化中的一个重要概念，上至天文地理，下至人间万物，医卜星相，应用的都是"五行"的观念。

"五行"的"行"字应读为 hang，而不是 xing，指的是事物的状态，在占断中的作用相当于数学中的符号。比如，所谓"金"并不是黄金，"水"亦并不是和杯中喝的水一样，千万不要看成了五行就是五种物质。

金，凡是坚固、凝固的都是金，古代和现代的科学分类不同，当时对于物质世界

中有坚固性能的，以金字作代表。

木，代表了树木，代表了草，代表了生命中生的功能和根源。草木被砍掉以后，只要留根，第二年又生长起来。白居易的诗："离离原上草，一岁一枯荣，野火烧不尽，春风吹又生。"这就是木的功能，生长力特别大也特别快，木就代表了生发的生命功能。

水，代表了流动性，周流不息的作用。

火，代表了热能。

土，代表了地球的本身。

所以称它们为五行，是因为这五种东西，互相在变化，这个物质世界的这五种物理，互相在影响，变化得很厉害，这种变化，名叫生、克。

五行的生克

"生"就是生长出、产生、衍生的意思，"克"就是克制、约束意思。说到生、克，我们研究《易经》，都知道综卦，也就是覆卦。综卦就是告诉我们世界上的事物，都有正反两个力量，有生亦有克。生克是阴阳方面的说法，在学术思想上，则为"祸兮福之所倚，福兮祸之所伏"。福与祸，正与反，是与非，成与败，利与害，善与恶，一切都是相对的，互相相克。人世间的事情正如塞翁失马一样，如果没有一个正确的方法来指导人生，我们就不会知道事情第二步、第三步会如何发展。水能克火，金能克木。中国的民间有句俗话，卤水点豆腐，一物降一物，也是这个道理。爱与恨，也是如此，两个对立相存，没有绝对的一方。京剧里面相爱的男女，往往以冤家相称。父母对子女恨极了，恨铁不成钢，就骂他是小冤家。现在青年人谈恋爱也知道，爱得愈深，恨得也愈深，这也就是"恨生于爱"的原理，也是生克的法则。

关于五行的生克道理，可以用下面这两个图案来表现：

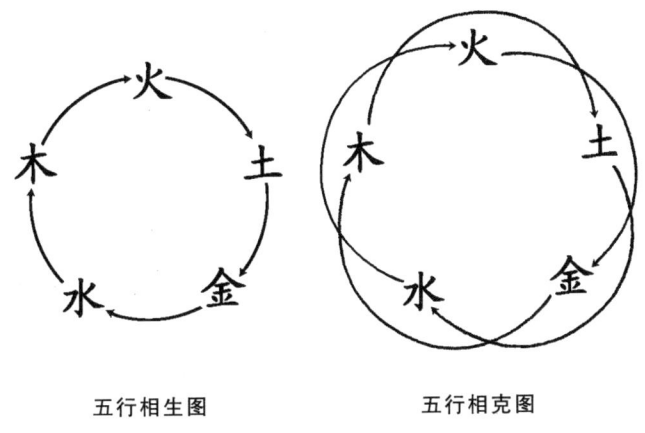

五行相生图　　　　五行相克图

左图的箭头是表示相生的,就是依时针的方向顺序,依次而生,成为木生火,火生土,土生金,金生水,水生木。右图上的箭头是表示相克的,五行的位置,和第一图相同,箭头所指的方向,也是顺时针方向,所不同的,相生图的箭头,是指向紧靠自己的邻居,而相克图的箭头,是跳了一个位置,指向隔邻的位置上,于是成了木克土,土克水,水克火,火克金,金克木。

木克土,木生于土但能克土。现在讲水土保持,就要植树种草,用的就是木克土的道理。许多我们常见的事物里面,就包含了最深奥的道理在。万物皆是一部《易》,现在看来真是如此。

金生水,在古代的启蒙书《千字文》里面,就有这么一句"金生丽水"。这个丽水不是指浙江的丽水县,丽水是形容水多。凡是藏金的地方,一定多水。金克木,当然砍木头要用铁器,或用锯子去锯,这还不足为奇。在古代,假如门口有一棵大树,认为风水不好,而又觉得砍伐麻烦,不如让它自己枯死,就用一枚大铁钉,打到树的中心,这棵树很快就枯萎了,这就是金克木的现象。

另外一个哲学的道理,例如金生水,在古代就说:"水者金之子。"水是金的儿子,于是水生木,木是水的儿子,木生火,火是木之子,火生土,土是火之子,土生金,金又是土之子。

五行生克说来简单,但它确是世间的至道,万事万物的运行莫不如此。

天干地支

天干地支,我们现在可以从甲骨文里找出来,可见这个文化的来源很早。中国人发展最早的是天文,发展到最高级的时候,就归纳起来用十个符号作代表,这十个符号就名天干。

天干和地支是我国古代用来纪年的。至于天干地支的每一个字的定义,至于这些名称的由来,与《周易》没有多大关系,好多学者都有自己的见解。我们不是专门的研究者,只是了解一下天干地支在卜筮中的用法,且不去管它。

我们先介绍天干文化。天干文化比五行文化更早,也更古老。我们研究《易经》发展史、中国文化发展史,知道天干文化也比《周易》古老得多。

所谓"天干",也称"十天干",或"十干",也就是甲、乙、丙、丁、戊、己、庚、辛、壬、癸等十个符号。天干是最古老的纪时系统,反映的是宇宙中天体、时间与气的互相作用的规律,揭示的是事物的发生、发展、壮大、衰落、死亡、消失以及在旧事物的基础上产生新事物的规律性。

天干就是五行的法则,意思是说:"在这个太阳系中,地球和外面的星球,彼此干扰的作用。"以现在的地球物理学来说，说是地球和各个星球的放射功能，彼此吸收互相发生作用。例如太阳能的放射，对我们地球人类的干扰很大，尤其学通讯、电子、太空学方面的人都很清楚，而我们中国人老早就了解。对于这种天体的运动、物理世界的运动，用木、火、土、金、水来代表，说明相生相克的道理。

前面已经介绍了天干，现在再介绍地支。何谓地支？我们以现代的观念来说，就是地球本身，在太阳系中运行，与各个星球之间互相产生干扰的关系，尤形中有一个力量在支持着，这说是地支。

"地支"和天干一样，也有悠久的历史，在三代时期，地支就被用来纪月了。地支共有十二个，也就是子、丑、寅、卯、辰、巳、午、未、申、酉、戌、亥等十二个符号。地支与天干一样，也是最古老的纪时系统，但它反映的是地气的运行规律及其与时间的对应关系，揭示的是事物发展由微而盛、由盛而衰，循环往复的自然过程。

地支有十二位，代表十二个月。实际上地支是什么呢？是天文上黄道十二宫的代名。所谓"宫"，就是部位；所谓"黄道"，就是太阳从东边起来，向西方落下，所绕的一圈，名为黄道面。我们平常所说的"黄道吉日"，就是指的这个黄道。这种黄道面，每一个月都不同。如我们晚上看天象，每一个星座，从东方出来，共有二十八星宿（天文的知识，在上古时我们中国最发达），而这二十八宿，在黄道面上，每个月的部位也都不同；于是依据这个现象，抽象地归纳为十二个部位，用十二个字来表示。实际上这是天文的现象，变成为抽象的学问，成了后世卜筮的理论基础。南怀谨先生讲《易经》，讲到这里时说："这一套学问，现在看来好像很简单，但真正用心探究，其中学问甚多，也可见我们上古时老祖宗的文化智慧、科学哲学，都发达到最高最高点；因为科学数字太大，很复杂，普通一般人的智慧没有如此的天才容纳得下。于是把它简化了，用五行、天干、地支来代表，使人人都能懂，只有文化到了最高处，才能变成最简化。可是它的弊病，是后人只知道用，知其然而不知其所以然了。""这个抽象的名词，里面实际是有东西的，包括的学问很大；可惜我们后世只把它用在看相、算命、卜卦这一方面去了。"

二十四节气

节气产生于我国古代，它反映了地球绕太阳公转时地球上春夏秋冬四季的变化，反映了农时季节，在农村家喻户晓。随着中国古历外传，节气也广为流传。节气也叫二十四节气，是相间排列的十二个中气和十二个节气的统称，是根据太阳在星空间运动的位置来决定的。它们分别是：立春、雨水、惊蛰、春分、清明、谷雨、立夏、小满、芒种、夏至、小暑、大暑、立秋、处暑、白露、秋分、寒露、霜降、立冬、小雪、大雪、冬至、小寒、大寒。

以上二十四个节气，依次顺数，逢单的为节气，称为"节"；逢双的为中气，称为"气"，合起来就是"节气"，现在统称为"二十四节气"。

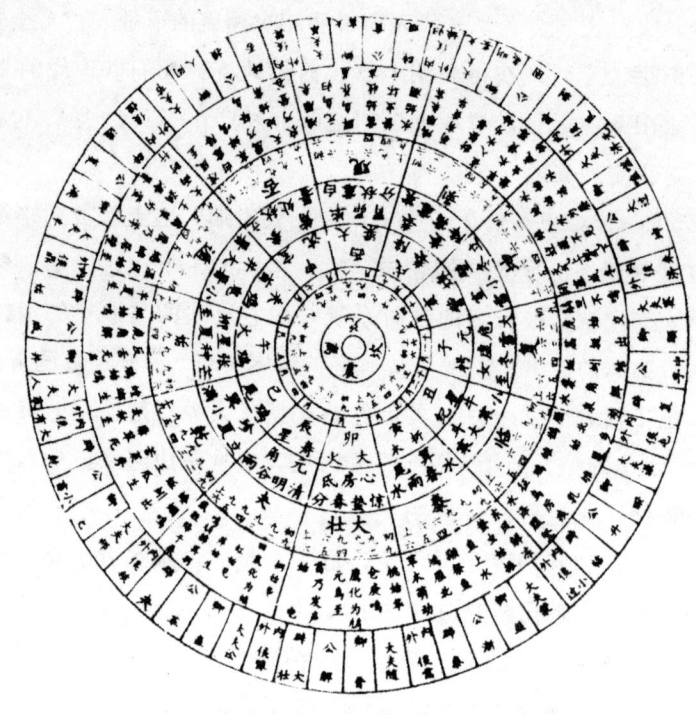

二十四节气图

阴历以十二个中气作为十二个月的标志，即各月都有一定的中气，比如正月的中气为雨水，二月的中气为春分等等，依次类推。节气与节气之间，或中气与中气之间，平均相隔30.4368日，而一个朔望月是29.5306日，所以节气或中气在阴历的月份中的日期逐渐推移，到了一定的时候，中气就不在月中了，而移到了月末，那么下一个月很可能就没有中气，而只剩下一个节气了。这个没有中气的月份，就被作为该农历年的闰月。

从上面的介绍，我们知道，节气就实质来说是属于阳历的范畴，因为它是以地球绕太阳运转周期（即回归年）来制定的。在公历里，每月各有一个节气与一个中气，上半年节气总在每月的6日左右，中气总在21日左右；下半年的节气总在每月8日左右，中气总是在23日左右。一般最多相差一两天，所以很容易记忆。

下面，我们就说一说这二十四个节气。

立春：在每年公历2月4日前后。中国习惯把它作为春季开始的节气。

雨水：在每年公历2月19日前后。此时农村开始备耕生产。

惊蛰：每年公历3月6日前后为惊蛰。"过了惊蛰节，春耕不停歇"。北方进入惊蛰，春耕大忙便开始了。

春分：每年公历3月21日前后太阳到达黄径0°时为春分。这时阳光直照赤道，南北半球得阳光平均，所以昼夜几乎等长。

清明：每年公历4月5日前后为清明。此时中国黄河流域及大部地区的气温开始升高，雨量增多，春暖花开，天空清澈明朗，正是春游踏青的好时节。

谷雨：在每年公历4月20日前后。"雨生百谷"道出了谷雨节气的由来。谷雨是北方春作物播种、出苗的季节。

立夏：中国习惯把立夏作为夏季的开始，一般在公历5月6日前后。

小满：每年公历5月21日前后为小满。顾名思义，小满是指夏收作物子粒将要饱满成熟的意思。小满后，北方各地的小麦就要熟了，而黄淮流域的冬小麦将开镰收割。

芒种：芒种表示麦类等有芒作物成熟的季节，一般在每年公历6月6日前后。

夏至：每年6月21日前后为夏至。夏至表示炎热的夏天已经到来，同时也是一年中白天最长的一天。

小暑：在每年公历7月7日左右。一般小暑后就要数伏，[①] 所以小暑标志着一年最炎热的季节就要到来了。

大暑：在公历7月23日前后。顾名思义，大暑是一年中天气最热的时候。

立秋：在每年公历8月8日前后。中国习惯上把这一天作为秋季开始。

处暑：在每年公历8月23日前后。处暑是反映气温由热向冷变化的节气。

白露：在每年9月8日前后，白露指气温降低，并出现露水。

秋分：在每年公历9月23日前后。"秋分秋分，日夜平分"。此时阳光直照赤道，昼夜几乎等长。

寒露：在每年公历10月8日前后。寒露一到，华北地区便开始进入深秋，而东北地区则呈初冬景象，长江流域及以南地区却仍郁郁葱葱。

霜降：每年公历10月23日或24日。霜降表示气候渐渐寒冷，北方地区开始有霜。

立冬：每年公历11月7日前后为立冬。立冬是表示冬季开始的节气。这时，黄河中下游地区即将结冰。

小雪：在每年公历11月22日前后。它表示已经到了开始下雪的季节。此时，东北、内蒙古、华北北部地区气候寒冷。

大雪：每年公历12月7日前后。一交大雪，黄河流域的冬小麦进入了休眠期。

冬至：每年12月22日前后为冬至。冬至为北半球冬季的开始。这天昼最短，夜

[①] 伏指初伏、中伏和末伏。它是从夏至后第三个庚日开始的。

最长。冬至过后便是"数九"了。

小寒：在每年公历 1 月 6 日前后。这时正值"三九"前后，中国大部分地区进入严寒时期。

大寒：在每年公历 1 月 20 日前后。大寒为中国大部分地区一年中最冷的时期。

我国民间流行有"节气歌"一首："春雨惊春清谷天，夏满芒夏暑相连。秋处露秋寒霜降，冬雪雪冬小大寒。"可以帮助我们轻松记住这二十四个节气。

天文历法

《周易》所用的卜筮方法与历法密不可分，《系辞传》里传下来的方法，所谓"归奇挂扐，三变成爻，四营成易"就是模拟闰法来进行的。闰法与筮理一脉相通，[①] 我们要掌握卜筮方法，首先要先懂一点历法的知识。

公历，也就是我们现在使用的历法，也称阳历。由于卜筮的方法中用不到公历，那就先不要管它了。

农历是我国广泛使用的历法，又称阴历、夏历，是因为它的纪月法以月相为标准，以月亮从朔到上弦、望、下弦再到朔的一个朔望月为一个月。推算农历先推算二十四节气和定朔（推算日月黄经相等的时刻——朔），朔所在某日，即为初一，从朔到朔为一个月，相距 29 日的为小月，30 日为大月。月从中气得名，月内有某中气的即为某月份，如含有中气"雨水"即为农历正月。无中气为闰月，闰月无名，取用前月名，如四月后的闰月为"闰四月"，如此使农历年与回归年的差距随时得到调整。在农历中，平年 12 个月，日数为 354 或 355 日；闰年 13 个月，日数为 383 或 384 日。这就是我国自公元前十四世纪的殷代起，到 1911 年的辛亥革命止，一直在使用的"十九年七闰（加七个闰）月"的历法。因为二十四节气是由太阳的位置决定的，因此农历合适的称呼应是"阴阳历"。

还有另一种历法是干支历。天干地支简称干支。天干共十个字，顺序为甲、乙、丙、丁、戊、己、庚、辛、壬、癸；地支共十二个字，顺序为子、丑、寅、卯、辰、巳、午、未、申、酉、戌、亥，都是传统用来编排次序的字组。二者并行组合排列成天干地支表，周而复始，循环使用。干支历的纪年纪月法都同农历，它的年、月、日都各以干支顺序排列、互不干扰，闰月也同农历。干支历中的节日、三伏、九九以及出梅、入梅等与人们生活及当时社会活动密切相关，有的至今还为人们所用。

[①] 参见《周易筮法研究》，黄山书社，汪显超著，2002 年 6 月第 1 版。

时差与天文时间

卜筮所用的时间是天文时间（视太阳黄经时），而一般人脑子里面所记的时间是钟表时间，也就是人为制定的标准时区的平均太阳时。若出生于某个时辰的头尾，往往因为"真太阳时差"而致排出来生辰八字时往往有误。

首先，要区分标准时与出生地的经度时差。

全球分为二十四个时区，以能够被15整除的经度作为该区域的中央子午线，每一时区占经度15度。在该时区中央子午线以东的地区，时间要加，以西的地区，时间要减，一度4分钟。

中国共分五个时区：

(1) 中原时区：以东经120度为中央子午线。

(2) 陇蜀时区：以东经105度为中央子午线。

(3) 新藏时区：以东经90度为中央子午线。

(4) 昆仑时区：以东经75（82.5）度为中央子午线。

(5) 长白时区：以东经135（127.5）度为中央子午线。

一个时区的"标准时"，只是一个大地区的统一时间，大家共同遵守的"人工"时间而已，并不是该时区内每个地点的"本地时间（LMT）"——真正的经度时。要用出生地的经度与出生大地区的标准时来加减，全球任何地点都用这个原则。

例如：中原时区包括内蒙古、辽宁、河北、山西、山东、河南、安徽、江苏、湖北、湖南、江西、浙江、福建、广东、海南、香港、澳门、台湾。这个大地区当时钟敲定正午12点时，只有位于东经120度线上的地点才是12点，其它的地方是少于或多于12点。如香港位于东经114度10分，比东经120度偏西5度50分，其真正经度时是11时36分40秒。

其次，要区分平均太阳时与真太阳时的时差。

钟表时间每天24小时的"平均太阳时"是人造的，假想地球绕日自转、公转的轨道是正圆形，这只是政府为了行政措施的方便而设的"统一"时间。事实上，地球的自转和公转，因黄赤道的关系，并不是一年365.25日、每日都是24小时，只有每年阳历的4月25、6月14、9月1、12月24日才恰好24小时，其余的361天，不是多就是少。这种误差，称为"真太阳时差"。《世界航海历》每日都有注明真太阳日与平均太阳日的时差。

干支纪年

汉代的筮法,五行之外,还要加上干支。要学《易经》的卜筮,没有什么秘诀,不外是用五行卜筮,重点在五行,不是在八卦。用八卦来断事情,又是另外一个体系,所以严格说来,五行和八卦两种体系是分开的。但几千年来,大家都把它混合在一起。后来的一切卜筮方法,都是以干支历来起数和推断的。有的人研究《梅花易数》,用年月日时起卦,占断结果老是不准确,就是因为把历法理解错了。研究以数起卦,必须用干支历,而不是用农历。

干支纪年法就是用六十甲子纪年法来记载每一年、每一月、每一时,而不像现在公历纪时的方法来用阿拉伯数字记载时间,如 2004 年 3 月 29 日 11 时 13 分等;也不像农历那样用年号加数字来纪时,如唐高祖武德五年三月十五卯时等。干支历纪时的特点就是全部用干支来表示时间。如下图:

甲子	乙丑	丙寅	丁卯	戊辰	己巳	庚午	辛未	壬申	癸酉
甲戌	乙亥	丙子	丁丑	戊寅	己卯	庚辰	辛巳	壬午	癸未
甲申	乙酉	丙戌	丁亥	戊子	己丑	庚寅	辛卯	壬辰	癸巳
甲午	乙未	丙申	丁酉	戊戌	己亥	庚子	辛丑	壬寅	癸卯
甲辰	乙巳	丙午	丁未	戊申	己酉	庚戌	辛亥	壬子	癸丑
甲寅	乙卯	丙辰	丁巳	戊午	己未	庚申	辛酉	壬戌	癸亥

干支相配图

干支历纪年法在古代已十分完善。从公元 54 年开始,一直到现在为止,就从来没有间断或混乱过。这种方法从甲子年开始,至癸亥年止,每六十年为一个周期,周而复始,不断地循环,每隔六十年的纪年干支是完全相同的。

说到这里,我们就要问了,第一个甲子年是哪一年呢?这里特别指出:第一个甲子年的确定已经由古代的天文学学者完成了。甲子的确定,来源于天文学的观察,今天我们不能随便去改变的。干支历纪时有其特有物理和天文学含义,是对宇宙的一种描述,这也是一切卜筮方法以干支历为基础的原因。

另外,还有一个问题需要特别指出:干支历每一年的第一天既是不公历的 1 月 1 日,也不农历的正月初一,而是每一年立春的那一天。立春这一天,是每一年的第一天。

纳甲与易数

再把天干地支配合成一图，纳于八卦之中，即是所谓的"纳甲"，也就是"乾纳甲"的简称。

在汉代及汉代以后，许多《周易》的研究者把这套大法则，演变成小学问，用在算命、看相卜卦上，乃至用到侦判命案上，《洗冤录》中就有这方面的学问。像这样相配，地支的辰、戌、丑、未都空出来了。而天干的位置是：东方甲乙木、南方丙丁火、西方庚辛金、北方壬癸水、中央戊己土，和地支相配，名为纳甲。也就是把五行、八卦、天干、地支，归纳到一起。

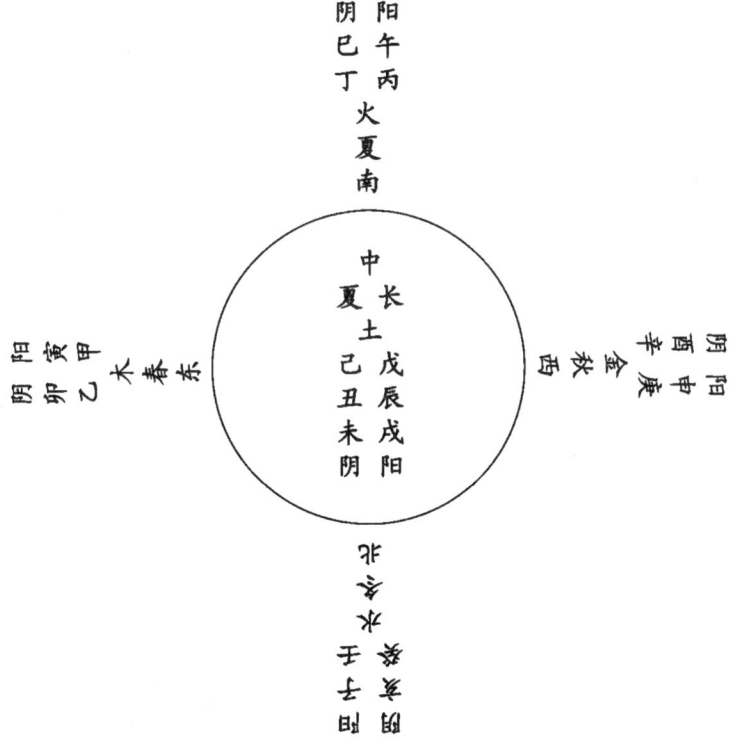

由前面圆图再配上八卦，用先天伏羲八卦图的位置纳甲，为乾纳甲、坤纳乙、艮纳丙、兑纳丁、戊己在中间、震纳庚、巽纳辛、离纳壬、坎纳癸。

地支上有六冲，也可从前面的圆圈中看到，凡是对面位的都是冲，如子与午、丑与未、寅与申、卯与酉、辰与戌、巳与亥都是相冲的。冲不一定不好，有的非冲不可。相对就是冲，这也是《易经》错卦的道理。实际上所谓冲，是二十八宿在黄道面上，走到太阳这个角度来，叫作"冲"；与太阳的方向相反，这就叫作"合"。从圆图上看，立场相等就是"合"。① 这里我们还要有一个观念，二十八宿在黄道十二宫的位置上，与太阳的躔度对立就变成"冲"，冲并不是难听的话，而是表示有阻碍。

纳甲筮法是《周易》筮法中比较成熟的一种方法，近年来，许多学者都进行了深入的研究，以刘大钧先生所著的《纳甲筮法》为最好，深入浅出，非常详尽，当世无出其右。由于这本书只是介绍最基本的概念，我们这里就不再多说了。

天干地支与五行相配

关于天干地支与五行这一套东西，如果只研究《周易》的学术思想和大的原理原则，则不必要研究了。如果要了解我们中国几千年来，《易经》八卦用之于天文、地理等方面的关系，就必须先了解五行干支。

随着人类的发展，人类文明的进步，人事愈趋复杂。因此我们的祖先，发现了天干地支五行的双重作用，不仅仅把这些概念用在历法中，又在描述人事的占断中也引用了这些概念和符号，并编定图案如下：

天干	甲乙	丙丁	戊己	庚辛	壬癸
地支	寅卯	巳午	辰戌午未	申酉	亥子
五行	木	火	土	金	水
方位	东	南	中	西	北

天干地支与五行相配图

掐指一算

在前面我们讲了先天八卦，现在讲一下后天八卦，也称文王八卦。后天八卦，还是乾、坤、离、坎、震、艮、巽、兑八个卦，可是图案上摆的位置完全不同了。周文王的八卦，为什么卦的方位要作这样的摆法，这要特别注意。假使学《易经》学到需要在某一方面应用，而且用得有功效，就要特别研究后天八卦了。"先天八卦"等于是表明宇宙形成的那个大现象，"后天八卦"是说明宇宙以内的变化和运用的法则。

从前面的图可以看到，后天八卦的位置，坎卦在北方，离卦在南方，震卦在东方，

---

① 如子与丑合、寅与亥合、卯与戌合、辰与酉合、巳与申合，等等。在十二地支中，还有两合、三合，等等。

震卦对面的西方是兑卦,东南是巽卦,东北是艮卦,西南是坤卦,西北是乾卦。

说到这里,先讲一点八卦的运用,现在大家把这个后天八卦,放到左手的手指上,排的位置是这样的:

无名指的根节上放乾卦,中指的根节上放坎卦,食指的根节放艮卦,食指的中节放震卦,食指的尖节放巽卦,中指的尖节放离卦,无名指的尖节放坤卦,无名指的中节放兑卦。

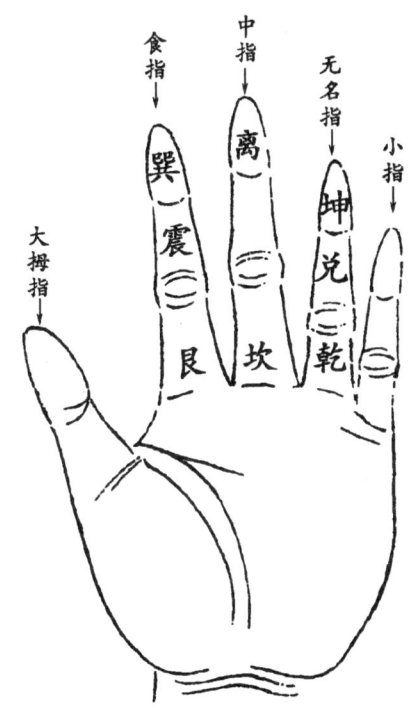

我们看了这幅手掌图,再记住了这个手指上的后天八卦,也可以象诸葛亮那样掐指一算了。记忆的方法,可以用下面四句歌词,背诵下来,更容易记住:

"一数坎兮二数坤,三震四巽数中分,五寄中宫六乾是,七兑八艮九离门。"

从图上看数字,好像很乱,其实仔细研究一下,一点也不乱,试把这个八卦圆图,加几条线,改成方图:

巽四	离九	坤二
震三	五	兑七
艮八	坎一	乾六

从这个图的位置上看,凡是相对的两个卦加起来,都得十的和数,如果连中心的五亦计进去,则无论任何一行,横的、直的、斜的三格总和都是十五,而两卦相加,都合而为十。我们中国人常说"十全十美",把十看做是代表圆满的数,想来不是没有一点道理的。

25

《周易》的理、象、数

在研究《易经》的学问时,有些人以"理"去解释《易经》,有些人以"象"去解释《易经》,有些人以"数"去解释《易经》。孔子撰《十翼》,阐述了《周易》中的哲学道理,阐发的就是"易理"。比如"天行健,君子以自强不息"、"地势坤,君子以厚德载物"等等。虞翻注《易》,主要从卦象上讲《周易》的道理,讲的主要是"易象"。也就是说,从爻位变动、本卦与综卦、互卦的关系等方面来描述事物的发展趋势,吉凶悔吝,用的就是"易象",也就是我们通常所说的"卦符"。邵雍著《皇极经世》,把古往今来说了个透彻,用的是"易数"。古代的人掐指一算,万事皆知,那就是了解了"易数"的缘故。把六十四卦配《河图》、《洛书》,就会得到"易数"。① 宇宙间万事万物都有它的数,这是必然的过程。所以《易经》每一卦、每一爻、每一点,都包含有理、象、数三种涵义在内。

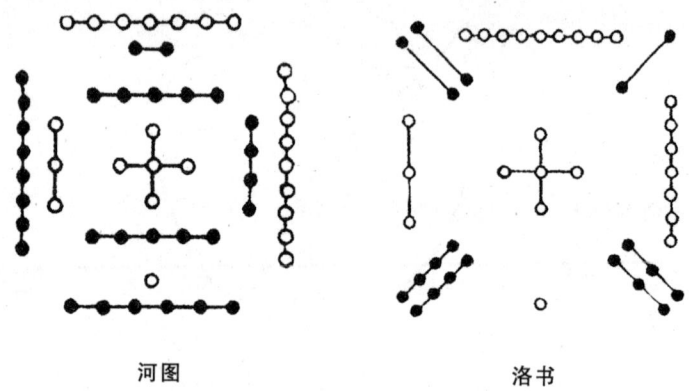

河图　　　　　　洛书

人处在世界上,与这个世界的关系,不停地在变,只要发生了变,便包涵了它的理、象、数。人的智慧如果懂了事物的理、象、数,就会知道这事物的变。每个现象,到了一定的数,一定会变。为什么会变,有它的道理。完全明白了这些,就万事通达了。理、象、数通了,就能知变、通、达,万事前知了。

基本理论讲到这里,以下我们进行卜筮学的研究。

---

① 可参考《六十四卦方圆图》,欲详细研究,请阅《周易集注(易经来注图解)》,九州出版社出版。

京房的高论

我们现在看到的筮法里，记录最完全的，是汉代的筮法。汉朝也距《周易》产生的年代很近，所以汉代的易学和筮法，应该是比较权威的。汉代易学的一个重要特征就是以卦气说解释《周易》原理，而卦气说的实质就是讲一年四季阴阳二气的消长运行。京房作为汉易的代表人物，其对《周易》占筮体例的理解，都贯穿了这一基本思想。他发展了《易传》中的阴阳说，提出了阴阳二气说，并以此解释易学中的阴阳范畴。

在京房看来，《周易》是讲变化的，所谓变化，无非就是阴阳变易。有阴阳二气相交相荡，升降反复，方有卦爻象和人事吉凶的变易。阴阳二气千变万化，新新不停，生生相续，永无止境，这就叫做"易"。而事物及卦爻象的存在和变易，总是又阴又阳，不能拘于一个方面。比如离卦象为二阳爻，中包一阴爻，这是"本于纯阳，阴气贯中"，[①] 所以才有文明之象。他认为，纯阳之体，必须其中贯以阴气，使刚阳之气趋于柔顺，即使其中虚，方能发光照物，否则就会成为暴热而伤物。如果只专于一面，有阳而无阴，或有阴而无阳，或者只能长不能消，其结果必然失败。所以，《系辞》说"一阴一阳之谓道"。这是以气具有两重性说明卦爻象具有两重性。

值得注意的是，京房还阐发了阴阳转化的观念，提出了"物极则反"说。如其解释大壮卦说："壮不可极，极则败。物不可极，极则反。"这是说，大壮卦四阳爻二阴爻，阳胜阴为壮。其爻辞说，羝羊以其角触藩篱，反而被系其角，处于进退两难之地，这就是壮极则反。即是说，阳胜阴为壮，壮极则反于阴。所以事物发展到极端则走向其反面，故说"物不可极，极则反"。京房认为，"物极则反"是同气候变化，阳极阴生，阴极阳生，寒极则暑，暑极则凉，所谓"阴阳代谢"联系在一起的。也就是其解大过卦所说的"阴阳相荡，至极则反"。

以五行学说解释《周易》卦爻象和卦爻辞的吉凶，也开始于京房。他以五行配入分宫卦及卦中各爻，乾配金，坤配土，震配木，巽配木，坎配水，离配火，艮配土，兑配金。乾卦为阳卦，各爻配十二辰的阳支，初爻为子，配水；二爻为寅，配木；三爻为辰，配土；四爻为午，配火；五爻为申，配金；上爻为戌，配土。坤为阴卦，各爻配以阴支，初爻为未，配土；二爻为巳，配火；三爻为卯，配木；四爻为丑，配土；五爻为亥，配水；上爻为酉，配金。其他六子卦各爻，按阴阳区分，配入五行，皆类此。制一五行爻位图，示之如下：

[①] 详见《京氏易传导读》，齐鲁书社出版。

兑金	艮土	离火	坎水	巽木	震木	坤土	乾金	八卦爻位
土	木	火	水	木	土	金	土	上爻
金	水	土	土	火	金	水	金	五爻
水	土	金	金	土	火	土	火	四爻
土	金	水	火	金	土	木	土	三爻
木	火	土	土	水	木	火	木	二爻
火	土	木	木	土	水	土	水	初爻

不仅如此，京房还按分宫卦的次序分别配入五星，即土星镇，金星太白，水星太阴，木星岁，火星荧惑。如乾宫的乾、遁、否、观卦，按五行相生顺序分别配土、金、水、木、火诸星。以下各卦依次循环配五星，至最后归妹卦，配岁星。这样，以天文学中的占星术解说人事的吉凶。京房还以五行生克说解释分宫卦同其爻位的关系，分宫卦为母，其六位为子，母子之间依五行顺序存在着相生相克的关系。同时又依据五行休王说提出八卦休王说，认为八卦同五行一样，轮流居于统治地位，某卦当政为王，其他卦则生死休废。京氏即以此解说卦爻辞的吉凶。

京房以阴阳五行学说解《易》，构造了一个以阴阳五行为间架的体系。他将八卦和六十四卦看成是世界的模式，认为《周易》既是自然界又是人类社会的缩影，作为世界变易的基本法则，即阴阳二气的运行和五行的生克，就表现在八卦和六十四卦及三百八十四爻之中，从而将西汉以来的自然哲学更加系统化了。

先知——邵康节的失误

说完了京房的高论，先说一下《周易》的神奇之处。如果《周易》没有什么用处，我们也就不必费心来记住这些卦名和卦序了。邵雍就是一个对《周易》活学活用的大师。邵雍，字尧夫，谥康节，后人或称之为康节先生，他用经世理论推出的历史年表非常准确。因为寒暑雨露都是阴阳二气的作用，所以邵雍由此创制了先天卦气图：

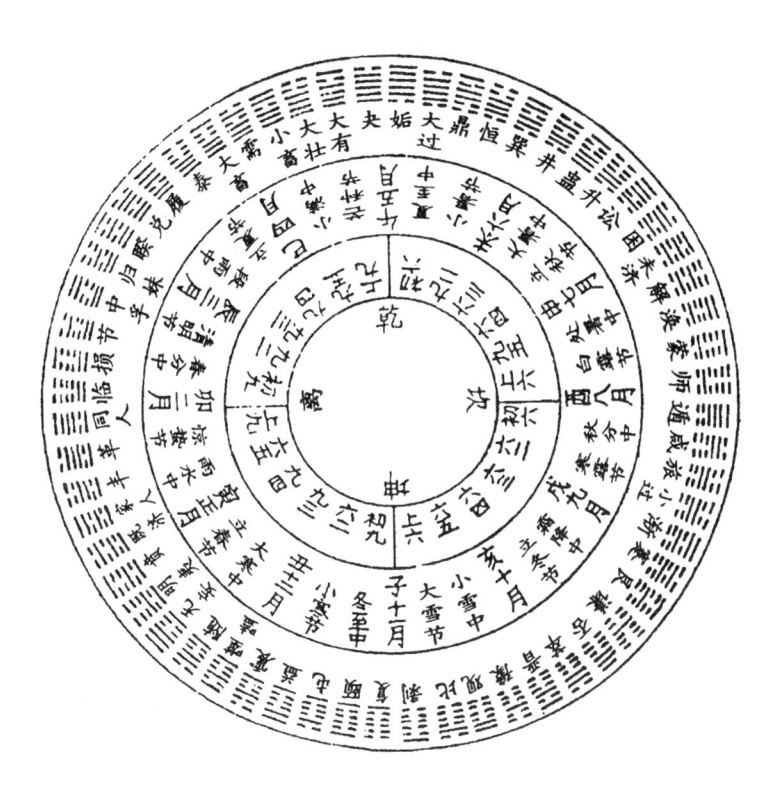

先天卦气图

这个卦气图不仅能象图中表示的那样来描述一年中阴阳二气的消长，还可以用卦气图来描述人类历史的发展。

根据邵雍所著的《皇极经世》中的理论，卦气图描述的，是一元之内，即从天地开辟到毁灭，十二万九千六百年中阴阳二气消长的状况。

依汉代卦气图将六十卦分配于一年的方式，新卦气图将六十卦分配于十二万九千六百年之中，则每卦主管：

$129600 \div 60 = 2160$（年）

如同旧卦气说每卦主管六日七分一样，新卦气说每卦主管二千一百六十年。也就是说，这二千多年中天地间所发生的事变，都可用这一卦的性质加以说明。

一个卦象，怎能说明这么多年中的事变？比如从秦朝建立到现在，就是二千一百多年，一个卦象，能说得清这么多年中的事变吗？这显然有些力不从心。邵雍在这里采取了变卦的方法。比如复卦，若初爻由阳变阴，则成坤；二爻阴变阳，成临；三爻阴变阳，成明夷；四、五、上爻都依次由阴变阳，则可成震、屯、颐。这样，依据这个变卦原则，一个复卦可变为坤、临、明夷、震、屯、颐六卦。将2160年再分配给六个卦象，则每卦主管：

$2160 \div 6 = 360$（年）

这360年中的事件，即可由复卦和由复卦变来的某一卦，比如说屯卦，共同加以说明。这样，每卦主管的范围就小得多了。

尽管如此，360年还是太长，于是一卦又变六卦，每卦主管360÷6＝60（年）。还可继续变下去，直到满足需要为止。

依邵雍的思想，一元并非一定是129600年。一元，只是一个单位；这个单位，可以灵活运用。一元也可当作一年，一年也可当作一元。一元可以当作一年，所以卦气说就可运用于一元之中。一年也可当作一元，那么，每年就也可画成129600个单位。而每个单位又可当作一元而继续分成129600个单位。同样，往大处说，则129600年，或129600个元，也可当成一个单位，这样的单位，又用129600个组成一个更大的元，即更大的单位。无论是往大处的组合，还是往小处的划分，都可以无限进行下去，直到满足自己的需要为止。流传至今的邵雍的《皇极经世》，都是别人整理过的本子。有的本子甚至把这个数字推算到7958661109946400884391936000000000000000。这样大的数字，即使把一个单位当作一秒，它所表示的时间长度也比现在所知的地球的年龄以至整个太阳系的年龄要长得多得多。

邵雍认为，无论多大的时间范围，也无论多小的时间范围，只要运用他的方法，把卦象依新的卦气图卦序分配于这个时间范围之内，那么，这个时间范围之内的天道、人事都可得到说明。在邵雍的体系面前，什么上知千年、下知千年之类都非常微不足道了，非常非常微不足道了。

依汉代形成的宇宙演化论，轻清上升，重浊下降，从而天地剖分以后，到某一阶段，才产生了人。《易传》也说，有天地然后有万物。人，自然也应产生于天地开辟之后。邵雍也接受了这些说法。并且似乎认为，在一个漫长的历史时间内，人类的情况如何？这是个非常难以了然的问题。或者说，没有什么历史记载，甚至连传说也没有。

邵雍认为，较为可信的历史，应当从帝尧开始。据邵雍推算，帝尧，处于我们这个元内的巳会、癸运、未世。巳会近午，因此正当日之中天。我们的时代，已处于午会。因为一会有129，600÷12＝10，800（年）。所以直到今天，我们仍处于午会的开始阶段，正是这一元之内兴盛发达的时代。距离天地毁灭还远得很。

邵雍根据自己的经世体系，一一考察了历史上的重大事件：从尧、舜、禹、汤，一直到宋赵匡胤作皇帝之前。

列举了这些历史事件以后，再和新的卦气图对天道、人事的说明相比照，结果是"若合符契"。就是说，依照改造过的卦气图来说明历史，乃准确无误。

当然，邵雍的目的，决不是仅仅为了说明历史。说明历史，仅仅是对自己理论的检验，理论的真正目的，是要预测未来。

随着"夏商周断代工程"的成功，我们知道了具体的《夏商周历史年表》，仔细研究这个表，你就会发现，这和《皇极经世》中的历史年表是一致的。

邵雍算历史命运，算得真准，可是怎么样算法？他只在《皇极经世》中说了个大概，并没有真正的把方法仔细告诉我们。可是话说回来，他也真值得尊敬，他可以把孔子以后古人们的各种法则融汇在一起，构成一套完整的法则，的确是了不起的。他一年到头都生病，风一吹就垮，夏天外出，车子外面还要张挂布幔，还要戴帽子，一年四季要天气好才敢出门，可能是因为用脑过度了。《宋史》中他被列为高士，皇帝再三请他出来当宰相，他说："何必出来做官，现在天下太平，有好皇帝、好领袖、好宰相，像这样的时代，不需要我出来。"

我们说，"《易》与天地准，故能弥纶天地之道"。《周易》描述的是宇宙间的至理，描述的是万有的源头，是那个最根本的"道"。检验过去，未卜先知，都是用《易》的小术。我们要讨论的是《易经》中的大道，而不仅仅是这些用法。如果舍本逐末，舍弃最根本的东西，未卜先知又如何呢？也许邵康节的先知，正是他的失误所在。

古老的筮法

《周易》是专讲卜筮的书，不讲卜筮，不讲象和数，也就失去了它的根本。所以，要研究《周易》，我们必须先讲一下筮法。

我们看到的《周易》通行本，据学者们说，应该是全的。虽然经文里并没有告诉我们怎么应用《周易》进行卜筮，但《系辞传》给了我们一个简略的说明：

天数五，地数五。五位相得而各有合，天数二十有五，地数三十，凡天地之数，五十有五，此所以成变化而行鬼神也。大衍之数五十，其用四十有九。分而为二以象两，挂一以象三。揲之以四，以象四时，归奇于扐以象闰。五岁再闰，故再扐而后挂。乾之策二百一十有六，坤之策百四十有四，凡三百有六十，当期之日。

是故四营而成易，十有八变而成卦。八卦而小成。引而伸之，触类而长之，天下之能事毕矣。显道神德行，是故可与酬酢，可与祐神矣。子曰：知变化之道者，其知神之所为乎？

占筮是用蓍草进行的。蓍草产于关中，相传可以活百年，一枝可以生出百茎来。但如无蓍草，用竹筹、策亦无不可。占卜要先求出一卦的卦象，然后再根据卦象断出吉凶。

首先取出五十根蓍草来，用右手取出一根置于一旁，作为太极。

然后是分二。将其余的四十九根蓍草，随手一分为二，两只手各拿一部分。

第三步是挂一。任意从一只手拿着的蓍草中取出一根，放在一旁。这时两手共持有的蓍草共有四十八根。

第四步是揲四。将两只手所持的蓍草分别四根一组、四根一组地取出。若两手中的蓍草恰好均能被取完，则将两手的各最后一组不取，而视为余数，即余数为八。若两手中蓍草未能被取尽，则两手所作的蓍草的数量即为余数，此余数之和必定为四。

第五步是归奇。将两手所作的蓍草归到一处。根据上面的步骤，归奇后所作蓍草的数目只可能是八和四。因为四十八减去四的倍数，余数只可能是四或八。

现在，我们已经完成了第一变，接着进行第二变。进行第二变时，先将第一变时归奇的蓍草去掉，即去掉四根或八根，再去掉前一步挂一的那一根，则第二变时的蓍草数量只可能是四十根或四十四根。进行第二变的步骤同于第一变，八是分二、挂一、揲四、归奇等步骤。只是在计算余数时，与第一步有所不同，就是在计算余数时，要将挂一的那一根加上，而第一变计算余数时，是不加挂一的那一根的。这时，因为蓍草总数为四十根或四十四根，那么第二次挂一以后，其总数只可能为三十九根或四十三根。分二、挂一、揲四以后，两手的蓍草的余数只能是一和二或三和四两种。余数之和再加上挂一的那一根，则第二变的余数也是非四即八。

接下来，我们进行第三变。用第二变剩余的蓍草的数目有三种可能：一，三十二根，也就是第一变和第二变各去掉了八根。二，三十六根，也就是第一变和第二变时一次去掉了四根，一次去掉了八根。三，四十根，也就是第一变和第二变各去掉了四根。按照与第二变完全相同的办法进行第三变，其余数也必定是四或八。

将三变后的蓍草余数相加，其和必定是以下四种情况的一种：

三次余数均为八，其和为二十四。

三次余数均为四，其和为一十二。

其中二次余数为八，一次余数为四，其和为二十。

其中二次余数为四，一次余数为八，其和为一十六。

以四十八分别减去以上三变之和，其结果分别为二十四、三十六、二十八、三十二。将这四个数字再分别除以四，最后得到六、九、七、八这四个数字。也就是说，根据以上演算方法所得到的数字只可能是六、九、七、八。其中，六为老阴，记作×；九为老阳，记作〇；七为少阳，记作—；八为少阴，记作— —。

通过前面的三变，我们就得到了一爻。

将这个步骤再进行五次，也就是总共进行十八变以后，一卦所需的六爻，我们就能全部得到。

然后，将我们得到的六爻按从下至上的顺序排列好，就成卦了。

如将占筮所得的九和七均记为—，六和八均记为— —，按从下至下的顺序排列所得的卦，就称为本卦。由于九和六为老阳和老阴，是要变的，其所变之卦即为之卦。举例如下：

占筮结果	本卦（遁）	之卦（家人）
──	──	──
──	──	──
──○──	──	─ ─
──	──	──
─ ─	─ ─	─ ─
─×─	─ ─	──

动爻的断法

由于《周易》是占变的，其吉凶的推断是根据动爻的变化进行占断。其断法如下：

本卦和之卦完全相同的卦，也就是六爻安定的卦，即以本卦卦辞断之。

本卦和之卦全部相反的卦，也就是六爻皆动的卦，如果是乾坤二卦，以"用九"、"用六"之辞断之，如乾卦六爻皆动，则为"群龙无首，吉"。如是其它的各卦，则以之卦的卦辞占断，如筮得本卦为坎，之卦为离，则以离卦卦辞"利贞，亨，畜牝牛吉"断之。

一爻动，则以动爻之爻辞断之。

若一爻不动，五爻皆动，则以不变爻的爻辞进行占断。

两爻动者，则取阴爻之爻辞以为断，盖以"阳主过去，阴主未来"故也。如天风姤卦，初六、九五两爻皆动，则以初六爻断之，九五爻为辅助之断，因为"阳主过去，阴主未来"。所动的两爻如果同是阳爻或阴爻，则取上动之爻断之，如既济卦，初九、九五两爻皆动，则以九五爻的爻辞为断。

三爻动者，以所动三爻的中间一爻之爻辞为断。

四爻动者，以下静之爻辞断之。

古人有句老话，"卜以决疑，不疑何卜？"有疑则卜，无疑则不卜。一件事情，在两难之间，这么做也没有把握，那么做也没有把握，没有主意的时候才去占卜。如果有自己的主意，知道事情该怎么去解决的话，则应该用自己的智慧去解决问题，而不必求诸于卜筮了。

古人还有一个说法，叫"卜以固信"。也就是决定了怎么去做，但是心里没底，就卜一卦给自己增强自己的信心。历史上这样的事例很多，我就不一一列举了。

上面说的筮法，是我们老祖宗告诉我们的最正宗的筮法。但是，在这个筮法之前，还有很多更古老的筮法，但大部分都已经失传了。到了汉代，又有了更精密的纳甲筮法。

历史上传下来的卜占的方法很多，《系辞传》讲的筮法仅是卜占的方法之一。在据传为邵雍所著的《梅花易数》里，就讲了十几种占法，如以年月日时起卦，以字起卦，以自然界里的事物起卦等等。现在，人们最常使用的，就是金钱卦，据说是邵雍传下来的。

金钱卦

有的人认为，几千年下来，《易经》没有变，其实很多地方都变了。用三个铜钱卜卦的方法，就是从焦京易这个系统下来的，不过方法上历代都有变更和扩充，因为社会在演进，人事愈趋复杂。到了宋朝的邵康节，又根据《易经》，另外产生了一套法则，解释又不同。明朝以后的太乙数又不同。但是，只要是推演的方法对了，无论用哪一种方法，结果都是一样的，这也是天下事殊途而同归的道理。金钱卦起卦时，也不用"四营而成易"了。它起卦时用的是古代的外圆内方的铜钱，不过现在不容易找到，我们借用现代的硬币也可以，反正都是一正一反两面。任意将一面作为阳面，一面作为阴面，将三个钱在掌心中摇一阵后丢在桌面上，如果说其中两个钱是阴面，一个钱是阳面，便以阳面为主，记录一个"一"的记号，代表这是阳爻。有的人可能认为应该记为"一一"，其实这是不对的。因为按照《易经》的道理，"阳卦多阴"，也就是我们所常说的"物以稀为贵"。如天风姤卦就是以阴爻为主，如果把卦爻视为男女的话，六人中有五男一女，这一女就成了主要的了，所以才说"姤，女壮，勿用取女"。如果卜出的钱是两个阳面一面阴面，就是阴爻，记录一个"一一"的记号。如果三个钱全是阳面，作的记号是一个圈"○"，也就是老阳，是动爻，要变阴的，阳极则阴生。如果三个钱全是阴面，作的记号是"×"，这是老阴，是要由阴变阳的动爻。这样连续作六次，完成六爻。装卦的顺序是由下向上依次排列，第一次所卜得的为初爻，第二次为第二爻，依次上去最后到上爻，最后得卦。这是目前卜卦的方法，它的源流，据南怀瑾先生说，是自秦汉以后开始的。卜卦主要看动爻，一件事是静态的，不动则不需要问，因为本身无事。一动而吉、凶、悔、吝生，所以要在动爻上看吉凶。

最简单的大学问——《梅花易数》

《周易》为什么能预测未来呢？古人依据天人感应的学说，认为宇宙、社会、万物都是全息的。宇宙中有的，人身也有；人身中有的，万物悉备，所谓"万物无情也有性"。在古人的观念中，宇宙万物，即使顽石之类的无知之物，与人类也是相互影响、相互作用的。人与自然界甚至与整个宇宙的相互关系，用《周易》是可以描述的。为什么呢？因为事物的变化趋势是有规律可循的，"履霜，坚冰至"，人事的吉凶悔吝是可以预知的。

任何能用来推理未来的方法，都称之为预测，如《梅花易数》、《太乙神数》、《奇门遁甲》、《六壬神课》、《子平八字》、《紫微斗数》、《纳甲筮法》等等，而在所有预测中最简单，最精确的莫过于《梅花易数》，它为初学者提供了走向活变最高境界的可循之路。《梅花易数》，其占法以时间、方位、声音、动静、地理、天时、人事、颜色、动植物等等自然界和人类社会中一切可以感知的事物异相，作为媒介体起卦，同时全方位地考察卦象的体用互变、卦爻辞，并纳入五季、五方、五色、五行、干支及三要、十应等等诸元，依据既定的逻辑推演模式，预测出人事、财运、出行、谋划、婚姻等事物的发展趋势和细节，非常适合入门者学习。而奇门遁甲、铁板神数等方法，不仅要借助一套工具书，而且起卦、推卦十分烦琐，一般读者用一生的时间也许都不会运用自如，更不要说精通了。

《梅花易数》是邵雍对《周易》的具体推衍，在历史上是名气最大的一本书，应用的主要是易占的方法。易占就是依据取象比类以简驭繁的方法来采集信息，然后在运用象数体系推演运筹，揭示出事物的趋势。这个道理很简单，但是必须要真明白，因为不明白这个道理，就不能理解预测术的思维方法和哲理本质。

研究此书，对于体会《周易》的数理本质，是十分必要的。

圣贤的教诲

我们现代人常常以为，古人是非常迷信卜筮的。事实上并非如此。其实，古代的圣贤从不迷信，在这里，我引用《帛书周易·要篇》，[①] 来说明一下先贤对神秘的卜筮之学的态度。研究易道和易数的目的，就是要开阔视野，究天人之际，使我们在学问上广见博闻，修养上有所进步，道德上有所提高。

夫子老而好《易》，居则在席，行则在橐。子赣曰："夫子它日教此弟子曰：'德行亡者，神灵之趋；知谋远者，卜筮之繁。'赐以此为然矣。以此言取之，赐缗行之为也。夫子何以老而好之乎？"夫子曰："君子言以矩方也。前祥而至者，弗祥而巧也。察其要者，不诡其福。《尚书》多疏矣，《周易》未失也，且又有古之遗言焉。予非安其用也，予乐其辞也，予何尤于此乎？"子赣曰："如是，则君子已重过矣。赐闻诸夫子曰：'逊正而行义，则人不惑矣。'夫子今不安其用而乐其辞，则是用奇于人也，而可乎？"子曰："谬哉，赐！吾告汝。《易》之道，良筮而善占，此百姓之道也，非

---

① 原文见《周易研究》2008年第4期，《帛书〈要〉篇"夫子老而好易"章新释》，廖名春著。

《易》也。夫《易》，刚者使知惧，柔者使知刚，愚人为而不妄，渐人为而去诈。文王仁，不得其志，以成其虑。纣乃无道，文王作，讳而避咎，然后《易》始兴也。予乐其知之。非文王之自作《易》，予何知其事纣乎？"子赣曰："夫子亦信其筮乎？"子曰："吾百占而七十当，唯周梁山之占也，亦必从其多者而已矣。"子曰："《易》，我后其祝卜矣，我观德义耳也。幽赞而达乎数，明数而达乎德，又有仁守者而义行之耳。赞而不达于数，则其为巫；数而不达于德，则其为史。史巫之筮，向之而未也，好之而非也。后世之士疑丘者，或以《易》乎？吾求其德而已，吾与史巫同涂而殊归者也。君子德行焉求福，故祭祀而寡也；仁义焉求吉，故卜筮而稀也。祝巫卜筮其后乎？"

这位向孔子提问题的学生，就是我们非常熟悉的孔子弟子端木赐，字子贡（子赣）[1]，是孔子非常喜欢，也非常倚重的学生。春秋时期，孔子弟子三千，贤者七十有二，于学问道德方面各有精通。端木赐原是卫国人，善于经商，是孔子弟子中最富裕的。"赐不受命而货殖焉，臆则屡中。"[2] 他不光有商业才能，在政治上也有很高的成就，曾当过鲁国的宰相。学绩优异，文化修养丰厚，善于辩论，政治、外交才能卓越，理财经商能力高超。在孔门弟子中，是把学和行结合得最好的一位。

这么有水平的一位学生，提的问题当然也有很高的水平。早年的孔子也研究《周易》，但并非多么的重视它，只是把它看作一般的卜筮之书。但是到了晚年，在周游列国，处处碰壁之后，在对《周易》的思想认识上，有了明显转变，非常的喜欢，甚至手不释卷，"居则在席，行则在橐"，这令学生们颇为不解。尤其是子贡，好像还有点认为老师是老糊涂了。子贡没给老师的反常行为留什么面子，直接问道："老师呀！你以前不是教导我们说，丧失德行的人才去求神问鬼，没有智谋的才会打卦问卜，我认为你那时讲得很正确，我也认认真真地按老师的教诲去做了。可老师呀，怎么你老了反喜欢上这些玩意了？"

这个问题提得很好，一向"敬鬼神而远之"的圣人，是不讲天命和迷信的。"未能事人，焉能事鬼"？孔子始终认为尽人事是第一要义，不要迷信天命，那么，怎么老了反而崇拜起《周易》来了呢？"加我数年，五十以学《易》，可以无大过矣。"[3] 意思就是说，如果天假我年，或五年，或十年，沉潜于《周易》之中，那么我的人生大概就不会走大的弯路了。充分地肯定了《周易》对人生的指导作用，确实令人不解。

夫子说："君子代天立言，自有自己的原则，而不能人云亦云。迷信天命和鬼神，

---

[1] 汉朝学者刘向的《说苑》中，将端木赐之字称为子赣，并指出，"子贡"乃"子赣之误"。端木赐为鲁国宰相时，鲁公赐端木氏字"子赣"，因"赣"字的古读音为 gòng，因而后人凡作"子贡"者，亦音讹所改。该说在汉朝典籍《石经》中也有修正："贡应作赣。"
[2] 《论语·先进》。
[3] 《论语·述而》。

是人生的常态。人间的祸福，当然也是常态。过去的吉祥和祸，自有其规律，不是偶然的。知道了祸福的规律，就会安然处世，而不是去投机取巧。在这一点上，《尚书》没有细说，《周易》却加以了保留，而且都是古圣人之说。我这么大岁数了，并非沉浸于《周易》的卜筮之应用，而是喜欢《周易》的哲学和思辨。"

孔子的回答，子贡还不是太满意，又问道："如果这样，那你又错了。您曾经教诲我说：'谦逊正直，敢作敢为，人们就不会有什么人生的困惑。'夫子您不重视卜筮的技法和结果，而只是注重《周易》的思想和方法论，这不是缘木求鱼吗？通过研究卜筮之道，也能通晓天地宇宙和人生的大道吗？"

夫子说："荒谬呀，赐！我告诉你，研究《周易》，希望百占百灵，是普通人的想法，而不是真正的易道。真正的易道，就是通过研究《周易》，发现天地人生的规律，能够敬畏规律。让鲁莽的人知道害怕，让软弱的人知道勇敢，让愚昧的人不敢妄为，让奸诈的人回归忠厚。文王仁爱，不得其志，才有了这些思想。纣王无道，文王作《易》，为了不因此书而招灾惹祸，才给此书披上了卜筮的外衣。从成书过程看来，文王作《易》的本意，本来就是说明这些道理的，你怎么会有这样的疑问呢？"

子贡又问道："夫子您也信占卜之术吗？"

孔子曰："我也占卜。一百回大概有七十回是准的，只用'周梁山'的占法。看看占的结果，哪个多，就按哪个办。"

最后，孔子总结道："《周易》的研究，我只是重视卜筮背后的规律，看到的只是卜筮背后的德义啊。通过占筮的技法得到数，通过数的结果而知晓天人之道，从而来指导自己的思想和行为。占卜只重视结果，而不研究祸福的规律，只不过是巫觋之术；重视祸福的规律，记录下来，而不能以之指导人民，也不过就是史官的职责。史官和巫觋的卜筮之术，我也研究了，但最终还是给否定了。后来的学子们，如果对我有什么怀疑的话，或许就是因为《周易》吧？我只不过求其哲学思想和方法论罢了。我和史官及巫觋，是同一种研究方向，得出的却是不同的结论。君子重视自己的修养，而不是求告于鬼神，因此很少祭祀；宽厚仁义来求得自己的福报，而不是预知未来而投机取巧，因此很少卜筮。这些神秘文化呀，我是不信的，我看重的是这些神秘文化背后的东西。"

从这里，我们可以知道，孔子晚年为什么这么喜好《周易》呢？

"吾求其德而已。"

这正是圣人对待卜筮的态度。

那么，我们普通人对待卜筮的态度呢？

"《易》之道，良筮而善占，此百姓之道也，非《易》也。"

也就是说，希望百占百中，是普通百姓对于卜筮的要求，无非也就是事能前知，趋吉避凶而已，并非易道的真髓，也是不正确的研究态度。研究易道和易数，"幽赞"和"明数"都是手段，"周梁山之占"只是一种占算的方法，最后还是要"达于德"，提升自己的修养，达到"仁"的境界。如果不能明白研究易道的目的，眼睛里只有这些占筮的手段和技法，"赞而不达于数，则其为巫；数而不达于德，则其为史。"就成了半瓶醋，要么是个神神道道的门外汉，要么是个不知变通的唯技术论者。

研究易道，目的就是要明白天人之道，从而有助于自己的道德修养。如果只重视占筮的技法，无论有多么高的准确率，无非就是"史巫之筮"，似是而非，绝不是我们研究易道的目的。我们的目的就是通过对这种常见的《易经》的讲解，使读者对神秘之学有一个充分的理解，而不至于人云亦云。这也是我们研究《易经》的正确态度。

本书的读法

把前面说的东西都记熟了，就可以开始研究《易经》了。因为本书在经文和传文的上面都加注了拼音的缘故，您再往下读正文应该是没有什么难度的。这本书对于经文和传文的解释，主要根据《程氏易传》和《周易本义》的观点，因为一千多年来，这两本书作为入门的书都经受了历史的检验，大家都认为，在这两本书里面，已经把最基本的东西都给讲明了，最适合入门的人研究。当然，书里也收入了历史上的其他易学家的观点，来作为理论上的补充。作为一本入门的书，我主张读者既要研究一下象数，也要研究一下义理，不能偏废。当然，随着你们入门后研究的深入，就会有自己的研究方向，往哪个方向研究都可以，都不是错的。

认真研究完这本书，有关《周易》的基本常识也就知道了，对卦爻辞的基本理解也没问题了，进一步去研究《周易》也就有了基础。我研究《周易》有很多年了，以自己的经验来说，其实，研究的本身就是一种没有什么东西可以替代的乐趣。从开始的兴趣，到非常的熟悉；从开始的入门，到自觉的应用，都是非常有意思的事情。一个问题找到了答案，同时又会发现另一个新的问题，这样不断发现问题，发现新的道理，研究下去，不知不觉，就到了现在，二十年就过去了。古人说"闲坐小窗读《周易》，不知春去已多时"，真是一种不可多得的境界。

下一步读什么书

研究完这本书，应该就专门的易学史做一下了解，朱伯崑教授的《易学哲学史》应该研究一下。另外，其主编的《易学基础教程》，集合了国内学人的观点，最适合易学入门者阅读。

唐人孔颖达的《周易正义》一书，是中国易学由学派分立阶段进入学派合并统一阶段的标志，长期立于学官。此书以义理学为主，兼讲象数，是易学史上除经和传外最重要的典籍。

唐人李鼎祚所撰的《周易集解》，是史料价值仅次于孔颖达《周易正义》的易学典籍。李鼎祚编纂此书的目的，主要是要对孔颖达《周易正义》重视义理之学的偏向进行纠正。他在此书中引的前人议论，多属象数一派，基本属于象数易学的范畴。如果说《周易正义》是义理学为主的总结性的易学典籍，那么《周易集解》就是偏重于象数学的总结性的易学作品。

北宋刘牧所撰的《易数勾隐图》，是两宋图书之学的现存最早的代表作品。刘牧易学是北宋时已有了很大的影响，谈论易数的人都很推崇他，很多人的易学作品，都以此书为依据。

北宋欧阳修作《易童子问》，是宋代易学中最具怀疑精神的一部作品。欧阳修作为"唐宋八大家"之一，当过高官，大家都知道，其实他的易学修养也是第一流的。读一下这本书，培养一下必要的疑古精神，是很有必要的。

北宋邵雍的《皇极经世》，是北宋易学数学一派的代表性的作品。有的人在文艺作品里总是把邵雍写成一个算命先生，这是个误会。其实他主要是把《周易》的理论应用到他的历史研究和哲学研究上，成就很大，可不光是会算算卦。他被后人尊为北宋五子之一，死后配祀孔子，你说他的学问该有多大？

《程氏易传》，是北宋程颐先生所撰的北宋理学易学的代表作品。程颐说的"饿死事小，失节事大"，大家可能都知道。他的易学作品可没有这么左，深入浅出，偏重于义理，非常好读。程颐治学严谨，是儒学正统，在宋时其作品甚至是读书人人手一册，是入门必读之书。

南宋朱震的《汉上易传》，是程氏易学派系中偏重于象数的著作。其说以《程氏易传》为依据，并综合汉唐各家的见解。其引述各家易学偏重于象数方面，对于汉代卦气、纳甲、飞伏、五行、互体、卦变诸说及北宋河图洛书说、太极图说、先天图说等等，都作了详细的解释、评论与总结。

南宋朱熹的《周易本义》与《易学启蒙》。从明朝开始，朱熹对《周易》的解释就是科举考试的标准答案，影响也最大，学《周易》者不可不知。

南宋杨简的《杨氏易传》，是心学派易学的代表作。其书认为，易学为心学的理论表现，既不重视象数，也不重视自然法象之妙，而以易之道为道心之表现，以易理为心性之学，在易学史上别具一格。

明代来知德的《周易集注》，这是明代易学最重要的作品。他在万县深山之中，专门研究易理，用二十九年的时间，写成此书。此书强调理、气、象、数的统一，而稍偏重于象数，对明以来的易学做了一次大的总结。其注先训释象义、字义及错综义，后加一圈方训释本卦本爻真意，把《周易》做成了一个严密的系统，最有见地。

明末方孔炤的《周易时论合编》，是关于《周易》象数学的总结性著作。其书以《易经》为纲，把历代各家有关的议论收集到经传相应的文字下，集前人之大成，考证精详，议论严谨。

明末清初，王夫之所著《周易内传》与《周易外传》，是明代易学集大成的作品。作为明清之际三大思想家之一，其著述甚丰。除这两部书以外，他研究《周易》的书还有《周易稗疏》、《周易考异》、《周易大象解》等。

清李光地所主编之《周易折中》，是由康熙皇帝支持编纂的易学作品，亦称《御纂周易折中》。其书兼采义理与象数，以程朱之说为正统，兼采各大家之说。上律河洛之本末，下及众儒之考定，与通经不可易者，折中而取之，故名《周易折中》。

清焦循所撰的《雕菰楼易学三书》，即《易通释》、《易章句》、《易图略》三书。焦循精研经、史、历算、声韵、训诂等，极负盛名。这部书主要从天文算学出发，将天文推步测算的方法用于易学，以天文数的比例来推求《易》的比例，由此推衍出"旁通"、"相错"、"时行"三种法则，将易学问题为先天的数理形式的问题并进行了一一解答。对汉代以来象数学中的卦变、半象、纳甲、纳音、爻辰等，一一加以考辨和驳斥。书中创见颇多，自成一个理论体系，对历史上一直没有答案的问题做了解答。如爻辞为什么会有重复，卦与卦之间有什么联系，六十四卦是不是一个整体等，做了详细的阐释。其书发前人所未发，一时被称为绝学。

清以后至今，学者们在易学研究上亦多有建树。因作品繁多，兹不再一一列举。

下面，我们开始对《周易》及《易传》的研究。

卷 一

周易上经

乾卦第一

（乾下乾上） ䷀ 乾 元亨利贞。

六画者，伏羲所画之卦也。一者，奇也，阳之数也。乾者，健也，阳之性也。卦符前解说中之"乾"字，三画卦之名也。下者，内卦也。上者，外卦也。经文"乾"字，六画卦之名也。伏羲仰观俯察，见阴阳有奇偶之数，故画一奇以象阳，画一偶以象阴。见一阴一阳，有各生一阴一阳之象，故自下而上，再倍而三，以成八卦。见阳之性健，而其成形之大者为天，故三奇之卦，名之曰乾，而拟之于天也。三画已具，八卦已成，则又三倍其画，以成六画，而为八卦之上，各加八卦，以成六十四卦也。此卦六画皆奇，上下皆乾，则阳之纯而健之至也。故乾之名，天之象，皆不易焉。"元亨利贞"，文王所系之辞，以断一卦之吉凶，所谓彖辞者也。元，大也。亨，通也。利，宜也。贞，正而固也。文王以为乾道大，通而至正，故于筮得此卦，而六爻皆不变者，言其占当得大通，而必利在正固，然后可以保其终也。此圣人所以作《易》教人卜筮，而可以开物成务之精意。

案：乾、坤之"元亨利贞"，诸儒俱作四德说。唯朱子以为占辞，而与它卦一例，其言当矣。然四字之中，虽只两意，实有四层。何则？元，大也。亨，通也。利，宜也。贞，正而固也。人能至健，则事当大通。然必宜于正固，是占辞只两意也。但《易》之中，有言"小亨"者矣，有言"不可贞"者矣。一时之通，其亨则小，唯有大者存焉，而后其亨乃大也，是大在亨之先也。硁硁之固，固则非宜，唯有宜者在焉，而后可以固守也，是宜在贞之先也。其在六十四卦者，皆是此理。故其言"元亨"者，合乎此者也。其但言"亨"，或曰"小亨"者，次乎此者也。其言"利贞"者，合乎此者也。其言"不可贞""勿用永贞"，或曰"贞凶""贞厉""贞吝"者，反乎此者也。乾坤诸卦之宗，则其"亨"无不大，而其"贞"无不宜。文王系辞备此四字，故孔子推本于天之道，性之蕴，而以四德明之，实所以发文王之意。且以为六十四卦详略偏全之例，非孔子之说异乎文王之说，又非其释乾坤之辞独异乎诸卦之辞也。

初九　潜龙勿用。

初九者，卦下阳爻之名。凡画卦者，自下而上，故以下爻为初。阳数九为老，七为少，老变而少不变，故谓阳爻为九。"潜龙勿用"，周公所系之辞，以断一爻之吉凶，所谓爻辞者也。"潜"，藏也。"龙"，阳物也。初阳在下，未可施用，故其象为"潜龙"，其占曰"勿用"。称"龙"者，假象也。天地之气有升降，君子之道有行藏。"龙"之为物，能"飞"能"潜"，故借"龙"比君子之德也。初九既尚潜伏，故言"勿用"。凡筮遇乾而此爻变者，当观此象而玩其占也。

九二　见龙在田。利见大人。

二，谓自下而上第二爻也。九二刚健中正，出潜离隐，泽及于物，物所"利见"，故其象为"见龙在田"，其占为"利见大人"。九二虽未得位，而大人之德已著，常人不足以当之，故值此爻之变者，但为利见此人而已。盖亦谓在下之大人也。此以爻与占者相为主宾，自为一例。若有"见龙"之德，则为"利见"九五在上之"大人"矣。

九三　君子终日乾乾。夕惕若厉。无咎。

九，阳爻。三，阳位。重刚不中，居下之上，乃危地也。然性体刚健，有能"乾乾"惕"厉"之象，故其占如此。君子，指占者而言。言能忧惧如是，则虽处危地而"无咎"也。三虽人位，已在下体之上，未离于下而尊显者也。舜之玄德升闻时也。日夕不懈而兢惕，则虽处危地而无咎。在下之人，而君德已著，天下将归之，其危惧可知。虽言圣人事，苟不设戒，则何以为教？作《易》之义也。

九四　或跃在渊。无咎。

"或"者，疑而未定之辞。"跃"者，无所缘而绝于地，特未飞尔。"渊"者，龙之所安也。上空下洞，深昧不测之所。龙之在是，若下于田，"或跃"而起，则向乎天矣。九阳四阴，居上之下，改革之际，进退未定之时也。故其象如此，其占能随时进退，则"无咎"也。

九五　飞龙在天。利见大人。

九五阳气盛至于天，故云"飞龙在天"。犹若圣人有龙德，飞腾而居天位，为万物所瞻睹，故天下"利见"此居上位之"大人"。"飞龙在天"，喻事物顺利发展，趋于极盛，若游龙飞天，得意自在。

shàng jiǔ kàng lóng yǒu huǐ
上九　亢龙有悔。

九五者，位之极。中正者，得时之极，过时则"亢"矣。穷高曰"亢"，知进忘退，故悔也。上九至于亢极，故"有悔"也。有过则有悔，唯圣人知进退存亡而无过，则不至于悔也。若占得此爻，必须以亢满为戒。当极盛之时，便须虑其亢，如这般处，最是《易》之大义，大抵于盛满时致戒。

yòng jiǔ xiàn qún lóng wú shǒu jí
用九　见群龙无首。吉。

用九，言凡筮得阳爻者，皆用九而不用七，盖诸卦百九十二阳爻之通例也。以此卦纯阳而居首，故于此发之。而圣人因系之辞，使遇此卦而六爻皆变者，即此占之。盖六阳皆变，刚而能柔，吉之道也。故为"群龙无首"之象，而其占为如是则吉也。筮法：本卦为乾，变卦亦为乾，无爻变，六爻皆九，则以本卦"用九"爻辞断占。无首：首尾相衔，无有开端。或谓群龙并出，无为首者，不居首位，则无过亢之虑，故吉。

案：爻辞虽所以发明乎卦之理，而实以为占筮之用，故以九六名爻者取用也。爻辞动则用，不动则不用。卦辞则不论动不动而皆用也。但不动者，以本卦之象辞占；其动者，则合本卦变卦之象辞占。如乾之六爻全变则为坤，坤之六爻全变则为乾也。先儒之说，以为全变则弃本卦而观变卦；而乾坤者天地之大义，乾虽变坤，未可纯用坤辞也。坤虽变乾，未可纯用乾辞也。故别立用九用六，以为皆变之占辞。此其说亦善矣。以理揆之，则凡卦虽全变，亦无尽弃本卦而不观之理，不独乾坤也。故须合本卦变卦而占之者近是。如此则乾变坤者，合观乾辞与坤辞而已。坤变乾者，合观坤辞与乾辞而已。但自乾而坤，则阳而根阴之义也。自坤而乾，则顺而体健之义也。合观卦辞者，宜知此意，故立用九用六之辞以发之。盖群龙虽现而不现其首，阳而根阴故也。永守其贞而以大终，顺而体健故也。此亦因乾坤以为六十四卦之通例。如自复而，则长而防其消可也。自而复，则乱而图其治可也。固非乾坤独有此义，而诸卦无之也。圣人于乾坤发之，以示例尔。然乾虽不变，而用九之理自在，故"乾元"无端，即"无首"之妙也。坤虽不变，而用六之理自在，故坤"贞"能"安"，即"永贞"之道也。阴阳本自合德者，交易之机。其因动而益显者，则变易之用。学《易》者尤不可以不知。

《彖》曰：大哉乾元！万物资始，乃统天。

此专以天道明乾义，又析"元亨利贞"为四德，以发明之，而此一节首释"元"义也。"大哉"，叹辞。"元"，大也，始也。"乾元"，天德之大始，故万物之生，皆资之以为始也。又为四德之首，而贯乎天德之始终，故曰"统天"。

云行雨施，品物流形。

《彖》言"元""利贞"，而独不言"亨"者，盖"云行雨施"，即气之"亨"也。"品物流形"，即形之亨也。

大明终始，六位时成，时乘六龙以御天。

"始"，即元也。"终"，谓贞也。不终则无始，不贞则无以为元也。此言圣人大明乾道之终始，则见卦之六位，各以时成，而乘此六阳以行天道，是乃圣人之"元亨"也。

乾道变化，各正性命。保合大和，乃利贞。

变者化之渐，化者变之成。物所受为性，天所赋为命。"大和"，阴阳会合，冲和之气也。"各正"者，得于有生之初。"保合"者，全于已生之后，此言"乾道变化"，无所不利，而万物各得其性命以自全，以释"利贞"之义也。

首出庶物，万国咸宁。

圣人在上，高出于物，犹乾道之变化也。"万国"各得其所而"咸宁"，犹万物之"各正性命"，而"保合大和"也。此言圣人之"利贞"也。盖尝统而论之，"元"之者物之始生，"亨"者物之畅茂，"利"则向于实也。"贞"则实之成也。实之既成，则其根蒂脱落，可复种而生矣。此四德之所以循环而无端也。然而四者之间，生气流行，初无间断，此"元"之所以包四德而统天也。其以圣人而言，则孔子之意，盖以此卦为圣人得天位，行天道，而致太平之占也。虽其文义有非文王之旧者，然读者各以其意求之，则并行而不悖也。

案：乾者，健也。《彖》辞但言至健之道，大通而宜于正固，以为人事之占而已。夫子作《彖传》，乃推卦象卦位以发明之。以卦象明之者，乾之象莫大于天也。以卦位明之者，乾之位莫尊于五也。以天之"元亨"言之，其以一时统四时之德者莫如"元"，至于泽流万物则"亨"也。以君之"元亨"言之，九五以一位统六位之德，是亦天之元矣，泽流万民是亦天之亨矣。其言"六位"，又言"六龙"者，盖以切"飞龙在天"之义。言四德之终始，寓于六爻之中。而独九五备众爻之德，处在天之位。如乘驾六龙以御于天路，则能行云施雨，与天之"云行雨施"同也。又以天之"利贞"言之，万物成遂，性命正而大和洽者，"利贞"之候也。以君之"利贞"言之，九五一爻，为卦之主。上下五阳与之同德，如大君在上，万民各得其性命之理，以休养于大和之化，是亦天之"利贞"矣。其言"庶物"言"万国"者，又以切"利见大人"之义。以德位之所统言之，则曰"庶物"。以功化之所及言之，则曰"万国"。"首出"则为物所睹，至于"咸宁"，而臻乎上治矣。乾之为义，无所不包，夫子举其大者，故以天道君道尽之。

《象》曰：天行健，君子以自强不息。

《象》者，卦之上下两《象》及两《象》之六爻，周公所系之辞也。"天"，乾卦之象也。凡重卦皆取重义，此独不然者，天一而已。但言"天行"，则见其一日一周，而明日又一周，若重复之象，非至健不能也。君子法之，不以人欲害其天德之刚，则"自强"而"不息"矣。

案：《象传》释名，或举卦象，或举卦德，或举卦体。《大象传》则专取两象以立义，而德体不与焉。又《象》下之辞，其于人事所以效动趋时者，既各有所指矣。《象传》所谓先王大人后君子之事，固多与《彖》义相发明者。亦有自立一义，而出于《彖传》之外者。其故何也？曰：彖辞爻辞之传，专释文周之书。《大象》之传，则所以示人读伏羲之《易》之凡也。盖如卦体之定尊卑，分化应，条例详密，疑皆至文王而始备。伏羲画卦之初，但如《说卦》所谓天地山泽雷风水火之象而已。因而重之，亦但如《说卦》所谓八卦相错者而已。其象则无所不像，其义则无所不包，故推以制器，则有如《系传》之所陈，施之卜筮，亦无往不可以类物情而该事理也。夫子见其如此，是故象则本乎羲，名则因乎周，义则断以己。若曰：先圣立象以尽意，而意无穷也。后圣系辞以尽言，而言难尽也。存乎学者之神而明之而已矣。此义既立，然后学者知有伏羲之书。知有伏羲之书，然后可以读文王之书。此夫子传《大象》之意也。

潜龙勿用，阳在下也。

"阳"，谓九。"下"，谓潜。阳气在下，君子处微，未可用也。

见龙在田，德施普也。

阳气见于田，则生植利于民。圣人见于世，则教化渐于物。故曰"德施普也"。

zhōng rì qiánqián　　fǎn fù dào yě
终日乾乾，反复道也。

"反复"，重复践行之意。进退动息，必以道也。

huò yuè zài yuān　　jìn wú jiù yě
或跃在渊，进无咎也。

量可而进，适其时则无咎也。

fēi lóng zài tiān　　dà rén zào yě
飞龙在天，大人造也。

"造"，犹作也。大人之为，圣人之事也。"大人造"者，圣人作也。龙以飞而在天，犹大人以作而居位。"大人"释"龙"字，"造"释"飞"字。

kànglóng yǒu huǐ　　yíng bù kě jiǔ yě
亢龙有悔，盈不可久也。

亢不徒以时势言，处之者与时势俱亢方谓之盈，"不可"二字，圣人深为处盈者致戒。

yòng jiǔ　　tiān dé bù kě wéi shǒu yě
用九，天德不可为首也。

言阳刚不可为物先，故六阳皆变而吉。"天行"以下，先儒谓之《大象》。"潜龙"以下，先儒谓之《小象》。后卦皆同此。

案：此"不可为首"，与"不可为典要"语势相似，非戒辞也。若言恐用刚之太过，不可为先。则"天德"两字，是至纯至粹，无以复加之称。非若刚柔仁义倚于一偏者之谓，尚恐其用之太过而不可为先，则非所以为天德矣。程子尝曰：动静无端，阴阳无始，盖即"不可为首"之义。如所谓不可端倪，不可方物，亦此意也。

wén yán　　yuē　　yuán zhě shàn zhī zhǎng yě　　hēng zhě jiā zhī huì yě　　lì zhě yì zhī hé
《文言》曰：元者善之长也，亨者嘉之会也，利者义之和
yě　　zhēn zhě shì zhī gàn yě
也，贞者事之干也。

"元"者，生物之始，天地之德，莫先于此，故于时为春，于人则为仁，而众善之长也。"亨"者，生物之通，物至于此，莫不嘉美，故于时为夏，于人则为礼，而众美之会也。"利"者，生物之遂，物各得宜，不相妨害，故于时为秋，于人则为义，而得其分之和。"贞"者，生物之成，实理具备，随在各足，故于时为冬，于人则为智，而为众事之干。干，木之身，而枝叶所依以立者也。

君子体仁足以长人，嘉会足以合礼，利物足以和义，贞固足以干事。

以仁为体，则无一物不在所爱之中，故"足以长人"。嘉其所会，则无不合礼。使物各得其所利，则义无不和。贞固者，知正之所在而固守之，所谓知而弗去者也，故足以为事之干。

天运四时以生成万物，君法五常以教化于人，元为善长，故能体仁。仁主春生，东方木也。通为嘉会，足以合礼。礼主夏养，南方火也。利为物宜，足以和义。义主秋成，西方金也。贞为事干，以配于智。智主冬藏，北方水也。不言信者，信主土，土居中宫，分王四季。水火金木，非土不载。

君子行此四德者，故曰乾元亨利贞。

非君子之至健，无以行此，故曰"乾元亨利贞"。

此第一节，申《象传》之意，与《春秋传》所载穆姜①之言不异，疑古者已有此语，穆姜称之，而夫子亦有取焉。故下文别以"子曰"，表孔子之辞，盖传者欲以明此章之为古语也。

初九曰"潜龙勿用"，何谓也？子曰：龙德而隐者也。不易乎世，不成乎名，遁世无闷，不见是而无闷。乐则行之，忧则违之，确乎其不可拔，潜龙也。

"龙德"，圣人之德也。在下故"隐"。"易"，谓变其所守。大抵乾卦六爻，《文言》皆以圣人明之，有隐显而无浅深也。心以为乐，己则行之；心以为忧，己则违之。身虽逐物推移，心志守道，确乎坚实其不可拔。行道而济时者，圣人之本心，故曰"乐则行之"。不用而隐遁者，非圣人所愿欲也，故曰"忧则违之"。虽然其进其退莫不求至理之所在，未尝枉道以徇人也，故曰"确乎其不可拔"。

九二曰"见龙在田，利见大人"，何谓也？子曰：龙德而正

---

① 《左传·襄九年》：穆姜薨于东宫。始往而筮之，遇艮之八。史曰："是谓艮之随，随其出也。"姜曰："亡是。于《周易》曰'随元亨利贞无咎'，有四德者，随而无咎。我皆无之，岂随也哉？必死于此，弗得出矣。"

中者也。庸言之信，庸行之谨，闲邪存其诚。善世而不伐，德博而化。《易》曰："见龙在田，利见大人"，君德也。

庸，常也。常言之信实，常行之谨慎，防闲邪恶，自存诚实，为善于世，而不自伐其功，德能广博，而变化于世俗。初爻则全隐遁避世，二爻则渐见德行以化于俗也。此爻在卦之正中，为得正中之义，庸信庸谨，造次必于是也。既处无过之地，则唯在闲邪。邪既闲，则诚存矣。"善世而不伐"，不有其善也。"德博而化"，正己而物正也。皆大人之事。虽非君位，君之德也。

九三曰"君子终日乾乾，夕惕若厉，无咎"，何谓也？子曰：君子进德修业。忠信所以进德也。修辞立其诚，所以居业也。知至至之，可与几也。知终终之，可与存义也。是故居上位而不骄，在下位而不忧。故乾乾因其时而惕，虽危无咎矣。

"忠信"，主于心者，无一念之不诚也。"修辞"，见于事者，无一言之不实也。虽有忠信之心，然非修辞立诚，则无以居之。"知至至之"，进德之事。"知终终之"，居业之事。所以"终日乾乾"而夕犹惕若者，以此故也。可上可下，不骄不忧，所谓无咎也。

九四曰"或跃在渊，无咎"，何谓也？子曰：上下无常，非为邪也。进退无恒，非离群也。君子进德修业，欲及时也。故无咎。

"或"，疑辞。或跃或处，"上下无常"。或进或退，去就从宜。非为邪枉，非离群类。"进德修业"，欲及时耳。君子之顺时，犹影之随形，可离非道也。时行时止，不可恒也，故云"或"。深渊者，龙之所安也。"在渊"，谓跃就所安。渊在深而言跃，但取进就所安之义。

九五曰"飞龙在天，利见大人"，何谓也？子曰：同声相应，同气相求。水流湿，火就燥，云从龙，风从虎，圣人作而万物者睹。本乎天者亲上，本乎地者亲下，则各从其类也。

《周礼·大宗伯》"有天产地产"，《大司徒》云"动物植物，本受气于天者"是动物。天体运动，含灵之物亦运动，是亲附于上也。本受气于地者，是植物。地体凝滞，植物亦不移动，是亲附于下也。作，起也。物，犹人也。睹，释利见之意也。"本乎天"者，谓动物。"本乎地"者，谓植物。物"各从其类"，圣人，人类之首也。故兴起于上，则人皆见之。

上九曰"亢龙有悔"，何谓也？子曰：贵而无位，高而无民，贤人在下而无辅，是以动而有悔也。

"贤人在下位"，谓九五以下。"无辅"，以上九过高志满，不来辅助之也。九居上而不当尊位，是以无民无辅，动则有悔也。以有位谓之贵，以有民谓之高，以有辅谓之贤人在下位。其"贵"而又无位，"高"而又无民，"贤人在下位"而又无辅，俱以亢失之也。故"动而有悔"。

潜龙勿用，下也。

"下"言乾之时，勿用，以在下未可用也。

见龙在田，时舍也。

言未为时用也。

终日乾乾，行事也。

事，所当为之事也。前章之"进德修业"是也。"终日乾乾"，日行其当为之事而不止息也。

或跃在渊，自试也。

凡飞者必先跃，所以作其飞冲之势。今鸟雏习飞，必跳跃于巢，以自试其羽翰，四之"跃"亦犹是也。未遽有为，姑试其可。

飞龙在天，上治也。

得位而行，上之治也。上治，犹言盛治，五帝三王，皆治之上者也。

亢龙有悔，穷之灾也。

物极必反，穷极而灾至也。

乾元用九，天下治也。

用九之道，天与圣人同，得其用则天下治也。言"乾元用九"，见与它卦不同，君道刚而能柔，天下无不治矣。

潜龙勿用，阳气潜藏。

此以下言乾之义，方阳微潜藏之时，君子亦当晦隐，未可用也。

见龙在田，天下文明。

以言行化物，故曰"文明"。虽不在上位，然天下已被其化。

终日乾乾，与时偕行。

与时偕行，即上"乾乾因其时"之义，言终日之间，无时不乾乾。

或跃在渊，乾道乃革。

三为下，至四革而为上，卦革则道亦革，此专释上下卦之交。离下位而升上位，上下革矣。

飞龙在天，乃位乎天德。

天德，即天位也。盖唯有是德，乃宜居是位，故以名之。

亢龙有悔，与时偕极。

时既极，则处时者亦极矣。消息盈虚，"与时偕行"，则无悔。偕极则穷，故"有悔"也。

乾元用九，乃见天则。

刚而能柔，天之法也。

天以无首为则。用九之道，天之则也。

乾元者，始而亨者也。

始则必亨，理势然也。

利贞者，性情也。

收敛归藏，乃见性情之实。乾之性情也。既始而亨，非利贞其能不息乎？

乾始能以美利利天下，不言所利，大矣哉！

始者，元而亨也。利天下者，利也。不言所利者，贞也。乾始之道，能使庶类生成，天下蒙其美利。而"不言所利"者，盖无所不利，非可指名也。故赞其利之大曰"大矣哉"。

大哉乾乎！刚健中正，纯粹精也。

"刚"，以体言。"健"，兼用言。"中"者，其行无过不及。"正"者，其立不偏，四者乾之德也。"纯"者，不杂于阴柔。"粹"者，不杂于邪恶。盖刚健中正之至极，而精者又纯粹之至极也。或疑乾刚无柔，不得言中正者，不然也。天地之间，本一气之流行而有动静尔。以其流行之统体而言，则但谓之乾而无所不包矣。以其动静分之，然后有阴阳刚柔之别也。

六爻发挥，旁通情也。

"旁通"，犹言曲尽。曲尽其义者在六爻，而备全其德者在九五一爻，时乘六龙以下，则为九五而言也。六爻发挥，只是起下文"时乘六龙"之意。盖上文每条俱是乾字发端，一则曰"乾元"，二则曰"乾始"，三则曰"大哉乾乎"，至此则更端曰"六爻发挥"，可见只是为"时乘六龙"设矣。即《象传》"六位时成"也。

时乘六龙，以御天也。云行雨施，天下平也。

言圣人"时乘六龙以御天"，则如天之"云行雨施，而天下平也"。

君子以成德为行，日可见之行也。潜之为言也，隐而未见，

行而未成，是以君子弗用也。

《朱子语类》云：德者行之本，君子以成德为行，言德则行在其中矣。德者得之于心，行出来方见，这便是行。问：行而未成如何？曰：只是事业未就。

君子学以聚之，问以辨之，宽以居之，仁以行之。《易》曰："见龙在田，利见大人。"君德也。

理具于心，而散于事物。事物之理，有一未明，则心之所具，有一未尽。必博学周知，俾万理皆聚而无所阙遗，故曰"学以聚之"。辨，剖决也。既聚矣，必问于先知先觉之人，以剖决其是否，故曰问以辨之。宽，犹曾子所谓弘，张子所谓大心也。居，谓居业之居。问既辨矣，必有弘广之量，以藏蓄其所得，故曰"宽以居之"。仁者，心德之全，天理之公也。既有以居之矣。心德浑全，存存不失，应事接物，皆践其所知，而所行无非天理之公，故曰"仁以行之"。

九三重刚而不中，上不在天，下不在田，故乾乾因其时而惕，虽危无咎矣。

"重刚"，谓阳爻阳位。"上不在天"，谓非五位。"下不在田"，谓非二位也。居危之地，以"乾乾"、"夕惕"戒惧不息，得无咎也。

九四重刚而不中，上不在天，下不在田，中不在人，故或之。或之者，疑之也。故无咎。

"或"者，随时而未定也。"或之者"据其迹，"疑之者"指其心。"疑"非狐疑之疑，只是详审耳。

夫大人者，与天地合其德，与日月合其明，与四时合其序，与鬼神合其吉凶。先天而天弗违，后天而奉天时。天且弗违，而况于人乎？况于鬼神乎？

"与天地合其德",谓覆载也。"与日月合其明",谓照临也。"与四时合其序"者,若赏以春夏,刑以秋冬之类也。"与鬼神合其吉凶"者,若福善祸淫也。若在天时之先行事,天乃在后不违,是天合大人也。若在天时之后行事,能奉顺上天,是大人合天也。尊而远者尚不违,况小而近者可违乎?

亢之为言也,知进而不知退,知存而不知亡,知得而不知丧。

言上九所以亢极有悔者,正由有此三事。若能三事备知,虽居上位,不至于亢也。

其惟圣人乎?知进退存亡而不失其正者,其惟圣人乎?

再称"圣人"者,赞美用九能知进退存亡而不失其正。"亢"者,处极而不知反也。万物之理,进必有退,存必有亡,得必有丧。"亢"知一而不知二,故道穷而致灾。人固有知进退存亡者矣,其道诡于圣人,则未必得其正。不得其正,则与天地不相似。"知进退存亡而不失其正者,其唯圣人乎",故两言之。

坤卦第二

(坤下坤上) ䷁ 坤 元亨。利牝马之贞。君子有攸往。先迷后得。主利。西南得朋。东北丧朋。安贞吉。

— —者,偶也,阴之数也。坤者,顺也,阴之性也。注中者,三画卦之名也。经中者,六画卦之名也。阴之成形,莫大于地,此卦三画皆偶,故名坤而象地。重之又得坤焉,则是阴之纯,顺之至,故其名与象皆不易也。"牝马",顺而健行者。阳先阴后,阳主义,阴主利。"西南",阴方。"东北",阳方。安顺之为也。"贞",健之守也。遇此卦者,其占为大亨,而利以顺健为正。如有所往,则"先迷后得"而主于利。往西南则"得朋",往东北则"丧朋",大抵能安于正则吉也。

《彖》曰:至哉坤元!万物资生,乃顺承天。

此以地道明坤之义,而首言元也。"至",极也,比"大"义差缓。"始"者气之始,"生"者形之始。顺承天施,地之道也。

坤厚载物,德合无疆。含弘光大,品物咸亨。

"含"言无所不容,"弘"言无所不有,"含育万物为"弘",光华万物为"大"。动植各遂其性,故曰"品物咸亨"也。

"其动也辟",故曰"光大"。"光"言无所不著,"大"言无所不被,此所以"德合无疆"也。无所不包,可见其弘。无所不达,可见其大。"含弘光大",坤之"亨"也。"品物咸亨",是物随坤亨而亨也。变"万"言"品"者,与乾"云行雨施,品物流形"一般。

牝马地类,行地无疆。柔顺利贞,君子攸行。

言"利贞"也。"马",乾之象,而以为地类者,牝阴物,而马又行地之物也。"行地无疆",则顺而健矣。"柔顺利贞",坤之德也。"君子攸行",人之所行,如坤之德也。所行如是,则其占如下文所云也。

先迷失道,后顺得常。西南得朋,乃与类行。东北丧朋,乃终有庆。

阳大阴小,阳得兼阴,阴不得兼阳。故坤之德,常减于乾之半也。"东北"虽"丧朋",然反之"西南",则"终有庆"矣。先迷失道",是以失道解先迷。盖阴本居后,今居先是失道,故"迷"也。"后顺得常",是以顺解得常。盖阴本居后,居先为逆,居后为顺,故得其常道也。

安贞之吉,应地无疆。

安而且贞,地之德也。乾之用,阳之为也。坤之用,阴之为也。形而上曰天地之道,形而下曰阴阳之功。"先迷后得"以下,言阴道也。先唱则迷失阴道,后和则顺而得其常理。西南阴方,从其类"得朋"也。东北阳方,离其类"丧朋"也。离其类而从阳,则能成生物之功,终有吉庆也。"与类行"者本也。从于阳者用也。阴体柔躁,故从于阳,则能安贞而吉,应地道之无疆也。阴而不安贞,岂能应地之道?《象》有三"无疆",盖不同也。"德合无疆",天之不已也。"应地无疆",地之无穷也。"行地无疆",马之健行也。

《象》曰:地势坤,君子以厚德载物。

地，坤之象，亦一而已，故不言重，而言其势之顺。则见其高下相因之无穷，至顺极厚，而无所不载也。坤道之大犹乾也，非圣人孰能体之？地厚而其势顺倾，故取其顺厚之象，而云"地势坤"也。君子观坤厚之象。以深厚之德，容载庶物。

初六　履霜。坚冰至。

六，阴爻之名。阴数六老而八少，故谓阴爻为六也。阴爻称六，阴之盛也。八则阳生矣，非纯盛也。"霜"，阴气所结，盛则水冻而为冰。此爻阴始生于下，其端甚微，而其势必盛，故其象如"履霜"，则知"坚冰"之将"至"也。夫阴阳者，造化之本，不能相无；而消长有常，亦非人所能损益也。然阳主生，阴主杀，则其类有淑慝之分焉。故圣人作《易》，于其不能相无者，既以健顺仁义之属明之，而无所偏主。至其消长之际，淑慝之分，则未尝不致其扶阳抑阴之意焉。盖所以赞化育而参天地者，其旨深矣。不言其占者，谨微之意，已可见于象中矣。阴始生于下，至微也。圣人于阴之始生，以其将长则为之戒。阴之始凝而为霜，"履霜"则当知阴渐盛而至"坚冰"矣。犹小人始虽甚微，不可使长，长则至于盛也。

《象》曰：履霜坚冰，阴始凝也。驯致其道，至坚冰也。

"驯"，犹狎顺也，若鸟兽驯狎然。言顺其阴柔之道，习而不已，乃至"坚冰"也。于"履霜"而逆以"坚冰"为戒，所以防渐虑微，慎终于始。

六二　直方大。不习无不利。

二阴位，在下，故为坤之主。统言坤道，中正在下，地之道也。以"直、方、大"三者形容其德用，尽地之道矣。由"直、方、大"，故不习而无所不利。"不习"谓其自然，在坤道则莫之为而为也，在圣人则"从容中道"也。"直方大"，孟子所谓"至大至刚"以直也。在坤体，故以方易刚，犹"贞"加"牝马"也。言气则先大，大，气之体也。于坤则先方直，由"直方"而"大"也。"直、方、大"足以尽地道，在人识之耳。乾坤纯体，以位相应。二，坤之主，故不取五应，不以君道处五也。乾则二五相应。柔顺正固，坤之"直"也。赋形有定，坤之"方"也。德合无疆，坤之"大"也。六二柔顺而中正，又得坤道之纯者，故其德内"直"外"方"，而又盛"大"，不待学习而无不利。占者有其德，则其占如是也。

《象》曰：六二之动，直以方也。不习无不利，地道光也。

承天而动，"直以方"耳，"直方"则大矣。"直方"之义，其大无穷。地道光显，其功顺成，岂习而后利哉？

六三　含章可贞。或从王事，无成有终。

三居下之上，得位者也。为臣之道，当含晦其章美，道有善则归之于君，乃可常而得正。上无忌恶之心，下得柔顺之也。"可贞"，谓可贞固守之，又可以常久而无悔咎也。或从上之事，不敢当其成功，唯奉事以守其终耳。守职以终其事，臣之道也。六阴三阳，内含章美，可贞以守。然居下之上，不终含藏，故或时出而从上之事，则始虽"无成"，而后必"有终"。爻有此象，故戒占者有此德，则如此占也。

《象》曰：含章可贞，以时发也。或从王事，知光大也。

夫子惧人之守文而不达义也，又从而明之。言为臣处下之道，不当有其功善，必含晦其美，乃正而可常。然义所当为者，则以时而发，不有其功耳。不失其宜，乃以时也，非含藏终不为也。含而不为，不尽忠者也。"或从王事"，《象》只举上句，解义则并及下文，它卦皆然。"或从王事"而能"无成有终"者，是其知之光大也。唯其知之光大，故能含晦。浅暗之人，有善惟恐人之不知，岂能"含章"也。

六四　括囊。无咎无誉。

"括囊"，言结囊口而不出也。"誉"者，过实之名。谨密如是，则无咎而亦无誉矣。六四重阴不中，故其象占如此。盖或事当谨密，或时当隐遁也。四居近五之位，而无相得之义，乃上下闭隔之时，其自处以正，危疑之地也。若晦藏其知，如括结囊口而不露，则可得无咎，不然则有害也。既晦藏则"无誉"矣。

《象》曰：括囊无咎，慎不害也。

能慎如此，则无害也。

六五　黄裳。元吉。

黄，中色。裳，下饰。六五以阴居尊，中顺之德，充诸内而见于外，故其象如此，而其占为大善之吉也。占者德必如是，则其占亦如是矣。《春秋传》：南蒯将叛，筮得此爻，以为大吉。子服惠伯曰："忠信之事则可，不然必败。外强内温，忠也。和以率贞，信也。故曰黄裳元吉。黄，中之色也。裳，下之饰也。元，善之长也。中不忠，不得其色；下不共，不得其饰；事不善，不得其极。且夫《易》不可以占险，三者有阙，筮虽当，未也。"后蒯果败，此可以见占法矣。

《象》曰：黄裳元吉，文在中也。

文在中而见于外也。黄中之文，在中不过也。内积至美而居下，故为"元吉"。

上六　龙战于野。其血玄黄。

阴从阳者也。然盛极则亢而争。六既极矣，复进不已则必战，故云"战于野"。"野"，谓进至于外也。既敌矣，必皆伤，故"其血玄黄"。阴盛之极，至与阳争，两败俱伤，其象如此。占者如是，其凶可知。

《象》曰：龙战于野，其道穷也。

阴盛至于穷极，则必争而伤也。

用六　利永贞。

"用六"，言凡筮得阴爻者，皆用六而不用八，亦通例也。以此卦纯阴而居首，故发之。遇此卦而六爻俱变者，其占如此辞。盖阴柔不能固守，变而为阳，则能"永贞"矣。故戒占者以"利永贞"，即乾之"利贞"也。自坤而变，故不足于"元亨"云。坤之"用六"，犹乾之"用九"，用阴之道也。阴道柔而难常，故"用六之道，利在常永贞固"。

《象》曰：用六永贞，以大终也。

阴既贞固不足，则不能永终，故"用六"之道，利在盛大于终。能大于终，乃"永贞"也。

《文言》曰：坤至柔而动也刚，至静而德方。

刚方，释"牝马之贞"也。"方"，谓生物有常。乾刚坤柔，定体也。坤固至柔矣，然乾之施一至，坤即能禽受而发生之，气机一动，不可止遏屈挠，此又柔中之刚矣。乾动坤静，定体也。坤固至静矣，及其承乾之施，陶冶万类，各有定形，不可移易，此又静中之方矣。承静者体也。刚方者用也。

后得主而有常。

坤道之常,盖当处后,不可挠先也。挠先则失坤之常矣。唯处乾之后,顺乾而行,则得其所主,而不失坤道之常也。

含万物而化光。

唯其动刚,故能德应乎乾,而成万物化育之功。唯其德方故能不拂乎正,而顺万物性命之理。此坤之德所以能配天也。"后得主而有常",则申"后顺得常"之义。"含万物而化光",则申"含弘光大,品物咸亨"之义。

坤道其顺乎?承天而时行。

坤道至柔,而其动则刚。坤体至静,而其德则方。动刚故应乾不违,德方故生物有常。阴之道,不唱而和,故居后为得。而主利成万物,坤之常也。含容万类,其功化光大也。"坤道其顺乎?承天而时行",承天之施,行不违时,赞坤道之顺也。

积善之家,必有余庆。积不善之家,必有余殃。臣弑其君,子弑其父,非一朝一夕之故,其所由来者渐矣,由辨之不早辨也。《易》曰:"履霜,坚冰至。"盖言顺也。

天下之事,未有不由积而成。家之所积者善,则福庆及于子孙。所积不善,则灾殃流于后世。其大至于弑逆之祸,皆因积累而至,非朝夕所能成也。明者则知渐不可长,小积成大,辨之于早,不使顺长,故天下之恶,无由而成,乃知霜冰之戒也。霜而至于冰,小恶而至于大,皆事势之顺长也。

直其正也,方其义也。君子敬以直内,义以方外,敬义立而德不孤。直方大。不习无不利,则不疑其所行也。

"直"言"其正"也,"方"言"其义"也。君子主敬以直其内,守义以方其外。敬立而内直,义形而外方。义形于外,非在外也。敬义既立,其德盛矣,不期大而大矣,"德不孤"也。无所用而不周,无所施而不利,孰为疑乎?

阴虽有美，含之以从王事，弗敢成也。地道也，妻道也，臣道也。地道无成，而代有终也。

为下之道，不居其功，含晦其章美以从王事，代上以终其事，而不敢有其成功也。犹地道代天终物，而成功则主于天也。妻道亦然。臣子虽有才美，含藏以从其上，不敢有所成名也。地终天功，臣终君事，妇终夫业，故曰"而代有终"也。

天地变化，草木蕃。天地闭，贤人隐。《易》曰："括囊无咎无誉。"盖言谨也。

四居上近君，而无相得之义，故为隔绝之象。天地交感则变化万物，草木蕃盛，君臣相际而道亨。天地闭隔，则万物不遂，君臣道绝，贤者隐遁。四于闭隔之时，"括囊"晦藏，则虽无令誉，可得无咎。言当谨自守也。

君子黄中通理。

通理，即是"黄中"处通而理也。盖"黄中"非通，则无以应乎外。通而非理，则所以应乎外者，不能皆得其当。此所以言"黄中"，而必并以通理言之，通理亦在内也。

正位居体。

孟子曰："立天下之正位。"正位，即礼也。此言"正位居体"者，犹言以礼居身尔，礼以物躬，则自卑而尊人，故为释"裳"字之义。

美在其中，而畅于四支，发于事业，美之至也。

《朱子语类》云：二在下，方是就功夫上说，如不疑其所行是也。五得尊位，则是就它成就处说。所以云"美在其中，而畅于四支，发于事业，美之至也"。

阴疑于阳必战，为其嫌于无阳也。故称龙焉。犹未离其类也，故称血焉。夫玄黄者，天地之杂也。天玄而地黄。

"疑"，谓钧敌而无小大之差也。坤虽无阳，然阳未尝无也。"血"，阴属，盖气阳而血阴也。"玄黄"，天地之正色，言阴阳皆伤也。阳大阴小，阴必从阳。阴既盛极，与阳偕矣，是疑于阳也。不相从则必战。卦虽纯阴，恐疑无伤，故称龙。见其与阳战也。于野，进不已而至于外也。盛极而进不已，则战矣。虽盛极不离阴类也。而与阳争，其伤可知，故称"血"。阴既盛极，至与阳争，虽阳不能无伤，故"其血玄黄"。"玄黄"，天地之色，谓皆伤也。

屯卦第三

（震下坎上） ䷂ 屯 元亨利贞。勿用有攸往。利建侯。

震☳，坎☵，皆三画卦之名。震一阳动于二阴之下，故其德为动，其象为雷。坎一阳陷于二阴之间，故其德为陷、为险，其象为云、为雨、为水。屯，六画卦之名也。难也，物始生而未通之意，故其为字，象草穿地始出而未申也。其卦以震遇坎，乾坤始交而遇险陷，故其名为屯。震动在下，坎险在上，是能动乎险中。能动虽可以亨，而在险则宜守正而未可遽进。故筮得之者，其占为大亨而利于正，但未可遽有所往耳。又初九阳居阴下，而为成卦之主，是能以贤下人，得民而可君之象，故筮立君者遇之则吉也。

《彖》曰：屯，刚柔始交而难生。

"震"者，乾交于坤，一索得之，"刚柔始交"也。坎险难，"刚柔始交而难生"也。

动乎险中，大亨贞。

以二体之德释卦辞，"动"，震之为也。"险"，坎之地也。

雷雨之动满盈，天造草昧，宜建侯而不宁。

以云雷二象言之，则"刚柔始交"也。以坎震二体言之，"动乎险中"也。"刚柔始交"，未能通畅则艰屯，故云"难生"。又"动于险中"，为艰屯之义，所谓"大亨"而"贞"者，"雷雨之动满盈"也。阴阳始交，则艰屯未能通畅。及其和洽，则成雷雨满盈于天地之间，生物乃遂。屯有"大亨"之道也，所以能"大亨"，由夫"贞"也。

非贞固安能出屯，人之处屯，有致大亨之道，亦在夫贞固也。"天造草昧"，上文言天地生物之义，此言时事。"天造"，谓时运也。"草"，草乱无伦序。"昧"，冥昧不明。当此时运，所宜建立辅助，则可以济屯。虽建侯自辅，又当忧勤兢畏，不遑宁处，圣人之深戒也。

《象》曰：云雷，屯。君子以经纶。

坎不云"雨"而云"云"者，云为雨而未成者也。未能成雨，所以为屯。君子观屯之象，经纶天下之事，以济于屯难。

初九 磐桓。利居贞。利建侯。

"磐桓"，难进之貌。屯难之初，以阳在下，又居动体，而上应阴柔险陷之爻，故有"磐桓"之象。然居得其正，故其占利于"居贞"。又本成卦之主，以阳下阴，为民所归，侯之象也。故其象又如此，而占者如是，则利建以为侯也。

又曰：初以阳爻在下，乃刚明之才，当屯难之世，居下位者也。未能便往济屯，故"磐桓"也。方屯之初，不磐桓而遽进，则犯难矣，故宜居正而固其志。凡人处屯难，则鲜能守正。苟无贞固之守，则将失义，安能济时之屯乎？居屯之世，方屯于下，所宜有助，乃居屯济屯之道也。故取建侯之义，谓求辅助也。

《象》曰：虽磐桓，志行正也。以贵下贱，大得民也。

贤人在下，时苟未利，"虽磐桓"未能遂往济时之屯。然有济屯之志，与济屯之用，志在行其正也。九当屯难之时，以阳而来居阴下，为"以贵下贱"之象。方屯之时，阴柔不能自存，有一刚阳之才，众所归从也。更能自处卑下，所以"大得民也"。或疑方屯于下，何有贵乎？夫以刚明之才而下于阴柔，以能济屯之才而下于不能，乃"以贵下贱"也。况阳之于阴，自为贵乎！

六二 屯如邅如。乘马班如。匪寇婚媾。女子贞不字。十年乃字。

"班"，分布不进之貌。"字"，许嫁也。《礼》曰："女子许嫁，笄而字。"六二阴柔中正，有应于上，而乘初刚，故为所难，而邅回不进。然初非为寇也，乃求与己为婚媾耳。但己守正，故不之许，至于十年，数穷理极，则妄求者去，正应者合，而可许矣。爻有此象，故因以戒占者。二以阴柔居屯之世，虽正应在上，而逼于初刚，故屯难遄回。"如"，辞也。"乘马"，欲行也。欲从正应而复"班如"，不能进也。"班"，分布之义。下马为"班"，与马异处也。二当屯世，虽不能自济，而居中得正，有应在上，不失义者也。然逼近于初，阴乃阳所求，柔者刚所陵。柔当屯时，固难自济，又为刚阳所逼，故为难也。设匪逼于寇难，则往求于婚媾矣。"婚媾"，正应也。"寇"，非理而至者。二守中正，不苟合于初，所以"不字"。苟贞固不易，至于"十年"，屯极必通，乃获正应而字育矣。以女子阴柔，苟能守其志节，久必获通，况君子守道不回乎？初为贤明刚正之人，而为寇以侵逼于人，何也？曰：此自据二以柔近刚而为义，更不计初之德如何也。《易》之取义如此。

《象》曰：六二之难，乘刚也。十年乃字，反常也。

六二居屯之时，而又"乘刚"，为刚阳所逼，是其患难也。至于十年，则难久必通矣。乃得反其常，与正应合也。十，数之终也。

六三 即鹿无虞。惟入于林中。君子几不如舍。往吝。

即鹿，逐鹿也。虞，掌管山泽禽兽之人也。惟，独也。几，近也。狩猎而无虞人之助，鲜用所得，宁舍之，勿逐之。六三阴柔在下而居阳位，阴不安于阴，则贪求妄行，不中不正，又上无正应，妄行取困，所以为"即鹿无虞"，陷入林中之象。六三以柔居刚，柔既不能安屯，居刚而不中正则妄动，虽贪于所求，既不足以自济，又无应援，将安之乎？如即鹿而无虞人也。入山林者，必有虞以导之。无导之者，则惟陷入于林莽中。君子见事之几微，不若舍而勿逐，往则徒取穷吝而已。戒占者宜如是也。

《象》曰：即鹿无虞，以从禽也。君子舍之往吝穷也。

事不可而妄动，以从欲也。"无虞"而"即鹿"，以贪禽也。当屯之时，不可动而动，犹"无虞"而"即鹿"，以有从禽之心也。君子则见几而舍之不从，若往则可吝而困穷也。

六四 乘马班如。求婚媾。往吉。无不利。

凡爻例，上为往，下为来。六四下而从初，亦谓之往者，据我适人，于文当言往，不可言来。如需上六三"人来"，据人适我，可谓之来，不可谓往也。六四以柔顺居近君之位，得于上者也。而其才不足以济屯，故欲进而复止，"乘马班如"也。已既不足以济时之屯，若能求贤以自辅，则可济矣。初阳刚之贤，乃是正应，己之婚媾也。若求此阳刚之婚媾，往与共辅阳刚中正之君，济时之屯，则吉而无所不利也。居公卿之位，己之才虽不足以济时之屯，若能求在下之贤，亲而用之，何所不济哉？阴柔居屯，不能上进，故为"乘马班如"之象。然初九守正居下，以应于己，故其占为下，求婚媾则吉也。

《象》曰：求而往，明也。

知己不足，求贤自辅而后往，可谓明矣。居得致之地，己不能而遂已，至暗者也。彼求而我往，则其往也，可以为明矣。如不待其招而往，则是不知去就之义，谓之明可乎！

九五　屯其膏。小贞吉。大贞凶。

九五虽以阳刚中正居尊位，然当屯之时，陷于险中，虽有六二正应，而阴柔才弱，不足以济。初九得民于下，众皆归之，九五坎体，有膏润而不得施，为"屯其膏"之象。

又曰：五居尊得正，而当屯时，若有刚明之贤为之辅，则能济屯矣。以其无臣也，故"屯其膏"。人君之尊，虽屯难之世，于其名位非有损也。唯其施为有所不行，德泽有所不下，是"屯其膏"，人君之屯也。既膏泽有所不下，是威权不在己也。威权去己而欲骤正之，求凶之道，鲁昭公高贵乡公之事是也，故"小贞"则"吉"也。"小贞"，则渐正之也。若盘庚周宣，修德用贤，复先王之政，诸侯复朝。谓以道驯致，为之不暴也。又非恬然不为，若唐之僖昭也。不为则常屯以至于亡矣。占者以处小事，则守正犹可获吉；以处大事，则虽正而不免于凶。

《象》曰：屯其膏，施未光也。

"施"字当"泽"字，泽屯而不施，即"未光"，非谓得施而但未光也。膏泽不下及，是以德施未能光大也。人君之屯也。

上六　乘马班如。泣血涟如。

六以阴柔居屯之终，在险之极，而无应援，居则不安，动无所之，"乘马"欲往，复"班如"不进，穷厄之甚，至于"泣血涟如"，屯之极也。若阳刚而有助，则屯既极可济矣。阴柔无应，处屯之终，进无所之，忧惧而已，故其象如此。

《象》曰：泣血涟如，何可长也。

屯难穷极，莫知所为，故至泣血。颠沛如此，其能长久乎？夫卦者事也，爻者事之时也。分三而又两之，足以包括众理。"引而伸之，触类而长之，天下之能事毕矣"。

蒙卦第四

（坎下艮上） 蒙 亨。匪我求童蒙。童蒙求我。初筮吉。再三渎。渎则不告。利贞。

艮，亦三画卦之名。一阳止于二阴之上，故其德为止，其象为山。"蒙"，昧也。物生之初，蒙昧未明也。其卦以坎遇艮，山下有险，蒙之地也。内险外止，蒙之意也。故其名为蒙。"亨"以下，占辞也。九二内卦之主，以刚居中，能发人之蒙者，而与六五阴阳相应，故遇此卦者有亨道也。"我"，二也。"童蒙"，幼稚而蒙昧，谓五也。筮者明，则人当求我而其亨在人；筮者暗，则我当求人而亨在我。人求我者，当视其可否而应之；我求人者，当致其精一而叩之。而明者之养蒙，与蒙者之自养，又皆利于以正也。"蒙"有开发之理，亨之义也。卦才时中，乃致亨之道。六五为蒙之主，而九二"发蒙"者也，"我"谓二也。二非蒙主，五既顺巽于二，二乃"发蒙"者也，故主二而言。"匪我求童蒙，童蒙求我"，五居尊位，有柔顺之德，而方在童蒙，与二为正应，而中德又同，能用二之道以发其蒙也。二以刚中之德在下，为君所信向，当以道自守，待君至诚求己而后应之，则能用其道。匪我求于童蒙，乃童蒙来求于我也。"筮"，占决也。"初筮告"，谓至诚一意以求己则告之，再三则渎慢矣，故不告也。发蒙之道，利以贞正，又二虽刚中，然居阴，故宜有戒。

《彖》曰：蒙。山下有险，险而止，蒙。

此处以卦象卦德释卦名，有两义。坎上艮下，坎为险，艮为山，故曰山下有险。又艮为止，故曰"险而止，蒙"。

蒙，亨。以亨行，时中也。匪我求童蒙。童蒙求我，志应也。初筮告，以刚中也。再三渎。渎则不告，渎蒙也。蒙以养正，圣功也。

山下有险，内险不可处，外止莫能进，未知所为，故为昏蒙之义。"蒙亨"，以亨行时中也。蒙之能亨，以亨道行也。所谓亨道，时中也。"时"，谓得君之应。"中"，谓处得其中。得中则时也。"匪我求童蒙，童蒙求我，志应也"。二以刚明之贤处于下，五以童蒙居上，非是二求于五，盖五之志应于二也。贤者在下，岂可自进以求于君？苟自求之，必无能信用之理。古之人，所以必待人君致敬尽礼而后往者，非欲自为尊大，盖其尊德乐道。不如是，不足与有为也。"初筮"，谓诚一而来，求决其蒙，则当以刚中之道，告而开发之。"再三"，烦数也。来筮之意烦数，不能诚一，则渎慢矣。不当告也。告之必不能信受，徒为烦渎，故曰"渎蒙"也。求者告者皆烦渎矣。卦辞曰"利贞"，《象》复伸其义，以明不止为戒于二，实养蒙之道也。未发之谓蒙，以纯一未发之蒙而养其正，乃作圣之功也。发而后禁，则扞格而难胜。养正于蒙，学之至善也。蒙之六爻，二阳为治蒙者，四阴皆处蒙者也。

《象》曰：山下出泉，蒙。君子以果行育德。

"泉"，水之始出者，必行而有渐也。"山下出泉"，出而遇险，未有所之，蒙之象也。若人蒙稚，未知所适也。君子观蒙之象，"以果行育德"，观其出而未能通行，则以果决其所行，观其始出而未有所向，则以养育其明德也。泉之始出也，涓涓之微，壅于沙石，岂能遽达哉！唯其果决必行，虽险不避，故终能流而成川。然使其源之不深，则其行虽果，而易以竭，艮之象山也。其德止也。山唯其静止，故泉源之出者无穷，有止而后有行也。君子观蒙之象，果其行如水之必行，育其德如水之有本。

初六 发蒙。利用刑人。用说桎梏。以往吝。

初以阴暗居下，下民之蒙也。爻言发之之道，发下民之蒙，当明刑禁以示之，使之知畏，然后从而教导之。自古圣王为治，设刑罚以齐其众，明教化以善其俗，刑罚立而后教化行。虽圣人尚德而不尚刑，未尝偏废也。故为政之始，立法居先。治蒙之初，威之以刑者，所以说去其昏蒙之"桎梏"。"桎梏"，谓拘束也。不去其昏蒙之桎梏，则善教无由而入。既以刑禁率之，虽使心未能喻，亦当畏威以从，不敢肆其昏蒙之欲。然后渐能知善道，而革其非心，则可以移风易俗矣。苟专用刑以为治，则蒙虽畏而终不能发，苟免而无耻，治化不可得而成矣，故以往则可吝。以阴居下，蒙之甚也。占者遇此，当发其蒙。然发之之道，当痛惩而暂舍之，以观其后。若遂往而不舍，则致羞吝矣。戒占者当如是也。

《象》曰：利用刑人，以正法也。

治蒙之始，立其防限，明其罪罚，正其法也。使之由之，渐至于化也。或疑发蒙之初，遽用刑人，无乃不教而诛乎！不知立法制刑，乃所以教也。盖后之论刑者，不复知教化在其中矣。

九二　包蒙吉。纳妇吉。子克家。

"包"，含容也。二居蒙之世，有刚明之才，而与六五之君相应，中德又同，当时之任者也。必广其含容，哀矜昏愚，则能发天下之蒙，成治蒙之功。其道广，其施博，如是则"吉"也。卦唯二阳爻，上九刚而过，唯九二有刚中之德而应于五，用于时而独明者也。苟恃其明，专于自任，则其德不宏。故虽妇人之柔暗，尚当纳其所善，则其明广矣。又以诸爻皆阴，故云"妇"。尧舜之圣，天下所莫及也，尚曰"清问下民，取人为善"也。二能包纳，则克济其君之事，犹子能治其家也。五既阴柔，故发蒙之功，皆在于二。以家言之，五，父也。二，子也。二能主蒙之功，乃人子克治其家也。九二以阳刚为内卦之主，统治群阴，当发蒙之任者。然所治既广，物性不齐，不可一概取必。而爻之德刚而不过，为能有所包容之象。又以阳受阴，为"纳妇"之象。又居下位而能任上事，为"子克家"之象。故占者有其德而当其事，则如是而"吉"也。

《象》曰：子克家，刚柔节也。

子而克治其家者，父之信任专也。二能主蒙之功者，五之信任专也。二与五刚柔之情相接，故得行其刚中之道，成"发蒙"之功。苟非上下之情相接，则二虽刚中，安能尸其事乎！

六三　勿用取女。见金夫。不有躬。无攸利。

三以阴柔处蒙暗，不中不正，女之妄动者也。正应在上，不能远从，近见九二为群蒙所归，得时之盛，故舍其正应而从之，是女之"见金夫"也。女之从人，当由正礼，乃见人之多金，说而从之，不能保有其身者也。无所往而利矣。六三阴柔，不中不正，女之"见金夫"而不能有其身之象也。占者遇之，则其取女必得如是之人，无所利矣。"金夫"，盖以金赂己而挑之，若鲁秋胡之为者。

《象》曰：勿用取女，行不顺也。

"顺"，当作慎。盖"顺""慎"古字通用，《荀子》"顺墨"作"慎墨"。且行不慎，于《经》意尤亲切。女之如此，其行邪僻不顺，不可取也。

六四 困蒙。吝。

此爻独远于阳，处两阴之中，暗莫之发，故曰"困蒙"也。困于蒙昧，不能比贤以发其志，亦以鄙矣，故曰"吝"也。

《象》曰：困蒙之吝，独远实也。

蒙之时，阳刚为"发蒙"者，四阴柔而最远于刚，乃愚蒙之人，而不比近贤者，无由得明矣。故困于蒙可羞吝者，以其独远于贤明之人也。不能亲贤以致困，可吝之甚也。"实"，谓阳刚。阳实阴虚，"独远实"者，谓于一卦之中，独不能近阳实之贤，故困于蒙而无由达也。

六五 童蒙。吉。

六五阴爻，又体艮少男，故曰"童蒙"。柔中居尊，纯一未发，此"童蒙"字，与卦辞"童蒙"字小不同。盖卦辞只是说蒙昧而已，此之童蒙，言其有柔中之善，纯一之心。纯则不杂，一则不二。盖有安己之心，而无自用之失，有"初筮"之诚，而无"再三"之"渎"，信乎其吉矣。《程传》：童，取未发而资于人者也。此语最切。

《象》曰：童蒙之吉，顺以巽也。

舍己从人，顺从也。降志下求，卑巽也。能如是，优于天下矣。

上九 击蒙。不利为寇。利御寇。

九居蒙之终，是当蒙极之时，人之愚蒙既极，如顽民之不率，为寇为乱者，当击伐之。然九居上，刚极而不中，故戒"不利为寇"。治人之蒙，乃"御寇"也。肆为刚暴，乃为寇也。若舜之征有苗，周公之诛三监，"御寇"也。秦皇汉武穷兵诛伐，"为寇"也。

又曰：以刚居上，治蒙过刚，故为"击蒙"之象。然取必太过，攻治太深，则必反为之害。唯捍其外诱，以全其真纯，则虽过于严密，乃为得宜。故戒占者如此。凡事皆然，不止为诲人也。

《象》曰：利用御寇，上下顺也。

"利用御寇"，上下皆得其顺也。上不为过暴，下得击去其蒙，"御寇"之义也。

需卦第五

（乾下坎上）䷄ 需 有孚。光亨贞吉。利涉大川。

"需"，待也。以乾遇坎，乾健坎险，以刚遇险，而不遽进以陷于险，待之义也。"孚"，信之在中者也。其卦九五以坎体中实，阳刚中正，而居尊位，为有孚得正之象。坎水在前，乾健临之，将涉水而不轻进之象。故占者为有所待而能有信，则"光亨"矣。若又得正则吉，而"利涉大川"，正固无所不利，而涉川尤贵于能待，则不欲速而犯难也。

《彖》曰：需，须也。险在前也。

此以卦德释卦名义。"需"之义，须也。以险在于前，未可遽进，故需待而行也。以乾之刚健，而能需待不轻动，故不陷于险，其义不至于困穷也。刚健之人，其动必躁，乃能需待而动，处之至善者也。故夫子赞之云"其义不困穷矣"。

刚健而不陷，其义不困穷矣。需有孚，光亨贞吉，位乎天位，以正中也。利涉大川，往有功也。

此以卦体及两象释卦辞。五以刚实居中，为孚之象，而得其所需，亦为"有孚"之义。以乾刚而至诚，故其德光明而能亨通，得贞正而吉也。所以能然者，以居天位而得正中也。居天位，指五，以正中，兼二言，故云"正中"。既有孚而贞正，虽涉险阻，往则有功也。需道之至善也。以乾刚而能需，何所不利？

《象》曰：云上于天，需。君子以饮食宴乐。

"饮食"者所以养身也。"宴乐"者所以宁神也。是亦"乐天知命"，居易俟时耳。云气蒸而上升于天，必待阴阳和洽，然后成雨。云方上于天，未成雨也。故为须待之义。阴阳之气，交感而未成雨泽。犹君子畜其才德，而未施于用也。君子观"云上于天，需"而为雨之象，怀其道德，安以待时，饮食以养其气体，宴乐以和其心志，所谓居易以俟命也。

又曰：不言"天上有云"，而言"云上于天"者，若是天上有云，无以见欲雨之义，故云"云上于天"。是天之欲雨，待时而落，所以明需。

初九　需于郊。利用恒。无咎。

需者以遇险，故需而后进。初最远于险，故为"需于郊"。"郊"，旷远之地也。处于旷远，利在安守其常，则"无咎"也。不能安常，则躁动犯难，岂能需于远而无过也？而初九阳刚，又有能常于其所之象，故戒占者能如是则"无咎"也。

《象》曰：需于郊，不犯难行也。利用恒无咎，未失常也。

不犯难而行，便是常。不失常，便是恒德。人唯中无常主，或为才能所使，或为意气所动，或为事势所激，虽犯难而不顾耳，所以不失常最难。"饮食宴乐"，不失常也。若能不失常，更有何事？旷远者，不犯冒险难而行也。阳之为物，刚健上进者也。初能需待于旷远之地，不犯险难而进，复宜安处不失其常，则可以无咎矣。虽不进而志动者，不能安其常也。君子之需时也。安静自守，志虽有须，而恬然若将终身焉，乃能用常也。

九二　需于沙。小有言。终吉。

坎为水，水近则有沙。二去险渐近，故为"需于沙"。渐近于险难，虽未至于患害，已"小有言"矣。凡患难之辞，大小有殊。小者至于有言，言语之伤，至小者也。二以刚阳之才，而居柔守中，宽裕自处，需之善也。虽去险渐近，而未至于险，故小有言语之伤而无大害，终得其吉也。

《象》曰：需于沙，衍在中也。虽小有言，以终吉也。

"衍"，宽绰也。以宽居中，不急进也。二虽近险，而以宽裕居中，故"虽小有言"语及之，"终"得其"吉"，善处者也。"衍在中"者，言胸中宽衍平夷。初不以进动其心，亦不以小言动其心，夫如是"终""吉"，以九二得其道故也。

九三　需于泥。致寇至。

"泥"，逼于水也。泥将陷于险矣。既进逼于险，当致寇难之至也。"寇"，则害之大者。九三去险愈近而过刚不中，故其象如此。三刚而不中，又居健体之上，有进动之象，故"致寇"也。苟非敬慎，则致丧败矣。

《象》曰：需于泥，灾在外也。自我致寇，敬慎不败也。

"外"，谓外卦。"敬慎不败"，发明占外之占，圣人示人之意切矣。三切逼上体之险难，故云"灾在外也"。"灾"，患难之通称，对"眚"而言则分也。三之"致寇"，由己进而迫之，故云"自我"。寇自己致，若能敬慎，量宜而进，则无丧败也。需之时，须而后进也。其义在相时而动，非戒其不得进也。直使敬慎毋失其宜耳。

六四 需于血。出自穴。

"血"者，杀伤之地。"穴"者，险陷之所。四以阴柔之质处于险，而下当三阳之进，伤于险难者也，故云"需于血"。四交坎体，入乎险矣，故为"需于血"之象。既伤于险难，则不能安处，必失其居，故云"出自穴"。穴，物之所安也。然柔得其正，需而不进，故又为"出自穴"之象。顺以从时，不竞于险难，所以不至于凶也。占者如是，则虽在伤地而终得出也。

《象》曰：需于血，顺以听也。

四以阴柔居于险难之中，不能固处，故退出自穴。六四入险而伤，然不言吉凶何也？能需而退听故也。盖阴柔不能与时竞，不能处则退。是顺从以听于时，所以不至于凶也。《易》之为道，无所不通，虽如四之入险而伤，其处之亦有道，六与四皆柔，故有顺听之象。

九五 需于酒食。贞吉。

"酒食"，宴乐之具，言安以待之。《系辞》曰"需者饮食之道也"，《象》曰"君子以饮食宴乐"，爻曰"需于酒食"。以治道言，使斯民乐其乐而利其利，期治于必世百年之后，而不为近功者，须待之义也。五以阳刚居中得正，位乎天位，克尽其道矣。以此而需，何需不获？故宴安酒食以俟之，所须必得也。既得贞正而所需必遂，可谓"吉"矣。占者如是而贞固，则得吉也。九五阳刚中正，需于善位，故有此象。

《象》曰：酒食贞吉，以中正也。

需于酒食而贞且吉者，以五得中和正而尽其道也。

70

上六　入于穴。有不速之客三人来。敬之终吉。

　　阴居险极，无复有需，有陷而入穴之象。下应九三，九三与下二阳需极并进，为"不速客三人"之象。柔不能御而能顺之，有"敬之"之象。占者当陷险中，然于非意之来，敬以待之，则得"终吉"也。需以险在前，需时而后进。上六居险之终，终则变矣。在需之极，久而得矣。阴止于六，乃安其处，故为"入于穴"。"穴"，所安也。安而既止，后者必至。"不速之客三人"，谓下之三阳。乾之三阳，非在下之物，需时而进者也。需既极矣，故皆上进，不速不促之而自来也。上六既需得其安处，群刚之来，苟不起忌疾忿竞之心，至诚尽敬以待之，虽甚刚暴，岂有侵陵之理？故"终吉"也。或疑以阴居三阳之上，得为安乎？曰：三阳乾体，志在上进，六阴位，非所止之正，故无争夺之意，"敬之"则"吉"也。

《象》曰：不速之客来。敬之终吉，虽不当位，未大失也。

　　需初九、九五二爻之吉，固不待言。至于余四爻，如二则"小有言终吉"，如三之《象》则曰"敬慎不败"，四之《象》则曰"顺以听"也。上则曰"有不速之客三人来，敬之终吉"。大抵天下之事，若能款曲停待，终是少错。

讼卦第六

（坎下乾上）䷅　讼　有孚。窒惕。中吉。终凶。利见大人。不利涉大川。

　　"讼"，争辩也。上乾下坎，乾刚坎险，上刚以制其下，下险以伺其上，又为内险而外健，又为己险而彼健，皆讼之道也。九二中实，上无应与，又为加忧，且于卦变自遁而来，为刚来居二而当下卦之中，"有孚"而见"窒"，能惧而得中之象。上九过刚居讼之极，有终极其讼之象。九五刚健中正以居尊位，有"大人"之象。以刚乘险以实履陷，有"不利涉大川"之象。故戒占者必有争辩之事，而随其所处为吉凶也。讼之道，必有其孚实。中无其实，乃是诬妄，凶之道也。卦之中实，为"有孚"之象。"讼"者，与人争辩而待决于人，虽"有孚"，亦须窒塞未通，不窒则已明无讼矣。事既未辨，吉凶未可必也。故有畏惕。"中吉"，得中则吉也。"终凶"，终极其事则凶也。"讼"者，求辨其曲直也，故利见于大人。大人则能以其刚明中正决所讼也。讼非和平之事，当择安地而处，不可陷于危险，故"不利涉大川"也。

《彖》曰：讼，上刚下险。险而健，讼。

此以卦德释卦名义。讼之为卦，上刚下险，险而又健也。又为险健相接，内险外健，皆所以为讼也。若健而不险，不生讼也。险而不健，不能讼也。险而又健，是以讼也。

讼有孚，窒惕中吉，刚来而得中也。终凶，讼不可成也。利见大人，尚中正也。不利涉大川，入于渊也。

据卦才而言，九二以刚自外来而成讼，则二乃讼之主也。以刚处中，中实之象，故为"有孚"。处讼之时，虽有孚信，亦必艰阻窒塞而有惕惧，不窒则不成讼矣。又居险陷之中，亦为窒塞惕惧之义。二以阳刚自外来而得中，为以刚来讼而不过之义，是以吉也。卦有更取成卦之由为义者，此是也。卦义不取成卦之由，则更不言所变之爻也。据卦辞，二乃善也。而爻中不见其善，盖卦辞取其有孚得中而言，乃善也。爻则以自下讼上为义，所取不同也。讼非善事，不得已也。安可终极其事，极意于其事，则"凶"矣，故曰"不可成也"。"成"，谓穷尽其事也。"讼"者，求辩其是非也。辩之当，乃中正也。故"利见大人"。以所尚者中正也。听者非其人，则或不得其中正也。中正大人，九五是也。与人讼者，必处其身于安平之地。若蹈危险，则陷其身矣，乃"入于深渊"也。

《象》曰：天与水违行，讼。君子以作事谋始。

天上水下，相违而行，二体违戾，讼之由也。若上下相顺，讼何由兴？君子观象，知人情有争讼之道，故凡所作事，必谋其始。绝讼端于事之始，则讼无由生矣。谋始之义广矣，若慎交结明契券之类是也。

初六　不永所事。小有言。终吉。

六以柔弱居下，不能终极其讼者也。故于讼之初，因六之才，为之戒曰：若不长永其事，则虽"小有言"，终得吉也。盖讼非可长之事，以阴柔之才而讼于下，难以吉矣。以上有应援，而能不永其事，故虽"小有言"，终得吉也。"有言"，灾之小者也。不永其事而不至于凶，乃讼之吉也。

《象》曰：不永所事，讼不可长也。虽小有言，其辩明也。

六以柔弱而讼于下，其义固不可长永也。永其讼，则不胜而祸难及矣。又于"讼"之初，即戒讼非可长之事也。柔弱居下，才不能讼，虽"不永所事"，既讼矣，必有小灾，故"小有言也"。既不永其事，又上有刚阳之正应，辩理之明，故终得其吉也。不然，其能免乎？在讼之义，同位而相应相与者也。故初于四为获其辩明，同位而不相得相讼者也。故二与五为对敌也。

九二　不克讼。归而逋。其邑人三百户。无眚。

二五相应之地，而两刚不相与，相讼者也。九二自外来，以刚处险，为讼之主，乃与五为敌。五以中正处君位，其可敌乎？是为讼而义不克也。若能知其义之不可，退归而逋避，以寡约自处，则能无过眚也。必逋者，避为敌之地也。"三百户"，邑之至小者，若处强大，是犹竞也。能"无眚"乎？"眚"，过也。处不当也。与知恶而为有分也。九二阳刚为险之主，本欲讼者也。然以刚居柔，得下之中，而上应九五，阳刚居尊，势不可敌，故其象占如此。"邑人三百户"，邑之小者。言自处卑约以免灾患。占者如是，则"无眚"矣。

《象》曰：不克讼，归逋窜也。自下讼上，患至掇也。

义既不敌，故不能讼，归而逋窜，避去其所也。自下而讼其上，义乖势屈，祸患之至，犹拾掇而取之，言易得也。

六三　食旧德。贞厉终吉。或从王事。无成。

"食"，犹食邑之食，言所享也。六三阴柔，非能讼者，故守旧居正，则虽危而终吉。然或出而从上之事，则亦必无成功。占者守常而不出，则善也。三虽居刚而应上，然质本阴柔，处险而介二刚之间，危惧非为讼者也。禄者，称德而受，食旧德谓处其素分。"贞"，谓坚固自守。"厉终吉"，谓虽处危地，能知危惧，则终必获吉也。守素分而无求，则不讼矣。处危，谓在险而承乘皆刚，与居讼之时也。柔从刚者也。下从上者也。三不为讼而从上九所为，故曰"或从王事"。"无成"，谓从上而成不在己也。讼者刚健之事，故初则不永，三则从上，皆非能讼者也。二爻皆以阴柔不终而得吉，四亦以不克而渝得吉，讼以能止为善也。

《象》曰：食旧德，从上吉也。

守其素分，虽从上之所为非由己也，故无成而终得其吉也。

九四　不克讼。复即命。渝安贞。吉。

"即"，就也。"命"，正理也。"渝"，变也。四以阳刚而居健体，不得中正，本为讼者也。承五履三而应初。五，君也。义不克讼，三居下而柔，不与之讼，初正应而顺从，非与讼者也。四虽则健欲讼，无与对敌，其讼无由而兴，故"不克讼"也。又居柔以应柔，亦为能止之义。既义不克讼，若能克其刚忿欲讼之心，复即就于命，革其心，平其气，变而为安贞，则"吉"矣。"命"，谓正理，失正理为方命，故以即命为复也。方，不顺也。《书》云：方命圯族。孟子曰：方命虐民。夫刚健而不中正则躁动，故不安。处非中正，故不贞。不安贞，所以好讼也。若义不克讼而不讼，反就正理，变其不安贞为"安贞"，则"吉"矣。九四刚而不中，故有讼象，以其居柔，故又为不克而复就正理。渝变其心，安处于正之象。占者如是则"吉"也。

《象》曰：复即命，渝安贞，不失也。

能如是则为无失矣，所以吉也。

九五　讼。元吉。

阳刚中正，以居尊位，听讼而得其平者也。以中正居尊位，治讼者也。治讼得其中正，所以"元吉"也。"元吉"，大吉而尽善也。占者遇之，讼而有理，必获伸矣。

《象》曰：讼元吉，以中正也。

中正，则虚心尽下而听不偏，因事求情而断合理，此之谓大人也。中则听不偏，正则断合理。中正之道，何施而不"元吉"？

上九　或锡之鞶带。终朝三褫之。

褫，夺也。以刚居讼极，终讼而能胜之，故有锡命受服之象。然以讼得之，岂能安久？故又有"终朝三褫"之象。其占为终讼无理，而或取胜，然其所得终必失之，圣人为戒之意深矣。人之肆其刚强，穷极于讼，取祸丧身，固其理也。设或使之善讼能胜，穷极不已，至于受服命之赏，是亦与人仇争所获，其能安保之乎？故终一朝而三见褫夺也。

《象》曰：以讼受服，亦不足敬也。

穷极讼事，设使受服命之宠，亦且不足敬而可贱恶，况又祸患随至乎？"亦不足敬"，且据其以讼得服言也。况终必见褫，犹《益·上九》曰"莫益之"，偏辞也。

师卦第七

（坎下坤上） ䷆ 师 贞。丈人吉。无咎。

"师"，兵众也。下坎上坤，坎险坤顺，坎水坤地。古者寓兵于农，伏至险于大顺，藏不测于至静之中。又卦唯九二一阳居下卦之中，为将之象。上下五阴顺而从之，为众之象。九二以刚居下而用事，六五以柔居上而任之，为人君命将出师之象，故其卦之名曰师。"丈人"，长老之称。用师之道，利于得正，而任老成之人，乃得"吉"而"无咎"。戒占者亦必如是也。师之道，以正为本。兴师动众以毒天下，而不以正，民弗从也。强驱之耳。故师以贞为主。其动虽正也，帅之者必丈人，则"吉"而"无咎"也。盖有吉而有咎者，有无咎而不吉者，吉且无咎，乃尽善也。"丈人"者，尊严之称。帅师总众，非众所尊信畏服，则安能得人心之从？故司马穰苴擢自微贱，授之以众，乃以众心未服，请庄贾为将也。所谓"丈人"，不必素居崇贵，但其才谋德业，众所畏服，则是也。如穰苴既诛庄贾，则众心畏服，乃"丈人"矣。又如淮阴侯起于微贱，遂为大将，盖其谋为有以使人尊畏也。

《彖》曰：师，众也。贞，正也。能以众正，可以王矣。

此以卦体释"师贞"之义。"以"，谓能左右之也。一阳在下之中，而五阴皆为所以也。能以众正，则王者之师矣。

刚中而应，行险而顺，以此毒天下，而民从之，吉又何咎矣。

又以卦体卦德释"丈人吉无咎"之义。"刚中"，谓九二。"应"，谓六五应之。"行险"，谓行危道。"顺"，谓顺人心。此非有老成之德者不能也。"毒"，害也。师旅之兴，不无害于天下，然以其有是才德，是以民悦而从之也。

《象》曰：地中有水，师。君子以容民畜众。

地中有水，水聚于地中，为众聚之象，故为师也。水不外于地，兵不外于民，故能养民则可以得众矣。君子观地中有水之象，以容保其民，畜聚其众也。

初六 师出以律。否臧凶。

"律"，法也。"否臧"，谓不善也。初，师之始也。故言出师之义，及行师之道。在邦国兴师而言，合义理则是以律法也。谓以禁乱诛暴而动。苟动不以义，则虽善亦凶道也。善，谓克胜。"凶"，谓殃民害义也。在行师而言，"律"，谓号令节制。行师之道，以号令节制为本，所以统制于众，不以律则虽善亦凶，虽使胜捷，犹凶道也。制师无法，幸而不败且胜者，时有之矣，圣人之所戒也。"否"字先儒多作"不"。在卦之初，为师之始，出师之道，当谨其始，以律则吉，不臧则凶，戒占者当谨始而守法也。

《象》曰：师出以律，失律凶也。

师出当以律，失律则凶矣，虽幸而胜，亦凶道也。

九二 在师中吉。无咎。王三锡命。

师卦唯九二一阳，为众阴所归。五居君位，是其正应。二乃师之主，专制其事者也。居下而专制其事，唯在师则可。自古命将，阃外之事，得专制之。在师专制而得中道，故"吉"而"无咎"。盖恃专则失为下之道，不专则无成功之理，故得中为吉。凡师之道，威和并至则吉也。既处之尽其善，则能成功而安天下，故王锡宠命至于三也。凡事至于三者，极也。六五在上，既专倚任，复厚其宠数。盖礼不称，则威不重而下不信也。它卦九二为六五所任者有矣，唯师专主其事而为众阴所归，故其义最大。人臣之道，于事无所敢专，唯阃外之事，则专制之。虽制之在己，然因师之力而能致者，皆君所与而职当为也。世儒有论鲁祀周公以天子礼乐，以为周公能为人臣不能为之功，则可用人臣不得用之礼乐，是不知人臣之道也。夫居周公之位，则为周公之事，由其位而能为者，皆所当为也。周公乃尽其职耳，子道亦然。唯孟子为知此义，故曰"事亲若曾子者可也"，未尝以曾子之孝为有余也。盖子之身所能为者，皆所当为也。

《象》曰：在师中吉，承天宠也。王三锡命，怀万邦也。

在师中吉者，以其承天之宠任也。天，谓王也。人臣非君宠任之，则安得专征之权，而有成功之吉，象以二专主其事，故发此义，与前所云世儒之见异矣。王三锡以恩命，褒其成功，所以"怀万邦"也。

六三　师或舆尸。凶。

"舆尸"，谓师徒挠败，舆尸而归也。以阴居阳，才弱志刚，不中不正，而犯非其分，故其象占如此。三居下卦之上，居位当任者也。不唯其才阴柔不中正，师旅之事，任当专一。二既以刚中之才，为上信倚，必专其事，乃有成功。若或更使众人主之，凶之道也。"舆尸"，众主也。盖指三也。以三居下之上，故发此义。军旅之事，任不专一，覆败必矣。

《象》曰：师或舆尸，大无功也。

行师之法，权归一将，使众主之，凶之道也。众所不一，必无成功。九二既作帅，六三居二之上，有权不归一之象。倚附二三，安能成功？岂唯无功，所以致凶也。

六四　师左次。无咎。

按兵家尚右，右为前，左为后，故八阵图天前冲、地前冲在右，天后冲、地后冲在左。阴柔不中，而居阴得正，故其象如此。全师以退，贤于六三远矣，故其占如此。师之进，以强勇也。四以柔居阴，非能进而克捷者也。知不能进而退，故"左次"。"左次"，退舍也。量宜进退，乃所当也，故"无咎"。见可而进，知难而退，师之常也。唯取其退之得宜，不论其才之能否也。度不能胜，而完师以退，愈于覆败远矣。可进而退，乃为咎也。《易》之发此义以示后世，其仁深矣。

《象》曰：左次无咎，未失常也。

师以右为主，常也。左次则失常矣，然四以柔顺之资，量敌而后进，虑胜而后会，退而左次，未为失常也。行师之道，因时施宜，乃其常也。故左次未为失也。如四退次，乃得其宜，是以无咎。

六五　田有禽。利执言。无咎。长子帅师。弟子舆尸。贞凶。

六五用师之主，柔顺而中，不为兵端者也。敌加于己，不得已而应，故为"田有禽"之象，而其占利以搏执而无咎也。"言"，语辞也。"长子"，九二也。"弟子"，三四也。又戒占者专于委任，若使君子任事，而又使小人参之，则是使之"舆尸"而归，故虽贞而亦不免于"凶"也。五君位，兴师之主也，故言兴师任将之道。师之兴，必以蛮夷猾夏寇贼奸宄为生民之害，不可怀来，然后奉辞以诛之。若禽兽入于田中，侵害稼穑，于义宜猎取，则猎取之。如此而动，乃得"无咎"。若轻动以毒天下，其咎大矣。"执言"，奉辞也。明其罪而讨之也。若秦皇汉武，皆穷山林以索禽兽者也，非"田有禽"也。任将授师之道，当以长子帅师。二在下而为师之主，"长子"也。若以弟子众主之，则所为虽正亦凶也。"弟子"，凡非长者也。自古任将不专而致覆败者，如晋荀林父邲之战，唐郭子仪相州之败是也。

《象》曰：长子帅师，以中行也。弟子舆尸，使不当也。

长子，谓二。以中正之德合于上，而受任以行，若复使其余者，是任使之不当也，其凶宜矣。

上六　大君有命。开国承家。小人勿用。

师之终，顺之极，论功行赏之时也。坤为土，故有"开国承家"之象。然小人则虽有功，亦不可使之得有爵土，但优以金帛可也。戒行赏之人，于小人则不可用此占，而小人遇之，亦不得用此爻也。上，师之终也，功之成也，大君以爵命赏有功也。开国，封之为诸侯也。"承家"，以为卿大夫也。"承"，受也。小人者虽有功，不可用也，故戒使勿用。师旅之兴，成功非一道，不必皆君子也，故戒以小人有功不可用也，赏之以金帛禄位可也，不可使有国家而为政也。小人平时易致骄盈，况挟其功乎？汉之英彭所以亡也。圣人之深虑远戒也。此专言师终之义，不取爻义，盖以其大者。若以爻言，则六以柔居顺之极，师既终而在无位之地，善处而无咎者也。

《象》曰：大君有命，以正功也。小人勿用，必乱邦也。

师之终功成，"大君有命"，所以赏功也。正功，言赏必当功，不可差失也。"开国承家"之始，其初不可用小人也。于此始言"勿用"者，因此赏功，原其始也。用小人为将帅，幸而成功，则难于不赏，使之开国承家，则害及民，必乱邦也。去一害民者，又用一害民者，以乱易乱，必不可。大君持恩赏之柄，以正军旅之功，师之终也。虽赏其功，小人则不可以有功而任用之，用之必乱邦，小人恃功而乱邦者，古有之矣。

卷 二

比卦第八

（坤下坎上）䷇ 比 吉。原筮元永贞。无咎。不宁方来。后夫凶。

比，亲辅也。吉道也。人相亲比，自为吉道，故《杂卦》云"比乐师忧"。人相亲比，必有其道，苟非其道，则有悔咎，故必推原占决其可比者而比之。"筮"，谓占决卜度，非谓以蓍龟也。所比得"元永贞"则"无咎"。"元"，谓有君长之道。"永"，谓可以常久。"贞"，谓得正道。上之比下，必有此三者，下之从上，必求此三者，则"无咎"也。人之不能自保其安宁，方且来求亲比，得所比则能保其安。当其不宁之时，固宜汲汲以求比。若独立自恃，求比之志，不速而后，则虽夫亦"凶"矣。夫犹凶，况柔弱者乎，"夫"，刚立之称。《传》曰：子南夫也。又曰：是谓我非夫。凡生天地之间者，未有不相亲比而能自存者也。虽刚强之至，未有能独立者也。比之道，由两志相求，两志不相求则睽矣。君怀抚其下，下亲辅于上，亲戚朋友乡党皆然，故当上下合志以相从。苟无相求之意，则离而凶矣。大抵人情相求则合，相持则睽，相持相待莫先也。人之相亲固有道，然而欲比之志不可缓也。九五以阳刚居上之中，而得其正，上下五阴，比而从之，以一人而抚万邦，以四海而仰一人之象。故筮者得之，则当为人所亲辅。然必再筮以自审，有元善长永正固之德，然后可以当众之归而"无咎"。其未比而有所不安者，亦将皆来归之。若又迟而后至，则此交已固，彼来已晚，而得"凶"矣。若欲比人，则亦以是而反观之耳。

《彖》曰：比，吉也。

此三字疑衍文。

比，辅也，下顺从也。

此以卦体释卦名义。"比,吉也",比者吉之道也。物相亲比,乃吉道也。"比,辅也",释比之义,比者相亲辅也。下顺从也,解卦所以为比也。五以阳居尊位,群下顺从以亲辅之,所以为比也。

原筮元永贞无咎,以刚中也。不宁方来,上下应也。后夫凶,其道穷也。

推"原筮"决相比之道,得"元永贞"而后可以"无咎"。所谓"元永贞",如五是也。以阳刚居中正,尽比道之善者也。以阳刚当尊位为君德,"元"也。居中得正,能永而"贞"也。卦辞本泛言比道,《彖》言"元永贞"者,九五以刚处中正是也。人之生,不能保其安宁,方且来求附比。民不能自保,故戴君以求宁。君不能独立,故保民以为安。不宁而来比者,上下相应也。以圣人之公言之,固至诚求天下之比,以安民也。以后王之私言之,不求下民之附,则危亡至矣。故上下之志,必相应也。在卦言之,上下群阴比于五,五比其众,乃上下应也。众必相比,而后能遂其生。天地之间,未有不相亲比而能遂者也。若相从之志,不疾而后,则不能成比,虽夫亦凶矣。无所亲比,困屈以致凶,穷之道也。

《象》曰:地上有水,比。先王以建万国,亲诸侯。

地上有水,水比于地,不容有间。建国亲侯,亦先王所以比于天下而无间者也。《象》意人来比我,此取我往比人。夫物相亲比而无间者,莫如水在地上,所以为比也。先王观比之象。"以建万国,亲诸侯",建立万国,所以比民也。亲抚诸侯,所以比天下也。

初六 有孚比之。无咎。有孚盈缶。终来有它吉。

初六,比之始也。相比之道,以诚信为本,中心不信而亲人,人谁与之?故比之始,必有孚诚,乃"无咎"也。"孚",信之在中也。诚信充实于内,若物之盈满于缶中也。"缶",质素之器,言若缶之盈实其中,外不加文饰,则终能来有它吉也。"它",非此也。外也。若诚实充于内,物无不信,岂用饰外以求比乎?诚信中实,虽它外皆当感而来从。孚信,比之本也。

《象》曰:比之初六,有它吉也。

言比之初六者，比之道在乎始也。始能有孚，则终致"有它"之吉。其始不诚，终焉得吉？上六之凶，由无首也。

六二　比之自内。贞吉。

二与五为正应，皆得中正，以中正之道相比者也。二处于内，"自内"，谓由己也。择才而用，虽在乎上，而以身许国，必由于己。己以得君道合而进，乃得正而吉也。以中正之道，应上之求，乃自内也，不自失也。汲汲以求比者，非君子自重之道，乃自失也。柔顺中正，上应九五，自内比外，而得其正，吉之道也。占者如是，则正而吉矣。

《象》曰：比之自内，不自失也。

守己中正之道，以待上之求，乃不自失也。《易》之为戒严密，二虽中正，质柔体顺，故有贞吉自失之戒，戒之自守，以待上之求，无乃涉后凶乎？曰：士之修己，乃求上之道；降志辱身，非自重之道也。故伊尹武侯，救天下之心非不切，必待礼至然后出也。

六三　比之匪人。

三不中正，而所比皆不中正。四阴柔而不中，二存应而比初，皆不中正，"匪人"也。比于匪人，其失可知，悔吝不假言也。故可伤。一之中正而谓之匪人，随时取义，各不同也。阴柔不中正，承、乘、应皆阴，所比皆非其人之象，其占大凶，不言可知。

《象》曰：比之匪人，不亦伤乎？

人之相比，求安吉也。乃比于匪人，必将反得悔吝，其亦可伤矣，深戒失所比也。

六四　外比之。贞吉。

四与初不相应而五比之，外比于五，乃得贞正而吉也。君臣相比，正也。相比相与，宜也。五刚阳中正，贤也。居尊位，在上也。亲贤从上，比之正也，故为"贞吉"。以六居四，亦为得正之义。又阴柔不中之人，能比于刚明中正之贤，乃得正而吉也。又比贤从上，必以正道则吉也。数说相须，其义始备。以柔居柔，外比九五，为得其正，吉之道也。占者如是，则正而吉矣。

《象》曰：外比于贤，以从上也。

"外比"谓从五也。五刚明中正之贤，又居君位，四比之，是比贤且"从上"，所以吉也。

九五　显比。王用三驱。失前禽。邑人不诫。吉。

五居君位，处中得正，尽比道之善者也。人君比天下之道，当显明其比道而已。如诚意以待物，恕己以及人，发政施仁，使天下蒙其惠泽，是人君亲比天下之道也。如是天下孰不亲比于上？若乃暴其小仁，违道干誉，欲以求下之比，其道亦狭矣，其能得天下之比乎？故圣人以九五尽比道之正，取三驱为喻，曰"王用三驱，失前禽。邑人不诫，吉"。先王以四时之畋不可废也，故推其仁心，为三驱之礼，乃《礼》所谓"天子不合围"也。成汤祝网，是其义也。天子之畋围，合其三面，前开一路，使之可去，不忍尽物，好生之仁也。只取其不用命者，不出而反入者也。禽兽前去者皆免矣，故曰失前禽也。王者显明其比道，天下自然来比。来者抚之，固不煦煦然求比于物。若田之三驱，禽之去者，从而不追，来者则取之也。此王道之大，所以其民皞皞而莫知为之者也。"邑人不诫吉"，言其至公不私，无远近亲疏之别也。"邑"者，居邑，《易》中所言"邑"皆同。王者所都，诸侯国中也。"诫"，期约也。待物之一，不期诫于居邑，如是则吉也。圣人以大公无私治天下，于显比见之矣。非唯人君比天下之道如此，大率人之相比莫不然。以臣于君言之，竭其忠诚，致其才力，乃显其比君之道也。用之与否，在君而已，不可阿谀逢迎，求其比己也。在朋友亦然，修身诚意以待之，亲己与否，在人而已，不可巧言令色，曲从苟合，以求人之比己也。于乡党亲戚，于众人，莫不皆然。"三驱失前禽"之义也，一阳居尊，刚健中正，卦之群阴，皆来比己，显其比而无私，如天子不合围，开一面之网，来者不拒，去者不追，故为"用三驱失前禽"，而"邑人不诫"之象。盖虽私属亦喻上意，不相警备以求必得也。凡此皆吉之道，占者如是则吉也。

《象》曰：显比之吉，位正中也。舍逆取顺，失前禽也。邑人不诫，上使中也。

显比所以吉者，以其所居之位得正中也。处正中之地，乃由正中之道也。比以不偏为善，故云"正中"。凡言"正中"者，其处正得中也。比与随是也。言"中正"者，得中与正也。讼与需是也。礼取不用命者，乃是舍顺取逆也。顺命而去者皆免矣，比以向背而言，谓去者为逆，来者为顺也。故所失者前去之禽也。言来者抚之，去者不追也。不期诫于亲近，上之使下，中平不偏，远近如一也。

上六　比之无首。凶。

六居上，比之终也。"首"，谓始也。凡比之道，其始善则其终善矣。有其始而无其终者或有矣，未有无其始而有终者也。故"比之无首"，至终则"凶"也。此据比终而言，然上六阴柔不中，处险之极，固非克终者也。始比不以道，隙于终者，天下多矣。

《象》曰：比之无首，无所终也。

比既"无首"，何所终乎？相比有首，犹或终违。始不以道，终复何保？故曰："无所终也"。

小畜卦第九

（乾下巽上）☰ 小畜　亨。密云不雨。自我西郊。

巽☴，亦三画卦之名。一阴伏于二阳之下，故其德为巽为入，其象为风为木。小，阴也。畜，止之义也。上巽下乾，以阴畜阳，又卦唯六四一阴，上下五阳皆为所畜，故为小畜。又以阴畜阳，能系而不能固，亦为所畜者小之象。内健外巽，二五皆阳，各居一卦之中而用事，有刚而能中其志得行之象，故其占当得亨通。然畜未极而施未行，故有"密云不雨，自我西郊"之象。盖密云阴物，西郊阴方，"我"者，文王自我也。文王演《易》于羑里，视岐周为西方，正小畜之时也。筮者得之，则占亦如其象云。"云"，阴阳之气，二气交而和，则相畜固而成雨。阳倡而阴和，顺也，故和。若阴先阳倡，不顺也，故不和。不和则不能成雨，云之畜聚虽密，而不成雨者，自西郊故也。东北阳方，西南阴方，自阴倡，故不和而不能成雨。以人观之，云气之兴，皆自四远，故云"郊"。据西而言，故云"自我"。畜阳者四，畜之主也。阴阳交则雨泽乃施，若阳气上升，而阴气不能固蔽，则不雨。若阴气虽能固蔽，而阳气不交，亦当不雨。犹若釜甑之气，以物覆之，则蒸而为水也。"自我西郊"，是云气起于"西郊"之阴位，必不能为雨也。

《彖》曰：小畜，柔得位而上下应之，曰小畜。

以卦体释卦名义，"柔得位"，指六居四。"上下"，谓五阳，言成卦之义也。以阴居四，又处上位，"柔得位"也。上下五阳皆应之，为所畜也。以一阴而畜五阳，能系而不能固，是以为小畜也。《象》解成卦之义，而加"曰"字者，皆重卦名文势当然，单名卦唯革有曰字，亦文势然也。

健而巽，刚中而志行，乃亨。

此以卦才言也。内健而外巽，健而能巽也。二五居中，"刚中"也。阳性上进下复乾体，志在于行也。刚居中，为刚而得中，又为中刚，言畜阳则以柔巽，言能亨则由刚中。以成卦之义言，则为阴畜阳。以卦才言，则阳为刚中，故畜虽小而能亨也。以卦德卦体而言，阳犹可亨也。

密云不雨，尚往也。自我西郊，施未行也。

"尚往"，言畜之未极其气犹上进也。畜道不能成大，如"密云"而不成雨。阴阳交而和则相固而成雨，二气不和，阳尚往而上，故不成雨。盖自我阴方之气先倡，故不和而不能成雨，其功施未行也。小畜之不能成大，犹西郊之云不能成雨也。阴阳之理，畜极则亨。畜之小者，虽未遽亨，及其成也。终有亨理。以六爻言之，一柔得位，五阳应之。能系其情，未能全制之也，故为小畜。以二卦言之，健而能巽，不激不亢，其势必通。二五皆刚中，同心同德，其志必行，故有亨理。凡阴闭之极，则阳气蒸而成雨。"密云不雨"者，阴方上往，未至于极也。"自我西郊"者，方起于此，未至于彼也。此皆言所畜之小，然谓之"尚往"，则非不住，谓之未行。则非不行，亨固在其中矣。此于人事为以臣畜君，终当感悟之象。

《象》曰：风行天上，小畜。君子以懿文德。

风有气而无质，能畜而不能久，故为小畜之象，"懿文德"，言未能厚积而远施也。乾之刚健而为巽所积，夫刚健之性，唯柔顺为能畜止之，虽可以畜止，然非能固制其刚健也。但柔顺以扰系之耳，故为小畜也。畜聚为蕴畜之义，君子所蕴畜者，大则道德经纶之业，小则文章才艺。君子观小畜之象，以懿美其文德。

初九 复自道。何其咎。吉。

"复"，反也。初以阳刚居健体，志欲上行，而为四得时得位者所畜，故复。然初刚而得正，虽为所畜而复，如自守以正，不为所畜者，故曰"复自道"。言虽为彼所畜，而吾实自复于道也。下卦乾体，本皆在上之物，志欲上进，而为阴所畜。然初九体乾，居下得正，前远于阴，虽与四为正应，而能自守以正，不为所畜，故有进复自道之象。占者如是，则无咎而"吉"也。

《象》曰：复自道，其义吉也。

阳刚之才，由其道而复，其义吉也。初与四为正应，在畜时乃相畜者也。能反身以归道，其行己必不悖于理，是能自畜者也。故曰"其义吉"。

九二　牵复。吉。

二以阳居下体之中，五以阳居上体之中，皆以阳刚居中，为阴所畜，俱欲上复。五虽在四上，而为其所畜，则同是同志者也。夫同患相忧，二五同志，故相牵连而复。二阳并进，则阴不能胜，得遂其复矣，故"吉"也。曰：遂其复则离畜矣乎？曰：凡爻之辞，皆谓如是则可以如是，若已然则时已变矣，尚何教诫乎？五为巽体，巽畜于乾，而反与二相牵，何也？曰：举二体而言，则巽畜乎乾；全卦而言，则一阴畜五阳也。在《易》随时取义，皆如此也。三阳志同，而九二渐近于阴，以其刚中，故能与初九牵连而复，亦吉道也。占者如是则吉矣。

《象》曰：牵复在中，亦不自失也。

"亦"者，承上爻义。二居中得正者也。刚柔进退，不失乎中道也。阳之复，其势必强，二以处中，故虽强于进，亦不互于过刚，过刚乃自失也。爻止言牵复而吉之义，象复发明其在中之美。

九三　舆说辐。夫妻反目。

"说"，脱也。而密比于四，阴阳之情相求也。又昵比而不中，为阴畜制者也，故不能前进。犹车舆说去轮辐，言不能行也。"夫妻反目"，阴制于阳者也。今反制阳，如夫妻之反目也。"反目"，谓怒目相视，不顺其夫而反制之也。妇人为夫宠惑，既而遂反制其夫，未有夫不失道而妻能制之者也。故脱辐反目，三自为也。九三亦欲上进，然刚而不中，迫近于阴，而又非正应，但以阴阳相说，而为所系畜，不能自进，故有"舆说辐"之象。然以志刚，故又不能平而与之争，故又为"夫妻反目"之象。戒占者如是则不得进而有所争也。

《象》曰：夫妻反目，不能正室也。

下卦三阳，皆为巽所畜者也。初九止之于初，不施畜止而自复于道，无过可补，此畜之最美者也。九二已动而后牵之，牵而后复，畜而后止，已用力矣，以其在中而未远，故亦不至于失道。"亦"之为言，犹可之辞也。九三刚已过中而后畜之，四当其上，其势必至于相拂，如人已升舆辐脱，系而止之，夫不行正，妻反目而争之，故曰"不能正室"也。

六四　有孚。血去惕出。无咎。

四于畜时，处近君之位，畜君者也。若内有孚诚，则五志信之，从其畜之。卦独一阴，畜众阳者也。诸阳之志系于四，四苟欲以力畜之，则一柔敌众刚，必见伤害，唯尽其孚诚以应之，则可以感之矣。故其伤害远，其危惧免也。如此则可以无咎，不然则不免乎害。此以柔畜刚之道也。以人君之威严，而微细之臣，有能畜心其欲者，盖有孚信以感之也。以一阴畜众阳，本有伤害忧惧，以其柔顺得正，虚中巽体，二阳助之，是有孚而"血去惕出"之象也，"无咎"宜矣。故戒占者亦有其德则无咎也。

《象》曰：有孚惕出，上合志也。

四既"有孚"，则五信任之，与之合志，所以得"惕出"而无咎也。"惕出"则"血去"可知，举其轻者也。五既合志，众阳皆从之矣。

九五　有孚挛如。富以其邻。

小畜，众阳为阴所畜之时也。五以中正居尊位而有孚信，则其类皆应之矣。故曰"挛如"，谓牵连相从也。五必援挽，与之相济，是"富以其邻"也。五以居尊位之势，如富者推其财力，与邻比共之也。君子为小人所困，正人为群邪所厄，则在下者必攀挽于上，期于同进；在上者必援引于下，与之戮力。非独推己力以及人也，固资在下之助以成其力耳。巽体三爻，同力畜乾，"邻"之象也。而九五居中处尊，势能有为，以兼乎上下，故为有孚挛固，用富厚之力而以其邻之象。"以"犹《春秋》"以某师"之"以"，言能左右之也。占者"有孚"则能如是也。

《象》曰：有孚挛如，不独富也。

"有孚挛如"，盖其邻类皆牵挛而从之，与众同欲，不独有其富也。君子之处艰厄，唯其至诚，故得众力之助，而能济其众也。

上九　既雨既处。尚德载。妇贞厉。月几望。君子征凶。

九以巽顺之极，居卦之上，处畜之终，从畜而止者也。为四所止也。"既雨"，和也。"既处"，止也。阴之畜阳，不和则不能止，既和而止，畜之道成矣。大畜，畜之大，故极而散。小畜，畜之小，故极而成。"尚德载"，四用柔巽之德，积满而至于成也。阴柔之畜刚，非一朝一夕能成，由积累而至，可不戒乎？"载"，积满也。《诗》云："厥声载路。""妇贞厉"，"妇"，谓阴以阴而畜阳，以柔而制刚，妇若贞固守此，危厉之道也。安有妇制其夫，臣制其君，而能安者乎？月望则与日敌矣。"几望"，言其盛将敌也。阴已能畜阳而云几望，何也？此以柔巽畜其志也。非力能制之。然不已则将盛于阳而凶矣。于"几望"而为之戒曰：妇将敌矣，君子动则凶也。"君子"谓阳。"征"，动也。"几望"，将盈之时。若已望则阳已消矣，尚何戒乎？畜极而成，阴阳和矣，故为"既雨既处"之象。盖尊尚阴德，至于积满而然也。阴加于阳，故虽正亦厉。然阴既盛而抗阳，则君子亦不可以有行矣。其占如此，为戒深矣。

《象》曰：既雨既处，德积载也。君子征凶，有所疑也。

"既雨既处"，言畜道积满而成也。阴将盛极，君子动则有凶也。阴敌阳，则必消阳，小人抗君子，则必害君子，安得不疑虑乎？若前知疑虑而警惧，求所以制之，则不至于凶矣。既畜而通矣，而又往致其畜则犯矣，非其道也。"有所疑"，疑其不顺也。《坤·上六》曰"阴疑于阳"，亦此也。凶道也。

履卦第十

（兑下乾上） 履虎尾。不咥人。亨。

履上乾下兑，以阴蹑阳，是随后蹑它，如踏它脚迹相似，所以云"履虎尾"。履，人所履之道也。天在上而泽处下，以柔履藉于刚，上下各得其义，事之至顺，理之至当也。人之履行如此，虽履至危之地，亦无所害，故履虎尾而不见其咥啮，所以能"亨"也。兑，亦三画卦之名，一阴见于二阳之上，故其德为说，其象为泽。履，有所蹑而进之义也。以兑遇乾，和说以蹑刚强之后，有履虎尾而不见伤之象，故其卦为履，而占如是也。人能如是，则处危而不伤矣。

《彖》曰：履，柔履刚也。

此以二体释卦名义。履为卦上兑下乾，兑为柔，乾为刚，故曰"柔履刚"。

说而应乎乾，是以履虎尾，不咥人，亨。

卦以一柔进退履众刚，故有"履虎尾"之象。然而"不咥人亨"者，说而应乎乾故也。夫敬以和，何事不行！君子之所履，苟在于是，则虽暴人之前无虞矣。兑以阴柔履藉乾之阳刚，柔履刚也。兑以说顺应乎乾刚而履藉之，下顺乎上，阴承乎阳，天下之正理也。所履如此，至顺至当。虽"履虎尾"，亦不见伤害。以此履行，其"亨"可知。

刚中正，履帝位而不疚，光明也。

九五以阳刚中正，尊"履帝位"，苟无疚病，得履道之至善光明者也。"疚"谓疵病，夬履是也。"光明"，德盛而辉光也。九五履乾正位，曰"刚中正"，刚健不息，体大中至正之道，以君临天下，"履帝位而不疚"也。君临天下者，其可危为大。盖人君以一身抚驭海内，使所履一不正，而蹈于非礼，则政令纪纲弛于上，谗贼寇攘起于下。穆王命君牙曰"心之忧危，若蹈虎尾，涉于春冰"是也。

《象》曰：上天下泽，履。君子以辨上下，定民志。

天在上，泽居下，上下之正理也。人之所履当如是，故取其象而为履。君子观履之象，以辨别上下之分，以定其民志。夫上下之分明，然后民志有定，民志定，然后可以言治。民志不定，天下不可得而治也。古之时，公卿大夫而下，位各称其德，终身居之，得其分也。位未称德，则君举而进之，士修其学，学至而君求之，皆非有予于己也。农工商贾勤其事，而所享有限，故皆有定志，而天下之心可一。后世自庶士至于公卿，日志于尊荣，农工商贾，日志于富侈，亿兆之心，交骛于利，天下纷然，如之何其可一也！欲其不乱难矣，此由上下无定志也。君子观履之象，而分辨上下，使各当其分，以定民之心志也。

初九　素履。往无咎。

履不处者，行之义，初处至下，素在下者也。而阳刚之才，可以上进，若安其卑下之素而往，则"无咎"矣。夫人不能自安于贫贱之素，则其进也。乃贪躁而动，求去乎贫贱耳，非欲有为也。既得其进，骄溢必矣，故往则有咎。贤者则安履其素，其处也乐，其进也将有为也。故得其进，则有为而无不善，乃守其素履者也。以阳在下，居履之初，未为物迁，率其"素履"者也。占者如是，则"往"而"无咎"也。

《象》曰：素履之往，独行愿也。

安履其素而往者，非苟利也，独行其志愿耳。独，专也。若欲贵之心，与行道之心，交战于中，岂能安履其素也？

九二 履道坦坦。幽人贞吉。

九二居柔，宽裕得中，其所履坦坦然平易之道也。虽所履得坦，《易》之道亦必幽静安恬之，人处之则能贞固而吉也。行于道路者，由中则平坦，从旁则崎险。九二以刚居中，是履道而得其平坦者也。持身如是，不轻自售，故为"幽人贞吉"。九二阳志上进，故有幽人之戒。刚中在下，无应于上，故为履道平坦，幽独守贞之象。幽人履道而遇其占，则贞而吉矣。

《象》曰：幽人贞吉，中不自乱也。

履道在于安静，其中恬正，则所履安裕。中若躁动，岂能安其所履？故必幽人则能坚固而吉，盖其中心安静，不以利欲自乱也。

六三 眇能视。跛能履。履虎尾。咥人凶。武人为于大君。

六三不中不正，柔而志刚，以此履乾，必见伤害，故其象如此，而占者凶。又为刚武之人，得志而肆暴之象，如秦政、项藉，岂能久也？三以阴居阳，志欲刚而体本阴柔，安能坚其所履？故如盲眇之视，其见不明。跛躄之履，其行不远。才既不足，而又处不得中，履非其正，以柔而务刚，其履如此，是履于危地，故曰"履虎尾"。以不善履履危地，必及祸患，故曰"咥人凶"。"武人为于大君"，如武暴之人，而居人上，肆其躁率而已，非能顺履而远到也。不中正而志刚，乃为群阳所与，是以刚躁蹈危而得凶也。

《象》曰：眇能视，不足以有明也。跛能履，不足以与行也。咥人之凶，位不当也。武人为于大君，志刚也。

阴柔之人，其才不足，视不能明，行不能远，而乃务刚，所履如此，其能免于害乎？以柔居三，履非其正，所以致祸害，被咥而凶也。以武人为喻者，以其处阳，才弱而志刚也。志刚则妄动，所履不由其道，如武人而为大君也。三质暗才弱，本不足以有为，以当履之时，一阴为主，适与时遇，是以不顾其位不当，勇于行而履危蹈祸。斯道也，唯武人用之以为王事，一于进以行其志之刚则可。故爻辞于咥人凶后言之，用各有当也。

九四 履虎尾。愬愬终吉。

九四亦以不中不正，履九五之刚，然以刚居柔，故能戒惧而得"终吉"。九四阳刚而乾体，虽居四，刚胜者也。在近君多惧之地，无相得之义，五复刚决之过，故为"履虎尾"。"愬愬"，畏惧之貌。若能畏惧，则当"终吉"。盖九虽刚而志柔，四虽近而不处，故能兢慎畏惧，则终免于危而获吉也。

《象》曰：愬愬终吉，志行也。

能"愬愬"畏惧，则终得其吉者，志在于行而不处也。去危则获吉矣。阳刚，能行者也。居柔，以顺自处者也。畏惧，所以行其志也。

九五 夬履。贞厉。

夬，刚决也。五以阳刚乾体，居至尊之位，任其刚决而行者也。如此则虽得正，犹危厉也。古之圣人，居天下之尊，明足以照，刚足以决，势足以专。然而未尝不尽天下之议，虽刍荛之微必取，乃其所以为圣也，履帝位而光明者也。若自任刚明，决行不顾，虽使得正，亦危道也。可固守乎？有刚明之才，苟专自任，犹为危道，况刚明不足者乎？《易》中云"贞厉"，义各不同，随卦可见。九五以刚中正履帝位，而下以兑说应之，凡事必行，无所疑碍，故其象为夬决其履，虽使得正，亦危道也。故其占为虽正而危，为戒深矣。

《象》曰：夬履贞厉，位正当也。

戒"夬履"者，以其正当尊位也。居至尊之位，据能专之势而自任刚决，不复畏惧，虽使得正亦危道也。

上九 视履考祥。其旋元吉。

上处履之终，于其终视其所履行，以考其善恶祸福，若其旋则善且吉也。旋，谓周旋完备，无不至也。人之所履，考视其终，若终始周完无疚，善之至也，是以"元吉"。人之吉凶，系其所履，善恶之多寡，吉凶之小大也。视履之终，以考其祥，周旋无亏，则得"元吉"，占者祸福视其所履而未定也。

《象》曰：元吉在上，大有庆也。

"在上"，履之终也。言于履之终而得元吉，则大有福庆也。"在上"，是解所以"元吉"。"大有庆"，是正解元吉。

泰卦第十一

（乾下坤上）䷊ 泰 小往大来。吉，亨。

"泰"，通也。为卦天地交而二气通，故为泰，正月之卦也。"小"，谓阴。"大"，谓阳。"来"，来居于内也。阳气下降，阴气上交也。阴阳和畅，则万物生遂，天地之泰也。以人事言之，大则君上，小则臣下，君推诚以任下，臣尽诚以事君，上下之志通，朝廷之泰也。阳为君子，阴为小人，君子来处于内，小人往处于外，是君子得位，小人在下，天下之泰也。泰之道，"吉"而且"亨"也。不云"元吉""元亨"者，时有污隆，治有小大，虽泰岂一概哉？言"吉亨"则可包矣。言坤往居外，乾来居内。又自归妹来，则六往居四，九来居三也。占者有刚阳之德，则"吉"而"亨"矣。

《彖》曰：泰，小往大来。吉，亨，则是天地交而万物通也，上下交而其志同也。内阳而外阴，内健而外顺，内君子而外小人。君子道长，小人道消也。

所以得名为泰者，由天地气交，而生养万物，物得大通，故云泰也。上下交而其志同，以人事象天地之交也。"内阳""外阴"据其象，"内健""外顺"明其性，此就卦爻释"小往大来。吉，亨"也。内君子而外小人，"君子道长，小人道消"，更就人事之中，释"小往大来吉亨"也。"小往大来"，阴往而阳来也，则是天地阴阳之气相交，而万物得遂其通泰也。在人则上下之情交通，而其志意同也。阳来居内，阴往居外，阳进而阴退也。乾健在内，坤顺在外，为"内健而外顺"，君子之道也。君子在内，小人在外，是"君子道长，小人道消"，所以为泰也。既取阴阳交和，又取"君子道长"，阴阳交和，乃君子之道长也。

《象》曰：天地交，泰。后以财成天地之道，辅相天地之宜，以左右民。

　　天地交而阴阳和，则万物茂遂，所以泰也。人君当体天地通泰之象，而以"裁成天地之道，辅相天地之宜"，以左右生民也。"裁成"，谓体天地交泰之道，而裁制成其施为之方也。"辅相天地之宜"，天地通泰，则万物茂遂，人君体之而为法制，使民用天时，因地利，辅助化育之功，成其丰美之利也。如春气发生万物，则为播植之法，秋气成实万物，则为收敛之法，乃辅相天地之宜，以左右辅助于民也。民之生，必赖君上为之法制，以教率辅翼之，乃得遂其生养，是左右之也。

初九　拔茅茹。以其汇。征吉。

　　三阴在下，相连而进，拔茅连茹之象，征行之吉也。占者阳刚，则其征吉矣。初以阳爻居下，是有刚明之才而在下者也。时之否，则君子退而穷处。时既泰，则志在上进也。君子之进，必与其朋类相牵援，如茅之根然，拔其一则牵连而起矣。"茹"，根之相牵连者，故以为象。"汇"，类也。贤者以其类进，同志以行其道，是以"吉"也。君子之进，必以其类，不唯志在相先，乐于与善，实乃相赖以济。故君子小人，未有能独立不赖朋类之助者也。自古君子得位，则天下之贤，萃于朝廷，同志协力，以成天下之泰。小人在位，则不肖者并进，然后其党胜而天下否矣。盖各从其类也。

《象》曰：拔茅征吉，志在外也。

　　君子之志，在天下，不在一身，故曰"志在外也"。时将泰，则群贤皆欲上进，三阳之志欲进同也，故取茅茹汇征之象。"志在外"，上进也。

九二　包荒。用冯河。不遐遗。朋亡。得尚于中行。

　　九二以刚居柔，在下之中，上有六五之应，主乎泰而得中道者也。占者能包容荒秽，而果断刚决，不遗遐远，而不昵朋比，则合乎此爻中行之道矣。以阳刚得中，上应于五，五以柔顺得中，下应于二。君臣同德，是以刚中之才，为上所专任，故二虽居臣位，主治泰者也，所谓上下交而其志同也。故治泰之道，主二而言。"包荒，用冯河，不遐遗，朋亡"，四者处泰之道也。人情安肆，则政舒缓而法度废弛。庶事无节，治之之道，必有包含荒秽之量，则其施为宽裕详密，敝革事理，而人安之。若无含弘之度，有忿疾之心，则无深远之虑，有暴扰之患，深敝未去，而近患已生矣，故在"包荒"也。"用冯河"，泰宁之世，人情习于久安，安于守常，惰于因循，惮于更变，非有冯河之勇，不能有为于斯时也。"冯河"，谓其刚果足以济深越险也。自古泰治之世，必渐至于衰替，盖由狃习安逸，因循而然，自非刚断之君，英烈之辅，不能挺特奋发以革其敝也，故曰"用冯河"。或疑上云"包荒"，则是包含宽容，此云"用冯河"，则是奋发改革，似相反也。不知以含容之量，施刚果之用，乃圣贤之为也。"不遐遗"，泰宁之时，人心狃于泰，则苟安逸而已，恶能复深思远虑，及于遐远之事哉？治夫泰者，当周及庶事，虽遐远不可遗，若事之微隐，贤才之在僻陋，皆遐远者也。时泰则固遗之矣。"朋亡"，夫时之既泰，则人习于安，其情肆而失节，将约而正之，非绝去其朋与之私，则不能也。故云"朋亡"。自古立法制事，牵于人情，卒不能行者多矣。若夫禁奢侈则害于近戚，限田产则妨于贵家，如此之类，既不能断以大公而必行，则是牵于朋比也。治泰不能朋亡，则为之难矣。治泰之道，有此四者，则能合于九二之德，故曰"得尚于中行"，言能配合中行之义也。"尚"，配也。

《象》曰：包荒得尚于中行，以光大也。

《象》举"包荒"一句，而通解四者之义，言如此则能配合中行之德，而其道光明显大也。只举"包荒"，非省文以包下。盖"包荒"是治道之本，然"包荒"而得合乎中道者，以其正大光明，明断无私，是以有"冯河"之决，有"不遐遗"之照，有"朋亡"之公，以与"包荒"相济，而中道无不合也。

九三　无平不陂。无往不复。艰贞无咎。勿恤其孚。于食有福。

将过乎中，泰将极而否欲来之时也。"恤"，忧也。"孚"，所期之信。戒占者艰难守贞，则"无咎"而"有福"。三居泰之中，在诸阳之上，泰之盛也。物理如循环，在下者必升，居上者必降。泰久而必否，故于泰之盛，与阳之将进，而为之戒曰：无常安平而不险陂者，谓无常泰也。无常往而不返者，谓阴当复也。平者陂，往者复，则为否矣。当知天理之必然，方泰之时，不敢安逸，常艰危其思虑，正固其施为，如是则可以"无咎"。处泰之道，既能"艰贞"，则可常保其泰，不劳忧恤，得其所求也。不失所期为孚。如是，则于其禄食有福益也。禄食，谓福祉。善处泰者，其福可长也。盖德善日积，则福禄日臻，德裕于禄，则虽盛而非满。自古隆盛，未有不失道而丧败者也。

《象》曰：无往不复，天地际也。

"无往不复"，言天地之交际也。阳降于下，必复于上，阴升于上，必复于下，屈伸往来之常理也。因天地交际之道，明否泰不常之理，以为戒也。

六四　翩翩。不富以其邻。不戒以孚。

六四处泰之过中，以阴在上，志在下复，上二阴亦志在趋下。"翩翩"，疾飞之貌，四翩翩就下，与其邻同也。"邻"，其类也，谓五与上。夫人富而其类从者，为利也。不富而从者，其志同也。三阴皆在下之物，居上乃失其实，其志皆欲下行，故不富而相从，不待戒告而诚意相合也。夫阴阳之升降，乃时运之否泰，或交或散，理之常也。泰既过中，则将变矣，圣人于三，尚云"艰贞"则"有福"，盖三为将中，知戒则可何，四已过中矣，理必变也，故专言始终反复之道。五，泰之主，则复言处泰之义。

《象》曰：翩翩不富，皆失实也。不戒以孚，中心愿也。

爻言"不富"，《象》言"失实"，是皆不以富贵骄人，而有虚中无我之意也。邻，类也，谓五与上也，故四五皆称行愿。在下卦之初，则明以汇交于上，在上卦之初，则明以邻交于下，盖"上下交而其志同"也。"翩翩"，下往之疾，不待富而邻从者，以三阴在上，皆失其实故也。阴本在下之物，今乃居上，是"失实"也。不待告戒而诚意相与者，盖其中心所愿故也。理当然者天也，众所同者时也。

六五　帝乙归妹。以祉元吉。

以阴居尊，为泰之主，柔中虚己，下应九二，吉之道也。而"帝乙归妹"之时，亦尝占得此爻。占者如是，则有祉而"元吉"矣。凡《经》以古人为言，如高宗、箕子之类者，皆同此。《史》谓汤为天乙，厥后有帝祖乙，亦贤王也。后又有帝乙。《多士》曰：自成汤至于帝乙，罔不明德恤祀。称"帝乙"者，未知谁是。帝女，下嫁之礼，至汤而备。汤嫁妹之辞曰："无以天子之富而骄诸侯。阴之从阳，女之顺夫，天下之义也。往事尔夫，必以礼义。"汤称天乙，或者亦称帝乙乎？以爻义观之，帝乙制王姬下嫁之礼法者也。自古帝女虽皆下嫁，至帝乙然后制为礼法，使降其尊贵，以顺从其夫也。六五以阴柔居君位，下应于九二刚明之贤，五能倚任其贤臣而顺从之，如帝乙之归妹然，降其尊而顺从于阳，则以之受祉，且元吉也。"元吉"，大吉而尽善者也。谓成治泰之功也。

《象》曰：以祉元吉，中以行愿也。

"中以行愿"，谓以柔中之德，而行此志愿以合乎下，故能受其祉福且元吉也。所谓"上下交而其志同"如此。所以能获祉福且元吉者，由其以中道合而行其志愿也。有中德，所以能任刚中之贤，所听从者，皆其志愿也。非其所欲，能从之乎！

上六　城复于隍。勿用师。自邑告命。贞吝。

《说文》："隍，城池也。有水曰池，无水曰隍。"城复于隍，谓取隍中之土以筑城。掘隍土积累以成城，如治道积累以成泰。及泰之终，将反于否，如城土颓圮，复反于隍也。上，泰之终，六以小人处之，行将否矣。"勿用师"，君之所以能用其众者，上下之情通心从也。今泰之将终，失泰之道，上下之情不通矣。民心离散，不从其上，岂可用也？用之则乱。众既不可用，方自其亲近而告命之，虽使所告命者得其正，亦可羞吝。"邑"，所居，谓亲近，大率告命必自近始。凡"贞凶""贞吝"有二义，有贞固守此则凶吝者，有虽得正亦凶吝者，此不云贞凶而云"贞吝"者，将否而方告命，为可羞吝，否不由于告命也。

《象》曰：城复于隍，其命乱也。

"城复于隍"矣，虽其命之乱，不可止也。

否卦第十二

（坤下乾上）　否之匪人。不利君子贞。大往小来。

否，闭塞而不交也。"否之匪人，不利君子贞"，言否闭之世，非其人者，恶直丑正，不利乎君子之守正。天地交而万物生于中，然后三才备，人为最灵，故为万物之首。凡生天地之中者，皆人道也。天地不交，则不生万物，是无人道，故曰"匪人"，谓非人道也。消长阖辟，相因而不息，泰极则复，否极则倾，无常而不变之理，人道岂能无也？既否则泰矣。夫上下交通，刚柔和会，君子之道也。否则反是，故"不利君子贞"。君子正道，否塞不行也。"大往小来"，阳往而阴来也。小人道长、君子道消之象，故为否也。"否"，闭塞也。七月之卦也。正与泰反，故曰"匪人"，谓非人道也。其占不利于君子之正道。盖乾往居外，坤来居内。又自渐卦而来，则九往居四，六来居三也。或疑"之匪人"三字衍文，由《比·六三》而误也。《传》不特解其义，亦可见。

《彖》曰：否之匪人。不利君子贞。大往小来，则是天地不交而万物不通也，上下不交而天下无邦也。内阴而外阳，内柔

而外刚，内小人而外君子。小人道长，君子道消也。

夫天地之气不交，则万物无生成之理。上下之义不交，则天下无邦国之道。建邦国所以为治也，上施政以治民，民戴君而从命，上下相交，所以治安也。今"上下不交"，是天下无邦国之道也。阴柔在内，阳刚在外，君子往居于外，小人来处于内，"小人道长，君子道消"之时也。内柔而外刚者，小人之体也。《论语》曰：色厉而内荏。外有严厉之色，内有柔荏之心，此所以反君子之道也。

《象》曰：天地不交，否。君子以俭德辟难，不可荣以禄。

天地不相交通，故为否。否塞之时，君子道消，当观否塞之象，而以俭损其德，辟免祸难，不可荣居禄位也。否者小人得志之时，君子居显荣之地，祸患必及其身，故宜晦处穷约也。

初六　拔茅茹。以其汇。贞吉。亨。

泰与否皆取茅为象者，以群阳群阴同在下，有牵连之象也。泰之时，则以同征为吉。否之时，则以同贞为"亨"。始以内小人外君子为否之义，复以初六否而在下为君子之道。《易》随时取义，变动无常。否之时，在下者君子也。否之三阴，上皆有应。在否隔之时，隔绝不相通，故无应义。初六能与其类贞固其节，则处否之吉，而其道之亨也。当否而能进者，小人也。君子则伸道免祸而已。君子进退，未尝不与其类同也。

《象》曰：拔茅贞吉，志在君也。

爻以六自守于下，明君子处下之道，《象》复推明以象君子之心，君子固守其节以处下者，非乐于不进独善也。以其道方否不可进，故安之耳。心固未尝不在天下也。其志常在得君而进，以康济天下，故曰"志在君也"。时方否塞，故以汇守正于下，若反否而为泰，则亦如初九之以汇征矣，故初九之《象》曰"志在外"，初六之《象》曰"志在君"，以言行止虽系于时，而君子之志于君，亦无往而不在也。

六二　包承。小人吉。大人否。亨。

六二其质则阴柔，其居则中正。以阴柔小人而言，则方否于下，志所包畜者，在承顺乎上，以求济其否，为身之利，小人之吉也。大人当否，则以道自处，岂肯枉己屈道，承顺于上？唯自守其否而已。身之否，乃其道之亨也。或曰：上下不交，何所承乎？曰：正则否矣。小人顺上之心，未尝无也。阴柔而中正，小人而能包容、承顺乎君子之象，小人之吉道也。故占者小人如是则吉，大人则当安守其否，而后道亨。盖不可以彼包承于我，而自失其守也。

《象》曰：大人否。亨，不乱群也。

大人于否之时守其正节，不杂乱于小人之群类，身虽否而道之亨也。故曰"否。亨"。不以道而身亨，乃道之否也。不云"君"子而云"大人"，能如是则其道大也。

六三　包羞。

在下体之上，位浸显矣。当否之世而不去，忍耻冒处，故谓之"包羞"。三以阴柔不中不正而居否，又切近于上，非能守道安命，穷斯滥矣，极小人之情状者也。以阴居阳而不中正，小人志于伤善而未能也，故为"包羞"之象。然以其未发，故无凶咎之戒。

《象》曰：包羞，位不当也。

用小道以承其上，而位不当，所以"包羞"也。阴柔居否，而不中不正，所为可羞者处不当故也。处不当位，所为不以道也。

九四　有命无咎。畴离祉。

四以阳刚健体，居近君之位，是有济否之才，而得高位者也，足以辅上济否。然当君道方否之时，处逼近之地，所恶在居功取忌而已。若能使动必出于君命，威柄一归于上，则"无咎"，而其志行矣。能使事皆出于君命，则可以济时之否，其畴类皆附离其福祉。"离"，丽也。君子道行，则与其类同进，以济天下之否，"畴离祉"也。小人之进，亦以其类同行。否过中矣，将济之时也。九四以阳居阴，不极其刚，故其占为"有命无咎"，而畴类三阳，皆获其福也。"命"，谓天命。

《象》曰：有命无咎，志行也。

有君命则得"无咎"，乃可以济否，其志得行也。

九五　休否。大人吉。其亡其亡。系于苞桑。

以阳刚中正之德居尊位，故能休息天下之否，"大人"之"吉"也。大人当位，能以其道休息天下之否，以循致于泰，犹未离于否也，故有"其亡"之戒。否既休息，渐将反泰，不可便为安肆，当深虑远戒，常虞否之复来，曰"其亡"矣，"其亡"矣。其"系于苞桑"，谓为安固之道，如维系于"苞桑"也。"桑"之为物，其根深固。"苞"，谓丛生者，其固尤甚。圣人之戒深矣。汉王允、唐李德裕不知此戒，所以致祸败也。《系辞》曰："危者安其位者也，亡者保其存者也，乱者有其治者也。是故君子安而不忘危，存而不忘亡，治而不忘乱，是以身安而国家可保也。"

《朱子语类》：九五"其亡其亡，系于苞桑"如何？曰：有戒惧危亡之心，则便有苞桑系固之象。盖能戒惧危亡，则如系于苞桑，坚固不拔矣。如此说，则象占乃有收杀，非是"其亡其亡"而又"系于苞桑"也。

《象》曰：大人之吉，位正当也。

有大人之德，而得至尊之正位，故能休天下之否，是以吉也。无其位，则虽有其道，将何为乎？故圣人之位，谓之"大宝"。

上九　倾否。先否后喜。

上九否之终也。物理极而必反，故泰极则否，否极则泰。上九否既极矣，故否道倾覆而变也。先极否也，后倾喜也。否倾则泰矣，"后喜"也。以阳刚居否极，能倾时之否者也。其占为"先否后喜"。

《象》曰：否终则倾，何可长也？

否终则必倾，岂有长否之理，极而必反，理之常也。然反危为安，易乱为治，必有刚阳之才而后能也。故否之上九，则能倾否，屯之上六，则不能变屯也。

同人卦第十三

（离下乾上）　同人于野。亨。利涉大川。利君子贞。

离，亦三画卦之名。一阴丽于二阳之间，故其德为丽，为文明，其象为火，为日，为电。同人，与人同也。以离遇乾，火上同于天。六二得位得中，而上应九五，又卦唯一阴，而五阳同与之，故为同人。"于野"，谓旷远而无私也。有亨道矣。"野"，谓旷野，取远与外之义。夫同人者，以天下大同之道，则圣贤大公之心也。常人之同者，以其私意所合，乃昵比之情耳。故必于野，谓不以昵近情之所私，而于郊野旷远之地，既不系所私，乃至公大同之道，无远不同也。其亨可知。能与天下大同，是天下皆同之也。天下皆同，何险阻之不可济？何艰危之不可亨？故利涉大川，利君子贞。上言于野，正谓不在昵比。此复言宜以君子正道。君子之贞，谓天下至公大同之道，故虽居千里之远，生千岁之后，若合符节。推而行之，四海之广，兆民之众，莫不同。小人则唯用其私意，所比者虽非亦同，所恶者虽是亦异，故其所同者，则为阿党，盖其心不正也。故同人之道，利在君子之贞正。以健而行，故能涉川。为卦内文明而外刚健，六二中正而有应，则君子之道也。占者能如是则"亨"，而又可涉险，然必其所同合于君子之道，乃为"利"也。

《彖》曰：同人，柔得位得中。而应乎乾，曰同人。

以卦体释卦名义。"柔"，谓六二，"乾"，谓九五。言成卦之义。"柔得位"，谓二以阴居阴，得其正位也。五中正而二以中正应之，"得中而应乎乾"也。五刚健中正，而二以柔顺中正应之，各得其正，其德同也，故为同人。五，乾之主，故云"应乎乾"。象取天火之象，而《彖》专以二言。同人以一柔为主，徒柔不能以同乎人也。必以天德行之，故虽"得位得中"，而必"应乎乾"，乃可谓之同人。至于"利涉大川"，则又曰此"乾行也"，明非柔之所能辨也。凡卦之以柔为主者皆然，履之六三，不能以自亨也，必曰"应乎乾"，是以"履虎尾不咥人亨"。小畜之六四，不能以自亨也，必曰"刚中而志行乃亨"。大有之六五，不能以自亨也，必曰"应乎天而时行，是以元亨"。凡此皆柔为卦主，而其济也必称乾焉，此乾之所以为大舆。

同人曰。

衍文。

同人于野。亨。利涉大川。乾行也。文明以健，中正而应，君子正也。惟君子为能通天下之志。

以卦德卦体释卦辞。至诚无私，可以蹈险难者，乾之行也。无私，天德也。又以二体言其义有文明之德而刚健，以中正之道相应，乃君子之正道也。天下之志万殊，理则一也。君子明理，故能通天下之志。圣人视亿兆之心犹一心者，通于理而已。文明则能烛理，故能明大同之义。刚健则能克己，故能尽大同之道，然后能"中正"合乎"乾行也"。通天下之志，乃为大同。不然，则是私情之合而已，何以致"亨"而

"利涉"哉！

《象》曰：天与火，同人。君子以类族辨物。

不云火在天下，天下有火，而云"天与火"者，天在上，火性炎上，火与天同，故为同人之义。"方以类聚，物以群分"，君子和而不同，故于同人"以类族辨物"也。君子观同人之象，而"以类族辨物"，各以其类族，辨物之同异也。若君子小人之党，善恶是非之理，物情之离合，事理之异同，凡异同者，君子能辨明之，故处物不失其方也。

初九　同人于门。无咎。

居同人之始，为同人之首者也。无应于上，心无系吝，通夫大同，出门皆同，故曰"同人于门"也。出门同人，谁与为咎？九居同人之初，而无系应，是无偏私，同人之公者也，故为"出门同人"。"出门"，谓在外。在外则无私昵之偏，其同博而公，如此则无过咎也。同人之初，未有私主，以刚在下，无系应，可以"无咎"，故其象占如此。

《象》曰：出门同人，又谁咎也？

"出门同人"，是解"同人于门"，明"于门"为"出门"也。言出门外去同人，无私系而能同人者也。内不失己，外不失人，又谁得而咎之？"出门同人"于外，是其所同者广，无所偏私，人之同也。有厚薄亲疏之异，过咎所由生也。既无所偏党，谁其咎之。

六二　同人于宗。吝。

二与五为正应，故曰"同人于宗"。"宗"，谓宗党也。同于所系应，是有所偏与，在同人之道为私狭矣，故可"吝"。二若阳爻，则为刚中之德，乃以中道相同，不为私也。六二虽中且正，然有应于上，不能大同而系于私，吝之道也。故其象占如此。

《象》曰：同人于宗，吝道也。

凡《易》例，九五六二虽正应，然于六二每有戒辞，比之"不自失"，萃之"志未变"是也。在同人之卦，其应尤专，故曰"吝道"。言若同于情之专，而不同于理之正，则其道可吝，亦因占设戒之辞尔，非与卦义异也。但在卦则通言应众阳，而不专指九五之应，在爻则偏言与五位相应，而因以发大公之义，各不相悖。诸卦以中正相应为善，而在同人则为可吝，故五不取君义，盖私比非人君之道，相同以私，为可吝也。

九三 伏戎于莽。升其高陵。三岁不兴。

三以阳居刚而不得中，是刚暴之人也。在同人之时，志在于同。卦唯一阴，诸阳之志，皆欲同之。三又与之比，然二以中正之道，与五相应，三以刚强居二五之间，欲夺而同之，然理不直，义不胜，故不敢显发。伏藏兵戎于林莽之中，怀恶而内负不直，故又畏惧。时升高陵以顾望，如此至于三岁之久，终不敢兴。此爻深见小人之情状，然不曰凶者，既不敢发，故未至凶也。刚而不中，上无正应，欲同于二而非其正，惧九五之见攻，故有此象。

《象》曰：伏戎于莽，敌刚也。三岁不兴，安行也。

敌者，应也。若艮言"敌应"，中孚言"得敌"，皆谓应爻也。所敌者五，既刚且正，其可夺乎？故畏惮伏藏也。至于"三岁不兴"矣，终安能行乎？

九四 乘其墉。弗克攻。吉。

四刚而不中正，其志欲同二，亦与五为仇者也。"墉"，垣，所以限隔也。四切近于五，如隔墉耳。乘其墉欲攻之，知义不直而不克也。苟能自知义之不直而不攻，则为"吉"也。若肆其邪欲，不能反思义理，妄行攻夺，则其凶大矣。三以刚居刚，故终其强而不能反。四以刚居柔，故有困而能反之义。能反则"吉"矣，畏义而能改，其吉宜矣。刚不中正，又无应与，亦欲同于六二，而为三所隔，故为乘墉以攻之象。然以居柔，故有自反而不克攻之象。占者如是，则是能改过而得吉也。

《象》曰：乘其墉，义弗克也。其吉，则困而反则也。

"乘其墉"矣，则非其力之不足也，特以义之"弗克"而不攻耳。能以义断，困而反于法则，故吉也。所以"乘其墉"而"弗克攻"者，以其义之弗克也。以邪攻正，义不胜也。其所以得吉者，由其义不胜，困穷而反于法则也。二者，众阳所同欲也。独三四有争夺之义者，二爻居二五之间也。初终远，故取义别。

九五 同人先号咷而后笑。大师克相遇。

九五同于二，而为三四二阳所隔，五自以义直理胜，故不胜愤抑，至于"号咷"。然邪不胜正，虽为所隔，终必得合，故"后笑"也。"大师克相遇"，五与二正应，而二阳非理隔夺，必用大师克胜之，乃得相遇也。云"大师"、云"克"者，见二阳之强也。九五君位,而爻不取人君同人之义者,盖五专以私昵应于二,而失其中正之德,人君当与天下大同,而独私一人,非君道也。又先隔则号咷,后遇则笑,是私昵之情,非大同之体也。二之在下,尚以同于宗为"吝",况人君乎?五既于君道无取,故更不言君道,而明二人同心,不可间隔之义。《系辞》云:"君子之道,或出或处,或默或语。二人同心,其利断金。"中诚所同,出处语默无不同,天下莫能间也。同者一也。一不可分,分乃二也。一可以通金石,冒水火,无所不能入,故云"其利断金"。其理至微,故圣人赞之曰"同心之言,其臭如兰",谓其言意味深长也。五刚中正,二以柔中正相应于下,同心者也。而为三四所隔,不得其同。然义理所同,物不得而间之,故有此象。然六二柔弱,而三四刚强,故必用大师以胜之,然后得相遇也。

《象》曰:同人之先,以中直也。大师相遇,言相克也。

《易》凡言"号"者,皆写心抒诚之谓,故曰"中直",言至诚积于中也。当同人之时,二五正应,必以相克而后相遇者,因外卦以反异归同取象,无它旁取也。先所以"号咷"者,以中诚理直,故不胜其忿切而然也。虽其敌刚强,至用"大师",然义直理胜,终能克之,故言"能相克"也。"相克",谓能胜,见二阳之强也。

上九 同人于郊。无悔。

"郊",在外而远之地。求同者必相亲相与,上九居外而无应,终无与同者也。始有同,则至终或有睽悔,处远而无与,故虽无同亦无悔。虽欲同之,志不遂,而其终无所悔也。居外无应,物莫与同,然亦可以无悔,故其象占如此。郊在野之内,未至于旷远,但荒僻无与同耳。

《象》曰:同人于郊,志未得也。

居远莫同,故终无所悔,然而在同人之道,求同之志不得遂,虽无悔,非善处也。

大有卦第十四

(乾下离上) ䷍ 大有 元亨。

大有,所有之大也。离居乾上,火在天上,无所不照。又六五一阴居尊得中,而五阳应之,故为大有,卦之才可以"元亨"也。凡卦德,有卦名自有其义者,如比吉、谦亨是也。有因其卦义便为训戒者，如"师贞丈人吉"、"同人于野亨"是也。有以其卦才而言者，"大有元亨"是也。由刚健文明应天时行，故能"元亨"也。乾健离明，居尊应天，有亨之道。占者有其德，则大善而亨也。

《彖》曰：大有，柔得尊位大中。而上下应之，曰大有。

以卦体释卦名义。"柔"谓六五，"上下"谓五阳。五以阴居君位，"柔得尊位"也。处中，得"大中"之道也。为诸阳所宗，"上下应之"也。夫居尊执柔，固众之所归也。而又有虚中文明大中之德，故上下同志应之，所以为大有也。

其德刚健而文明，应乎天而时行，是以元亨。

卦之德，内"刚健"而外"文明"。六五之君，应于乾之九二。五之性柔顺而明，能顺应乎二。二，乾之主也。是应乎乾也。顺应乾行，顺乎天时也。故曰"应乎天而时行"。其德如此，是以"元亨"也。王弼云：不大通何由得大有乎？大有则必"元亨"矣。此不识卦义。离乾成大有之义，非大有之义，便有"元亨"。由其才故得"元亨"，大有而不善者，与不能亨者有矣。诸卦具"元亨利贞"，则《彖》皆释为"大亨"，与乾、坤同也。不兼"利贞"，则释为"元亨"，尽元义也。"元"有大善之义，有"元亨"者四卦，大有、蛊、升、鼎也。唯升之《彖》误随它卦作"大亨"。曰：诸卦之元与乾不同，何也？曰：元之在乾，为元始之义，为"首出庶物"之义。它卦则不能有此义，为善为大而已，曰元之为大可矣。为善，何也？曰：元者物之先也。物之先岂有不善者乎？事成而后有败，败非先成者也。兴而后有衰，衰固后于兴也。得而后有失，非得则何以有失也。至于善恶治乱是非，天下之事，莫不皆然。必善为先，故《文言》曰"元者，善之长也"。

《象》曰：火在天上，大有。君子以遏恶扬善，顺天休命。

火高在天上，照见万物之众多，故为大有。大有，繁庶之义。君子观大有之象，以遏绝众恶，扬明善类，以奉顺天休美之命。万物众多，则有善恶之殊，君子享大有之盛，当代天工，治养庶类。治众之道，在遏恶扬善而已。恶惩善劝，所以顺天命而安群生也。火在天上，所照者广，为大有之象。所有既大，无以治之，则莠蘖萌于其间矣。天命有善而无恶，故遏恶扬善，所以顺天，反之于身，亦若是而已矣。火在天上，明之至也。至明则善恶无所逃。善则举之，恶则抑之，庆赏刑威得其当，然后能保有四方，所以"顺天休命"也。

初九　无交害。匪咎。艰则无咎。

九居大有之初，未至于盛，处卑无应与，未有骄盈之失，故"无交害"，未涉于害也。大凡富有鲜不有害，以子贡之贤，未能尽免，况其下者乎？"匪咎，艰则无咎"，言富有本匪有咎也，人因富有自为咎耳。若能享富有而知难处，则自"无咎"也。处富有而不能思艰兢畏，则骄侈之心生矣，所以有咎也。虽当大有之时，然以阳居下，上无系应，而在事初，未涉乎害者也，何咎之有？然亦必艰以处之则无咎，戒占者宜如是也。

《象》曰：大有初九，无交害也。

"无交害"者，以九居初，是初心未变，无交故无害也。若过此而有交，则有害矣，安得不慎终如始，而一以艰处之也。

九二　大车以载。有攸往。无咎。

九以阳刚居二，为六五之君所倚任。刚健则才胜，居柔则谦顺，得中则无过，其才如此，所以能胜大有之任。如大车之材强壮，能胜载重物也。可以任重行远，故"有攸往"而"无咎"也。大有丰盛之时，有而未极，故以二之才，可"往"而"无咎"。至于盛极，则不可以往矣。刚中在下，得应乎上，任重而不危，为大车以载之象。有所往而如是，可"无咎"矣。占者必有此德，乃应其占也。

《象》曰：大车以载，积中不败也。

积中不败，与《诗》言"不输尔载"相似。壮大之车，重积载于其中，而不损败，犹九二材力之强，能胜大有之任也。

九三　公用亨于天子。小人弗克。

"亨"，《春秋传》作"享"，谓朝献也。古者亨通之亨，享献之享，烹饪之烹，皆作亨字。三居下体之上，在下而居人上，诸侯人君之象也。公侯上承天子，天子居天下之尊，"率土之滨，莫非王臣"，在下者何敢专其有？凡土地之富，人民之众，皆王者之有也。此理之正也。故三当大有之时，居诸侯之位，有其富盛，必有亨通乎天子，谓以其有为天子之有也。乃人臣之常义也。若小人处之，则专其富有以为私，不知公以奉上之道，故曰"小人弗克"也。九三居下之上，公侯之象。刚而得正，上有六五之君，虚中不贤，故为"亨于天子"之象。占者有其德，则其占如是。小人无刚正之德，则虽得此爻，不能当也。

《象》曰：公用亨于天子，小人害也。

公当用亨于天子，若小人处之，则为害也。自古诸侯能守臣节，忠顺奉上者，则蓄养其众，以为王之屏翰。丰殖其财，以待上之征赋。若小人处之，则不知为臣奉上之道，以其为己之私，民众财丰，则反擅其富强，益为不顺。是小人大有则为害，又大有为小人之害也。

九四　匪其彭。无咎。

九四居大有之时，已过中矣，是大有之盛者也。过盛则凶咎所由生也。故处之之道，"匪其彭"则得"无咎"，谓能谦损，不处其太盛则得"无咎"也。四近君之高位，苟处太盛则致凶咎。彭，盛多之貌。《诗·载驱》云："汶水汤汤，行人彭彭。"行人盛多之状。《雅·大明》云："驷騵彭彭。"言武王戎马之盛也。六五柔中之君，九四以刚近之，有僭逼之嫌，然以其处柔也。故有不极其盛之象，而得"无咎"，戒占者宜如是也。

《象》曰：匪其彭，无咎，明辨晢也。

"晢"，明智也。能不处其盛而得无咎者，盖有明辨之智也。贤智之人，明辨物理，当其方盛，则知咎之将至，故能损抑，不敢至于满极也。

六五　厥孚交如。威如。吉。

六五当大有之时居君位，虚中为孚信之象。人君执柔守中，而以孚信接于下，则下亦尽其信诚以事于上，上下孚信相交也。以柔居尊位，当大有之时，人心安易，若专尚柔顺，则陵慢生矣，故必"威如"则"吉"。"威如"，有威严之谓也。既以柔和孚信接于下，众志说从，又有威严使之有畏，善处有者也。吉可知矣。大有之世，柔顺而中，以处尊位，虚己以应九二之贤，而上下归之，是其孚信之交也。然君道贵刚，太柔则废，当以威济之则吉，故其象占如此，亦戒辞也。

《象》曰：厥孚交如，信以发志也。

一人之信，足以发上下之志也。

威如之吉，易而无备也。

下之志，从乎上者也。上以孚信接于下，则下亦以诚信事其上，故"厥孚交如"。由上有孚信，以发其下孚信之志，下之从上，犹响之应声也。威如之所以吉者，谓若无威严，则下易慢而无戒备也。谓无恭畏备上之道。备，谓备上之求责也。

上九　自天祐之。吉无不利。

上九在卦之终，居无位之地，是大有之极，而不居其有者也。处离之上，明之极也。唯至明所以不居其有，不至于过极也。有极而不处，则无盈满之灾，能顺乎理者也。五之孚信而履其上，为蹈履诚信之义。五有文明之德，上能降志以应之，为尚贤崇善之义。其处如此，合道之至也。自当享其福庆，"自天祐之"。行顺乎天而获天祐，故所往皆"吉"，无所不利也。大有之世，以刚居上，而能下从六五，是能履信思顺而尚贤也。满而不溢，故其占如此。

《象》曰：大有上吉，自天祐也。

大有之上，有极当变。由其所为顺天合道，故"天祐"助之，所以吉也。君子满而不溢，乃"天祐"也。《系辞》复申之云："天之所助者顺也。人之所助者信也。履信思乎顺，又以尚贤也。是以自天祐之，吉无不利也。""履信"，谓履五。五虚中，信也。"思顺"，谓谦退不居。"尚贤"，谓志从于五。大有之世，不可以盈丰，而复处盈焉，非所宜也。六爻之中，皆乐据权位，唯初上不处其位，故初九"无咎"，上九"无不利"。上九在上，履信思顺，故在上而得吉，盖自天祐也。

卷 三

谦卦第十五

（艮下坤上） ䷎ 谦，亨。君子有终。

谦，有亨之道也，有其德而不居谓之谦。人以谦巽自处，何往而不亨乎？"君子有终"，君子志存乎说谦巽，达理故乐天而不竞，内充故退让而不矜，安履乎谦，终身不易，自卑而人益尊之，自晦而德益光显，此所谓"君子有终"也。在小人则有欲必竞，有德必伐，虽使勉慕于谦，亦不能安行而固守，不能有终也。谦者有而不居之义，止乎内而顺乎外，谦之意也。山至高而地至卑，乃屈而止于其下，谦之象也。占者如是，则亨通而有终矣。"有终"，谓先屈而后伸也。

《彖》曰：谦，亨。天道下济而光明，地道卑而上行。

言谦之必"亨"。"济"当为"际"，此明谦而能"亨"之义。天之道，以其气下际，故能化育万物，其道光明。"下际"，谓下交也。地之道，以其处卑，所以其气上行交于天，皆以卑降而"亨"也。"天道下济而光明，地道卑而上行"，此以卦体释卦辞也。九三乾也。降在下卦，是"下济而光明"也。坤地道，处势至卑，而升在上卦，是"卑而上行"也。"下济"与"卑"，皆释"谦"字。"光明"与"上行"，皆释"亨"字。自人事言之，尊者行之则有光，即"天道下济而光明"也。卑者行之则不可逾，即"地道卑而上行"也。始虽谦下，终必高明，是有终也。自天道亏盈以下，皆极方谦之必有后福。质之于天地神人之心，以明有终之义也。

天道亏盈而益谦，地道变盈而流谦。鬼神害盈而福谦，人道恶盈而好谦。谦尊而光，卑而不可逾，君子之终也。

"变"，谓倾坏。"流"，谓聚而归之。以天行而言，盈者则亏，谦者则益，日月阴阳是也。以地势而言，盈满者倾变而反陷，卑下者流注而益增也。"鬼神"，谓造化之迹。盈满者福害之，谦损者福祐之。凡过而损，不足而益者，皆是也。人情疾恶于盈满，而好与于谦巽了。"谦"者，人之至德，故圣人详言，所以戒盈而劝谦也。谦为卑巽也。而其道尊大而光显。自处虽卑屈，而其德实高不可加尚，是"不可逾"也。君子至诚于谦，恒而不变，有终也。故尊光。人能谦，则其居尊者，其德愈光，其居卑者，人亦莫能过，此君子所以"有终"也。若日中则昃，月满则亏，损有余以补不足，天之道也。高岸为谷，深谷为陵，是以"变盈而流谦"，地之道也。"朱门之家，鬼阚其室。黍稷非馨，明德唯馨"，是其义矣。满招损，谦受益，人之道也。

《象》曰：地中有山，谦。君子以裒多益寡，称物平施。

以卑蕴高，谦之象也。"裒多益寡"，所以称物之宜而平其施，损高增卑，以趋于平，亦谦之意也。地体卑下，山之高大而在地中，外卑下而内蕴高大之象，故为谦也。不云山在地中，而曰"地中有山"，言卑下之中，蕴其崇高也。若言崇高蕴于卑下之中，则文理不顺，诸象皆然。观文可见"君子以裒多益寡，称物平施"，君子观谦之象，山而在地下，是高者下之，卑者上之，见抑高举下，损过益不及之义，以施于事，则裒取多者，增益寡者，称物之多寡，以均其施与，使得其平也。凡《大象》皆别立一意，使人知用《易》之理。"裒多益寡，称物平施"，俾小大长短，各得其平，非君子谦德之象，乃君子治一世使谦之象也。《象》与六爻无此意。

初六　谦谦君子。用涉大川。吉。

初六以柔顺处谦，又居一卦之下，为自处卑下之至，谦而又谦也，故曰"谦谦"。能如是者，君子也。自处至谦，众所共与也。虽用涉险难，亦无患害，况居平易乎？何所不吉也？初处谦而以柔居下，得无过于谦乎？曰：柔居下乃其常也。但见其谦之至，故为"谦谦"，未见其失也。以柔处下，谦之至也。君子之行也。以此涉难，何往不济？故占者如是，则利以涉川也。

《象》曰：谦谦君子，卑以自牧也。

"谦"，卑德也。初，卑位也。"谦谦"，谦之至也，谓君子以谦卑之道自牧也。"牧"，养也。"自牧"，自处也。《诗》云"自牧归荑"。养德之地，未有不基于至卑之所，所养也至，则愈卑而愈不卑矣，此自养之方也。

六二　鸣谦。贞吉。

二以柔顺居中，是为谦德积于中。谦德充积于中，故发于外，见于声音颜色，故曰"鸣谦"。居中得正，有中正之德也，故云"贞吉"。凡"贞吉"，有为贞且吉者，有为得贞则吉者，六二之"贞吉"，所自有也。柔顺中正，以谦有闻，正而且吉者也。故其占如此。

《象》曰：鸣谦贞吉，中心得也。

"中心得"者，言君子所作所为皆得诸心，然后发之于外。故此谦谦皆由中心得之，以至于声闻流传于人，而获至正之吉也。二之谦德，由至诚积于中，所以发于声音，中心所自得也。非勉为之也。

九三　劳谦。君子有终。吉。

三以阳刚之德而居下体，为众阴所宗，履得其位，为下之上，是上为君所任，下为众所从，有功劳而持谦德者也。故曰"劳谦"。古之人有当之者，周公是也。身当天下之大任，上奉幼弱之主，谦恭自牧，夔夔如畏然，可谓有劳而能谦矣。既能"劳谦"，又须君子行之"有终"则"吉"。夫乐高喜胜，人之常情，平时能谦，固已鲜矣，况有功劳可尊乎？虽使知谦之善，勉而为之，若矜负之心不忘，则不能常久，欲其有终，不可得也。唯君子安履谦顺，乃其常行，故久而不变，乃所谓有终，有终则吉也。九三以刚居正，能终者也。此爻之德最盛，故象辞特重。卦唯一阳，居下之上，刚而得正，上下所归，有功劳而能谦，尤人所难，故"有终"而"吉"。占者如是，则如其应矣。

《象》曰：劳谦君子，万民服也。

能"劳谦"之君子，万民所尊服也。《系辞》云："劳而不伐，有功而不德，厚之至也。语以其功下人者也。德言盛，礼言恭，谦也者，致恭以存其位者也。"有劳而不自矜伐，有功而不自以为德，是其德弘厚之至也。言以其功劳而自谦以下于人也。"德言盛，礼言恭"，以其德言之则至盛，以其自处之礼言之则至恭，此所谓谦也。夫谦也者，谓"致恭以存其位"者也。存，守也。致其恭巽以守其位，故高而不危，满而不溢，是以能终吉也。夫君子履谦，乃其常行，非为保其位而为之也。而言"存其位"者，盖能"致恭"所以能"存其位"。言谦之道如此，如言为善有令名，君子岂为令名而为善也哉？亦言其令名者，为善之故也。

六四　无不利撝谦。

四居上体，切近君位，六五之君，又以谦柔自处，九三又有大功德，为上所任，众所宗，而己居其上，当恭畏以奉谦德之君，卑巽以让劳谦之臣，动作施为，无所不利于"㧑谦"也。"㧑"，施布之象，如人手之㧑也。动息进退，必施其谦，盖居多惧之地，又在贤臣之上故也。柔而得正，上而能下，其占"无不利"矣。然居九三之上，故戒以更当发挥其谦，以示不敢自安之意也。

《象》曰：无不利㧑谦，不违则也。

凡人之谦，有所宜施，不可过其宜也。如六五"或用侵伐"是也。唯四以处近君之地，据劳臣之上，故凡所动作，靡不利于施谦，如是然后中于法则，故曰"不违则"也。谓得其宜也。

六五 不富以其邻。利用侵伐。无不利。

富者众之所归，唯财为能聚人。五以君位之尊，而执谦顺以接于下，众所归也。故不富而能有其邻也。"邻"，近也。"不富"而得人之亲也。为人君而持谦顺，天下所归心也。然君道不可专尚谦柔，必须威武相济，然后能怀服天下，故"利用"行"侵伐"也。威德并著，然后尽君道之宜，而无所不利也。盖五之谦柔，当防于过，故发此义。

又曰：以柔居尊，在上而能谦者也。故为不富而能以其邻之象，盖从之者众矣。犹有未服者，则利以征之，而于他事亦无不利。人有是德，则如其占也。

《象》曰：利用侵伐，征不服也。

"侵伐"非黩武，以其不服，不得已而征之，正以释征伐用谦之义。征其文德，谦逊所不能服者也。文德所不能服，而不用威武，何以平治天下？非人君之中道谦之过也。

上六 鸣谦。利用行师。征邑国。

六以柔处柔顺之极，又处谦之极，极乎谦者也。以极谦而反居高，未得遂其谦之志，故至发于声音。又柔处谦之极，亦必见于声色，故曰"鸣谦"。虽居无位之地，非任天下之事。然人之行己，必须刚柔相济。上，谦之极也。至于太甚，则反为过矣，故利在以刚武自治。"邑国"，已之私有。"行师"，谓用刚武。"征邑国"，谓自治其私。谦极有闻，人之所与，故可用行师。然以其质柔而无位，故可以征己之邑国而已。

《象》曰：鸣谦，志未得也。可用行师，征邑国也。

六二"鸣谦"，《象》以"中心"解之；上六"鸣谦"，《象》以"志"解之；豫之初六"鸣豫"，《象》又以"志"解之。然则凡言"鸣"者皆"志"也，志有忧有乐，皆寓于鸣。当豫之时，人志以从上为乐；当谦之时，人志在下，不以上为乐也。阴柔无位，才力不足，故其志未得，而至于行师，然亦适足以治其私邑而已。谦极而居上，欲谦之志未得，故不胜其切至于鸣也。虽不当位，谦既过极，宜以刚武自治其私，故云"利用行师，征邑国"也。

豫卦第十六

（坤下震上） ䷏ 豫 利建侯行师。

豫，和乐也。人心和乐，以应其上也。豫，顺而动也。豫之义，所利在于"建侯""行师"。夫建侯树屏，所以共安天下，诸侯和顺，则万民悦服。兵师之兴，众心和悦则顺从而有功。故悦豫之道，利于建侯行师也。又上动而下顺，诸侯从王，师众顺令之象。君万邦，聚大众，非和悦不能使之服从也。九四一阳，上下应之。其志得行，又以坤遇震为顺以动，故其卦为豫，而其占利以立君用师也。

《彖》曰：豫，刚应而志行。顺以动，豫。

以卦体卦德释卦名义。《彖传》中凡称卦德，皆先内而后外，而其文义又各不同。其曰"而"者，两字并重。如讼之"险而健"，既险又健也。小畜之"健而巽"，既健又巽也。大有"刚健而文明"，既刚健而又文明也。其曰"以"者，则重在上一字。如同人"文明以健"，重在"文明"字。此卦"顺以动"，重在"顺"字。其或以下一字为重者，则又变其文法，如复卦"动而以顺行"之类。"刚应"，谓四为群阴以应，刚得众应也。"志行"谓阳志上行，动而上下顺从，其志得行也。"顺以动豫"，震动而坤顺，为动而顺理，顺理而动，又为动而众顺，所以豫也。

豫顺以动，故天地如之，而况建侯行师乎？

以卦德释卦辞。以"豫顺而动"，则天地如之而弗违，况"建侯行师"，岂有不顺乎？天地之道，万物之理，唯至顺而已。大人所以先天后天而不违者，亦顺乎理而已。

天地以顺动，故日月不过，而四时不忒。圣人以顺动，则刑罚清而民服。豫之时义大矣哉！

复详言顺动之道。天地之运，以其顺动，所以日月之度不过差，四时之行不愆忒。圣人以顺动，故经正而民兴于善，刑罚清简而万民服也。既言豫顺之道矣，然其旨味渊永，言尽而意有余也，故复赞之云"豫之时义大矣哉"！欲人研味其理，优柔涵泳而识之也。"时义"，谓豫之时义。诸卦之时与义用大者，皆赞其"大矣哉"，豫以下十一卦是也。豫、遁、姤、旅言时义，坎、睽、蹇言时用，颐、大过、解、革言时，各以其大者也。

《象》曰：雷出地奋，豫。先王以作乐崇德，殷荐之上帝，以配祖考。

雷者，阳气奋发，阴阳相薄而成声也。"雷出地奋"，和之至也。先王作乐，既象其声，又取其义。阳始潜闭地中，及其动，则出地奋震也。始闭郁，及奋发则通畅和豫，故为豫也。坤顺震发，和顺积中而发于声，乐之象也。先王观雷出地而奋，和畅发于声之象，作声乐以褒崇功德，其殷盛至于荐之上帝，推配之以祖考。"殷"，盛也。礼有殷奠，谓盛也。荐上帝，配祖考，盛之至也。

初六　鸣豫。凶。

初六以阴柔居下，四，豫之主也。而应之，是不中正之小人，处豫而为上所宠，其志意满极，不胜其豫，至发于声音。轻浅如是，必至于凶也。"鸣"，发于声也。阴柔小人，上有强援，得时主事，故不胜其豫而以自鸣，凶之道也。故其占如此。卦之得名，本为和乐，然卦辞为众乐之义，爻辞除九四与卦同外，皆为自乐，所以有吉凶之异。

《象》曰：初六鸣豫，志穷凶也。

"穷"，谓满极。初六以阴柔处下，而志意穷极，不胜其豫，至于鸣也。必骄肆而致凶矣。

六二　介于石。不终日。贞吉。

逸豫之道，放则失正，故豫之诸爻，多不得正，才与时合也。唯六二一爻处中正，又无应，为自守之象。当豫之时，独能以中正自守，可谓特立之操，是其节介如石之坚也。"介于石"，其介如石也。人之于豫乐，心悦之，故迟迟遂至于耽恋不能已也。二以中正自守，其介如石，其去之速，不俟终日，故"贞"正而"吉"也。处豫不可安且久也，久则溺矣，如二可谓见几而作者也。夫子因二之见几，而极言知几之道，曰："知几其神乎，君子上交不谄，下交不渎，其知几乎！几者，动之微，吉之先见者也。君子见几而作，不俟终日。《易》曰："介于石，不终日，贞吉。"介如石焉，宁用终日？断可识矣。君子知微知彰，知柔知刚，万夫之望。夫见事之几微者，其神妙矣乎！君子上交不至于谄，下交不至于渎者，盖知几也。不知几，则至于过而不已。交于上以恭巽，故过则为谄。交于下以和易，故过则为渎。君子见于几微，故不至于过也。所谓几者，始动之微也。吉凶之端，可先见而未著者也。独言吉者，见之于先，岂复至有凶者？君子明哲，见事之几微，故能其介如石，其守既坚，则不惑而明，见几而动，岂俟终日也？断，别也。其判别可见矣。微与彰，柔与刚，相对者也。君子见微则知彰矣，见柔则知刚矣。知几如是，众所仰也。故赞之曰"万夫之望"。豫虽主乐，然易以溺人，溺则反而忧矣。卦独此爻中而得正，是上下皆溺于豫，而独能以中正自守，其介如石也。其德安静而坚确，故其思虑明审，不俟终日，而见凡事之几微也。《大学》曰"安而后能虑，虑而后能得"，意正如此。占者如是，则正而吉矣。

《象》曰：不终日贞吉，以中正也。

位方在初，时势未穷，而竟躁如此，是志已先穷，自取其凶者也。位之在下，未为穷也。豫而鸣，其志穷矣。

六三　盱豫悔。迟有悔。

六三阴而居阳，不中不正之人也。以不中正而处豫，动皆有悔。"盱"，上视也。上瞻望于四，则以不中正不为四所取，故有"悔"也。四，豫之主，与之切近，苟迟迟而不前，则见弃绝，亦有悔也。盖处身不正，进退皆有悔吝。当如之何？在正身而已。君子处己有道，以礼制心，虽处豫时不失中正，故无悔也。阴不中正，而近于四，四为卦主，故六三上视于四，而下溺于豫，宜有悔者也。故其象如此，而其占为事当速悔，若悔之迟，则必有悔也。

《象》曰：盱豫有悔，位不当也。

此爻与六二相反，'盱'则不能"介于石"，"迟"则不能"不终日"，中正与不中正故也。自处不当，失中正也。是以进退有悔。能"不终日"而"贞"且"吉"者，以有中正之德。中正故其守坚而能辨之早，去之速，爻言六二处豫之道，为教之意深矣。

jiǔ sì　yóu yù　dà yǒu dé　wù yí　péng hé zān
九四　由豫。大有得。勿疑。朋盍簪。

豫之所以为豫者，由九四也。为动之主，动而众阴悦顺，为豫之义。四，大臣之位，六五之君顺从之，以阳刚而任上之事，豫之所由也，故云"由豫"。"大有得"，言得大行其志，以致天下之豫也。"勿疑，朋盍簪"，四居大臣之位，承柔弱之君，而当天下之任，危疑之地也。独当上之倚任，而下无同德之助，所以疑也。唯当尽其至诚，勿有疑虑，则朋类自当盍聚。夫欲上下之信，唯至诚而已。苟尽其至诚，则何患乎其无助也？簪，聚也。簪之名簪，取聚发也。或曰：卦唯一阳，安得同德之助？曰：居上位而至诚求助，理必得之。姤之九五曰"有陨自天"是也。四以阳刚迫近君位，而专主乎豫，圣人宜为之戒，而不然者，豫，和顺之道也。由和顺之道，不失为臣之正也。如此而专主于豫，乃是任天下之事，而致时于豫者也。故唯戒以至诚勿疑。九四，卦之所由以为豫者也。故其象如此，而其占为"大有得"。然又当至诚不疑，则朋类合而从之矣，故又因而戒之。"簪"，聚也，又速也。

xiàng yuē　yóu yù dà yǒu dé　zhì dà xíng yě
《象》曰：由豫大有得，志大行也。

由己而致天下于乐豫，故为"大有得"，谓其志得大行也。

liù wǔ　zhēn jí　héng bù sǐ
六五　贞疾。恒不死。

六五以阴柔居君位，当豫之时，沉溺于豫，不能自立者也。权之所主，众之所归，皆在于四。四之阳刚得众，非耽惑柔弱之君所能制也。乃柔弱不能自立之君，受制于专权之臣也。居得君位，贞也。受制于下，有疾苦也。六五尊位，权虽失而位未亡也。故云贞疾恒不死。言贞而有疾，常疾而不死，如汉魏末世之君也。人君致危亡之道非一，而以豫为多。在四不言失正，由于五乃见其强逼者，四本无失，故于四言大臣任天下之事之义，于五则言柔顺居尊、不能自立、威权去己之义，各据爻以取义，故不同也。若五不失君道，而四主于豫，乃是任得其人，安亨其功，如太甲成王也。蒙亦以阴居尊位，二以阳为蒙之主，然彼吉而此疾者，时不同也。童蒙而资之于人，宜也。耽豫而失之于人，危亡之道也。故蒙相应，则倚任者也。豫相逼，则失权者也。又上下之心，专归于四也。当豫之时，以柔居尊，沈溺于豫，又乘九四之刚，众不附而处

114

势危，故为"贞疾"之象。然以其得中，故又为常不死之象。即象而观，占在其中矣。

《象》曰：六五贞疾，乘刚也。恒不死，中未亡也。

居豫之时，无刚健之才，逸于豫者也。《孟子》曰："入则无法家拂士，出则无敌国外患者，国常亡。"六五之乘刚，有法家拂士敌国外患之谓也。左右救正之故以正为疾，虽未能执其中而中未亡，则不死于安乐矣，故"恒不死"。豫最易以溺人，六二柔中且正，能不终日而去之。六五阴柔不正，未免溺于豫矣！犹得不死者，"中未亡"也。人莫不生于忧患，而死于逸乐，以六五之中，仅得不死，然则初之"鸣"，三之"盱"，上之"冥"，其不中者，皆非生道矣。

上六　冥豫。成有渝。无咎。

上六阴柔，非有中正之德，以阴居上，不正也。而当豫极之时。以君子居斯时，亦当戒惧，况阴柔乎？乃耽肆于豫，昏迷不知反者也。在豫之终，故为昏冥已成也。若能有渝变，则可以无咎矣。在豫之终，有变之义。人之失苟能自变，皆可以无咎。故冥豫虽已成，能变则善也。圣人发此义，所以劝善也。故更不言冥之凶，专言渝之无咎。以阴柔居豫极，为昏冥于豫之象。以其动作，故又为其事虽成，而能有渝之象。戒占者如是，则能补过而无咎，所以广迁善之门也。

《象》曰：冥豫在上，何可长也。

"何可长"者，言其悦豫过甚，至于情荡性冥而不知所止，是"何可长"如此乎？言能渝变，则可以无咎也。

随卦第十七

（震下兑上）䷐　随　元亨利贞。无咎。

随之道，可以致大亨也。君子之道，为众所随，与己随于人，及临事择所随，皆随也。随得其道，则可以致大亨也。凡人君之从善，臣下之奉命，学者之徙义，临事而从长，皆随也。随之道，利在于贞正。随得其正，然后能大亨而"无咎"。失其正则有咎矣，岂能亨乎？

又曰："随"，从也。以卦变言之，本自困卦九来居初，又自噬嗑九来居五，而自未济来者，兼此二变，皆刚来随柔之义。以二体言之，为此动而彼说，亦随之义。故为随。己能随物，物来随己，彼此相从，其通《易》矣，故其占为"元亨"。然必利于贞，乃得"无咎"。若所随不正，则虽大亨而不免于有咎矣。《春秋传》穆姜曰："有是四德，随而无咎，我皆无之，岂随也哉？"今按四德虽非本义，然其下云云，深得占法之意。

《彖》曰：随，刚来而下柔。动而说，随。

以卦变卦德释卦名义。"刚"，谓震也。"柔"，谓兑也。震处兑下，是"刚来""下柔"。震动而兑说。既能下人，动则喜说，所以物皆随从也。震以动，其性刚。兑以说，其性柔。今震在兑下，是"刚来"而下于柔也。犹圣贤君子。以至刚之德，至尊之位，至贵之势，接于臣而下于民。故赏罚号令一出于上，则民皆说而随于下也。

大亨贞无咎，而天下随时。

卦所以为随，以"刚来而下柔，动而说"也。谓乾之上九，来居坤之下。坤之初六，往居乾之上。以阳刚来下于阴柔，是以上下下，以贵下贱，能如是，物之所说随也。又下动而上说，动而可说也。所以随也。如是则可"大亨"而得正，能大亨而得正，则为"无咎"。不能"亨"，不得正，则非可随之道，岂能使天下随之乎？天下所随者时也。故云"天下随时"。

随时之义大矣哉！

君子之道，随时而动，从宜适变，"不可为典要"。非造道之深，知几能权者，不能与于此也。故赞之曰"随时之义大矣哉"！凡赞之者欲人知其义之大，玩而识之也。此赞"随时"之义大，与豫等诸卦不同。诸卦"时"与"义"是两事。

《象》曰：泽中有雷，随。君子以向晦入宴息。

雷藏泽中，随时休息。"晦"者冥也。雷者阳气，春夏用事，今在泽中，秋冬时也。故君子象之，日出视事，其将晦冥，退入宴寝而休息也。雷震于泽中，泽随震而动，为随之象。君子观象，以随时而动，随时之宜，万事皆然，取其最明且近者言之。"君子以向晦入宴息"，君子昼则自强不息，及向昏晦，则入居于内，宴息以安其身，起居随时，适其宜也。礼君子昼不居内，夜不居外，随时之道也。

初九　官有渝。贞吉。出门交有功。

九居随时而震体，且动之主，有所随者也。"官"，主守也。既有所随，是其所主守有变易也，故曰"官有渝"。"贞吉"，所随得正则吉也。有渝而不得正，乃过动也。"出门交有功"，人心所从，多所亲爱者也。常人之情，爱之则见其是，恶之则见其非，故妻孥之言，虽失而多从，所憎之言，虽善为恶也。苟以亲爱而随之，则是私情所与，岂合正理？故出门而交，则有功也。"出门"，谓非私昵。交不以私，故其随当而有功。卦以物随为义，爻以随物为义。初九以阳居下，为震之主，卦之所以为随者也。既有所随，则有所偏主而变其常矣。唯得其正则吉，又当出门以交，不私其随，则有功也。故其象占如此，亦因以戒之。

《象》曰：官有渝，从正吉也。出门交有功，不失也。

既有随而变，必所从得正则吉也。所从不正，则有悔吝。出门而交，非牵于私，其交必正矣，正则无失而有功。卦以阳爻为主，为主者故不当随人，而阳亦不当随阴，然以正从正，则随道之当然也。

六二　系小子。失丈夫。

二应五而比初，随先于近，柔不能固守，故为之戒云：若"系小子"，则"失丈夫"也。初阳在下，小子也。五正应在上，丈夫也。二若志系于初，则失九五之正应，则"失丈夫"也。"系小子"而"失丈夫"，舍正应而从不正，其咎大矣。二有中正之德，非必至如是也。在随之时，当为之戒也。初阳在下而近，五阳正应而远，二阴柔不能自守，以须正应，故其象如此，凶咎可知，不假言矣。

《象》曰：系小子，弗兼与也。

人之所随，得正则远邪，从非则失是，无两从之理。二苟系初，则失五矣，弗能兼与也。所以戒人从正当专一也。

六三　系丈夫。失小子。随有求得。利居贞。

"丈夫"，九四也。"小子"，初也。阳之在上者，丈夫也。居下者，小子也。三虽与初同体而切近于四，故系于四也。大抵阴柔不能自立，常亲系于所近者。上系于四，故下失于初。舍初从上，得随之宜也。上随则善也。如昏之随明，事之从善，上随也。

背是从非，舍明逐暗，下随也。四亦无应，无随之者也。近得三之随，必与之亲善，故三之随四，有求必得也。人之随于上而上与之，是得所求也。又凡所求者可得也。虽然，固不可非理枉道以随于上，苟取爱说以遂所求，如此乃小人邪谄趋利之为也。故云"利居贞"。自处于正，则所谓有求而必得者，乃正事，君子之随也。

《象》曰：系丈夫，志舍下也。

人之取舍系乎志，三志既系于四，则所舍必在于初矣。在二则因系以明其弗兼，在三则因舍以坚其所系。既随于上，则是其志舍下而不从也。舍下而从上，舍卑而从高也。于随为善矣。

九四　随有获。贞凶。有孚在道以明。何咎？

九四以阳刚之才，处臣位之极，若于"随有获"，则虽正亦凶。"有获"，谓得天下之心随于己。为臣之道当使恩威一出于上，众心皆随于君。若人心从己，危疑之道也，故"凶"。居此地者奈何？唯孚诚积于中，动为合于道，以明哲处之，则又"何咎"？古之人有行之者，伊尹、周公、孔明是也。皆德及于民而民随之，其得民之随，所以成其君之功，致其国之安。其至诚存乎中，是"有孚"也。其所施为无不中道，在道也。唯其明哲，故能如是，"以明"也。复何过咎之有？是以下信而上不疑，位极而无逼上之嫌，势重而无专权之过，非圣人大贤则不能也。其次如唐之郭子仪，威震主而主不疑，亦由中有诚孚，而处无甚失也。非明哲能如是乎？九四以刚居上之下，与五同德，故其占随而有获。然势陵于五，故虽正而凶。唯有孚在道而明，则上安而下从之，可以无咎也。占者当时之任，宜审此戒。

《象》曰：随有获，其义凶也。有孚在道，明功也。

义者，谓卦义也。卦义刚下于柔，而四刚为柔随，且处近君之地，尤有招纳之嫌，故曰"其义凶也"。居近君之位而有获，其义固凶，能有孚而在道则无咎，盖明哲之功也。

九五　孚于嘉。吉。

九五居尊得正而中实，是其中诚在于随善，其吉可知。"嘉"，善也。自人君至于庶人，随道之吉，唯在随善而已。下应二之正中，为随善之义。阳刚中正，下应中正，是信于善也。占者如是，其吉宜矣。

《象》曰：孚于嘉吉，位正中也。

处正中之位，由正中之道，孚诚所随者正中也，所谓"嘉"也，其吉可知。所孚之嘉谓六二也，随以得中为善，随之所防者过也。盖心所说随，则不知其过矣。

上六　拘系之。乃从维之。王用亨于西山。

上六以柔顺而居随之极，极乎随者也。"拘系之"，谓随之极，如拘持縻系之。"乃从维之"，又从而维系之也。谓随之固结如此。"王用亨于西山"，随之极如是。昔者太王用此道亨王业于西山，太王避狄之难，去豳来岐，豳人老稚扶携以随之如归市。盖其人心之随，固结如此，用此故能亨盛其王业于西山。"西山"，岐山也。周之王业，盖兴于此。上居随极，固为太过，然在得民之随，与随善之固，如此乃为善也。施于他则过矣。居随之极，随之固结而不可解者也。诚意之极，可通神明，故其占为"王用亨于西山"。"亨"亦当作祭享之享。自周而言，岐山在西。凡筮祭山川者得之，其诚意如是则吉也。

《象》曰：拘系之，上穷也。

"穷"，极也。上穷则有高亢之意，在人如绝世离群，往而不返者是也。卦之阴爻皆云"系"，至上六独曰"拘系之"，故夫子发明其义，以为因上六之不易系也。

蛊卦第十八

（巽下艮上）　䷑　蛊　元亨。利涉大川。先甲三日。后甲三日。

蛊，坏极而有事也。其卦艮刚居上，巽柔居下，上下不交，下卑巽而上苟止，故其卦为蛊。既蛊则有复治之理。自古治必因乱，乱则开治，理自然也。如卦之才以治蛊，则能致"元亨"也。蛊之大者，济时之艰难险阻也。故曰"利涉大川"。"甲"，数之首，事之始也。如辰之甲乙、甲第、甲令，皆谓首也，事之端也。治蛊之道，当思虑其先后三日，盖推原先后为救弊可久之道。"先甲"，谓先于此，究其所以然也。"后甲"，谓后于此，虑其将然也。一日二日至于三日，言虑之深，推之远也。究其所以然，则知救之之道，虑其将然，则知备之之方。善救则前弊可革，善备则后利可久。此古之圣王，所以新天下而垂后世也。后之治蛊者，不明圣人先甲后甲之诫，虑浅而事近，故劳于救世而乱不革，功未及成而弊已生矣。甲者，事之首；庚者，变更之首。制作政教之类则云甲，举其首也。发号施令之事则云庚。庚犹更也。有所更变也。或曰：刚上柔下，谓卦变自贲来者；初上二下，自井来者；五上上下，自既济来者。兼之，亦刚上而柔下，皆所以为蛊也。蛊坏之极，乱当复治，故其占为"元亨"，而"利涉大川"。"甲"，日之始，事之端也。"先甲三日"，辛也。"后甲三日"，丁也。前事过中而将坏，则可自新以为后事之端，而不使至于大坏；后事方始而尚新，然更当致其丁宁之意，以监前事之失，而不使至于速坏，圣人之深戒也。

《彖》曰：蛊，刚上而柔下。巽而止，蛊。

以卦体卦变卦德释卦名义，盖如此则积弊而至于蛊矣。以卦变及二体之义而言，"刚上而柔下"，谓乾之初九，上而为上九。坤之上六，下而为初六也。阳刚，尊而在上者也。今往居于上。阴柔，卑而在下者也。今来居于下。男虽少而居上，女虽长而在下，尊卑得正，上下顺理，治蛊之道也。由刚之上，柔之下，变而为艮巽。艮，止也。巽，顺也。下巽而上止，止于巽顺也。以巽顺之道治蛊，是以"元亨"也。

蛊，元亨而天下治也。利涉大川，往有事也。先甲三日，后甲三日，终则有始，天行也。

释卦辞，治蛊至于"元亨"，则乱而复治之象也。乱之终，治之始，天运然也。治蛊之道，如卦之才，则"元亨"而天下治矣。夫治乱者，苟能使尊卑上下之义正，在下者巽顺，在上者能止齐安定之，事皆止于顺，则何蛊之不治也。其道大善而亨也。如此则天下治矣。方天下坏乱之际，宜涉艰险以往而济之，是往有所事也。夫有始则必有终，既终则必有始，天之道也。圣人知终始之道，故能原始而究其所以然。要终而备其将然，"先甲""后甲"而为之虑，所以能治蛊而致"元亨"也。

《象》曰：山下有风，蛊。君子以振民育德。

"山下有风"，物坏而有事矣。振万物者莫如风，育万物者莫如山。"山下有风"，则风落山之谓。山木摧落，蛊败之象。饬蛊者，必须有以振起之。"振民"者，犹巽风之鼓为号令也。"育德"者，犹艮山之养成材力也。《易》中育德多取于山，故蒙亦曰"果行育德"。"山下有风"，风遇山而回，则物皆散乱，故为有事之象。君子观有事之象，以振济于民，养育其德也。在己则养德，于天下则济民，君子之所事，无大于此二者。

初六　干父之蛊。有子。考无咎。厉终吉。

"干"，如木之干，枝叶之所附而立者也。"蛊"者，前人已坏之绪。故诸爻皆有父母之象，子能干之，则伤治而振起矣。初六虽居最下，成卦由之，有主之义，居内在下而为主，子干父蛊也。子干父蛊之道，能堪其事，则为有子，而其考得无咎。不然，则为父之累，故必惕厉则得"终吉"也。处卑而尸尊事，自当兢畏，以六之才，虽能巽顺，体乃阴柔，在下无应而主干，非有能济之义，若以不克干而言，则其义甚小，故专言为子干蛊之道，必克济则不累其父，能厉则可以终吉，乃备见为子干蛊之大法也。初六蛊未深而事易济，故其占为有子，则能治蛊，而考得"无咎"，然亦危矣。戒占者宜如是，又知危而能戒，则"终吉"也。

《象》曰：干父之蛊，意承考也。

"干父之蛊"，迹若不顺，意则承之也。迹随时而迁，久则有敝，何可承也。孝子之于父，不失其忠爱之意而已。子干父蛊之道，意在承当于父之事也。故祇敬其事，以置父于无咎之地，常怀惕厉，则终得其吉也。尽诚于父事，吉之道也。

九二　干母之蛊。不可贞。

九二阳刚，为六五所应，是以阳刚之才，在下而干夫在上阴柔之事也。故取子干母蛊为义。以刚阳之臣，辅柔弱之君，义亦相近。二巽体而处柔，顺义为多，干母之蛊之道也。夫子之于母，当以柔巽辅导之，使得于义，不顺而致败蛊，则子之罪也。从容将顺，岂无道乎？以妇人言之，则阴柔可知。若伸己刚阳之道，遽然矫拂，则伤恩，所害大矣，亦安能入乎？在乎屈己下意，巽顺将承，使之身正身治而已，故曰"不可贞"。谓不可贞固尽其刚直之道，如是乃中道也。又安能使之为甚高之事乎？若于柔弱之君，尽诚竭忠，致之于中道则可矣，又安能使之大有为乎？且以周公之圣辅成王，成王非甚柔弱也。然能使之为成王而已，守成不失道则可矣，固不能使之为羲黄尧舜之事也。二巽体而得中，是能巽顺而得中道，合不可贞之义，得干母蛊之道也。九二刚中，上应六五，子干母蛊而得中之象。以刚承柔而治其坏，故又戒以不可坚贞，言当巽以入之也。

《象》曰：干母之蛊，得中道也。

二得中道而不过刚，干母蛊之善者也。

九三　干父之蛊。小有悔。无大咎。

三以刚阳之才，居下之上，主干者也。子干父之蛊也。以阳处刚而不中，刚之过也。然而在巽体，虽刚过而不为无顺，顺事亲之本也。又居得正，故无大过。以刚阳之才，克干其事，虽以刚过，而有小小之悔，终无大过咎也。然有小悔，已非善事亲也。过刚不中，故"小有悔"。巽体得正，故"无大咎"。

《象》曰：干父之蛊，终无咎也。

以三之才，干父之蛊，虽小有悔，终无大咎也。盖刚继能干，不失正而有顺，所以"终无咎也"。

六四　裕父之蛊。往见吝。

四以阴居阴，柔顺之才也。所处得正，故为宽裕以处其父事者也。夫柔顺之才而处正，仅能循常自守而已。若往干过常之事，则不胜而"见吝"也。以阴柔而无应助，往安能济？以阴居阴，不能有为，宽裕以治蛊之象也。如是则蛊将日深，故"往"则"见吝"，戒占者不可如是也。

《象》曰：裕父之蛊，往未得也。

以四之才，守常居宽裕之时则可矣，欲有所往，则未得也。加其所任，则不胜矣。

六五　干父之蛊。用誉。

五居尊位，以阴柔之质，当人君之干，而下应于九二，是能任刚阳之臣也。虽能下应刚阳之贤而倚任之，然已实阴柔，故不能为创始开基之事，承其旧业则可矣，故为干父之蛊。夫创业垂统之事，非刚明之才，则不能。继世之君，虽柔弱之资，苟能任刚贤，则可以为善继而成令誉也。太甲成王，皆以臣而"用誉"者也。柔中居尊，而九二承之以德，以此干蛊，可致闻誉，故其象占如此。

《象》曰：干父用誉，承以德也。

六五得尊位，行大中，能以令名掩前人之蛊者也。故曰"干父用誉，承以德也"。

言不以才干，而以德干也。"干父之蛊"，而用有令誉者，以其在下之贤，承辅之以刚中之德也。

上九　不事王侯。高尚其事。

上九居蛊之终，无系应于下，处事之外，无所事之地也。以刚明之才，无应援而处无事之地，是贤人君子，不偶于时而高洁自守，不累于世务者也。故云"不事王侯，高尚其事"。古之人有行之者，伊尹、太公望之始，曾子、子思之徒是也。不屈道以徇时，既不得施设于天下，则自尊其身，尊高敦尚其事，守其志节而已。士之自高尚，亦非一道：有怀抱道德，不偶于时，而高洁自守者；有知止足之道，退而自保者；有量能度分，安于不求知者；有清介自守，不屑天下之事，独洁其身者。所处虽有得失小大之殊，皆自高尚其事者也。《象》所谓"志可则"者，进退合道者也。阳刚居上，在事之外，故为此象，而占与戒，皆在其中矣。

《象》曰：不事王侯，志可则也。

如上九之处事外，不累于世务，不臣事于王侯，盖进退以道，用舍随时，非贤者能之乎？其所存之志，可为法则也。

临卦第十九

（兑下坤上）䷒　临　元亨利贞。至于八月有凶。

临，进而陵逼于物也。二阳浸长以逼于阴，故为临，十二月之卦也。又其为卦，下兑说，上坤顺，九二以刚居中，上应六五，故占者大亨而利于正，然"至于八月"当"有凶"也。八月，谓自复卦一阳之月，至于遁卦二阴之月，阴长阳遁之时也。或曰：八月谓夏正八月，于卦为观，亦临之反对也。又因占而戒之。以卦才言，临之道，如卦之才，则大亨而正也。二阳方长于下，阳道向盛之时，圣人豫为之戒曰：阳虽方长，"至于八月"，则其道消矣，是"有凶"也。大率圣人为戒，必于方盛之时，方盛而虑衰，则可以防其满极，而图其永久。若既衰而后戒，则无及矣。自古天下安治，未有久而不乱者，盖不能戒于盛也。方其盛而不知戒，故狃安富则骄侈生，乐舒肆则纲纪坏，忘祸乱则衅孽萌，是以浸淫不知乱之至也。

《彖》曰：临，刚浸而长。

以卦体释卦名。《阴符经》云：天地之道浸，故阴阳胜。

说而顺，刚中而应。

"刚浸而长，说而顺，刚中而应"，皆释卦名也。盖"刚浸而长"，则阳道方亨。有说顺之德，则人心和附。刚中得应，则上下交而志同。此其所以德泽及于天下，而足以有临也。此亦如泰之取义，兼交泰与消长两意，见正道之盛大。故夫子释之曰"临者大也"。若但以"临"为陵逼小人之义，则于卦爻之辞多有所难通者。

大亨以正，天之道也。

浸，渐也。二阳长于下而渐进也。下兑，上坤，和说而顺也。刚得中道而有应助，是以能大亨而得正，合天之道，刚正而和顺，"天之道也"。化育之功所以不息者，刚正和顺而已。以此临人临事临天下，莫不大亨而得正也。

至于八月有凶，消不久也。

临二阳生，阳方渐盛之时，故圣人为之戒云。阳虽方长，然"至于八月"，则消而凶矣。八月，谓阳生之八月。阳始生于复，自复至遁凡八月，自建子至建未也。二阴长而阳消矣，故云"消不久"也。在阴阳之气言之，则消长如循环，不可易也。以人事言之，则阳为君子，阴为小人，方君子道长之时。圣人为之诫，使知极则有凶之理而虞备之，常不至于满极，则无凶也。

《象》曰：泽上有地，临。君子以教思无穷，容保民无疆。

泽之上有地，泽岸也，水之际也。物之相临与含容，无若水之在地，故泽上有地为临也。君子观亲临之象，则教思无穷，亲临于民，则有教导之意思也。"无穷"，至诚无致也，观含容之象，则有容保民之心；"无疆"，广大无疆限也，含容有广大之意，故为无穷无疆之义。

初九 咸临。贞吉。

"咸"，感也。阳长之时，感动于阴，四应于初，感之者也。比他卦相应尤重。四近君之位，初得正位，与四感应，是以正道为当位所信任，得行其志，获乎上而得行其正道，是以吉也。它卦初上爻不言得位失位，盖初终之义为重也。临则以初得位居正为重。凡言"贞吉"，有既正且吉者，有得正则吉者，有贞固守之则吉者，各随其事也。

卦唯二阳，遍临四阴，故二爻皆有"咸临"之象，初九刚而得正，故其占为"贞吉"。

《象》曰：咸临贞吉，志行正也。

所谓贞吉，九之志在于行正也。以九居阳，又应四之正，其志正也。

九二　咸临。吉无不利。

初九以刚得正而吉，九二以刚中而吉。刚中则贞无待于言也。刚中最易之所善。刚得中而势上进，故其占"吉"而"无不利也"。二方阳长而渐盛，感动于六五中顺之君，其交之亲，故见信任，得行其志，所临吉而无不利也。吉者已然，如是故吉也。无不利者，将然于所施为，无所不利也。

《象》曰：咸临，吉无不利，未顺命也。

"未"者非遽之辞。《孟子》：或问劝齐伐燕有诸？曰：未也。又云：仲子所食之粟，伯夷之所树与，抑亦盗跖之所树与，是未可知也。《史记》：侯嬴曰：人固未易知。古人用字之意皆如此。九二与五感应以临下，盖以刚德之长，而又得中，至诚相感，非由顺上之命也。是以"吉"而"无不利"。五顺体而二说体，又阴阳相应，故象特明其非由说顺也。

六三　甘临。无攸利。既忧之。无咎。

乐而受之谓之甘。三居下之上，临人者也。阴柔而说体，又处不中正，以甘说临人者也。在上而以甘说临下，失德之甚，无所利也。兑性既说，又乘二阳之上，阳方长而上进，故不安而益甘。既知危惧而忧之，若能持谦守正，至诚以自处，则"无咎"也。邪说由己，能忧而改之，复何咎乎？阴柔不中正，而居下之上，为以甘说临人之象，其占固无所利。然能忧而改之，则"无咎"也。勉人迁善，为教深矣。临卦本取势之盛大为义，因其势之盛大，又欲其德业之盛大，是此卦象爻之意也。初二以德感人，故曰"咸"。以德感人者，盖以盛大为忧，而未尝乐也。六三说主德不中正，以势为乐，故曰"甘临"。夫恣情于势位，则何利之有哉？然说极则有忧之理，既忧则知势位之非乐，而咎不长矣。此爻与节三"不节之嗟"正相似，皆兑体也。

《象》曰：甘临，位不当也。既忧之，咎不长也。

三之爻位不当，而四之爻位当，故其德有善否。然三之所处，位高势盛，不可甘也。而甘之，此其所以为不当也。四之所处，与下相亲，最切至也。而能至焉，此其所以为当也。是为借爻位之当不当，以明所处位之当不当，《易》之例也。阴柔之人，处不中正，而居下之上，复乘二阳，是处不当位也。既能知惧而忧之，则必强勉自改，故其过咎不长也。

六四 至临。无咎。

四以上临下，其与下体最相亲，故曰"至临"。以言上下二体，莫亲于此也。四居上之下，与下体相比，是切临于下，临之至也。临道尚近，故以比为至。四居正位，而下应于刚阳之初，处近君之位，守正而任贤，以亲临于下，是以"无咎"，所处当也。

《象》曰：至临无咎，位当也。

其位在上下之际，临之切至也。凡上之临下，唯患其远而不相通，四既近于下，其所处之位至当，是以"无咎"。

六五 知临。大君之宜。吉。

《中庸》曰"唯天下至圣，为能聪明睿知，足以有临也"，故知临为"大君之宜"。以柔居中，下应九二，不自用而任人，乃知之事。而"大君之宜"，吉之道也。五以柔中顺体居尊位，而下应于二刚中之臣，是能倚任于二，不劳而治，以知临下者也。夫以一人之身，临乎天下之广，若区区自任，岂能周于万事？故自任其知者，适足为不知。唯能取天下之善，任天下之聪明，则无所不周。是不自任其知，则其知大矣。五顺应于九二刚中之贤，任之以临下，乃己以明知临天下，大君之所宜也。其吉可知。

《象》曰：大君之宜，行中之谓也。

君臣道合，盖以气类相求，五有中德，故能倚任刚中之贤，得"大君之宜"，成"知临"之功，盖由行其中德也。人君之于贤才，非道同德合，岂能用也。

上六 敦临。吉。无咎。

上六坤之极，顺之至也。而居临之终，敦厚于临也。与初二虽非正应，然大率阴求于阳，又其至顺，故志在从乎二阳，尊而应卑，高而从下，尊贤取善，敦厚之至也。故曰"敦临"，所以"吉"而"无咎"。阴柔在上，非能临者，宜有咎也。以其敦厚于顺刚，是以吉而无咎。六居临之终而不取极义，临无过极，故止为厚义；上无位之地，止以在上言。居卦之上，处临之终，敦厚于临，"吉"而"无咎"之道也。故其象占如此。

《象》曰：敦临之吉，志在内也。

志在内，即万物一体之意。所以能敦，若将天下国家置在度外，虽有些小德泽，终是浅薄。此志在内，当与泰初"志在外"反观，同是天下国家也。自初言之则为外，自上言之则为内。伊尹躬耕，而自任以天下之重，可谓志在外矣。尧舜耄期倦勤，而念不忘民，可谓志在内矣。

观卦第二十

（坤下巽上） 观 盥而不荐。有孚颙若。

"观"者，有以示人，而为人所仰也。九五居上，四阴仰之，又内顺外巽，而九五以中正示天下，所以为观。"盥"，将祭而洁手也。"荐"，奉酒食以祭也。"颙然"，尊严之貌。言致其洁清而不轻自用，则其孚信在中，而颙然可仰。戒占者宜如是也。君子居上，为天下之表仪，必极其庄敬，则下观仰而化也。故为天下之观，当如宗庙之祭，始盥之时，不可如既荐之后，则下民尽其至诚，颙然瞻仰之矣。"盥"，谓祭祀之始，盥手酌郁鬯于地，求神之时也。"荐"，为献腥献熟之时也。盥者事之始，人心方尽其精诚，严肃之至也。至既荐之后，礼数繁缛，则人心散，而精一不若始盥之时矣。居上者，正其表仪以为下民之观，当庄严如始盥之初，勿使诚意少散，如既荐之后，则天下之人莫不尽其孚诚，颙然瞻仰之矣。颙，仰望也。或曰："有孚颙若"，谓在下之人，信而仰之也。此卦四阴长而二阳消，正为八月之卦，而名卦系辞，更取它义，亦扶阳抑阴之意。

《彖》曰：大观在上，顺而巽，中正以观天下。

以卦体卦德释卦名义。五居尊位，以刚阳中正之德，为下所观，其德甚大，故曰"大观在上"。下坤而上巽，是能顺而巽也。五居中正，以巽顺中正之德，为观于天下也。

观，盥而不荐。有孚颙若，下观而化也。

"孚"，信。"颙"，有威容貌。容止可观，进退可度，则下观其德而顺其化。《诗》

曰："颙颙卬卬，如圭如璋。"君德之义也。祭之初，迎尸入庙，天子洗手而后酌酒，洗谓之盥。酌酒献尸，尸得之灌地而祭，谓之祼。祼之后，三献而荐腥，五献而荐熟，谓之荐。"盥"者，未祼之时，精神专一，诚意未散，不言之信，发而为敬顺之貌。"颙"，颙如也。故下观而化，莫不有敬顺之心也。

观天之神道，而四时不忒。圣人以神道设教，而天下服矣。

天道至神，故曰"神道"。观天之运行，四时无有差忒，则见其神妙。圣人见天道之神，体神道以设教，故天下莫不服也。夫天道至神，故运行四时，化育万物，无有差忒。至神之道，莫可名言。唯圣人默契，体其妙用，设为政教，故天下之人，涵泳其德而不知其功，鼓舞其化而莫测其用，自然仰观而戴服，故曰"以神道设教而天下服矣"。

《象》曰：风行地上，观。先王以省方观民设教。

"风行地上"，草木必偃，故以省察四方，观视民俗，而设其教也。"风行地上"，周及庶物，为游历周览之象。故先王体之，为省方之礼，以观民俗而设政教也。天子巡省四方，观视民俗，设为政教，如奢则约之以俭，俭则示之以礼是也。"省方"，观民也。"设教"，为民观也。

初六　童观。小人无咎。君子吝。

卦以观示为义，据九五为主也。爻以观瞻为义，皆观乎九五也。初六阴柔在下，不能远见，"童观"之象，小人之道，君子之羞也。故其占在小人则"无咎"，君子得之，则可羞矣。六以阴柔之质，居远于阳，是以观见者浅近，如童稚然，故曰"童观"。阳刚中正在上，圣贤之君也。近之则见其道德之盛，所观深远，初乃远之，所见不明，如童蒙之观也。小人，下民也。所见昏浅，不能识君子之道，乃常分也。不足谓之过咎，若君子而如是，则可鄙吝也。

《象》曰：初六童观，小人道也。

所观不明如童稚，乃小人之分，故曰"小人道也"。卑下而无远见，在凡民为可恕，在君子为可羞。

六二　窥观。利女贞。

初位阳，故为"童"。二位阴，故为女。"童观"，是茫然无所见，小人日用而不知者也。"窥观"，是所见者小而不见全体也。占曰"利女贞"，则非丈夫之所为可知矣。阴柔居内而观乎外，窥观之象，女子之正也。故其占如此。丈夫得之，则非所利矣。二应于五，观于五也。五刚阳中正之道，非二阴暗柔弱所能观见也。故但如窥觇之观耳。窥觇之观，虽少见而不能甚明也。二既不能明见刚阳中正之道，则利如女子之贞，虽见之不能甚明，而能顺从者，女子之道也。在女子为贞也。二既不能明见九五之道，能如女子之顺从，则不失中正，乃为利也。

《象》曰：窥观女贞，亦可丑也。

君子不能观见刚阳中正之大道，而仅窥觇其仿佛，虽能顺从，乃同女子之贞，亦可羞丑也。

六三　观我生进退。

三处下之上，上之下，故有"进退"之象。君子进退常观乎时。今不观乎时而观我生者，盖九五方以阳刚中正观示天下，则时不待观也。但观吾之所有以为进退可也。三居非其位，处顺之极，能顺时以"进退"者也。若居当其位，则无进退之义也。"观我生"，我之所生，谓动作施为出于己者。观其所生，而随宜进退，所以处虽非正，而未至失道也。随时进退，求不失道，故无悔吝以能顺也。"我生"，我之所行也。六三居下之上，可进可退，故不观九五，而独观己所行之通塞以为进退，占者宜自审也。

《象》曰：观我生进退，未失道也。

"道"，即进退之道。量而后入，则不失乎进退之道矣。"观己之生"，而进退以顺乎宜，故未至于失道也。

六四　观国之光。利用宾于王。

观莫明于近，五以阳刚中正居尊位，圣贤之君也。四切近之，观见其道，故云"观国之光"，观见国之盛德光辉也。不指君之身而云国者，在人君而言，岂止观其行一身乎？当观天下之政化，则人君之道德可见矣。四虽阴柔，而巽体居正，切近于五，观见而能顺从者也。"利用宾于王"，夫圣明在上，则怀抱才德之人。皆愿进于朝廷，辅戴之以匡济天下。四既观见人君之德，国家之治，光华盛美，所宜宾于王朝，效其智力，上辅于君，以施泽天下，故云"利用宾于王"也。古者有贤德之人，则人君宾礼之，故士之仕进于王朝，则谓之宾。六四最近于五，故有此象，其占为利于朝觐仕进也。

《象》曰：观国之光，尚宾也。

君子怀负才业，志在乎兼善天下，然有卷怀自守者，盖时无明君，莫能用其道，不得已也！岂君子之志哉。故孟子曰：中天下而立，定四海之民，君子乐之，既观见国之盛德光华。古人所谓非常之遇也。所以志愿登进王朝，以行其道，故云"观国之光尚宾也"。尚，谓志尚，其志意愿慕宾于王朝也。

九五　观我生。君子无咎。

九五阳刚中正以居尊位，其下四阴，仰而观之，君子之象也。故戒居此位，得此占者，当观己所行，必其阳刚中正亦如是焉，则得"无咎"也。九五居人君之位，时之治乱，俗之美恶，系乎己而已。观己之生，若天下之俗，皆君子矣。则是己之所为政化并也。乃无咎矣。若天下之俗，未合君子之道，则是己之所为政治未善，不能免于咎也。

《象》曰：观我生，观民也。

观流则可以知源，观影则可以知表，观民则可以知己政之得失也。

上九　观其生。君子无咎。

上九以阳刚之德处于上，为下之所观，而不当位，是贤人君子不在于位，而道德为天下所观仰者也。"观其生"，观其所生也。谓出于己者，德业行义也。既为天下所观仰，故自观其所生，若皆"君子"矣，则无"过咎"也。苟未君子，则何以使人观仰称式？是其咎也。上九阳刚居尊位之上，虽不当事任，而亦为下所观，故其戒辞略与五同，但以我为其，小有主宾之异耳。

《象》曰：观其生，志未平也。

虽不在位，然以人观其德，用为仪法，故当自慎省。观其所生，常不失于君子，则人不失所望而化之矣。不可以不在于位，故安然放意无所事也。是其志意未得安也。故云"志未平"也。"平"，谓安宁也。

噬嗑卦第二十一

（震下离上） ䷔ 噬嗑，亨。利用狱。

"噬"，啮也。"嗑"，合也。物有间者，啮而合之也。为卦上下两阳而中虚，颐口之象。九四一阳，间于其中，必啮之而后合，故为噬嗑。其占当得亨通者，有间故不通，啮之而合，则亨通矣。又三阴三阳刚柔中半，下动上明，下雷上电，本自益卦六四之柔，上行以至于五而得其中，是知以阴居阳，虽不当位，而"利用狱"。盖治狱之道，惟威与明，而得其中之为贵，故筮得之者，有其德则应其占也。"噬嗑亨"，卦自有亨义也。天下之事，所以不得亨者，以有间也。噬而嗑之，则亨通矣。"利用狱"，噬而嗑之之道，宜用刑狱也。天下之间，非刑狱何以去之。不云利用刑而云利用狱者，卦有明照之象，利于察狱也。狱者所以究治情伪。得其情，则知为间之道，然后可以设防与致刑也。

《彖》曰：颐中有物，曰噬嗑。

此以卦体释卦名义。《易》之立卦，其命名立象，各有所指。鼎、井、大过"栋桡"，小过"飞鸟"，若此类者，"远取诸物"也。艮"背"、颐"颐"、噬嗑"颐中有物"，若此类者，"近取诸身"也。

噬嗑而亨，刚柔分，动而明，雷电合而章。柔得中而上行，虽不当位，利用狱也。

"颐中有物"，故为"噬嗑"。有物间于颐中则为害，噬而嗑之，则其害亡，乃亨通也。故云"噬嗑而亨"。"刚柔分，动而明，雷电合而章"，以卦才言也。刚爻与柔爻相间，刚柔分而不相杂，为明辨之象。明辨，察狱之本也。动而明，下震上离，其动而明也。"雷电合而章"，雷震而电耀，相须并见，"合而章"也。照与威并行，用狱之道也。能照则无所隐情，有威则莫敢不畏。上既以二象言其动而明，故复言威照并用之意。六五以柔居中，为用"柔得中"之义。"上行"，谓居尊位。"虽不当位"，谓以柔居五为不当。而"利"于"用狱"者，治狱之道。全刚则伤于严暴，过柔则失于宽纵。五为用狱之主，以柔处刚而得中，得用狱之宜也。以柔居刚为"利用狱"，以刚居柔为利否。曰刚柔，质也。居，用也。用柔非治狱之宜也。

131

《象》曰：雷电，噬嗑。先王以明罚敕法。

"雷电"当作"电雷"。"雷电"相须并见之物，亦有噬嗑象。电明而雷威，先王观"雷电"之象，法其明与威，以明其刑罚，饬其法令。法者，明事理而为之防者也。

初九　屦校灭趾。无咎。

初上无位为受刑之象，中四爻为用刑之象。初在卦始，罪薄过小，又在卦下，故为"屦校灭趾"之象。止恶于初，故得无咎，占者小伤而无咎也。九居初最下，无位者也。下民之象，为受刑之人，当用刑之始，罪小而刑轻。"屦"，曳也。"校"，木械也。其过小，故屦之于足以灭伤其趾。人有小过，校而灭其趾，则当惩惧，不敢进于恶矣，故得无咎。《系辞》云："小惩而大诫，此小人之福也。"言惩之于小与初，故得无咎也。初与上无位，为受刑之人，余四爻皆为用刑之人。初居最下，无位者也。上处尊位之上，过于尊位，亦无位者也。王弼以为无阴阳之位，阴阳系于奇偶，岂容无也？然诸卦初上不言当位、不当位者，盖初终之义为大，临之初九则以位为正。若需之上六云"不当位"，乾之上九云"无位"，爵位之位，非阴阳之位也。

《象》曰：屦校灭趾，不行也。

"灭趾"，又有不进于恶之象。"屦校"而灭伤其趾，则知惩诫而不敢长其恶，故云"不行也"。古人制刑，有小罪则校其趾，盖取禁止其行，使不进于恶也。

六二　噬肤灭鼻。无咎。

二应五之位，用刑者也。四爻皆取噬为义，二居中得正，是用刑得其中正也。用刑得其中正，则罪恶者易服，故取"噬肤"为象，噬啮人之肌肤为易入也。"灭"，没也。深入至没其鼻也。二以中正之道，其刑易服。然乘初刚，是用刑于刚强之人。刑刚强之人，必须深痛，故至灭鼻而无咎也。中正之道，易以服人，与严刑以待刚强，义不相妨。祭有肤鼎，盖肉之柔脆，噬而易嗑者。六二中正，故其所治如噬肤之易。然以柔乘刚，故虽甚易，亦不免于伤灭其鼻。占者虽伤而终"无咎"也。

《象》曰：噬肤灭鼻，乘刚也。

深至灭鼻者，"乘刚"故也。"乘刚"乃用刑于刚强之人，不得不深严也。深严则得宜，乃所谓中也。

六三　噬腊肉。遇毒。小吝。无咎。

三居下之上，用刑者也。六居三，处不当位，自处不得其当而刑于人，则人不服，而怨怼悖犯之，如噬啮干腊坚韧之物，而遇毒恶之味，反伤于口也。用刑而人不服，反致怨伤，是可鄙吝也。然当噬嗑之时，大要噬间而嗑之。虽其身处位不当，而强梗难服，至于遇毒。然用刑非为不当也。故虽可吝而亦小，噬而嗑之，非有咎也。"腊肉"，谓兽腊，全体骨而为之者，坚韧之物也。阴柔不中正，治人而人不服，为"噬腊""遇毒"之象。占虽"小吝"，然时当噬嗑，于义为"无咎"也。

《象》曰：遇毒，位不当也。

六三以阴居阳，处位不当。自处不当，故所刑者难服，而反毒之也。

九四　噬干胏得金矢。利艰贞。吉。

"胏"，肉之带骨者。《周礼》：狱讼入钧金束矢而后听之。九四以刚居柔，得用刑之道，故有此象。九四居近君之位，当噬嗑之任者也。四已过中，是其间愈大而用刑愈深也。故云"噬干胏"。"胏"，肉之有联骨者。干肉而兼骨，至坚难噬者也。噬至坚而"得金矢"，金取刚，矢取直，九四阳德刚直，为得刚直之道，虽用刚直之道，利在克艰其事，而贞固其守，则吉也。九四刚而明体，阳而居柔，刚明则伤于果，故戒以知难；居柔则守不固，故戒以坚贞。刚而不贞者有矣，凡失刚者，皆不贞也。在噬嗑四最为善。言所噬愈坚而得听讼之宜也。然必利于艰难正固则吉，戒占者宜如是也。

《象》曰：利艰贞吉，未光也。

凡言"未光"，其道未光大也。戒于"利艰贞"，盖其所不足也。不得中正故也。

六五　噬干肉。得黄金。贞厉。无咎。

"噬干肉"，难于肤而易于腊胏者也。"黄"，中色。"金"，亦谓钧金。六五柔顺而中，以居尊位，用刑于人，人无不服，故有此象。然必"贞厉"乃得"无咎"，亦戒占者之辞也。五在卦愈上而为"噬干肉"，反易于四之"干胏"者，五居尊位，乘在上之势以刑于下，其势易也。在卦将极矣，其为间甚大，非易嗑也。故为"噬干肉"也。"得黄金"，"黄"，中色，"金"，刚物。五居中为得中道，处刚而四辅以刚，"得黄金"也。五无应而四居大臣之位，得其助也。"贞厉无咎"，六五虽处中刚，然实柔体，故戒以必正固而怀危厉，则得无咎也。以柔居尊，而当噬嗑之时，岂可不贞固而怀危惧哉？

《象》曰：贞厉无咎，得当也。

释《象》言"不当位"，此言"得当"者，释《象》以位言，此以事言。六五以柔用狱，行以正厉，其"无咎"者，得用狱之当者也。所以能"无咎"者，以所为得其当也。所谓"当"，居中用刚，而能守正虑危也。

上九　何校灭耳。凶。

"何"，负也。过极之阳，在卦之上，恶极罪大，凶之道也。故其象占如此。上过乎尊位，无位者也。故为受刑者。居卦之终，是其间大，噬之极也。《系辞》所谓"恶积而不可掩，罪大而不可解"者也。故"何校"而灭其耳，"凶"可知矣。"何"，负也。谓在颈也。

《象》曰：何校灭耳，聪不明也。

人之聋暗不悟，积其罪恶以至于极，古人制法，罪之大者，何之以校，为其无所闻知，积成其恶，故以校而灭伤其耳，诫"聪"之"不明"也。"灭耳"，盖罪其听之不聪也。若能审听而早图之，则无此凶矣。

贲卦第二十二

（离下艮上）䷕　贲　亨。小利有攸往。

贲，饰也。卦自损来者，柔自三来而文二，刚自二上而文三。自既济而来者，柔自上来而文五，刚自五上而文上。又内离而外艮，有文明而各得其分之象，故为贲。占者以其柔来文刚，阳得阴助，而离明于内，故为"亨"。以其刚上文柔，而艮止于外，故"小利有攸往"。物有饰而后能亨，故曰无本不立，无文不行，有实而加饰，则可以"亨"矣。文饰之道，可增其光彩，故能小利于进也。

《彖》曰：贲亨。

"亨"字疑衍。

柔来而文刚，故亨。分刚上而文柔，故小利有攸往。天文也。

以卦变释卦辞。刚柔之交，自然之象，故曰"天文"。先儒说"天文"上当有"刚柔交错"四字，理或然也。《易》有"刚柔往来、上下相易"之说，而其最著者，贲之《彖传》也。故学者治是争推其所从变，曰泰变为贲，此大惑也。一卦之变为六十三，岂独为贲也哉！徒知泰之为贲，又乌知贲之不为泰乎！凡《易》之所谓刚柔往来相易者，皆本诸乾坤也。乾施一阳于坤，以化其一阴，而生三子，凡三子之卦有言刚来者，明此本坤也。而乾来化之。坤施一阴于乾，以化其一阳，而生三女，凡三女之卦有言柔来者，明此本乾也。而坤来化之。非是卦也。则无是言也。

文明以止，人文也。

卦为贲饰之象，以上下二体，刚柔交相为文饰也。下体本乾，柔来文其中而为离。上体本坤，刚往文其上而为艮。乃为山下有火，止于文明而成贲也。天下之事，无饰不行，故贲则能"亨"也。"柔来而文刚，故亨"，柔来文于刚，而成文明之象，文明所以为贲也。贲之道能致亨，实由饰而能亨也。"分刚上而文柔，故小利有攸往"，分乾之中爻，往文于艮之上也。事由饰而加盛，由饰而能行，"故小利有攸往"。夫往而能利者，以有本也。贲饰之道，非能增其实也。但加之文彩耳。事由文而显盛，故为"小利有攸往"。"亨"者亨通也。"往"者加进也。二卦之变，共成贲义。而《象》分言上下各主一事者，盖离明足以致亨，文柔又能小进也。"天文也。文明以止人文也"，此承上文言阴阳刚柔相文者，天之文也。止于文明者，人之文也。"止"，谓处于文明也。质必有文，自然之理，理必有对待，生生之本也。有上则有下，有此则有彼，有质则有文。一不独立，二则为文，非知道者孰能识之。"天文"，天之理也。"人文"，人之道也。

观乎天文，以察时变。观乎人文，以化成天下。

"天文"，谓日月星辰之错列，寒暑阴阳之代变。观其运行，以察四时之迁改也。"人文"，人理之伦序，观人文以教化天下，天下成其礼俗，乃圣人用贲之道也。贲之象，取山下有火，又取卦变"柔来""文刚""刚上""文柔"。凡卦有以二体之义及二象而成者，如屯取"动乎险中"与云雷，讼取"上刚下险"与天水违行是也。有取一爻者，成卦之由也。"柔得位而上下应之曰小畜"，"柔得尊位大中而上下应之曰大有"是也。有取二体又取消长之义者，"雷在地中复"，"山附于地剥"是也。有取二象兼取二爻交变为义者，"风雷益"兼取损上益下，"山下有泽损"兼取损下益上是也。有既以二象成卦，复取爻之义者，夬之"刚决柔"，姤之"柔遇刚"是也。有以用成卦者，"巽乎水而上水井"，"木上有火鼎"是也。鼎又以卦形为象。有以形为象者，"山下有雷颐"，"颐中有物曰噬嗑"是也。此成卦之义也。如刚上柔下，损上益下，谓刚居上，柔在下，损于上，益于下。据成卦而言，非谓就卦中升降也。如讼、无妄云"刚来"，岂自上体而来也。凡以柔居五者，皆云"柔进而上行"，柔居下者也。乃居尊位，是进而上也。非谓自下体而上也。卦之变皆自乾坤，先儒不达，故谓贲本自泰卦，岂有乾坤重而为泰，又由泰而变之理。下离本乾，中爻变而成离，上艮本坤，上爻变而成艮。离在内，故云"柔来"。艮在上，故云"刚上"。非自下体而上也。乾坤变而为六子，八卦重而为六十四，皆由乾坤之变也。

《象》曰：山下有火，贲。君子以明庶政，无敢折狱。

"山下有火"，明不及远。"明庶政"，事之小者。"折狱"，事之大者。内离明而外艮止，故取象如此。山者，草木百物之所聚生也。火在其下而上照，庶类皆被其光明，为贲饰之象也。君子观山下有火，明照之象，以修明其庶政，成文明之治，而无敢果于"折狱"也。"折狱"者，人君之所致慎也。岂可恃其明而轻自用乎，乃圣人之用心也。为戒深矣。象之所取，唯以山下有火，明照庶物，以用明为戒。而贲亦自有"无敢折狱"之义，折狱者专用情实，有文饰则没其情矣，故无敢用文以折狱也。

初九　贲其趾。舍车而徒。

初九以阳刚居明体而处下，君子有刚明之德而在下者也。刚德明本，自贲于下，为舍非道之车，而安于徒步之象，占者自处当如是也。君子在无位之地，无所施于天下，唯自贲饰其所行而已。趾取在下而所以行也。君子修饰之道，正其所行，守节处义，其行不苟，义或不当，则舍车舆而宁徒行，众人之所羞，而君子以为贲也。"舍车而徒"之义，兼于比应取之。初比二而应四，应四正也。与二非正也。九之刚明守义，不近与于二，而远应于四，舍易而从难，如舍车而徒行也。守节义，君子之贲也。是故君子所贲，世俗所羞；世俗所贵；君子所贱。以车徒为言者，因趾与行为义也。

《象》曰：舍车而徒，义弗乘也。

"舍车而徒"行者，于义不可以乘也。初应四正也。从二非正也。近舍二之易，而从四之难，舍车而徒行也。君子之贲，守其义而已。

六二　贲其须。

卦之为贲，虽由两爻之变，而文明之义为重，二实贲之主也。故主言贲之道。饰于物者，不能大变其质也。因其质而加饰耳，故取须义。"须"，随颐而动者也。动止唯系于所附，犹善恶不由于贲也。二之文明，唯为贲饰，善恶则系其质也。二以阴柔居中正，三以阳刚而得正，皆无应与，故二附三而动，有贲须之象。占者宜从上之阳刚而动也。

《象》曰：贲其须，与上兴也。

以须为象者，谓其与上同兴也。随上而动，动止唯系所附也。犹加饰于物，因其质而贲之，善恶在其质也。

九三　贲如濡如。永贞吉。

一阳居二阴之间，得其贲而润泽者也。然不可溺于所安，故有"永贞"之戒。三处文明之极，与二四二阴间处相贲，贲之盛者也。故云"贲如"。"如"，辞助也。贲饰之盛，光彩润泽，故云"濡如"。光彩之盛，则有润泽"永贞吉"，三与二四非正应，相比而成相贲，故戒以常永贞正。贲者，饰也。贲饰之事，难乎常也。故"永贞"则"吉"。三与四相贲，又下比于二，二柔文一刚，上下交贲，为贲之盛也。

《象》曰：永贞之吉，终莫之陵也。

饰而不常且非正，人所陵侮也。故戒能永正则吉也。其贲既常而正，谁能陵之乎？"陵"，侮也。三能"永贞"，则二柔虽比己而"濡如"，然终莫之陵侮，而不至陷溺也。

六四　贲如皤如。白马翰如。匪寇婚媾。

"皤"，白也。马，人所乘，人白则马亦白矣。四与初相贲者，乃为九三所隔而不得遂，故"皤如"。而其往求之心，如飞翰之疾也。然九三刚正，非为寇者也。乃求婚媾耳，故其象如此。四与初为正应，相贲者也。本当"贲如"，而为三所隔，故不获相贲而"皤如"。"皤"，白也。未获贲也。马，在下而动者也。未获相贲，故云"白马"。其从正应之志如飞，故云"翰如"。匪为九三之寇仇所隔，则婚媾遂其相亲矣。己之所乘，与动于下者，马之象也。初四正应，终必获亲，始为其间隔耳。

《象》曰：六四，当位疑也。匪寇婚媾，终无尤也。

"当位疑"，谓所当之位可疑也。"终无尤"，谓若守正而不与，亦无它患也。四与初相远，而三介于其间，是所当之位为可疑也。虽为三寇仇所隔，未得亲于婚媾，然其正应，理直义胜，终必得合，故云"终无尤也"。"尤"，怨也。终得相贲，故无怨尤也。

六五　贲于丘园。束帛戋戋。吝。终吉。

六五柔中为贲之主，敦本尚实，得贲之道，故有"丘园"之象。然阴性吝啬，故有"束帛戋戋"之象。"束帛"，薄物；"戋戋"，浅小之意。人而如此，虽可羞吝，然礼奢宁俭，故得"终吉"。六五以阴柔之质，密比于上九刚阳之贤，阴比于阳，复无所系应，从之者也。受贲于上九也。自古设险守国，故城垒多依丘阪。"丘"，谓在外而近且高者。园圃之地，最近城邑，亦在外而近者。"丘园"，谓在外而近者，指上九也。六五虽居君位，而阴柔之才，不足自守，与上之刚阳相比而志从焉，获贲于外比之贤，"贲于丘园"也。若能受贲于上九，受其裁制，如"束帛"而"戋戋"，则虽其柔弱不能自为，为可吝少，然能从于人，成贲之功，终获其吉也。"戋戋"，翦裁分裂之状。帛未用则束之，故谓之"束帛"。及其制为衣服，必翦裁分裂戋戋然。"束帛"，喻六五本质。"戋戋"，谓受人翦制而成用也。其资于人与蒙同，而蒙不言吝者，盖"童蒙"而赖于人，乃其宜也。非童幼而资贲于人，为可吝耳。然享其功，终为吉也。

《象》曰：六五之吉，有喜也。

能从人以成贲之功，享其吉美，是"有喜"也。

上九　白贲。无咎。

上九贲之极也。贲饰之极则失于华伪，唯能质白其贲，则无过失之咎。"白"，素也。尚质素则不失其本真，所谓尚质素者，非无饰也。不使华没实耳。

《象》曰：白贲无咎，上得志也。

"白贲无咎"，以其在上而得志也。上九为得志者，在上而文柔，成贲之功，六五之君，又受其贲，故虽居无位之地，而实得贲之功，为得志也。与它卦居极者异矣，既在上而得志，处贲之极，将有华伪失实之咎，故戒以质素则无咎，饰不可过也。

卷 四

剥卦第二十三

（坤下艮上） ䷖ 剥 不利有攸往。

"剥"，落也。五阴在下而方生，一阳在上而将尽，阴盛长而阳消落，九月之卦也。阴盛阳衰，小人壮而君子病。又内坤外艮，有顺时而止之象。故占得之者，不可以有所往也。"剥"者，群阴长盛，消剥于阳之时，众小人剥丧于君子，故君子不利有所往。唯当巽言晦迹，随时消息，以免小人之害也。

《彖》曰：剥，剥也。柔变刚也。

《夬·彖》曰"刚决柔"，而《剥·彖》曰"柔变刚"，何也？君子之去小人，声其罪与天下共弃之，名正言顺，故曰"决"。小人之欲去君子，辞不顺理不直，必萋菲浸润以侵蚀之，故曰"变"。一字之间，君子小人之情状瞰然矣。

不利有攸往，小人长也。顺而止之，观象也。君子尚消息盈虚，天行也。

"剥，剥也"，谓剥落也。"柔变刚也"，柔长而刚变也。夏至一阴生，而渐长，一阴长则一阳消，至于建戌，则极而成剥，是阴柔变刚阳也。阴，小人之道，方长盛而剥消于阳，故君子不利有所往也。君子当剥之时，知不可有所往，顺时而止，乃能观剥之象也。卦有顺止之象，乃处剥之道，君子当观而体之。"君子尚消息盈虚天行也"，君子存心消息盈虚之理而能顺之，乃合乎天行也。理有消衰，有息长，有盈满，有虚损，顺之则吉，逆之则凶。君子随时敦尚，所以事天也。

《象》曰：山附于地，剥。上以厚下安宅。

山高绝于地，今附地者，明被剥矣。艮重于坤，"山附于地"也。山高起于地而反附著于地，圮剥之象也。上，谓人君与居人上者，观剥之象，而厚固其下，以安其居也。下者上之本，未有基本固而能剥者也。故上之剥必自下，下剥则上危矣。为人上者，知理之如是，则安养人民，以厚其本，乃所以安其居也。《书》曰：民唯邦本，本固邦宁。

初六　剥床以足。蔑贞凶。

阴之消阳，自下而进。初在下，故为剥床而先以床足灭于下之象。当此不利有攸往之时，唯宜顺时而止耳。"贞凶"，戒占者固执而不知变则凶也。阴之剥阳，自下而上。以床为象者，取身之所处也。自下而剥，渐至于身也。"剥床以足"，剥床之足也。剥始自下，故为剥足。阴自下进，渐消灭于贞正，"凶"之道也。"蔑"，无也。谓消亡于正道也。阴剥阳，柔变刚，是邪侵正，小人消君子，其"凶"可知。

《象》曰：剥床以足，以灭下也。

取床足为象者，以阴侵没阳于下也。"灭"，没也。侵灭正道，自下而上也。床所以安人，在下故称足。先从下剥，渐及于上，故曰"以灭下也"。

六二　剥床以辨。蔑贞凶。

既灭初之足于下，又灭二之辨于中，则进而上矣。得此占者，若犹固执而不知变，则其"凶"必也。"辨"，分隔上下者，床之干也。阴渐进而上，剥至于辨，愈灭于正也，凶益甚矣。

《象》曰：剥床以辨，未有与也。

"辨"当在第足之间，是床桄也。"未有与"者，言至三则应，故二"未有与也"。阴之侵剥于阳，得以益盛，至于剥"辨"者，以阳未有应与故也。小人侵剥君子，若君子有与，则可以胜小人，不能为害矣。唯其无与，所以被"蔑"而凶。当消剥之时，而无徒与，岂能自存也。言未有与，剥之未盛，"有与"，犹可胜也。示人之意深矣。

六三　剥之。无咎。

众阴剥阳之时，而三独居刚应刚，与上下之阴异矣。志从于正，在剥之时为无咎者也。三之为可谓善矣，不言吉何也？曰：方群阴剥阳，众小人害君子，三虽从正，其势孤弱，所应在无位之地，于斯时也。难乎免矣，安得吉也？其义为无咎耳。言其"无咎"，所以劝也。众阴方剥阳，而己独应之，去其党而从正，"无咎"之道也。占者如是，则得"无咎"。

《象》曰：剥之，无咎，失上下也。

"上下"，谓四阴。三居剥而"无咎"者，其所处与上下诸阴不同，是与其同类相失，于处剥之道为"无咎"，如东汉之吕强是也。

六四　剥床以肤。凶。

始剥于床足，渐至于"肤"。"肤"，身之外也。将灭其身矣，其"凶"可知。阴长已盛，阳剥已甚，贞道以消，故更不言蔑贞，直言"凶"也。

《象》曰：剥床以肤，切近灾也。

五为君位，剥已及四，在人则剥其肤矣，剥及其肤，身垂于亡矣，"切近"于灾祸也。

六五　贯鱼。以宫人宠。无不利。

"鱼"，阴物。"宫人"，阴之美而受制于阳者也。五为众阴之长，当率其类，受制于阳，故有此象。而占者如是，则"无不利"也。剥及君位，剥之极也。其凶可知，故更不言剥，而别设义以开小人迁善之门。五，群阴之主也。"鱼"，阴物，故以为象。五能使群阴顺序，如贯鱼然，反获宠爱于在上之阳，如宫人，则无所不利也。"宫人"，宫中之人。妻妾，侍使也。以阴言，且取获宠爱之义。以一阳在上，众阴有顺从之道，故发此义。阴阳之际，近必相比。六五能上附于阳，反制群阴，不使进逼，方得处剥之善。下无剥之之忧，上得阳功之庇，故曰"无不利"。

《象》曰：以宫人宠，终无尤也。

五以阴居尊，取后妃之象，而为"贯鱼以宫人宠"，则岂有妒害渎乱，以剥其君之忧哉？群阴消剥于阳，以至于极，六五若能长率群阴，骈首顺序，反获宠爱于阳，则终无过尤也。于剥之将终，复发此义，圣人劝迁善之意，深切之至也。

上九　硕果不食。君子得舆。小人剥庐。

一阳在上，剥未尽而能复生。君子在上，则为众阴所载；小人居之，则剥极于上，自失所覆，而无复"硕果""得舆"之象矣。取象既明，而君子小人，其占不同，圣人之情，益可见矣。诸阳削剥已尽，独有上九一爻尚存，如硕大之果不见食，将见复生之理。上九亦变，则纯阴矣。然阳无可尽之理，变于上则生于下，无间可容息也。圣人发明此理，以见阳与君子之道，不可亡也。或曰：剥尽则为纯坤，岂复有阳乎？曰：以卦配月，则坤当十月；以气消息言，则阳剥为坤，阳来为复，阳未尝尽也。剥尽于上，则复生于下矣；故十月谓之阳月，恐疑其无阳也。阴亦然，圣人不言耳。阴道盛极之时，其乱可知，乱极则自当思治，故众心愿载于君子，"君子得舆"也。《诗》之《匪风》、《下泉》，所以居变风之终也。理既如是，在卦亦众阴宗阳，为共载之象。"小人剥庐"，若小人则当剥之极，剥其庐矣，无所容其身也。更不论爻之阴阳，但言小人处剥极，则及其庐矣。庐取在上之象。或曰：阴阳之消，必待尽而后复生于下，此在上便有复生之义，何也？夬之上六，何以言终有凶？曰：上九居剥之极，止有一阳，阳无可尽之理，故明其有复生之义，见君子之道，不可亡也。夬者阳消阴，阴小人之道也。故但言其消亡耳，何用更言却有复生之理乎？

《象》曰：君子得舆，民所载也。小人剥庐，终不可用也。

正道消剥既极，则人复思治，故阳刚君子，为民所承载也。若小人处剥之极，则小人之穷耳。"终不可用也"，非谓九为小人，但言剥极之时，小人如是也。

复卦第二十四

（震下坤上）䷗复 亨。出入无疾。朋来无咎。反复其道。七日来复。利有攸往。

复，阳复生于下也。剥尽则为纯坤，十月之卦，而阳气已生于下矣。积之踰月，然后一阳之体始成而来复，故十有一月，其卦为复。以其阳既往而复反，故有亨道。又内震外坤，有阳动于下，而以顺上行之象，故其占又为己之"出入"，既得"无疾"，朋类之来，亦得"无咎"。又自五月姤卦一阴始生，至此七爻而一阳来复，乃天运之自然，故其占又为反复其道。至于七日，当得来复。又以刚德方长，故其占又为利有攸往也。反复其道，往而复来，来而复往之意。七日者，所占来复之期也。"复，亨"，既复则亨也。阳气复生于下，渐亨盛而生育万物。君子之道既复，则渐以亨通，泽于天下，故复则有亨盛之理也。"出入无疾"，"出入"谓生长，复生于内，入也。长进于外，出也。先云出，语顺耳。阳生非自外也。来于内，故谓之入。物之始生，其气至微，故多屯艰。阳之始生，其气至微，故多摧折。春阳之发，为阴寒所折，观草木于朝暮，则可见矣。"出入无疾"，谓微阳生长，无害之者也。既无害之，而其类渐进而来，则将亨盛，故无咎也。所谓咎，在气则为差忒，在君子则为抑塞，不得尽其理。阳之当复，虽使有疾之，固不能止其复也。但为阻碍耳。而卦之才，有无疾之义，乃复道之善也。一阳始生至微，固未能胜群阴，而发生万物，必待诸阳之来，然后能成生物之功，而无差忒，以朋来而无咎也。三阳子丑寅之气，生成万物，众阳之功也。若君子之道，既消而复，岂能便胜于小人？必待其朋类渐盛，则能协力以胜之也。"反复其道"，谓消长之道，反复迭至。阳之消，至七日而来复；姤阳之始消也。七变而成复，故云"七日"，谓七更也。临云"八月有凶"，谓阳长至于阴长，历八月也。阳进则阴退，君子道长，则小人道消，故"利有攸往"也。

《彖》曰：复，亨，刚反，动而以顺行，是以出入无疾，朋来无咎。

"复，亨"者，以阳复则亨，故以亨连复而释之也。"刚反，动而以顺行"者，既上释"复亨"之义，又下释"出入无疾朋来无咎"之理。

反复其道，七日来复，天行也。

月天行至午，阴升也。十一月天行至子，阳升也。天地运往，阴阳升复，凡历七月，故曰"七日来复"，此天之运行也。《豳诗》曰：一之日觱发，二之日栗烈。"一之日"，周之正月也。"二之日"，周之二月也。则古人呼"月"为"日"明矣。

利有攸往，刚长也。

剥曰"不利有攸往"，小人长也。复曰"利有攸往，刚长也"。《易》之意，凡以为君子谋也。

复其见天地之心乎？

积阴之下，一阳复生，天地生物之心，几于灭息，而至此乃复可见。在人则为静极而动，恶极而善，本心几息而复，见之端也。程子论之详矣，而邵子之诗亦曰："冬至子之半，天心无改移。一阳初动处，万物未生时。玄酒味方淡，大音声正希。此言如不信，更请问包羲。"至哉言也。学者宜尽心焉。

《象》曰：雷在地中，复。先王以至日闭关，商旅不行，后不省方。

雷者，阴阳相薄而成声，当阳之微，未能发也。"雷在地中"，阳始复之时也。阳始生于下而甚微，安静而后能长，先王顺天道，当至日阳之始生，安静以养之，故闭关使商旅不得行，人君不省视四方。月令，是月斋戒，掩身以待阴阳之所定。观复之象而顺天道也。在一人之身亦然，当安静以养其阳也。

初九　不远复。无祗悔。元吉。

一阳复生于下，复之主也。"祗"，抵也。又居事初，失之未远，能复于善，不抵于悔，大善而吉之道也。故其象占如此。复者，阳反来复也。阳，君子之道，故复为反善之义。初刚阳来复，处卦之初，复之最先者也。是不远而复也。失而后有复，不失则何复之有？惟失之不远而复，则不至于悔，大善而吉也。

又曰："祗"，宜音柢，抵也。《玉篇》云"适也"，义亦同。"无祗悔"，不至于悔也。坎卦曰："祗既平无咎"，谓至既平也。颜子无形显之过，夫子谓其庶几，乃"无祗悔"也。过既未形而改，何悔之有？既未能不勉而中，所欲不踰矩，是有过也。然其明而刚，故一有不善，未尝不知，既知，未尝不遽改，故不至于悔，乃不远复也。祗，陆德明音支，《玉篇》、《五经文字》、《群经音辨》，并见"衣"部。

《象》曰：不远之复，以修身也。

不远而复者，君子所以修其身之道也。学问之道无它也。唯其知不善，则速改以从善而已。

六二　休复。吉。

二虽阴爻，处中正而切比于初，志从于阳，能下仁也。复之休美者也。复者，复于礼也。复礼则为仁。初阳复，复于仁也。二比而下之，所以美而吉也。

《象》曰：休复之吉，以下仁也。

为复之休美而吉者，以其能下仁也。仁者天下之公，善之本也。初复于仁，二能亲而下之，是以吉也。

六三　频复。厉。无咎。

以阴居阳，不中不正，又处动极，复而不固，屡失屡复之象，屡失故危，复则"无咎"，故其占又如此。三以阴躁处动之极，复之频数，而不能固者也。复贵安固，频复频失，不安于复也。复善而屡失，危之道也。圣人开迁善之道，与其复而危其屡失，故云"厉无咎"。不可以频失而戒其复也。频失则为危，屡复何咎？过在失而不在复也。

《象》曰：频复之厉，义无咎也。

频复频失。虽为危厉，然复善之义则"无咎"也。

六四　中行。独复。

此爻之义，最宜详玩。四行群阴之中，而独能复，自处于正，下应于阳刚，其志可谓善矣。不言吉凶者，盖四以柔居群阴之间，初方甚微，不足以相援，无可济之理，故圣人但称其能独复，而不欲言其独从道而必凶也。曰：然则不言无咎，何也？曰：以阴居阴，柔弱之甚，虽有从阳之志，终不克济，非无咎也。四处群阴之中，而独与初应，为与众俱行，而独能从善之象。当此之时，阳气甚微，未足以有为，故不言吉。然理所当然，吉凶非所论也。董子曰：仁人者，正其义不谋其利，明其道不计其功，于剥之六三及此爻见之。

《象》曰：中行独复，以从道也。

称其"独复"者，以其从阳刚君子之善道也。

六五　敦复。无悔。

临以上六为"敦临"，艮以上九为"敦艮"，皆取积厚之极。复于五即言"敦复"者，复之上爻，迷而不复，故复至五而极也。卦中复者五爻，初最在先，故为"不远"；五最在后，故为"敦"。六五以中顺之德处君位，能敦笃于复善者也。故"无悔"。虽本善，戒亦在其中矣。阳复方微之时，以柔居尊，下复无助，未能致亨吉也。能"无悔"而已。

《象》曰：敦复无悔，中以自考也。

"考"，成也。以中道自成也。五以阴居尊，处中而体顺，能敦笃其志，以中道自成，则可以"无悔"也。自成，谓成其中顺之德。

上六　迷复。凶。有灾眚。用行师。终有大败。以其国君凶。至于十年不克征。

"迷复"与"不远复"相反，初不远而复，迷则远而不复。"敦复"与"频复"相反，敦无转易，频则屡易。"独复"与"休复"相似，休则比初，独则应初也。"十年不克征"，亦"七日来复"之反。以阴柔居复之终，终迷不复者也。迷而不复，其"凶"可知。有"灾眚"，"灾"，天灾，自外来；"眚"，己过，由自作。既迷不复善，在己则动皆过失，灾祸亦自外而至，盖所招也。迷道不复，无施而可，用以"行师"，则"终有大败"；以之为国，则君之凶也。十年者，数之终。至于十年不克征，谓终不能行。既迷于道，何时而可行也？

《象》曰：迷复之凶，反君道也。

复则合道，既迷于复，与道相反也。其凶可知。"以其国君凶"，谓其"反君道也"。人君居上而治众，当从天下之善，乃迷于复，反君之道也。非止人君，凡人迷于复者，皆反道而凶也。

无妄卦第二十五

（震下乾上）䷘　无妄　元亨利贞。其匪正有眚。不利有攸往。

无妄，实理自然之谓，《史记》作"无望"，谓无所期望而有得焉者，其义亦通。无妄者，至诚也。至诚者，天之道也。天之化有万物，生生不穷，各正其性命，乃无妄也。人能合无妄之道，则所谓"与天地合其德"也。无妄有大亨之理，君子行无妄之道，则可以致大亨矣。无妄，天之道也。卦言人由无妄之道也。"利贞"法无妄之道，利在贞正，失贞正则妄也。虽无邪心，苟不合正理，则妄也。乃邪心也。故有匪正，则为过眚。既已无妄，不宜有往，往则妄也。

《彖》曰：无妄，刚自外来，而为主于内，动而健，刚中而应。大亨以正，天之命也。其匪正有眚。不利有攸往，无妄之往，何之矣？天命不祐，行矣哉。

谓初九也。坤初爻变而为震，刚自外而来也。震以初爻为生，成卦由之，故初为无妄之主。动以天为无妄，动而以天，动为主也。以刚变柔，为以正去妄之象，又刚正为主于内，无妄之义也。九居初，正也。下动而上健，是其动刚健也。刚健，无妄之体也。刚中而应，五以刚居中正，二复以中正相应，是顺理而不妄也。故其道大亨通而贞正，乃天之命也。"天命"，谓天道也。所谓无妄也。所谓"无妄"，正而已，小失于正，则为有过，乃妄也。所谓"匪正"，盖由有往，若无妄而不往，何由有匪正乎？"无妄"者，理之正也。更有往将何之矣，乃入于妄也。往则悖于天理，天道所不佑，可行乎哉？以卦变卦德卦体言卦之善如此，故其占当获"大亨"，而利于正，乃天命之当然也。其有不正，则不利有所往，欲何往哉？盖其逆天之命，而天不佑之，故不可以有行也。

《象》曰：天下雷行物与，无妄。先王以茂对时育万物。

"天下雷行"，震动发生，万物各得其性命，是物物而与之以无妄也。先王法此以对时育物，因其所性而不为私焉。雷行于天下，阴阳交和，相薄而成声，于是惊蛰藏，振萌芽，发生万物。其所赋与，洪纤高下，各正其性命，无有差妄，物与无妄也。先王观天下雷行发生赋与之象，而以茂对天时，养育万物，使各得其宜，如天与之无妄也。"茂"，盛也。茂对之为言，犹盛行永言之比，"对时"，谓顺合天时，天道生万物，各正其性命而不妄，王者体天之道，养育人民，以至昆虫草木，使各得其宜，乃对时育物之道也。

初九　无妄。往吉。

九以阳刚为主于内，无妄之象。以刚实变柔而居内，中诚不妄者也。以无妄而往，何所不吉？卦辞言"不利有攸往"，谓既不妄，不可复有往也。过则妄矣。爻言往吉，谓以无妄之道而行则吉也。初则当行，终则当止，行止适当则无妄，不妄则"吉"。无妄之初，当行者也。故"往"则有"吉"。无妄之终，当止者也。故行则有眚。

《象》曰：无妄之往，得志也。

以无妄而往，无不得其志也。盖诚之于物，无不能动，以之修身，则身正，以之治事，则事得其理，以之临人，则人感而化，无所往而不得其志也。

六二　不耕获。不菑畬。则利有攸往。

　　凡理之所然者，非妄也。人所欲为者，乃妄也。故以"耕获、菑畬"譬之。六二居中得正，又应五之中正，居动体而柔顺，为动能顺乎中正，乃无妄者也。故极言无妄之义。"耕"，农之始；"获"，其成终也。田一岁曰"菑"，三岁曰"畬"。不耕而获，不菑而畬，谓不首造其事，因其事理所当然也。首造其事，则是人心所作为，乃妄也。因事之当然，则是顺理应物，非妄也，获与畬是也。盖耕则必有获，菑则必有畬，是事理之固然，非心意之所造作也。如是则为无妄，不妄则所往利而无害也。或曰：圣人制作以利天下者，皆造端也。岂非妄乎？曰：圣人随时制作，合乎风气之宜，未尝先时而开之也。若不待时，则一圣人足以尽为矣，岂待累圣继作也？时乃事之端，圣人随时而为也。

《象》曰：不耕获，未富也。

　　"富"，如非富天下之富，言非计其利而为之也。"未"者，非必之辞。临卦曰"未顺命"是也。不耕而获，不菑而畬，因其事之当然，既耕则必有获，既菑则必成畬，非必以获畬之富而为也。其始耕菑，乃设心在于求获畬，是以其富也。心有欲而为者，则妄也。

六三　无妄之灾。或系之牛。行人之得。邑人之灾。

　　三以阴柔而不中正，是为妄者也。又志应于上，欲也。亦妄也。在无妄之道，为灾害也。人之妄动，由有欲也。妄动而得，亦必有失。虽使得其所利，其动而妄，失已大矣，况复凶悔随之乎？知者见妄之得，则知其失必与称也。故圣人因六三有妄之象，而发明其理云"无妄之灾，或系之牛，行人之得，邑人之灾"。言如三之为妄，乃无妄之灾害也。设如有得，其失随至，如"或系之牛"。"或"，谓设或也。或系得牛，行人得之以为有得，邑人失牛，乃是灾也。借使邑人系得马，则行人失马，乃是灾也。言有得则有失，不足以为得也。"行人""邑人"，但言有得则有失，非以为彼己也。妄得之福，灾亦随之；妄得之得，失亦称之，固不足以为得也。人能知此，则不为妄动矣。

《象》曰：行人得牛，邑人灾也。

　　"邑人之灾"，所谓"无妄之灾"，然无故被诬者，反己无怍，君子求其无妄而已，祸福听之于天，悉置度外也。

九四　可贞。无咎。

"贞"，正而固也。曰"利贞"，则训正字，而兼固字之义。曰"不可贞"，则专训固字，而无正字之义。九四阳刚健体，下无应与，可贞正守之，而其占不可有为也。四刚阳而居乾体，复无应与，无妄者也。刚而无私，岂有妄乎？可贞固守此，自"无咎"也。九居阴得为正乎？曰：以阳居乾体，若复处刚，则为过矣，过则妄也。居四，无尚刚之志也。"可贞"与"利贞"不同，"可贞"，谓其所处可贞固守之；"利贞"，谓利于贞也。

《象》曰：可贞无咎，固有之也。

"有"，犹守也。贞固守之，则无咎也。

九五　无妄之疾。勿药有喜。

勿者，禁止之辞。言无妄矣，而偶有疾，则亦顺其自然而气自复，勿复用药以生他候。如人有无妄之灾，则亦顺其自然而事自平，勿复用智以生他咎也。凡《易》中言"勿"者皆同义。此爻之疾，与六三之灾同。然此曰"有喜"者，刚中正而居尊位，德位固不同也。九以中正当尊位，下复以中正顺应之，可谓无妄之至者也。其道无以加矣。"疾"，为之病者也。以九五之无妄，如其有疾，勿以药治，则有喜也。人之有疾，则以药石攻去其邪以养其正。若气体平和，本无疾病，而攻治之，则反害其正矣。故勿药则有喜也。有喜，谓疾自亡也。无妄之所谓疾者，谓若治之而不治，率之而不从，化之而不革，以妄而为无妄之疾。舜之有苗，周公之管蔡，孔子之叔孙武叔是也。既已无妄，而有疾之者，则当自如。无妄之疾，不足患也。若遂自攻治，乃是渝其无妄而迁于妄也。五既处无妄之极，故唯戒在动，动则妄矣。

《象》曰：无妄之药，不可试也。

既已无妄，而复药之，则反为妄而生疾矣。人之有妄，理必修改，既无妄矣，复药以治之，是反为妄也。其可用乎？故云"不可试也"。"试"，暂用也。犹曰少尝之也。

上九　无妄。行有眚。无攸利。

无妄者，实理自然之谓。循是理则吉，拂是理则凶。初"往吉"，二"利有攸往"，循是理而动者也。四"可贞无咎"，守是理而不动者也。三有"灾"，五有"疾"，不幸而遇无故非意之事，君子亦听之而已，守是礼而不为动者也。或动或静，唯理是循，所以为无妄。上九居无妄之极，不可有行，若不循理而动，则反为妄矣，其有眚而不利也宜哉！上九居卦之终，无妄之极者也。极而复行，过于理也。过于理则妄也。故上九而行，则有过眚而无所利矣。

《象》曰：无妄之行，穷之灾也。

"无妄之行"，犹《象传》所云"无妄之往"，《乾·上九》之"穷"，与乾"亢龙"义同，故二《小象》亦同。以其意于行，故曰"眚"，以其时位使然，故曰"灾"。

大畜卦第二十六

（乾下艮上） 大畜 利贞。不家食。吉。利涉大川。

"大"，阳也。以艮畜乾，又畜之大者也。莫大于天，而在山中，艮在上而止乾于下，皆蕴畜至大之象也。在人为学术道德充积于内，乃所畜之大也。凡所畜聚皆是。专言其大者，人之蕴畜，宜得正道，故云"利贞"。若夫异端偏学，所聚至多，而不正者固有矣。既道德充积于内，宜在上位，以享天禄，施为于天下，则不独于一身之吉，天下之吉也。若穷处而自食于家，道之否也。故"不家食"则"吉"。所畜既大，宜施之于时，济天下之艰险，乃大畜之用也。故"利涉大川"。此只据大畜之义而言，《象》更以卦之才德而言，诸爻则唯有止畜之义。盖《易》体道随宜，取明且近者。

《彖》曰：大畜，刚健笃实辉光，日新其德。

"畜"有三义：以蕴畜言之，畜德也。以畜养言之，畜贤也。以畜止言之，畜健也。"刚健笃实辉光，日新其德"，此蕴蓄之大者。"养贤"以及万民，此畜养之大者。乾天下之至健，而四五能畜之，此畜止之大者。故《象传》兼此三者言之，以卦之才德而言也。乾体刚健，艮体笃实，人之才"刚健笃实"，则所畜能大。充实而有"辉光"，畜之不已，则"其德""日新"也。

刚上而尚贤，能止健，大正也。

"刚上"，阳居上也。阳刚居尊位之上，为"尚贤"之义。止居健上，为能"止健"之义。止乎健者，非大正则安能？以刚阳在上，与尊尚贤德，能止至健，皆"大正"之道也。

不家食吉，养贤也。

"养贤"者，亦取"尚贤"之象。自刚上而言，则谓之"尚贤"，所以尽其礼也。

自"不家食"而言，则谓之"养贤"，所以重其禄也。

利涉大川，应乎天也。

大畜之人，所宜施其所畜，以济天下，故不食于家则吉，谓居天位享天禄也。国家养贤，贤者得行其道也。"利涉大川"，谓大有蕴畜之人，宜济天下之艰险也。《象》更发明卦才云，所谓能涉大川者，以"应乎天"也。六五，君也。下应乾之中爻，乃大畜之君。应乾而行也。所以能"应乎天"，无艰险之不可济，况其它乎？

《象》曰：天在山中，大畜。君子以多识前言往行，以畜其德。

"天在山中"，不必实有是事，但以其象言之耳。天为至大而在山之中，所畜至大之象。君子观象以大其蕴畜，人之蕴畜，由学而大，在多闻前古圣贤之言与行，考迹以观其用，察言以求其心，识而得之，以畜成其德，乃大畜之义也。

初九　有厉。利已。

大畜，艮止畜乾也。故乾三爻皆取被止为义，艮三爻皆取止之为义。初以阳刚，又健体而居下，必上进者也。六四在上，畜止于己，安能敌在上得位之势？若犯之而进，则有危厉，故利在已而不进也。在他卦，则四与初为正应，相援者也。在大畜，则相应乃为相止畜。上与三皆阳，则为合志。盖阳皆上进之物，故有同志之象，则无相止之义。乾之三阳，为艮所止，故内外之卦各取其义。初九为六四所止，故其占往则有危，而利于止也。

《象》曰：有厉利已，不犯灾也。

有危则宜已，不可犯灾危而行也。不度其势而进，有灾必矣。

九二　舆说輹。

二为六五所畜止，势不可进也。五据在上之势，岂可犯也？二虽刚健之体，然其处得中道，故进止无失。虽志于进，度其势之不可，则止而不行，如车舆说去轮輹，谓不行也。

《象》曰：舆说輹，中无尤也。

"舆说輹"而不行者，盖其处得中道，动不失宜，故无过尤也。善莫善于刚中，柔中者，不至于过柔耳；刚中，中而才也。初九处不得中，故戒以有危宜已，二得中，进止自无过差，故但言"舆说輹"，谓其能不行也。不行则无尤矣。初与二，乾体刚健而不足以进，四与五，阴柔而能止，时之盛衰，势之强弱，学《易》者所宜深识也。

九三　良马逐。利艰贞。日闲舆卫。利有攸往。

九三纯乾，故为"良马"。三刚健之极，而上九之阳，亦上进之物，又处畜之极而思变也。与三乃不相畜而志同，相应以进者也。三以刚健之才，而在上者与合志而进，其进如良马之驰逐，言其速也。虽其进之势速，不可恃其才之健与上之应，而忘备与慎也。故宜艰难其事，而由贞正之道。舆者用行之物，卫者所以自防。当自日常闲习其车舆，与其防卫，则利有攸往矣。三乾体而居正，能贞者也。当其锐进，故戒以知难，与不失其贞也。志既锐于进，虽刚明有时而失，不得不戒也。

《象》曰：利有攸往，上合志也。

所以"利有攸往"者，以与在上者合志也。上九阳性上进，且畜已极，故不下畜三，而与合志上进也。

六四　童牛之牿。元吉。

"童"者，未角之称。"牿"，施横木于牛角以防其触，《诗》所谓"楅衡"者也。止之于未角之时，为力则易，大善之吉也，故其象占如此。《学记》曰：禁于未发之谓豫。正此意也。以位而言，则四下应于初，畜初者也。初居最下，阳之微者，微而畜之则易制，犹"童牛"而加牿，大善而"吉"也。概论畜道，则四艮体，居上位而得正，是以正德居大臣之位，当畜之任者也。大臣之任，上畜止人君之邪心，下畜止天下之恶人。人之恶，止于初则易，既盛而后禁，则扞格而难胜。故上之恶既甚，则虽圣人救之，不能免违拂。下之恶既甚，则虽圣人治之，不能免刑戮。莫若止之于初，如"童牛"而加牿，则"元吉"也。牛之性觝触以角，故牿以制之。若童犊始角而加之以牿，使觝触之性不发，则易而无伤。以况六四能畜止上下之恶于未发之前，则大善之吉也。

《象》曰：六四元吉，有喜也。

天下之恶已盛而止之，则上劳于禁制，而下伤于刑诛，故畜止于微小之前，则大善而吉，不劳而无伤，故可喜也。四之畜初是也。上畜亦然。

六五　豮豕之牙。吉。

六五居君位，止畜天下之邪恶。夫以亿兆之众，发其邪欲之心，人君欲力以制之，虽密法严刑，不能胜也。夫物有总摄，事有机会，圣人操得其要，则视亿兆之心犹一心，道之斯行，止之则戢，故不劳而治，其用若豮豕之牙也。"豕"，刚躁之物，而牙为猛利，若强制其牙，则用力劳而不能止其躁猛，虽縶之维之，不能使之变也。若豮去其势，则牙虽存而刚躁自止。其用如此，所以"吉"也。君子法豮豕之义，知天下之恶，不可以力制也。则察其机，持其要，塞绝其本原，故不假刑法严峻而恶自止也。且如止盗，民有欲心，见利则动，苟不知教而迫于饥寒，虽刑杀日施，其能胜亿兆利欲之心乎？圣人则知所以止之之道，不尚威刑，而修政教，使之有农桑之业，知廉耻之道，虽赏之不窃矣。故止恶之道，在知其本，得其要而已。不严刑于彼，而修政于此，是犹患豕牙之利，不制其牙而豮其势也。

《象》曰：六五之吉，有庆也。

六四六五，皆以柔畜刚，止健者也。牛之刚健在角，豕之刚健在牙。初九居健之始，其健未著，若童牛然。禁于未发，以牿闲之，及其长也。无所用其健，岂特不暴而已。安于驯柔，可驾而服，故有喜也。九二居健之中，其健已具，若豕之牙，渐不可制。六五居尊守中，能以柔道杀其刚暴之气，若豮豕然，其牙虽刚，莫之能暴，可以养畜而无虞，故"有庆也"。

上九　何天之衢。亨。

"天之衢亨"，误加何字。事极则反，理之常也。故畜极而"亨"。小畜畜之小，故极而成。大畜畜之大，故极而散。极既当变，又阳性上行，故遂散也。天衢，天路也。谓空虚之中，云气飞鸟往来，故谓之天衢。天衢之亨，谓其亨通旷阔，无有蔽阻也。在畜道则变矣，变而亨，非畜道之亨也。

《象》曰：何天之衢，道大行也。

何以谓之天衢，以其无止碍，道路大通行也。以天衢非常语，故《象》特设问曰：何谓天之衢？以道路大通行，取空豁之状也。以《象》有"何"字，故爻下亦误加之。

颐卦第二十七

（震下艮上）颐 ䷚ 贞吉。观颐。自求口实。

"颐"，口旁也。口食物以自养，故为养义。为卦上下二阳，内含四阴，外实内虚，上止下动，为颐之象，养之义。"贞吉"者，占者得正则吉。"观颐"，谓以其所养之道。"自求口实"，谓观其所以养身之术，皆得正则吉也。颐之道，以正则吉也。人之养身、养德、养人、养于人，皆以正道则吉也。天地造化，养育万物，各得其宜者，亦正而已矣。"观颐，自求口实"，观人之所颐，与其自求口实之道，则善恶吉凶可见矣。

《彖》曰：颐，贞吉，养正则吉也。观颐，观其所养也。

"贞吉"，所养者正则吉也。"所养"，谓所养之人，与养之之道。"自求口实"，谓其自求养身之道，皆以正则吉也。古之观人，每每观其所养。而所养之大小，则必以其所"自养"者观之。夫重道义之养而略口体，此养之大者也。急口体之养而轻道义，此养之小者也。养其大体，则为大人。养其小体，则为小人。天之赋予，初无小大之别。而人之所养各殊，则其所成就者亦异。

自求口实，观其自养也。天地养万物，圣人养贤以及万民，颐之时大矣哉！

圣人极言颐之道而赞其大。天地之道，则养育万物。养育万物之道，正而已矣。圣人作养贤才，与之共天位，使之食天禄，俾施泽于天下，养贤以及万民也。"养贤"，所以养万民也。夫天地之中，品物之众，非养则不生。圣人裁成天地之道，辅相天地之宜，以养天下，至于鸟兽草木，皆有养之之政。其道配天地，故夫子推颐之道，赞天地与圣人之功，曰"颐之时大矣哉"！或云"义"，或云"用"，或止云"时"，以其大者也。万物之生与养时为大，故云"时"。

《象》曰：山下有雷，颐。君子以慎言语，节饮食。

以二体言之，山下有雷，雷震于山下，山之生物，皆动其根荄，发其萌芽，为养之象；以上下之义言之，艮止而震动，上止下动，颐颔之象；以卦形言之，上下二阳，中含四阴，外实中虚，颐口之象。口所以养身也。故君子观其象以养其身，"慎言语"

以养其德，"节饮食"以养其体，不唯就口取养义，事之至近而所系至大者，莫过于言语饮食也。在身为言语，于天下则凡命令政教，出于身者皆是，慎之则必当而无失。在身为饮食，于天下则凡货资财用，养于人者皆是。节之则适宜而无伤，推养之道，养德养天下，莫不然也。

初九　舍尔灵龟。观我朵颐。凶。

"灵龟"，不食之物。"朵"，垂也。"朵颐"，欲食之貌。初九阳刚在下，足以不食，乃上应六四之阴，而动于欲，"凶"之道也。故其象占如此。蒙之初六，蒙者也。爻乃主"发蒙"而言；颐之初九，亦假外而言。"尔"，谓初也。"舍尔"之"灵龟"，乃"观我"而"朵颐"，"我"对尔而设。初之所以"朵颐"者，四也。然非四谓之也。假设之辞耳。九阳体刚明，其才智足以养正者也。龟能咽息不食，"灵龟"，喻其明智，而可以不求养于外也。才虽如是，然以阳居动体，而在颐之时。求颐，人所欲也。上应于四，不能自守，志在上行，说所欲而朵颐者也。心既动，则其自失必矣。迷欲而失己，以阳而从阴，则何所不至？是以凶也。"朵颐"，为朵动其颐颔，人见食而欲之，则动颐垂涎，故以为象。

《象》曰：观我朵颐，亦不足贵也。

九动体，"朵颐"，谓其说阴而志动，既为欲所动，则虽有刚健明智之才，终必自失，故其才"亦不足贵也"。人之贵乎刚者，为其能立而不屈于欲也。贵乎明者，为其能照而不失于正也。既惑所欲而失其正，何则明之有？为可贱也。

六二　颠颐。拂经于丘。颐征凶。

求养于初，则颠倒而违于常理；求养于上，则往而得凶。"丘"，土之高者，上之象也。女不能自处，必从男；阴不能独立，必从阳。二阴柔不能自养，待养于人者也。天子养天下，诸侯养一国，臣食君上之禄，民赖司牧之养，皆以上养下，理之正也。二既不能自养，必求养于刚阳，若反下求于初，则为颠倒，故云"颠颐。"颠则拂违经常，不可行也。若求养于丘，则往必有"凶"。丘在外而高之物，谓上九也。卦止二阳，既不可颠颐于初，若求颐于上九，往则有"凶"。在颐之时，相应则相养者也。上非其应而往求养，非道妄动，是以凶也。"颠颐"则"拂经"，不获其养尔；妄求于上，往则得"凶"也。今有人，才不足以自养，见在上者势力足以养人，非其族类，妄往求之，取辱得凶必矣。六二中正，在他卦多吉，而凶，何也？曰：时然也。阴柔既不足以自养，初上二爻，皆非其与，故往求则悖理而得"凶"也。

《象》曰：六二征凶，行失类也。

初上皆非其类也。征而从上则凶者，非其类故也。往求而失其类，得凶宜矣。行，往也。

六三 拂颐。贞凶。十年勿用。无攸利。

颐之道唯正则吉，三以阴柔之质，而处不中正，又在动之极，是柔邪不正而动者也。其养如此，拂违于颐之正道，是以"凶"也。得颐之正，则所养皆吉。求养养人，则合于义。自养，则成其德。三乃拂违正道，故戒以"十年勿用"。十，数之终，谓终不可用，无所往而利也。阴柔不中正，以处动极，拂于颐矣。既拂于颐，虽正亦凶，故其象占如此。

《象》曰：十年勿用，道大悖也。

所以戒终不可用，以其所由之道，大悖义理也。

六四 颠颐。吉。虎视眈眈。其欲逐逐。无咎。

柔居上而得正，所应又正，而赖其养以施于下，故虽颠而吉。"虎视眈眈"，下而专也。"其欲逐逐"，求而继也。又能如是，则"无咎"矣。四在人上，大臣之位。六以阴居之，阴柔不足以自养，况养天下乎？初九以刚阳居下，在下之贤也。与四为应，四又柔顺而正，是能顺于初，赖初之养也。以上养下则为顺，今反求下之养，颠倒也。故曰"颠颐"。然己不胜其任，求在下之贤而顺从之，以济其事，则天下得其养，而己无旷败之咎，故为"吉"也。夫居上位者，必有才德威望，为下民所尊畏，则事行而众心服从。若或下易其上，则政出而人违，刑施而怨起，轻于陵犯，乱之由也。六四虽能顺从刚阳，不废厥职，然质本阴柔，赖人以济，人之所轻，故必养其威严，"眈眈"然如"虎视"，则能重其体貌，下不敢易。又从于人者必有常。若间或无继，则其政败矣。"其欲"，谓所须用者。必逐逐相继而不乏，则其事可济。若取于人而无继，则困穷矣。既有威严，又所施不穷，故能"无咎"也。二"颠颐"则"拂经"，四则吉，何也？曰：二在上而反求养于下，下非其应类，故为"拂经"。四则居上位，以贵下贱，使在下之贤，由己以行其道，上下之志相应而施于民，何吉如之？自三以下，养口体者也。四以上，养德义者也。以君而资养于臣，以上位而赖养于下，皆养德也。

《象》曰：颠颐之吉，上施光也。

颠倒求养而所以吉者，盖得刚阳之应以济其事，致己居上之德施，光明被于天下，吉孰大焉。

六五 拂经。居贞吉。不可涉大川。

六五，颐之时居君位，养天下者也。然其阴柔之质，才不足以养天下，上有刚阳之贤，故顺从之，赖以养己以济天下。君者养人者也。反赖人之养，是违拂于经常。既以己之不足，而顺从于贤师傅。上，师傅之位也。必居守贞固，笃于委信，则能辅翼其身，泽及天下，故"吉"也。阴柔之质，无贞刚之性，故戒以能居贞则吉。以阴柔之才，虽倚赖刚贤，能持循于平时，不可处艰难变故之际，故云"不可涉大川"也。以成王之才，不至甚柔弱也。当管蔡之乱，几不保于周公，况其下者乎？故《书》曰：王亦未敢诮公，赖二公得终信。故艰险之际，非刚明之主，不可恃也。不得已而济艰险者，则有矣。发此义者，所以深戒于为君也。于上九则据为臣致身尽忠之道言，故不同也。

《象》曰：居贞之吉，顺以从上也。

"居贞之吉"者，谓能坚固顺从于上九之贤，以养天下也。

上九 由颐。厉吉。利涉大川。

豫九四曰"由豫"者，即"由颐"之谓也。"由豫"在四，犹下于五也。而已有可疑之迹。"由颐"在上，则过中而嫌于不安，故"厉"。上九以刚阳之德，居师傅之任，六五之君，柔顺而从于己，赖己之养，是当天下之任，天下由之以养也。以人臣而当是任，必常怀危厉则吉也。如伊尹、周公，何尝不忧勤兢畏，故得终吉。夫以君之才不足，而倚赖于己，身当天下大任，宜竭其才力，济天下之艰危，成天下之治安，故曰"利涉大川"。得君如此之专，受任如此之重，苟之济天下艰危，何足称委遇而谓之贤乎？当尽诚竭力而不顾虑，然惕厉则不可忘也。

《象》曰：由颐厉吉，大有庆也。

若上九之当大任如是，能兢畏如是，天下被其德泽，是大有福庆也。

大过卦第二十八

（巽下兑上） ䷛ 大过 栋桡。利有攸往。亨。

小过，阴过于上下。大过，阳过于中。阳过于中而上下弱矣，故为"栋桡"之象。栋取其胜重，四阳聚于中，可谓重矣。九三九四皆取栋象，谓任重也。桡，取其本末弱，中强而本末弱，是以桡也。阴弱而阳强，君子盛而小人衰，故利有攸往而亨也。"大"，阳也。四阳居中过盛，故为大过。上下二阴不胜其重，故有"栋桡"之象。又以四阳虽过，而二五得中，内巽外兑，有可行之道，故利有所往而得"亨"也。

《彖》曰：大过，大者过也。

大者过，谓阳过也。在事为事之大者过，与其过之大。以卦体释卦名义。

栋桡，本末弱也。

"本"，谓初。"末"，谓上。"弱"，谓阴柔。谓上下二阴衰弱，阳盛则阴衰，故为大者过。在小过则曰"小者过"，阴过也。复以卦体释卦辞。

刚过而中，巽而说行。利有攸往，乃亨。

言卦才之善也。刚虽过而二五皆得中，是处不失中道也。下巽上兑，是以巽顺和说之道而行也。在大过之时，以中道巽说而行，故"利有攸往"，乃所以能"亨"也。又以卦体卦德释卦辞。

大过之时大矣哉！

大过之时，其事甚大，故赞之曰"大矣哉！"如立非常之大事，兴不世之大功，成绝俗之大德，皆大过之事也。

《象》曰：泽灭木，大过。君子以独立不惧，遁世无闷。

"泽"，润养于木者也。乃至灭没于木，则过甚矣，故为大过。"泽灭于木"，大过之象也。不惧无闷，大过之行也。君子观大过之象，以立其大过人之行，君子所以大过人者，以其能独立不惧，遁世无闷也。天下非之而不顾，"独立不惧"也。举世不见知而不悔，"遁世无闷"也。如此然后能自守，所以为大过人也。

初六　藉用白茅。无咎。

"白茅"，物之洁者。

当大过之时，以阴柔居巽下，过于畏慎而"无咎"者也。故其象占如此。初以阴柔巽体而处下，过于畏慎者也。以柔在下，用茅藉物之象，不错诸地而藉以茅，过于慎也。是以"无咎"。茅之为物虽薄，而用可重者，以用之能成敬慎之道也。慎守斯术而行，岂有失乎？大过之用也。《系辞》云："苟错诸地而可矣，藉之用茅，何咎之有？慎之至也。夫茅之为物薄，而用可重也。慎斯术也以往，其无所失矣。"言敬慎之至也。茅虽至薄之物，然用之可甚重。以之藉荐，则为重慎之道，是用之重也。人之过于敬慎，为之非难，而可以保其安而无过。苟能慎斯道，推而行之于事，其无所失矣。

《象》曰：藉用白茅，柔在下也。

以卦象论之，初与四应而在下，初者四之本也。本弱而藉茅，则敬慎之至以善处者，故四之栋不至于倾也。

九二　枯杨生稊。老夫得其女妻。无不利。

阳过之始，而比初阴，故其象占如此。"稊"，根也。荣于下者也。荣于下则生于上矣。夫虽老而得女妻，犹能成生育之功也。阳之大过，比阴则合，故二与五，皆有生象。九二当大过之初，得中而居柔，与初密比而相与。初既切比于二，二复无应于上，其相与可知。是刚过之人，而能以中自处，用柔相济者也。过刚则不能有所为，九三是也。得中用柔，则能成大过之功，九二是也。杨者，阳气易感之物，阳过则枯矣。杨枯槁而复生稊，阳过而未至于极也。九二阳过而与初，老夫得女妻之象。老夫而得女妻，则能成生育之功。二得中居柔而与初，故能复生稊，而无过极之失，无所不利也。在大过阳爻居阴则善，二与四是也。二不言吉，方言无所不利，未遽至吉也。"稊"，根也。刘琨《劝进表》云：生繁华于枯荑，谓枯根也。郑康成《易》亦作荑字，与稊同。

《象》曰：老夫女妻，过以相与也。

老夫之说少女，少女之顺老夫，其相与过于常分，谓九二初六阴阳相与之和，过于常也。

九三　栋桡。凶。

三四二爻，居卦之中，栋之象也。九三以刚居刚，不胜其重，故象桡而占"凶"。夫居大过之时，兴大过之功，立大过之事，非刚柔得中，取于人以自辅，则不能也。既过于刚强，则不能与人同。常常之功，尚不能独立，况大过之事乎！以圣人之才，虽小事必取于人，当天下之大任，则可知矣。九三以大过之阳，复以刚自居而不得中，刚过之甚者也。以过甚之刚，动则远于中和，而拂于众心，安能当大过之任乎？故不胜其任。如栋之桡，倾败其室，是以凶也。取栋为象者，以其无辅而不能胜重任也。或曰：三巽体而应于上，岂无用柔之象乎？曰：言《易》者贵乎识势之重轻，时之变易。三居过而用刚，巽既终而且变，岂复有用柔之义？应者谓志相从也。三方过刚，上能系其志乎？

《象》曰：栋桡之凶，不可以有辅也。

栋居中而众材辅之者也。九三以刚居刚，过而不中也。刚过而不中则不可以有辅，此栋之所以桡也。刚强之过，则不能取于人，人亦不能亲辅之，如"栋桡"折，不可支辅也。栋当室之中，不可加助，是"不可以有辅也"。

九四　栋隆。吉。有它吝。

四居近君之位，当大过之任者也。居柔为能用柔相济，既不过刚，则能胜其任，加栋之隆起，是以吉也。隆起，取不下桡之义。大过之时，非阳刚不能济，以刚处柔为得宜矣。若又与初六之阴相应，则过也。既刚柔得宜，而志复应阴，是有它也。有它则有累于刚，虽未至于大害，亦可吝也。盖大过之时，动则过也。有它，谓更有他志。吝为不足之义，谓可少也。或曰：二比初则无不利，四若应初则为吝，何也？曰：二得中而比于初，为以柔相济之义；四与初为正应，志相系者也。九既居四，刚柔得宜矣，复牵系于阴以害其刚，则可吝也。

《象》曰：栋隆之吉，不桡乎下也。

"栋隆"起则吉，不桡曲以就下也。谓不下系于初也。

九五　枯杨生华。老妇得其士夫。无咎无誉。

"生稊"则生机方长，"生华"则泄且竭矣。二所与者初，初，本也。又巽之主爻，为木、为长、为高；木已过而复芽，又长且高，故有往亨之理。五所与者上，上末也。

又兑之主爻，为毁折，为附决，皆非木之所宜；木已过而生华，又毁且折，理无久生已。九五当大过之时，本以中正居尊位，然下无应助，固不能成大过之功。而上比过极之阴，其所相济者，如枯杨之生华。枯杨下生根稊，则能复生，如大过之阳，兴成事功也。上生华秀，虽有所发，无益于枯也。上六过极之阴，老妇也。五虽非少，比老妇则为壮矣，于五无所赖也。故反称妇得。过极之阴，得阳之相济，不为无益也。以士夫而得老妇，虽无罪咎，殊非美也。故云"无咎""无誉"，《象》复言其可丑也。

《象》曰：枯杨生华，何可久也。老妇士夫，亦可丑也。

枯杨不生根而生华，旋复枯矣，安能久乎！老妇而得士夫，岂能成生育之功，亦为可丑也。

上六　过涉灭顶。凶。无咎。

处过极之地，才弱不足以济，然于义为"无咎"矣。盖杀身成仁之事，故其象占如此。上六以阴柔处过极，是小人过常之极者也。小人之所谓大过，非能为大过人之事也。直过常越理，不恤危亡，履险蹈祸而已，如过涉于水，至灭没其顶，其"凶"可知。小人狂躁以自祸，盖其宜也。复将何尤？故曰"无咎"，言自为之，无所怨咎也。因泽之象而取涉义。

《象》曰：过涉之凶，不可咎也。

过涉至于"灭顶"，将有所救也。势不可救，而徒犯其害，故凶。然其义则"不可咎也"。

坎卦第二十九

（坎下坎上）䷜　习坎　有孚。维心亨。行有尚。

习，重习也。坎，险陷也。坎是险陷之名，习者便习之义。险难之事，非经便习，不可以行。故须便习于坎，事乃得用，故云"习坎"也。案诸卦之名，皆于卦上不加其字。此坎卦之名特加习者，以坎为险难，故特加习名。其象为水，阳陷阴中，外虚而中实也。此卦上下皆坎，是为重险。中实为有孚心亨之象，以是而行，必有功矣，故其占如此。阳实在中，为中有孚信。"维心亨"，维其心诚一，故能亨通。至诚可以通金石，蹈水火，何险难之不可亨也？行有尚，谓以诚一而行，则能出险，有可嘉尚，谓有功也。不行则常在险中矣。六十四卦，独于坎卦指出心以示人，可见心在身中，真如一阳陷于二阴之内，所谓"道心惟微"者此也。

《彖》曰：习坎，重险也。

释"习坎"之义。"险"，难也。若险难不重，不须便习。今险难既重，是险之甚者。若不便习，不可济也。故云：习坎者，习重险也。

水流而不盈，行险而不失其信。

"习坎"者，谓重险也。上下皆坎，两险相重也。初六云"坎陷"，是坎中之坎，重险也。"水流而不盈"，阳动于险中而未出于险，乃水性之流行，而未盈于坎，既盈则出乎坎矣。"行险而不失其信"，阳刚中实，居险之中，行险而不失其信者也。坎中实，水就下，皆为信义，"有孚"也。以卦象释"有孚"之义，言内实而行有常也。

维心亨，乃以刚中也。行有尚，往有功也。

维其心可以亨通者，乃以其刚中也。中实为"有孚"之象，至诚之道，何所不通。以刚中之道而行，则可以济险难而亨通也。以其刚中之才而往，则有功，故可嘉尚。若止而不行，则常在险中矣。坎以能行为功。

天险不可升也。地险山川丘陵也。王公设险以守其国，险之时用大矣哉。

高不可升者，天之险也。山川丘陵，地之险也。王公，君人者，观坎之象，知险之不可陵也。故设为城郭沟池之险，以守其国，保其民人。是有用险之时，其用甚大，故赞其"大矣哉！"山河城池，设险之大端也。若夫尊卑之辨，贵贱之分。明等威，异物采，凡所以杜绝陵僭限隔上下者，皆体险之用也。

《象》曰：水洊至，习坎。君子以常德行，习教事。

坎为水，水流仍洊而至。两坎相习，水流仍洊之象也。水自涓滴，至于寻丈，至于江海，洊习而不骤者也。其因势就下，信而有常，故君子观坎水之象，取其有常，则常久其德行。人之德行不常，则伪也。故当如水之有常，取其洊习相受，则以习熟其教令之事。夫发政行教，必使民熟于闻听，然后能从，故三令五申之，若骤告未喻，遽责其从，虽严刑以驱之，不能也。故当如水之洊习。

初六　习坎。入于坎窞。凶。

初以阴柔居坎险之下，柔弱无援，而处不得当，非能出乎险也。唯益陷于深险耳。"窞"，坎中之陷处。已在"习坎"中，更入坎窞，其"凶"可知。阴居重坎下，迷不知复，以习于恶，故"凶"，失正道也。《传》曰"小人行险以侥幸"，初六之谓。

《象》曰：习坎入坎，失道凶也。

由习坎而更入坎窞，失道也。是以凶。能出于险，乃不失道也。君子处险，当以正道，乃可出险。初六不正，不能出险，失道而凶也。

九二　坎有险。求小得。

二当坎险之时，陷上下二阴之中，乃至险之地，是"有险"也。然其刚中之才，虽未能出乎险中，亦可小自济，不至如初益陷入于深险，是所"求小得"也。君子处险难而能自保者，刚中而已。刚则才足自卫，中则动不失宜。处重险之中，未能自出，故为"有险"之象。然刚而得中，故其占可以"求小得"也。

《象》曰：求小得，未出中也。

君子不为险困者，非能遽出于险之外也。但能心安于险之中而已。人在险中，思旦夕出于险者，求其大得，君子第从其小者而求之，所谓"有孚"、"心亨"者以此。

六三　来之坎坎。险且枕。入于坎窞。勿用。

"枕"，谓支倚，倚著未安之意。居险而支倚以处，不安之甚也。所处如此，唯益入于深险耳，故云"入于坎窞"。六三在坎险之时，以阴柔而居不中正，其处不善，进退与居皆不可者也。来下则入于险之中，之上则重险也。退来与进之皆险，故云"来之坎坎"。既进退皆险，而居亦险。如三所处之道，不可用也。故戒"勿用"。以阴柔不中正，而履重险之间，来往皆险，前险而后枕，其陷益深，不可用也。故其象占如此。

《象》曰：来之坎坎，终无功也。

进退皆险，处又不安，若用此道，当益入于险，终岂能有功乎？以阴柔处不中正，虽平易之地，尚致悔吝，况处险乎！险者人之所欲出也。必得其道，乃能去之，求去而失其道，益困穷耳，故圣人戒如三所处，不可用也。

六四　樽酒簋贰。用缶。纳约自牖。终无咎。

贰，益之也。《周礼》，大祭三贰，弟子职，左执虚豆，右执挟匕，周旋而贰，是也。九五尊位，六四近之，在险之时，刚柔相际，故有但用薄礼，益以诚心，进结"自牖"之象。牖非所由之正，而室之所以受明也。始虽艰阻，终得"无咎"，故其占如此。六四阴柔而下无助，非能济天下之险者，以其在高位，故言为臣处险之道。大臣当险难之时，唯至诚见信于君，其交固而不可间，又能开明君心，则可保"无咎"矣。夫欲上之笃信，唯当尽其质实而已。多仪而尚饰，莫如燕享之礼，故以燕享喻之。言当不尚浮饰，唯以质实，所用一樽之酒，二簋之食，复以瓦缶为器，质之至也。其质实如此，又须纳约自牖。"纳约"谓进结于君之道。牖开通之义。室之暗也。故设牖所以通明。"自牖"，言自通明之处，以况君心所明处。人臣以忠信善道结于君心，必自其所明处乃能入也。人心有所蔽，有所通。所蔽者，暗处也。所通者，明处也。当就其明处而告之，求信则易也。故云"纳约自牖"。能如是，则虽艰险之时，终得无咎也。且如君心蔽于荒乐，唯其蔽也故尔，虽力诋其荒乐之非，如其不省何？必于所不蔽之事，推而及之，则能悟其心矣。自古能谏其君者，未有不因其所明也。故讦直强劲者，率多取忤，而温厚明辩者，其说多行。且如汉祖爱戚姬，将易太子，是其所蔽也。群臣争之者多矣，嫡庶之义，长幼之序，非不明也。如其蔽而不察何？四老者，高祖素知其贤而重之，此其不蔽之明心也。故因其所明而及其事，则悟之如反手。且四老人之力，孰与张良群公卿及天下之士？其言之切，孰与周昌、叔孙通？然而不从彼而从此者，由攻其蔽与就其明之异耳。又如赵王太后爱其少子长安君，不肯使质于齐，此其蔽于私爱也。大臣谏之虽强，既曰蔽矣，其能听乎？爱其子而欲使之长久富贵者，其心之所明也。故左师触龙因其明而导之以长久之计，故其听也如响。非唯告于君者如此，为教者亦然。夫教必就人之所长，所长者，心之所明也。从其心之所明而入，然后推及其余，孟子所谓成德达才是也。

《象》曰：樽酒簋贰，刚柔际也。

《象》只举首句，如此比多矣，"樽酒簋贰"，质实之至，刚柔相际接之，道能如此，则可终保无咎，君臣之交，能固而常者，在诚实而已。"刚柔"，指四与五，谓君臣之交际也。

九五　坎不盈。衹既平。无咎。

九五在坎之中，是"不盈"也。盈则平而出矣。"衹"，宜音柢，抵也。复卦云："无衹悔"，必抵于已平则"无咎"。既曰"不盈"，则是未平而尚在险中，未得"无咎"也。以九五刚中之才居尊位，宜可以济于险，然下无助也。二陷于险中未能出，余皆阴柔无济险之才。人君虽才，安能独济天下之险？居君位而不能致天下出于险，则为有咎，必"衹既平"乃得"无咎"。

《象》曰：坎不盈，中未大也。

水流而不盈，谓不止也。坎不盈，谓不满也。不止故有孚，不满故"中未大"，凡物盈则止，水盈则愈行，故坎有时而盈，水无时而盈也。九五刚中之才，而得尊位，当济天下之险难，而坎尚不盈，乃未能平乎险难，是其刚中之道，未光大也。险难之时，非君臣协力，其能济乎！五之道未大，以无臣也。人君之道，不能济天下之险难，则为未大，不称其位也。

上六　系用徽纆。寘于丛棘。三岁不得。凶。

棘，多刺而丛生，今之所谓酸枣也。上六以阴柔而居险之极，其陷之深者也。以其陷之深，取牢狱为喻，如系缚之以"徽纆"，囚"寘于丛棘"之中，阴柔而陷之深，其不能出矣。故云至于三岁之久，不得免也。其"凶"可知。

《象》曰：上六失道，凶三岁也。

以阴柔而自处极险之地，是其"失道"也。故其凶至于"三岁"也。"三岁"之久而不得免焉，终凶之辞也。言久有曰十，有曰三，随其事也。陷于狱，至于"三岁"，久之极也。它卦以年数言者，亦各以其事。如"三岁不兴"、"十年乃字"是也。

离卦第三十

（离下离上）䷝　离　利贞。亨。畜牝牛。吉。

"离"，丽也。阴丽于阳，其象为火，体阴而用阳也。物之所丽，贵乎得正。"牝牛"，柔顺之物也。故占者能正则"亨"，而"畜牝牛"则"吉"也。万物莫不皆有所丽，有形则有丽矣。在人则为所亲附之人，所由之道，所主之事，皆其所丽也。人之所丽，利于贞正。得其正，则可以亨通。故曰"离利贞亨"。"畜牝牛吉"，牛之性顺而又牝焉，顺之至也。既附丽于正，必能顺于正道，如牝牛则吉也。"畜牝牛"，谓养其顺德。人之顺德，由养以成，既丽于正，当养习以成其顺德也。

《彖》曰：离，丽也。日月丽乎天，百谷草木丽乎土，重明以丽乎正，乃化成天下。

"离"，丽也。谓附丽也。如"日月则丽于天"，"百谷草木"则"丽于土"，万物莫不各有所丽。天地之中，无无丽之物。在人当审其所丽，丽得其正，则能"亨"也。"重明以丽乎正"，以卦才言也。上下皆离，重明也。五二皆处中正，"丽乎正"也。君臣上下，皆有明德而处中正，可以化天下成文明之俗也。

柔丽乎中正，故亨，是以畜牝牛吉也。

"重明以丽乎正"，此统论一卦之义，以释卦名也。"柔丽乎中正"，此以二五成卦之义释卦辞也。二五以柔顺丽于中正，所以能"亨"。人能养其至顺以丽中正，则吉，故曰"畜牝牛吉也"。或曰：二则中正矣，五以阴居阳，得为正乎？曰：离主于所丽，五中正之位，六丽于正位，乃为正也。学者知时义而不失轻重，则可以言易矣。

《象》曰：明两作，离。大人以继明照于四方。

"作"，起也。若云两明，则是二明，不见"继明"之义，故云"明两"，明而重两，谓相继也。作离，"明两"而为离，"继明"之义也。震巽之类，亦取洊随之义，然离之义尤重也。"大人"，以德言则圣人，以位言则王者，大人观离明相继之象，以世继其明德，照临于四方，大凡以明相继，皆继明也。举其大者，故以世袭继照言之。

初九　履错然。敬之。无咎。

阳固好动，又居下而离体。阳居下则欲进，离性炎上，志在上丽，几于躁动。其履错然，谓交错也。虽未进而迹已动矣，动则失居下之分而有咎也。然其刚明之才，若知其义而敬慎之，则不至于咎矣。初在下，无位者也。明其身之进退，乃所丽之道也。其志既动，不能敬慎，则妄动，是不明所丽，乃有咎也。以刚居下而处明体，志欲上进，故有"履错然"之象，"敬之"则"无咎"矣。戒占者宜如是也。

《象》曰：履错之敬，以辟咎也。

"敬以直内"，坤之德也。"履错之敬"，是体坤之德，所谓"畜牝牛吉"者也。咎不期远而自远，故曰"以辟咎也"。"履错"然欲动，而知敬慎不敢进，所以求辟免过咎也。居明而刚，故知而能"辟"，不刚明则妄动矣。

六二　黄离。元吉。

"黄"，中色。二居中得正，丽于中正也。"黄"，中之色，文之美也。文明中正，美之盛也。故云"黄离"。以文明中正之德，上同于文明中顺之君，其明如是，所丽如是，大善之"吉"也。柔离乎中而得其正，故其象占如此。

《象》曰：黄离元吉，得中道也。

所以"元吉"者，以其"得中道也"。不云"正"者，离以中为重，所以成文明由中也。正在其中矣。

九三　日昃之离。不鼓缶而歌。则大耋之嗟。凶。

初为日出，二为日中，三为日昃。八纯卦皆有二体之义，乾内外皆健，坤上下皆顺，震威震相继，巽上下顺随，坎重险相习，离二明继照，艮内外皆止，兑彼己相说，而离之义在人事最大。九三居下体之终，是前明将尽，后明当继之时。人之始终，时之革易也。故为"日昃之离"，日下昃之明也。昃则将没矣。以理言之，盛必有衰，始必有终，常道也。达者顺理为乐。"缶"，常用之器也。"鼓缶而歌"，乐其常也。不能如是，则以大耋为嗟忧，乃为"凶"也。"大耋"，倾没也。人之终尽，达者则知其常理，乐天而已。于常皆乐，如鼓缶而歌。不达者则恐恒有将尽之悲，乃"大耋之嗟"，为其"凶"也。此处死生之道也。"耋"，与"昳"同。

《象》曰：日昃之离，何可久也？

"日昃"，喻心德之昏也。心德明则常继，昏则不能以久。日既倾昃，明能久乎？明者知其然也。故求人以继其事，退处以休其身，安常处顺，何足以为凶也。

九四　突如其来如。焚如。死如。弃如。

九四离下体而升上体，继明之初，故言继承之义。在上而近君，继承之地也。以阳居离体而处四，刚躁而不中正，且重刚以不正。而刚盛之势，"突如"而来，非善继者也。夫善继者，必有巽让之诚，顺承之道，若舜、启然。今四"突如其来"，失善继之道也。又承六五阴柔之君，其刚盛陵烁之势，气焰如焚然，故曰"焚如"。四之所行不善如此，必被祸害，故曰"死如"。失继绍之义，承上之道，皆逆德也。众所弃绝，故云"弃如"。至于死弃，祸之极矣，故不假言凶也。

《象》曰：突如其来如，无所容也。

上陵其君，不顺所承，人恶众弃，天下所不容也。

六五 出涕沱若。戚嗟若。吉。

六五居尊位而守中，有文明之德，可谓善矣。然以柔居上，在下无助，独附丽于刚强之间，危惧之势也。唯其明也。故能畏惧之深，至于出涕；忧虑之深，至于"戚嗟"，所以能保其吉也。"出涕戚嗟"，极言其忧惧之深耳，时当然也。居尊位而文明，知忧畏如此，故得"吉"。若自恃其文明之德，与所丽中正，泰然不惧，则安能保其吉也？以阴居尊，柔丽乎中，然不得其正而迫于上下之阳，故忧惧如此，然后得"吉"。戒占者宜如是也。

《象》曰：六五之吉，离王公也。

六五之吉者，所丽得王公之正位也。据在上之势，而明察事理，畏惧忧虞以持之，所以能吉也。不然，岂能安乎？

上九 王用出征。有嘉折首。获匪其丑。无咎。

九以阳居上，在离之终，刚明之极者也。明则能照，刚则能断。能照足以察邪恶，能断足以行威刑。故王者宜用如是刚明，以辨天下之邪恶，而行其征伐，则有嘉美之功也。征伐，用刑之大者。夫明极则无微不照，断极则无所宽宥，不约之以中，则伤于严察矣。去天下之恶，若尽究其渐染讹误，则何可胜诛？所伤残亦甚矣。故但当折取其魁首，所执获者，非其丑类，则无残暴之咎也。《书》曰：歼厥渠魁，胁从罔治。刚明及远，威震而刑不滥，"无咎"之道也。故其象占如此。

《象》曰：王用出征，以正邦也。

王者用此上九之德，明照而刚断，以察除天下之恶，所以正治其邦国。刚明，居上之道也。

卷 五

周易下经

咸卦第三十一

（艮下兑上） ䷞ 咸 亨。利贞。取女吉。

"咸"，交感也。不曰感者，咸有皆义，男女交相感也。兑柔在上，艮刚在下，而交相感应。又艮止则感之专，兑说则应之至。又艮以少男下于兑之少女，男先于女，得男女之正，婚姻之时，故其卦为咸，其占"亨"而"利"正，"取女"则"吉"。盖感有必通之理，然不以正，则失其"亨"而所为皆凶矣。物之相感莫如男女，而少复甚焉。凡君臣上下以至万物，皆有相感之道。物之相感，则有亨通之理。君臣能相感，则君臣之道通。上下能相感，则上下之志通。以至父子夫妇亲戚朋友，皆情意相感，则和顺而亨通，事物皆然。故咸有"亨"之理也。"利贞"，相感之道，"利"在于正也。不以正，则入于恶矣。如夫妇之以淫姣，君臣之以媚说，上下之以邪僻，皆相感之不以正也。"取女吉"，以卦才言也。卦有柔上刚下，"二气感应相与，止而说，男下女"之义，以此义"取女"，则得正而"吉"也。

《彖》曰：咸，感也。

"咸"者感也。所以感者心也。无心者不能感，故"咸"加"心"而为"感"。有心于感者，亦不能咸感，故"感"去"心"而为"咸"。"咸"，皆也。唯无容心于感，然后无所不感，圣人以咸名卦，而《彖》以"感"释之，所以互明其旨也。卦以咸名，而《彖传》以"感"释其义者，圣人之微旨，欲明感物之无心也。万物本一，故一能合异，以其能合异，故谓之"感"。若非有异，则无合。天地乾坤，阴阳也。二端故有感，本一故能合。

柔上而刚下，二气感应以相与，止而说，男下女，是以亨

利贞取女吉也。

"咸"之义感也。在卦则柔爻上而刚爻下，柔上变刚而成兑，刚下变柔而成艮。阴阳相交，为男女交感之义。又兑女在上，艮男居下，亦柔上刚下也。阴阳二气相感相应而和合，是"相与"也。止而说，止于说为坚悫之意。艮止于下，笃诚相下也。兑说于上，和说相应也。以男下女，和之至也。相感之道如此，是以能亨通而得正。"取女"如是则"吉"也。卦才如此，大率感道利于正也。

天地感而万物化生，圣人感人心而天下和平。观其所感，而天地万物之情可见矣。

"寂然不动"，性也。"感而遂通"，情也。于其所感而观之，"而天地万物之情"，可得而见矣。能通天下之志者，为能感人心。圣人同乎人而无我，故和平天下，莫盛于感人心。既言男女相感之义，复推极感道，以尽天地之理，圣人之用。天地二气交感，而化生万物，圣人至诚以感亿兆之心，而天下和平。天下之心所以和平，由圣人感之也。观天地交感化生万物之理，与圣人感人心致和平之道，则"天地万物之情可见矣"。感通之理，知道者默而观之可也。天地万物虽异位，其气则一。圣人亿兆虽异势，其诚则一。观其所感，而其情可见者，感生于情也。情出于正，然后知感通之理。

《象》曰：山上有泽，咸。君子以虚受人。

泽性润下，土性受润，泽在山上，而其渐润通彻，是二物之气相感通也。君子观山泽通气之象，而虚其中以受于人，夫人中虚则能受，实则不能入矣。虚中者无我也。中无私主，则无感不通，以量而容之，择合而受之，非圣人有感必通之道也。

山高而降，泽下而升，山泽通气，咸之象也。山上有泽，以虚而通也。

初六 咸其拇。

"拇"，足大指也。"咸其拇"，辞意若曰"感以其拇也"，诸爻皆同。咸以人身取象，感于最下，"咸拇"之象也。人之相感，有浅深轻重之异。识其时势，则所处不失其宜矣。初六在下卦之下，与四相感，以微处初，其感未深，欲进未能，故不言吉凶。此卦虽主于感，然六爻皆宜静而不宜动，此即以虚受人之理。《大传》曰：寂然不动，感而遂通天下之故。程子曰：廓然而大公，物来而顺应。周子所谓主静，朱子所谓鉴空衡平，及先儒所谓无心之感者，皆谓此也。

《象》曰：咸其拇，志在外也。

初志之动，感于四也。故曰"在外"，志虽动而感未深，如拇之动，未足以进也。

六二　咸其腓。凶。居吉。

二以阴在下，与五为应，故设咸腓之戒。"腓"，足肚。行则先动，足乃举之，非如腓之自动也。二若不守道待上之求，而如腓之动，则躁妄自失，所以"凶"也。安其居而不动，以待上之求，则得进退之道而吉也。二中正之人，以其在咸而应五，故为此戒。复云"居吉"，若安其分不自动，则"吉"也。欲行则先自动，躁妄而不能固守者也。二当其处，又以阴柔不能固守，故取其象。然有中正之德，能居其所，故其占动"凶"而静"吉"也。

《象》曰：虽凶，居吉，顺不害也。

二居中得正，所应又中正，其才本善，以其在咸之时，质柔而上应，故戒以先动求君则凶，居以自守则吉。《象》复明之云，非戒之不得相感，唯顺理则不害，谓守道不先动也。

九三　咸其股。执其随。往吝。

九三以阳居刚，有刚阳之才，而为主于内。居下之上，是宜自得于正道以感于物，而乃应于上六，阳好上而说阴，上居感说之极，故三感而从之。"股"者，在身之下，足之上，不能自由，随身而动者也。故以为象。言九三不能自主，随物而动如股然。其所执守者，随于物也。刚阳之才，感于所说而随之，如此而往，可羞吝也。"执"者，主当持守之意。下二爻皆欲动者，三亦不能自守而随之，"往"则"吝"矣，故其象占如此。

《象》曰：咸其股，亦不处也。志在随人，所执下也。

云"亦"者，盖象辞本不与《易》相比，自作一处，故诸爻之象辞，意有相续者，此言"亦"者，承上爻辞也。上云"咸其拇志在外也"，"虽凶居吉顺不害也"，"咸其股亦不处也"。前二阴爻皆有感而动，三虽阳爻亦然，故云"亦不处也"。"不处"，谓动也。有刚阳之质，而不能自主，志反在于随人，是所操执者卑下之甚也。

九四　贞吉悔亡。憧憧往来。朋从尔思。

感者，人之动也。故皆就人身取象。拇取在下而动之微，腓取先动，股取其随。九四居股之上，脢之下，又当三阳之中，心之象，咸之主也。心之感物，当正而固，乃得其理。今九四乃以阳居阴，为失其正而不能固，故因占设戒，以为能正而固，则吉而"悔亡"。若"憧憧往来"，不能正固而累于私感，则但其朋类从之，不复能及远矣。九四无所取，直言感之道。不言咸其心，感乃心也。四在中而居上，当心之位，故为感之主。而言感之道，贞正则吉而悔亡。感不以正则有悔也。又四说体，居阴而应初，故戒于贞。感之道无所不通，有所私系，则害于感通，乃有悔也。圣人感天下之心，如寒暑雨旸，无不通，无不应者，亦贞而已矣。贞者，虚中无我之谓也。"憧憧往来，朋从尔思"，夫贞一则所感无不通。若往来憧憧然，用其私心以感物，则思之所及者有能感而动，所不及者不能感也。是其朋类则从其思也。以有系之私心，既主于一隅一事，岂能廓然无所不通乎？《系辞》曰："天下何思何虑？天下同归而殊涂，一致而百虑，天下何思何虑？"夫子因咸极论感通之道。夫以思虑之私心感物，所感狭矣。天下之理一也。涂虽殊而其归则同，虑虽百而其致则一。虽物有万殊，事有万变，统之以一，则无能违也。故贞其意，则穷天下无不感通焉，故曰"天下何思何虑"。用其思虑之私心，岂能无所不感也？"日往则月来，月往则日来，日月相推而明生焉。寒往则暑来，暑往则寒来，寒暑相推而岁成焉。往者屈也。来者信也。屈信相感而利生焉。"此以往来屈信明感应之理。屈则有信，信则有屈，所谓感应也。故日月相推而明生，寒暑相推而岁成，功用由是而成，故曰"屈信相感而利生焉"。感，动也。有感必有应，凡有动皆为感，感则必有应，所应复为感，感复有应，所以不已也。"尺蠖之屈，以求信也。龙蛇之蛰，以存身也。精义入神，以致用也。利用安身，以崇德也。过此以往，未之或知也。"前云屈信之理矣，复取物以明之。尺蠖之行，先屈而后信，盖不屈则无信，信而后有屈，观尺蠖则知感应之理矣。龙蛇之藏，所以存息其身，而后能奋迅也。不蛰则不能奋矣，动息相感，乃屈信也。君子潜心精微之义，入于神妙，所以致其用也。潜心精微，积也。致用，施也。积与施乃屈信也。"利用安身，以崇德也"，承上文致用而言，利其施用，安处其身，所以崇大其德业也。所为合理，则事正而身安，圣人能事，尽于此矣，故云："过此以往，未之或知也。穷神知化德之盛也。"既云"过此以往"，"未之或知"，更以此语终之，云穷极至神之妙，知化育之道，德之至盛也。无加于此矣。

《象》曰：贞吉悔亡，未感害也。憧憧往来，未光大也。

贞则吉而悔亡，未为私感所害也。系私应则害于感矣，"憧憧往来"，以私心相感，感之道狭矣，故云"未光大也"。

九五　咸其脢。无悔。

"脢"，背肉。在心上而相背，不能感物，而无私系，九五适当其处，故取其象，而戒占者以能如是，则虽不能感物，而亦可以"无悔"也。九居尊位，当以至诚感天下。而应二比上。若系二而说上，则偏私浅狭，非人君之道，岂能感天下乎？

《象》曰：咸其脢，志末也。

"末"，犹上也。五比于上，故"咸其脢，志末"者，谓五志感于上也。

上六　咸其辅颊舌。

上阴柔而说体，为说之主。又居感之极，是其欲感物之极也。故不能以至诚感物，而发见于口舌之间，小人女子之常态也。岂能动于人乎？不直云"口"，而云"辅颊舌"，亦犹今人谓口曰唇吻，曰颊舌也。"辅颊舌"，皆所用以言也。上六以阴居说之终，处感之极，感人以言，而无其实，又兑为口舌，故其象如此，凶咎可知。

《象》：咸其辅颊舌，滕口说也。

"滕""腾"通用。唯至诚为能感人，乃以柔说腾扬于口舌言说，岂能感于人乎？

恒卦第三十二

（巽下震上）　☰　恒　亨。无咎。利贞。利有攸往。

恒，常久也。为卦震刚在上，巽柔在下，震雷巽风，二物相与，巽顺震动，为巽而动，二体六爻阴阳相应，四者皆理之常，故为恒。恒而不可以亨，非可恒之道也。为有咎矣。如君子之恒于善，可恒之道也。小人恒于恶，失可恒之道也。恒所以能亨，由贞正也。故云"利贞"。夫所谓恒，谓可恒久之道，非守一隅而不知变也。故利于有往。唯其有往，故能恒也。一定则不能常矣。又常久之道，何往不利？

《彖》曰：恒，久也。刚上而柔下，雷风相与，巽而动，

刚柔皆应，恒。

"恒"者，长久之义也。卦才有此四者，成恒之义也。"刚上而柔下"，谓乾之初上居于四，坤之初下居于初，刚爻上而柔爻下也。二爻易处则成震巽，震上巽下，亦"刚上而柔下"也。刚处上而柔居下，乃恒道也。"雷风相与"，雷震则风发，二者相须，交助其势，故云"相与"，乃其常也。"巽而动"，下巽顺，上震动，为以巽而动。天地造化恒久不已者，顺动而已。"巽而动"，常久之道也。动而不顺，岂能常也。"刚柔皆应"，一卦刚柔之爻皆相应。刚柔相应，理之常也。此四者恒之道也。卦所以为恒也。咸与恒，皆刚柔相应。咸不著其义，恒则曰"刚柔皆应"。咸无心，恒有位也。有位而刚柔相应，其理也。无心而刚柔相应，其私也。能识时义之变易，斯可言《易》矣。

恒亨无咎，利贞，久于其道也。天地之道，恒久而不已也。

恒固能"亨"且"无咎"矣。然必利于正，乃为久于其道，不正则久非其道矣。天地之道，所以常久，亦以正而已矣。恒之道可致"亨"而无过咎，但所恒宜得其正，失正则非可恒之道也。故曰"久于其道"。"其道"，可恒之正道也。"不恒其德"，与恒于不正，皆不能亨而有咎也。天地之所以不已，盖有恒久之道，人能恒于可恒之道，则合天地之理也。

利有攸往，终则有始也。

"易，穷则变，变则通，通则久。"恒非一定而不变也。随时变易，其恒不动，故"利有攸往"。天下之理，未有不动而能恒者也。动则终而复始，所以恒而不穷。凡天地所生之物，虽山岳之坚厚，未有能不变者也。故恒非一定之谓也。一定则不能恒矣。唯随时变易，乃常道也。故云"利有攸往"。明理之如是，惧人之泥于常也。

日月得天而能久照，四时变化而能久成。圣人久于其道，而天下化成。观其所恒，而天地万物之情可见矣。

即其恒久之理而观之，则"天地万物之情可见矣"。盖大气浑沦充塞，而太极为之纲维主张。气有参差，而理无不一。故天高地下，万物散殊，不特其声色貌象常久如此，而其德性功用，亦亘万古而不易。少有变易，则为怪异不祥矣。此可见天地万物之情，皆有恒也。"日月"，阴阳之精气耳。唯其顺天之道，往来盈缩，故能久照而不已。"得天"，顺天理也。"四时"，阴阳之气耳。往来变化，生成万物，亦以得天，故常久不已。圣人以常久之道行之有常，而天下化之以成美俗也。"观其所恒"，谓观日月之久照，四时之久成。圣人之道，所以能常久之理。观此，则"天地万物之情理可见矣"。天地常久之道，天下常久之理，非知道者孰能识之？

《象》曰：雷风，恒。君子以立不易方。

雷风虽变，而有不变者存，体雷风之变者，为我之不变者，善体雷风者也。君子观雷风相与成恒之象，以常久其德，自立于大中常久之道，不变易其方所也。

初六　浚恒。贞凶。无攸利。

恒，久也。天下可久之事，岂一朝夕所能致者？初六质柔而志则。质柔故昧于远见，志刚故欲速不达，处恒之初，是方为可久之计者，而遽焉求深，故曰"浚恒"。初之柔暗不能度势，又以阴居巽下，为巽之主，其性务入，故深以常理求之，"浚恒"之象也。非急暴而不能恒，则必苟且而不可恒矣。贞固守此以为恒，取凶之道也。何所利哉？初与四为正应，理之常也。柔暗之人，能守常而不能度势。四震体而阳性，以刚居高，志上而不下，又为二三所隔，应初之志，异乎常矣。而初乃求望之深，是知常而不知变也。"浚"，深之也。"浚恒"，谓求恒之深也。守常而不度势，求望于上之深，坚固守此，"凶"之道也。泥常如此，无所往而利矣。世之责望故素而致悔咎者，皆浚恒者也。志既上求之深，是不能恒安其处者也。柔微而不恒安其处，亦致凶之道。凡卦之初终，浅与深，微与盛之地也。在下而求深，亦不知时矣。然初居下，而在初未可以深有所求。四震体而阳性，上而不下，又为二三所隔，应初之意，异乎常矣。占者如此，则虽正亦凶，而无所利矣。

《象》曰：浚恒之凶，始求深也。

初居巽下，以深入为恒。上居震极，以震动为恒。在始而求深，在上而好动，皆凶道也。

九二　悔亡。

以阳居阴，本当有"悔"，以其久中，故得"亡"也。在恒之义，居得其正，则常道也。九阳爻，居阴位，非常理也。处非其常，本当有"悔"，而九二以中德而应于五，五复居中，以中而应中，其处与动，皆得中也。是能恒久于中也。能恒久于中，则不失正矣。中重于正，中则正矣，正不必中也。九二以刚中之德而应于中，德之胜也。足以"亡"其"悔"矣。人能识重轻之势，则可以言《易》矣。

《象》曰：九二悔亡，能久中也。

所以得"悔亡"者，由其能恒久于中也。人能恒久于中，岂止亡其悔，德之善也！

九三 不恒其德。或承之羞。贞吝。

"或承之"，谓有时而至也。"贞吝"，固守不恒以为恒，岂不可羞吝乎？三阳爻，居阳位，处得其位，是其常处也。乃志从于上六，不唯阴阳相应，风复从雷，于恒处而不处，不恒之人也。其德不恒，则羞辱或承之矣。位虽得正，然过刚不中，志从于上，不能久于其所，故为"不恒其德，或承之羞"之象。"或"者，不知其何人之辞。"承"，奉也。言人皆得奉而进之，不知其所自来也。"贞吝"者，正而不恒，为可羞吝，申戒占者之辞。

《象》曰：不恒其德，无所容也。

人既无恒，何所容处，当处之地，既不能恒，处非其据，岂能恒哉？是不恒之人，无所容处其身也。

九四 田无禽。

以阳居阴，处非其位，处非其所，虽常何益？人之所为，得其道，则久而成功，不得其道则虽久何益？故以田为喻。言九之居四，虽使恒久如田猎而无禽兽之获，谓徒用力而无功也。占者田无所获，而凡事亦不得其所求也。

《象》曰：久非其位，安得禽也？

处"非其位"，虽久何所得乎？以田为喻，故云"安得禽"也。

六五 恒其德贞。妇人吉。夫子凶。

以柔中而应刚中，常久不易，正而固矣。然乃妇人之道，非夫子之宜也。故其象占如此。五应于二，以阴柔而应阳刚，居中而所应又中，阴柔之正也。故恒久其德，刚为贞也。夫以顺从为恒者，妇人之道，在妇人则为"贞"，故"吉"。若丈夫而以顺从于人为恒，则失其刚阳之正，乃"凶"也。五君位而不以君道言者，如六五之义，在丈夫犹凶，况人君之道乎！在他卦六居君位而应刚，未为失也。在恒故不可耳。君道岂可以柔顺为恒也？

《象》曰：妇人贞吉，从一而终也。夫子制义，从妇凶也。

九二以刚中为常，故"悔亡"，六五以柔中为恒，在二可也。在五则夫也父也君也。而可乎？妇人从夫则吉，夫子从妇则凶矣。

上六　振恒凶。

六居恒之极，在震之终。恒极则不常，震终则动极。以阴居上，非其安处，又阴柔不能坚固其守，皆不常之义也。故为"振恒"，以振为恒也。振者，动之速也。如振衣，如振书，抖擞运动之意。在上而其动无节，以此为恒，其"凶"宜矣。

《象》曰：振恒在上，大无功也。

居上之道，必有恒德，乃能有功。若躁动不常，岂能有所成乎？居上而不恒，其凶甚矣，《象》又言其不能有所成立，故曰"大无功也"。终乎动，以动为恒者也。以动为恒，而在物上，其害大矣。

遁卦第三十三

（艮下乾上）䷠　遁　亨。小利贞。

遁，退避也。为卦二阴浸长，阳当退避，故为遁，六月之卦也。遁者阴长阳消，君子遁藏之时也。君子退藏以伸其道，道不屈则为亨，故遁所以有"亨"也。在事亦有由遁避而亨者，虽小人道长之时，君子知几退避固善也。然事有不齐，与时消息，无必同也。阴柔方长而未至于甚盛，君子尚有迟迟致力之道，不可大贞而尚利小贞也。阳虽当遁，然九五当位，而下有六二之应，若犹可以有为。但二阴浸长于下，则其势不可以不遁，故其占为君子能遁则身虽退而道亨，小人则利于守正，不可以浸长之故，而遂侵迫于阳也。小谓阴柔小人也。此卦之占，与否之初二两爻相类。

《彖》曰：遁亨，遁而亨也。刚当位而应，与时行也。

小人道长之时，君子遁退，乃其道之亨也。君子遁藏，所以伸道也。此言处遁之道。自"刚当位而位"以下，则论时与卦才，尚有可为之理也。虽遯之时，君子处之，未有必遯之义。五以刚阳之德，处中正之位，又下与六二以中正相应。虽阴长之时，如卦之才，尚当随时消息。苟可以致其力，无不至诚自尽以扶持其道，未必于遯藏而不为，故曰"与时行也"。

小利贞，浸而长也。

二阴浸长方之于否，不利君子贞，固有间矣。然不可大贞，"利小贞"而已。先儒谓居小官，干小事，其害未甚，我志犹行。盖遯非疾世避俗，长往不反之谓也。去留迟速，唯时而已。君子所以不得大有为于世，而唯小利于贞者，盖以下之群阴浸长，而小人之党渐盛也。

遯之时义大矣哉！

当阴长之时，不可大贞，而尚"小利贞"者，盖阴长必以浸渐，未能遽盛，君子尚可小贞其道。所谓"小利贞"，扶持使未遂亡也。遯者阴之始长，君子知微，故当深戒。而圣人之意未便遽已也。故有"与时行""小利贞"之教。圣贤之于天下，虽知道之将废，岂有坐视其乱而不救，必区区致力于未极之间，强此之衰，艰彼之进，图其暂安，苟得为之，孔孟之所屑为也。王允、谢安之于汉晋是也。若有可变之道，可亨之理，更不假言也。此处遯时之道也。故圣人赞其"时义大矣哉！"或久或速其义皆大也。

《象》曰：天下有山，遯。君子以远小人，不恶而严。

天体无穷，山高有限，遯之象也。"严"者，君子自守之常，而小人自不能近。"不恶而严"，外顺而内正也。尚恶则小人憎，不严则正道消。天下有山，山下起而乃止，天上进而相违，是遯避之象也。君子观其象，以避远乎小人。远小人之道，若以恶声厉色，适足以致其怨忿。唯在乎矜庄威严，使知敬畏，则自然远矣。君子当遯之时，畏小人之害，志在远之而已。远之之道何如？不恶其人而严其分是也。孔子曰"疾之已甚"，乱也。不恶则不疾矣。

初六　遯尾厉。勿用有攸往。

遯而在后，尾之象、危之道也。它卦以下为初，遯者往遯也。在前者先进，故初乃为尾，尾在后之物也。遯而在后，不及者也。是以危也。初以柔处微，既已后矣，不可往也。往则危矣。微者，易于晦藏，往既有危，不若不往之无灾也。占者不可以有所往，但晦处静俟，可免灾耳。

《象》曰：遁尾之厉，不往何灾也。

见几先循，固为善也。遁而为尾，危之道也。往既有危，不若不往而晦藏，可免于灾，处危故也。古人处微下，隐乱世，而不去者多矣。

六二　执之。用黄牛之革。莫之胜说。

"黄"，中色。"牛"，顺物。"革"，坚固之物。二与五为正应，虽在相违遁之时，二以中正顺应于五，五以中正亲合于二，其交自固。二五以中正顺道相与，其固如执系之以牛革也。莫之胜说，谓其交之固，不可胜言也。在遁之时，故极言之。以中顺自守，人莫能解，必遁之志也。占者固守亦当如是。

《象》曰：执用黄牛，固志也。

"固志"者，坚固遁者之志，使不去已也。上下以中顺之道相固结，其心志甚坚，如执之以牛革也。

九三　系遁。有疾厉。畜臣妾吉。

下比二阴，当遁而有所系之象，有"疾"而"危"之道也。阳志说阴，三与二切比系乎二者也。遁贵速而远，有所系累，则安能速且远也？害于遁矣，故为"有疾"也。遁而不速，是以"危"也。"臣妾"，小人女子，怀恩而不知义，亲爱之则忠其上，系恋之私恩，怀小人女子之道也。故以畜养臣妾，则得其心为吉也。然君子之待小人，亦不如是也。三与二非正应，以昵比相亲，非待君子之道。若以正，则虽系不得为有疾，蜀先主之不忍弃士民是也。虽危为无咎矣。然以"畜臣妾"则"吉"。盖君子之于小人，唯臣妾则不必其贤而可畜耳，故其占如此。

《象》曰：系遁之厉，有疾惫也。畜臣妾吉，不可大事也。

遁而有系累，必以困惫致危。其有疾乃惫也。盖力亦不足矣，以此昵爱之心，畜养臣妾则吉，岂可以当大事乎？

九四　好遁。君子吉。小人否。

"好"者，恶之反也。"好遁"，言其不恶也。从容以遁，而不为忿戾之行。孟子曰："予岂若是小丈夫然哉？怒悻悻然见于其面。"正好遁之义也。"小人否"者，即孟子所谓"小丈夫"者也。四与初为正应，是所好爱者也。君子虽有所好爱，义苟当遁，则去而不疑，所谓克己复礼，以道制欲，是以"吉"也。小人则不能以义处，昵于所好，牵于所私，至于陷辱其身而不能已，故在小人则"否"也。"否"，不善也。四乾体能刚断者，圣人以其处阴而有系，故设小人之戒，恐其失于正也。下应初六，而乾体刚健，有所好而能绝之以遁之象也。唯自克之君子能之，而小人不能。故占者君子则吉，而小人否也。

《象》曰：君子好遁，小人否也。

爻辞云："好遁，君子吉小人否。"爻传不及吉字，盖谓唯君子为能"好遁"，小人则不能"好遁"也。既"好遁"，则遁而亨，其吉不假言矣。君子虽有好而能遁，不失于义，小人则不能胜其私意，而至于不善也。

九五 嘉遁。贞吉。

九五中正，遁之嘉美者也。处得中正之道，时止时行，乃所谓嘉美也。故为贞正而"吉"。九五非无系应，然与二皆以中正自处，是其心志及乎动止，莫非中正，而无私系之失，所以为"嘉"也。在《象》则概言遁时，故云"与时行""小利贞"，尚有济遁之意。于爻至五，遁将极矣，故唯以中正处遁言之。遁非人君之事，故不主君位言。然人君之所避远乃遁也。亦在中正而已。占者如是而正则"吉"矣。

《象》曰：嘉遁贞吉，以正志也。

君子之志，不在宠利，故进以礼而退以义，所谓"正志"也。

上九 肥遁。无不利。

以刚阳居卦外，下无系应，遁之远而处之裕者也。故其象占如此。"肥"者，充大宽裕之意。"遁"者，唯飘然远逝，无所系滞之为善。上九乾体刚断，在卦之外矣。又下无所系，是遁之远而无累，可谓宽绰有余裕也。遁者，穷困之时也。善处则为肥矣。其遁如此，何所不利？

《象》曰：肥遁无不利，无所疑也。

其遁之远，无所疑滞也。盖在外则已远，无应则无累，故为刚决无疑也。最处外极，无应于内，心无疑恋，超世高举，安时无闷，故"肥遁无不利"。

大壮卦第三十四

（乾下震上）䷡ 大壮 利贞。

"大"谓阳也。四阳盛长，故为大壮，二月之卦也。阳壮，则占者吉亨不假言，但利在正固而已。大壮而不得其正，强猛之为耳，非君子之道壮盛也。

《彖》曰：大壮，大者壮也。刚以动，故壮。

阴为小，阳为大。阳长以盛，是大者壮也。下刚而上动，以乾之至刚而动，故为大壮。为大者壮，与壮之大也。以卦体言，则阳长过中，大者壮也。以卦德言，则乾刚震动，所以壮也。

大壮利贞，大者正也。正大而天地之情可见矣。

大者壮也。即是其为气也。至大至刚，大者正也。即是以直养而无害。大者既壮，则利于贞正，正而大者道也。极正大之理，则"天地之情可见矣"。天地之道，常久而不已者，至大至正也。正大之理，学者默识心通可也。心未易见，故疑其辞曰"复其见天地之心乎"！情则可见矣，故直书之。孟子养气之论，自此而出。

《象》曰：雷在天上，大壮。君子以非礼弗履。

雷震于天上，大而壮也。君子观大壮之象以行其壮。君子之大壮者，莫若克己复礼。古人云，自胜之谓强，《中庸》于和而不流，中立而不倚，皆曰强哉。赴汤火，蹈白刃，武夫之勇可能也。至于克己复礼，则非君子之大壮，不可能也。故云"君子以非礼弗履"。

初九 壮于趾。征凶有孚。

"趾"在下而进动之物也。"有孚"，"孚"，信也。谓以壮往则得"凶"可必也。初阳刚乾体而处下，壮于进者也。在下而用壮，"壮于趾"也。趾在下而进动之物，九在下用壮而不得其中。夫以刚处壮，虽居上犹不可行，况在下乎？故征则其"凶"。刚阳处下而当壮时，壮于进者也。故有此象。居下而壮于进，其"凶"必矣，故其占又如此。

《象》曰：壮于趾，其孚穷也。

居下而用壮，任刚而决行，信乎其穷而凶也。

九二 贞吉。

以阳居阴，已不得其正矣。然所处得中，则犹可因以不失其正。故戒占者，使因中以求正，然后可以得"吉"也。二虽以阳刚当大壮之时，然居柔而处中，是刚柔得中，不过于壮，得贞正而"吉"也。或曰："贞"非以九居二为戒乎？曰：《易》取所胜为义，以阳刚健体，当大壮之时，处得中道，无不正也。在四则有不正之戒。人能识时义之轻重，则可以学《易》矣。

《象》曰：九二贞吉，以中也。

所以贞正而吉者，以其得中道也。中则不失正，况阳刚而乾体乎？

九三 小人用壮。君子用罔。贞厉。羝羊触藩。羸其角。

九三以刚居阳而处壮，又当乾体之终，壮之极者也。极壮如此，在小人则为"用壮"，在君子则为"用罔"。小人尚力，故用其壮勇。君子志刚，故"用罔"。"罔"，无也。犹云蔑也。以其至刚，蔑视于事而无所忌惮也。君子小人，以地言，如君子有勇而无义为乱，刚柔得中，则不折不屈，施于天下而无不宜。苟刚之太过，则无和顺之德，多伤莫与，贞固守此，则危道也。凡物莫不用其壮，齿者啮，角者触，蹄者踶，羊壮于首，羝为喜触，故取为象。羊喜触藩篱，以藩篱当其前也。盖所当必触，喜用壮如此，必羸困其角矣。犹人尚刚壮，所当必用，必至摧困也。三壮甚，如此而不至凶，何也？曰：如三之为，其往足以致凶，而方言其危，故未及于凶也。凡可以致凶而未至者，则曰"厉"也。过刚不中，当壮之时，是"小人用壮"而君子则"用罔"也。"罔"，无也。视有如无，君子之过于勇者也。如此则虽正亦危矣。"羝羊"，刚壮喜触之物。"藩"，篱也。"羸"，困也。"贞厉"之占，其象如此。

《象》曰：小人用壮，君子罔也。

"君子用罔"，说者不同。然观爻辞之例，如"小人吉，大人否亨"、"君子吉，小人否"、"妇人吉，夫子凶"，皆是相反之辞。又《象辞》曰"小人用壮，君子罔也"，全与"君子好遁，小人否也"句法相类。《诗》、《书》中"罔"字与"弗"字、"勿"字、"毋"字通用，皆禁止之义也。

九四　贞吉。悔亡。藩决不羸。壮于大舆之輹。

"贞吉，悔亡"，与咸九四同占。"藩决不羸"，承上文而言也。"决"，开也。三前有四，犹有藩焉。四前二阴，则"藩决"矣。"壮于大舆之輹"，亦可进之象也。以阳居阴，不极其刚，故其象占如此。四阳刚长盛壮已过中，壮之甚也。然居四为不正，方君子道长之时，岂可有不正也？故戒以贞则吉而"悔亡"。盖方道长之时，小失则害亨进之势，是有悔也。若在他卦，重刚而居柔，未必不为善也。大过是也。藩所以限隔也。藩篱决开，不复羸困其壮也。高大之车，轮輹强壮，其行之利可知，故云"壮于大舆之輹"。"輹"，轮之要处也。车之败，常在折輹，輹壮则车强矣。云壮于輹，谓壮于进也。輹与辐同。

《象》曰：藩决不羸，尚往也。

刚阳之长，必至于极，四虽已盛，然其往未止也。以至盛之阳，用壮而进，故莫有当之，藩决开而不羸困其力也。"尚往"，其进不已也。九四以刚居柔，有能正之吉，无过刚之悔。"贞吉""悔亡"四字，既尽之矣，又曰"藩决不羸，壮于大舆之輹"者，恐人以居柔为不进也。故以"尚往"明之。

六五　丧羊于易。无悔。

卦体似兑有羊象焉，外柔而内刚者也。独六五以柔居中，不能抵触，虽失其壮，然亦无所悔矣，故其象占如此。羊群行而喜触，以象诸阳并进。四阳方长而并进，五以柔居上，若以力制，则难胜而有悔。唯和易以待之，则群阳无所用其刚，是丧其壮于和易也。如此则可以"无悔"。五以位言则正，以德言则中，故能用和易之道，使群阳虽壮无所用也。"易"，容易之易，言忽然不觉其亡也。或作"疆埸"之"埸"，亦通。《汉书·食货志》"埸"作"易"。

《象》曰：丧羊于易，位不当也。

"位当"、"位不当"，《易》例多借爻位，以发明其德与时地之相当不相当也。此"位不当"，不止谓以阴居阳，不任刚壮而已，盖谓四阳已过矣，则五所处非当壮之位也！于是而以柔中居之，故为"丧羊于易"。所以必用柔和者，以阴柔居尊位故也。若以阳刚中正得尊位，则下无壮矣。以六五位不当也。故设"丧羊于易"之义。然大率治壮不可用刚，夫君臣上下之势，不相侔也。苟君之权足以制乎下，则虽有强壮跋扈之人，不足谓之壮也。必人君之势有所不足，然后谓之治壮。故治壮之道，不可以刚也。

上六　羝羊触藩。不能退。不能遂。无攸利。艰则吉。

壮终动极，故"触藩"而"不能退"。然其质本柔，故又"不能遂"其进也。其象如此，其占可知。然犹幸其不刚，故能艰以处则尚可以得"吉"也。"羝羊"但取其用壮，故阴爻亦称之。六以阴处震终而当壮极，其过可知。如羝羊之触藩篱，进则碍身，退则妨角，进退皆不可也。才本阴柔，故不能胜己以就义，是不能退也。阴柔之人，虽极用壮之，心然必不能终其壮，有摧必缩，是不能遂也。其所为如此，无所往而利也。阴柔处壮，不能固其守，若遇艰困，必失其壮。失其壮则反得柔弱之分矣，是"艰"则得"吉"也。用壮则不利，知艰而处柔则吉也。居壮之终，有变之义也。

《象》曰：不能退。不能遂，不详也。艰则吉，咎不长也。

人之处事，以为易则不详审，以为艰则详审也。既以不详审而致咎，令详审而不轻率，则其"咎不长也"。非其处而处，故进退不能，是其自处之不详慎也。"艰则吉"，柔遇艰难，又居壮终，自当变矣，变则得其分，过咎不长，乃吉也。

晋卦第三十五

（坤下离上）　䷢　晋　康侯用锡马蕃庶。昼日三接。

"晋"，进也。"康侯"，安国之侯也。"马"，重赐也。"蕃庶"，众多也。晋为进盛之时，大明在上，而下体顺附，诸侯承王之象也。故为"康侯"。"锡马蕃庶，昼日三接"，言多受大赐，而显被亲礼也。不唯锡与之厚，又见亲礼，昼日之中，至于三接，言宠遇之至也。晋，进盛之时，上明下顺，君臣相得，在上而言，则进于明盛；在臣而言，则进升高显，受其光宠也。盖其为卦，上离下坤，有日出地上之象，顺而丽乎大明之德。又其变自观而来，为六四之柔，进而上行以至于五。占者有是三者，则亦当有是宠也。

《彖》曰：晋，进也。

晋以日之进言，与升、渐木之进不同。日出地上，其明进而盛。升、渐虽亦有进义，而无明盛之象。

明出地上。顺而丽乎大明，柔进而上行，是以康侯用锡马蕃庶，昼日三接也。

"晋"，进也。明进而盛也。明出于地，益进而盛，故为晋。所以不谓之进者，进谓前进，不能包明盛之义。明出地上，离在坤上也。坤丽于离，以顺丽于大明，顺德之臣，上附于大明之君也。"柔进而上行"，凡卦离在上者，柔居君位，多云"柔进而上行"，噬嗑、睽、鼎是也。六五以柔居君位，明而顺丽，为能待下宠遇亲密之义，是以为"康侯用锡马蕃庶，昼日三接"也。大明之君，安天下者也。诸侯能顺附天子之明德，是康民安国之侯也。故谓之"康侯"。是以享宠锡而见亲礼，昼日之间，三接见于天子也。不曰公卿而曰"侯"，天子治于上者也。诸侯治于下者也。在下而顺附于大明之君，诸侯之象也。

《象》曰：明出地上，晋。君子以自昭明德。

至健莫如天，君子以之"自强"，至明莫如日，君子以之"自昭"。"昭"，明之也。传曰"昭德塞违，昭其度也"。君子观"明出地上"而益明盛之象，而以自昭其明德，去蔽致知，昭明德于己也。明明德于天下，昭明德于外也。明明德在己，故云"自昭"。

初六 晋如。摧如。贞吉。罔孚。裕无咎。

"晋如"，升进也。"摧如"，抑退也。以阴居下，应不中正，欲进见摧之象。初居晋之下，进之始也。于始进而言遂其进，不遂其进，唯得正则"吉"也。"罔孚"者，在下而始进，岂遽能深见信于上？苟上未见信，则当安中自守，雍容宽裕，无急于求上之信也。苟欲信之心切，非汲汲以失其守，则悻悻以伤于义矣，皆有咎也。故裕则"无咎"，君子处进退之道也。占者如是而能守正则吉，设不为人所信，亦当处以宽裕，则"无咎"也。

《象》曰：晋如摧如，独行正也。裕无咎，未受命也。

无进无抑，唯独行正道也。宽裕则无咎者，始欲进而未当位故也。君子之于进退，或迟或速，唯义所当，未尝不裕也。圣人恐后之人，不达宽裕之义，居位者废职失守以为裕，故特云"初六裕则无咎"者，始进未受命当职任故也。若有官守，不信于上而失其职，一日不可居也。然事非一概，久速唯时，亦容有为之兆者。

六二　晋如。愁如。贞吉。受兹介福。于其王母。

六二在下，上无应援，以中正柔和之德，非强于进者也。故于进为可忧愁，谓其进之难也。然守其贞正，则当得吉，故云"晋如愁如贞吉"。"王母"，祖母也。谓阴之至尊者，指六五也。二以中正之道自守，虽上无应援，不能自进。然其中正之德，久而必彰。上之人自当求之。盖六五大明之君，与之同德，必当求之，加之宠禄，受介福于王母也。"介"，大也。占者如是而能守正则吉，而受福于王母也。"王母"，指六五。盖享先妣之吉占，而凡以阴居尊者，皆其类也。

《象》曰：受兹介福，以中正也。

六二以柔顺处乎众阴，而独无应，是不见知也。故"晋如愁如"。然居中守正，素位而行，鬼神其福之矣。《诗》曰："靖共尔位，好是正直。神之听之，介尔景福。"此之谓也。

六三　众允悔亡。

三不中正，宜有悔者，以其与下二阴皆欲上进，是以为众所信而"悔亡"也。以六居三，不得中正，宜有悔咎。而三在顺体之上，顺之极者也。三阴皆顺上者也。是三之顺上，与众同志，众所允从，其悔所以亡也。有顺上向明之志，而众允从之，何所不利？或曰：不由中正，而与众同，得为善乎？曰：众所允者，必至当也。况顺上之大明，岂有不善也？是以"悔亡"。盖亡其不中正之失矣。古人曰：谋从众则合天心。

《象》曰：众允之，志上行也。

初之"罔孚"，众未允也。二之"愁如"，犹有悔也。三德孚于众，进得所愿而"悔亡"也。"上行"，上顺丽于大明也。上从大明之君，众志之所同也。

九四　晋如鼫鼠。贞厉。

不中不正，以窃高位，贪而畏人，盖危道也。故为"鼫鼠"之象。以九居四，非其位也。非其位而居之，贪据其位者也。贪处高位，既非所安，而又与上同德，顺丽于上，三阴皆在己下，势必上进，故其心畏忌之。贪而畏人者，"鼫鼠"也。故云"晋如鼫鼠"。贪于非据，而存畏忌之心，贞固守此，其危可知。言"贞厉"者，开有改之道也。占者如是，虽正亦"危"也。

《象》曰：鼫鼠贞厉，位不当也。

贤者以正德宜在高位，不正而处高位，则为非据，贪而惧失则畏人，固处其地，危可知也。

六五　悔亡。失得勿恤。往吉无不利。

以阴居阳，宜有悔矣。以大明在上，而下皆顺从，故占者得之，则其"悔亡"。六以柔居尊位，本当有悔，以大明而下皆顺附，故其悔得亡也。下既同德顺附，当推诚委任，尽众人之才，通天下之志，勿复自任其明，恤其失得，如此而往，则吉而"无不利"也。六五大明之主，不患其不能明照，患其用明之过。至于察察，失委任之道，故戒以失得勿恤也。失私意偏任不察则有蔽，尽天下之公，岂当复用私察也？

去其一切计功谋利之心，则"往吉"而"无不利"也。然亦必有其德，乃应其占耳。

《象》曰：失得勿恤，往有庆也。

以大明之德，得下之附，推诚委任，则可以成天下之大功，是往而有福庆也。

上九　晋其角。维用伐邑。厉吉无咎。贞吝。

"角"，刚而居上之物。上九以刚居卦之极，故取角为象。以阳居上，刚之极也。在晋之上，进之极也。刚极则有强猛之过，进极则有躁急之失。以刚而极于进，失中之甚也。无所用而可，唯独用于"伐邑"，则虽"厉"而"吉"且"无咎"也。伐四方者，治外也。伐其居邑者，治内也。言"伐邑"，谓内自治也。人之自治，刚极则守道愈固，进极则迁善愈速。如上九者以之自治，则虽伤于"厉"而"吉"且"无咎"也。严厉非安和之道，而于自治则有功也。复云"贞吝"以尽其义，极于刚进，虽自治有功，然非中和之德，故于贞正之道为可"吝"也。不失中正为贞。占者得之而以伐其私邑，则虽"危"而"吉"且"无咎"。然以极刚治小邑，虽得其正，亦可"吝"矣。

《象》曰：维用伐邑，道未光也。

"维用伐邑"，既得"吉"而"无咎"，复云"贞吝"者，其道未光大也。"道未光"，乃推原所以伐邑之故。盖进之极，则于道必未光也。如势位重，则有居成功之嫌。爵禄羁，则失独行愿之志。故必克治其私，然后高而不危，免于亢悔也。以正理言之，尤可吝也。夫道既光大，则无不中正，安有过也。今以过刚自治，虽有功矣，然其道未光大，故亦可吝，圣人言尽善之道。

明夷卦第三十六

（离下坤上） ䷣ 明夷 利艰贞。

"夷"，伤也。为卦下离上坤，日入地中，明而见伤之象，故为明夷。时虽至暗，不可随世倾邪，故宜艰难坚固，守其贞正之德。又其上六为暗之主，六五近之，故占者利于艰难以守正，而自晦其明也。君子当明夷之时，利在知艰难而不失其贞正也。在昏暗艰难之时，而能不失其正，所以为明君子也。

《彖》曰：明入地中，明夷。

以卦象释卦名。离为火，坤为地，明夷为卦上坤下离，故曰"明入地中，明夷"。

内文明而外柔顺，以蒙大难，文王以之。

明入于地，其明灭也。故为明夷。内卦离，离者文明之象。外卦坤，坤者柔顺之象。为人内有文明之德，而外能柔顺也。昔者文王如是，故曰"文王以之"。当纣之昏暗，乃明夷之时，而文王内有文明之德，外柔顺以事纣，蒙犯大难。而内不失其明圣，而外足以远祸患，此文王所用之道也。故曰"文王以之"。

利艰贞，晦其明也。内难而能正其志，箕子以之。

明夷之时，利于处艰厄而不失其正，谓能晦藏其明也。不晦其明，则被祸患。不守其正，则非贤明。箕子当纣之时，身处其国内，切近其难，故云"内难"。然箕子能藏晦其明，而自守其正志，箕子所用之道也。故曰"箕子以之"。六五爻辞曰"箕子之明夷利贞"。释《彖》，兼文王发之。盖羑里演《易》，处之甚从容，可见文王之德。佯狂受辱，处之极艰难，可见箕子之志。然此一时也。文王因而发伏羲之《易》，箕子因而发大禹之畴。圣贤之于患难，自系斯文之会，盖有天意存焉。

《象》曰：明入地中，明夷。君子以莅众，用晦而明。

"用晦而明"，不是以晦为明，亦不是晦其明。盖虽明而用晦，虽用晦而明也。"用晦而明"，只是不尽用其明，盖尽用其明，则伤于太察，而无含弘之道，唯明而用晦，则既不汶汶而暗，亦不察察而明，虽无所不照，而有不尽照者，此古先帝王所以莅众之术也。明所以照，君子无所不照。然用明之过，则伤于察。太察则尽事而无含弘之度，故君子观"明入地中"之象。于"莅众"也。不极其明察而"用晦"。然后能容物和众，众亲而安。是用晦乃所以为明也。若自任其明，无所不察，则己不胜其忿疾，而无宽厚含容之德，人情睽疑而不安，失莅众之道，适所以为不明也。古之圣人设前旒屏树者，不欲明之尽乎隐也。

初九　明夷于飞。垂其翼。君子于行。三日不食。有攸往。主人有言。

初九明体，而居明夷之初，见伤之始也。飞而垂翼，见伤之象。九，阳明上升者也。故取飞象。昏暗在上，伤阳之明，使不得上进，是于飞而伤其翼也。翼见伤，故垂翼。凡小人之害君子，害其所以行者。"君子于行，三日不食"，君子明照，见事之微，虽始有见伤之端，未显也。君子则能见之矣，故行去避之。"君子于行"，谓去其禄位而退藏也。"三日不食"，言困穷之极也。占者行而不食，所如不合，时义当然，不得而避也。事未显而处甚艰，非见几之明不能也。夫知几者，君子之独见，非众人所能识也。故明夷之始，其见伤未显而去之，则世俗孰不疑怪？故有所往适，则"主人有言"也。然君子不以世俗之见怪而迟疑其行也。若俟众人尽识，则伤已及而不能去矣。此薛方所以为明，而扬雄所以不获其去也。或曰：伤至于垂翼，伤已明矣，何得众人犹未识也？曰：初，伤之始也。云"垂其翼"，谓伤其所以飞尔，其事则未显也。君子见几，故亟去之。世俗之人未能见也。故异而非之。如穆生之去楚，申公、白公且非之，况世俗之人乎！但讥其责小礼，而不知穆生之去，避胥靡之祸也。当其言曰：不去，楚人将钳我于市，虽二儒者亦以为过甚之言也。又如袁闳于党事未起之前，名德之士方锋起，而独潜身土室，故人以为狂生，卒免党锢之祸。所往而人有言，何足怪也？

《象》曰：君子于行，义不食也。

君子遁藏而困穷，义当然也。唯义之当然，故安处而无闷，虽不食可也。

六二　明夷。夷于左股。用拯马壮吉。

伤而未切，救之速则免矣，故其象占如此。六二以至明之才，得中正而体顺，顺时自处，处之至善也。虽君子自处之善，然当阴暗小人伤明之时，亦不免为其所伤。但君子自处有道，故不能深相伤害，终能违避之耳。足者所以行也。股在胫足之上，于行之用为不甚切。左又非便用者。手足之用以右为便，唯蹶张用左，盖右立为本也。"夷于左股"，谓伤害其行而不甚切也。虽然，亦必自免有道，拯用壮健之马，则获免之速而吉也。君子为阴暗所伤，其自处有道，故其伤不甚。自拯有道，故获免之疾。用拯之道不壮，则被伤深矣。故云"马壮"则"吉"也。二以明居阴暗之下，所谓"吉"者，得免伤害而已，非谓可以有为于斯时也。

《象》曰：六二之吉，顺以则也。

六二之得吉者，以其顺处而有法则也。"则"，谓中正之道。能顺而得中正，所以处明伤之时，而能保其吉也。

九三　明夷于南狩。得其大首。不可疾贞。

九三离之上，明之极也。又处刚而进，上六坤之上，暗之极也。至明居下而为下之上，至暗在上而处穷极之地，正相敌应，将以明去暗者也。斯义也。其汤武之事乎！南在前而明方也。"狩"，败而去害之事也。"南狩"，谓前进而除害也。当克获"其大首"。"大首"，谓暗之魁首，上六也。三与上正相应，为至明克至暗之象。"不可疾贞"，谓诛其元恶，旧染污俗，未能遽革，必有其渐；革之遽，则骇惧而不安。故《酒诰》云："唯殷之迪，诸臣唯工，乃湎于酒，勿庸杀之，姑唯教之。"至于既久，尚曰余风未殄，是渐渍之俗，不可以遽革也。故曰"不可疾贞"。正之不可急也。上六虽非君位，以其居上而暗之极，故为暗之主，谓之"大首"。以刚居刚，又在明体之上，而屈于至暗之下，正与上六暗主为应，故有向明除害，得其首恶之象。然不可以亟也。故有"不可疾贞"之戒。成汤赴于夏台，文王兴于羑里，正合此爻之义，而小事亦有然者。

《象》曰：南狩之志，乃得大也。

夫以下之明，除上之暗，其志在去害而已，如商周之汤武，岂有意于利天下乎？"得其大首"，是能去害而大得其志矣。志苟不然，乃悖乱之事也。

六四　入于左腹。获明夷之心。于出门庭。

"腹"，坤象也。坤体之下，故曰"左腹"，尊右故也。"获明夷之心"，所谓求仁而得仁也。此微子之明夷也。"获明夷之心于出门庭"者，得意于远去之义。言筮而得此者，其自处当如是也。盖离体为至明之德，坤体为至暗之地。下三爻明在暗外，故随其远近高下而处之不同。六四以柔正居暗地而尚浅，故犹可以得意于远去。五以柔中居暗地而已迫，故为内难正志以晦其明之象。上则极乎暗矣，故为自伤其明以至于暗，而又足以伤人之明。盖下五爻皆为君子，独上一爻为暗君也。六四以阴居阴，而在阴柔之体，处近君之位，是阴邪小人居高位，以柔邪顺于君者也。六五明夷之君位，伤明之主也。四以柔邪顺从之，以固其交。夫小人之事君，未有由显明以道合者也。必以隐僻之道自结于上。右当用，故为明显之所；左不当用，故为隐僻之所。人之手足皆以右为用，世谓僻所为僻左，是左者隐僻之所也。四由隐僻之道深入其君，故云"入于左腹"。"入腹"，谓其交深也。其交之深，故得其心。凡奸邪之见信于其君，皆由夺其心也。不夺其心，能无悟乎？"于出门庭"，既信之于心，而后行之于外也。邪臣之事暗君，必先蛊其心而后能行于外。

《象》曰：入于左腹，获心意也。

"入于左腹"，谓以邪僻之道，入于君而得其心意也。得其心，所以终不悟也。

六五　箕子之明夷。利贞。

五为君位，乃常也。然《易》之取义，变动随时。上六处坤之上，而明夷之极，阴暗伤明之极者也。五切近之，圣人因以五为切近至暗之人，以见处之之义，故不专以君位言。上六阴暗，伤明之极，故以为明夷之主。五切近伤明之主，若显其明，则见伤害必矣。故当如箕子之自晦藏，则可以免于难。箕子，商之旧臣而同姓之亲，可谓切近于纣矣。若不自晦其明，被祸可必也。故佯狂为奴以免于害。虽晦藏其明，而内守其正，所谓内难而能正其志，所以谓之仁与明也。若箕子，可谓"贞"矣。以五阴柔故为之戒云"利贞"，谓宜如箕子之贞固也。若以君道言，义亦如是。人君有当含晦之时，亦外晦其明而内正其志也。

《象》曰：箕子之贞，明不可息也。

箕子晦藏，不失其贞固，虽遭患难，其明自存，不可灭息也。若逼祸患，遂失其所守，则是亡其明，乃灭息也。古之人，如扬雄者是也。

上六 不明晦。初登于天。后入于地。

以阴居坤之极，不明其德以至于晦。上居卦之终，为明夷之主，又为明夷之极，上至高之地。明在至高，本当远照。明既夷伤，故不明而反昏晦也。本居于高，明当及远，"初登于天"也。乃夷伤其明而昏暗，"后入于地"也。上，明夷之终，又坤阴之终，明伤之极者也。始则处高位以伤人之明，终必至于自伤而坠厥命。故其象如此，而占亦在其中矣。

《象》曰：初登于天，照四国也。后入于地，失则也。

"初登于天"，居高而明，则当照及四方也。乃被伤而昏暗，是"后入于地"，失明之道也。"失则"，失其道也。

家人卦第三十七

（离下巽上） 家人 利女贞。

家人者，一家之人，亦治家人之道也。家人之道，利在女正，女正则家道正矣。夫夫、妇妇而家道正，独云"利女贞"者，夫正者，身正也。女正者，家正也。女正则男正可知矣。齐家自夫妇始，舜观刑于二女，文王刑于寡妻，至于兄弟。"利女贞"者，言家道之本也。卦之九五、六二，外内各得其正，故为家人。"利女贞"者，欲先正乎内也。内正则外无不正矣。

《彖》曰：家人，女正位乎内，男正位乎外。男女正，天地之大义也。

《彖》以卦才而言。阳居五，在外也。阴居二，处内也。男女各得其正位也。尊卑内外之道正，合天地阴阳之大义也。

家人有严君焉，父母之谓也。

家人之道，必有所尊严而君长者，谓父母也。虽一家之小，无尊严则孝敬衰，无君长则法度废。有严君而后家道正，家者国之则也。父道固主乎严，母道尤不可以不严，犹国有尊严之君长也。无尊严则孝敬衰，无君长则法度废。故家人一卦，大要以刚严为尚。

父父子子，兄兄弟弟，夫夫妇妇，而家道正。正家而天下定矣。

上父，初子，五三夫，四二妇，五兄三弟。以卦画推之，又有此象。父子兄弟夫妇各得其道，则家道正矣。推一家之道，可以及天下，故家正则"天下定矣"。

《象》曰：风自火出，家人。君子以言有物，而行有恒。

"物"，事也。言必有事，即口无择言。行必有常，即身无择行，正家之义，修于近小，言之与行，君子枢机，出身加人，发近化远，故举言行以为之诫。正家之本，在正其身。正身之道，一言一动，不可易也。君子观风自火出之象，知事之由内而出，故所言必有物，所行必有恒也。"物"，谓事实。"恒"，谓常度法则也。德业之著于外，由言行之谨于内也。言慎行修，则身正而家治矣。

初九　闲有家。悔亡。

初九以刚阳处有家之始，能防闲之，其"悔亡"矣。戒占者当如是也。初，家道之始也。"闲"，谓防闲法度也。治其有家之始，能以法度为之防闲，则不至于悔矣。治家者治乎众人也。凡教在初而法在始，家渎而后严之，志变而后治之，则悔矣。处家人之初，为家人之始，故必"闲有家"，然后"悔亡"也。苟不闲之以法度，则人情流放，必至于有悔。失长幼之序，乱男女之别，伤恩义，害伦理，无所不至。能以法度闲之于始，则无是矣，故"悔亡"也。九刚明之才，能闲其家者也。不云"无悔"者，群居必有悔，以能闲故亡耳。

《象》曰：闲有家，志未变也。

闲之于始，家人志意未变动之前也。正志未流散，变动而闲之，则不伤恩，不失义，处家之善也。是以"悔亡"。志变而后治，则所伤多矣，乃有悔也。

六二　无攸遂。在中馈。贞吉。

人之处家,在骨肉父子之间,大率以情胜礼,以恩夺义,唯刚立之人,则能不以私爱失其正理,故家人卦大要以刚为善,初三上是也。六二以阴柔之才,而居柔,不能治于家者也。故"无攸遂",无所为而可也。夫以英雄之才,尚有溺情爱而不能自守者,况柔弱之人,其能胜妻子之情乎?如二之才,若为妇人之道,则其正也。以柔顺处中正,妇人之道也。故在"中馈"则得其正而"吉"也。妇人居中而主馈者也。故云"中馈"。六二履中居位,以阴应阳,尽妇人之义也。妇人之道,巽顺为常,无所必遂,其所职主,在于家中馈食供祭而已。得妇人之正,故曰:"无攸遂,在中馈,贞吉"。

《象》曰:六二之吉,顺以巽也。

二以阴柔居中正,能顺从而卑巽者也。故为妇人之贞吉也。六二、六四之为顺同,顺者女之贞也。四位高,故曰"顺在位"。二位卑,故曰"顺以巽"。

九三 家人嗃嗃。悔厉。吉。妇子嘻嘻。终吝。

以刚居刚而不中,过乎刚者也。故有"嗃嗃"严厉之象。如是则虽有"悔厉"而"吉"也。"嘻嘻"者,嗃嗃之反,吝之道也。占者各以其德为应,故两言之。以阳居刚而不中,虽得正而过乎刚者也。治内过刚,则伤于严急,故"家人嗃嗃"然。治家过严,不能无伤,故必悔于严厉,骨肉恩胜,严过故悔也。虽悔于严厉,未得宽猛之中,然而家道齐肃,人心祗畏,犹为家之"吉"也。若"妇子嘻嘻",则终至羞"吝"矣。在卦非有"嘻嘻"之象,盖对"嗃嗃"而言,谓与其失于放肆,宁过于严也。"嘻嘻",笑乐无节也。自恣无节,则终至败家,可羞吝也。盖严谨之过,虽于人情不能无伤,然苟法度立,伦理正,乃恩义之所存也。若嘻嘻无度,乃法度之所由废,伦理之所由乱,安能保其家乎?嘻嘻之甚,则致败家之凶。但云"吝"者,可吝之甚,则至于凶,故未遽言凶也。

《象》曰:家人嗃嗃,未失也。妇子嘻嘻,失家节也。

以阳处阳,刚严者也。处下体之极,为一家之长者也。行与其慢,宁过乎恭,家与其渎,宁过乎严,是以家人虽"嗃嗃悔厉",犹得其道,"妇子嘻嘻",乃失其节也。

六四 富家大吉。

阳主义,阴主利,以阴居阴而在上位,能富其家者也。六以巽顺之体,而居四,得其正位。居得其正,为安处之义。巽顺于事而由正道,能保有其富者也。居家之道,能保有其富，则为"大吉"也。四高位而独云"富"者，于家而言。高位，家之尊也。能有其富，是能保其家也。吉孰大焉？

《象》曰：富家大吉，顺在位也。

《礼运》："父子笃，兄弟睦，夫妇和，家之肥也。"岂以多财为吉哉？以顺居之，则满而不溢，可以保其家而长守其富，吉孰大焉。

九五　王假有家。勿恤吉。

"假"，至也。如"假于大庙"之假。"有家"，犹言有国也。九五男而在外，刚而处阳，居尊而中正，又其应顺正于内，治家之至正至善者也。"王假有家"，五君位，故以王言。"假"，至也。极乎有家之道也。夫王者之道，修身以齐家，家正而天下治矣。自古圣王，未有不以恭己正家为本，故有家之道既至，则不忧劳而天下治矣，"勿恤"而"吉"也。五恭己于外，二正家于内，内外同德，可谓至矣。九五刚健中正，下应六二之柔顺中正，王者以是至于其家，则勿用忧恤而"吉"可必矣。盖聘纳后妃之吉占。而凡有是德者，遇之皆吉也。

《象》曰：王假有家，交相爱也。

"王假有家"之道者，非止能使之顺从而已，必致其心化诚合，夫爱其内助，妇爱其刑家，"交相爱"也。能如是者，文王之妃乎？若身修法立而家未化，未得为"假有家"之道也。

上九　有孚威如。终吉。

上九以刚居上，在卦之终，故言正家久远之道，占者必有诚信严威则"终吉"也。上，卦之终，家道之成也。故极言治家之本。治家之道，非至诚不能也。故必中有孚信，则能常久，而众人自化。为善不由至诚，己且不能常守也。况欲使人乎！故治家以"有孚"为本。治家者，在妻孥情爱之间，慈过则无严，恩胜则掩义。故家之患，常在礼法不足，而渎慢生也。长失尊严，少忘恭顺，而家不乱者，未有之也。故必有威严则能"终吉"。保家之终在"有孚威如"二者而已，故于卦终言也。

《象》曰：威如之吉，反身之谓也。

治家之道，以正身为本，故云"反身之谓"。爻辞谓治家当有威严，而夫子又复戒云，当先严其身也。威严不先行于己，则人怨而不服，故云"威如"而"吉"者，能自反于身也。孟子所谓身不行道，不行于妻子也。

睽卦第三十八

（兑下离上） ䷥ 睽 小事吉。

"睽"，乖异也。"睽"者，睽乖离散之时，非吉道也。以卦才之善，虽处睽时而"小事吉"也。为卦上火下泽，性相违异，中女少女，志不同归，故为睽。然以卦德言之，内说而外明。以卦变言之，则自离来者，柔进居三。自中孚来者，柔进居五。自家人来者兼之。以卦体言之，则六五得中而下应九二之刚，是以其占不可大事，而"小事"尚有"吉"之道也。

《彖》曰：睽，火动而上，泽动而下。二女同居，其志不同行。

二女同居之卦多矣，独于睽、革言之者，以其皆非长女也。凡家有长嫡，则有所统率而分定，其不同行不相得，而至于乖异变易者，无长嫡而分不定之故尔。《彖》先释睽义，次言卦才，终言合睽之道，而赞其时用之大。火之性动而上，泽之性动而下，二物之性违异，故为睽义。中少二女虽同居，其志不同行，亦为睽义。女之少也。同处长则各适其归，其志异也。言睽者，本同也。本不同，则非睽也。

说而丽乎明，柔进而上行，得中而应乎刚，是以小事吉。

卦才如此，所以"小事吉"也。兑，说也。离，丽也。又为明。故为说顺而附丽于明。凡离在上而《彖》欲见柔居尊者，则曰"柔进而上行"，晋、鼎是也。方睽乖之时，六五以柔居尊位，有说顺丽明之善，又得中道而应刚，虽不能合天下之睽，成天下之大事，亦可以小济，是于"小事吉"也。五以明而应刚，不能致大吉，何也？曰：五阴柔，虽应二，而睽之时，相与之道未能深固。故二必"遇主于巷"，五"噬肤"，而无咎也。天下睽散之时，必君臣刚阳中正，至诚协力，而后能合也。

天地睽而其事同也，男女睽而其志通也，万物睽而其事类也，睽之时用大矣哉！

推物理之同，以明睽之时用，乃圣人合睽之道也。见同之为同者，世俗之知也。圣人则明物理之本同，所以能同天下而和合万类也。以天地男女万物明之，天高地下，其体睽也。然阳降阴升，相合而成化育之事则同也。男女异质，睽也。而相求之志则通也。生物万殊，睽也。然而得天地之和，禀阴阳之气，则相类也。物虽异而理本同，故天下之大，群生之众，睽散万殊，而圣人为能同之。处睽之时，合睽之用，其事至大，故云"大矣哉！"

《象》曰：上火下泽，睽。君子以同而异。

"上火下泽"，二物之性违异，所以为睽离之象。火性炎上，泽性润下，故曰睽也。大归虽同，小事当异，百官殊职，四民异业，文武并用，威德相反，共归于治，故曰"君子以同而异"也。君子观睽异之象，于大同之中，而知所当异也。夫圣贤之处世，在人理之常，莫不大同，于世俗所同者，则有时而独异。盖于秉彝则同矣，于世俗之失则异也。不能大同者，乱常拂理之人也。不能独异者，随俗习非之人也。要在同而能异耳。《中庸》曰"和而不流"是也。

初九　悔亡。丧马勿逐自复。见恶人。无咎。

上无正应，有"悔"也。而居睽之时，同德相应，其"悔亡"矣，故有"丧马勿逐"而"自复"之象。然亦必见"恶人"，然后可以辟咎，如孔子之于阳货也。九居卦初，睽之始也。在睽乖之时，以刚动于下，有"悔"可知。所以得"亡"者，九四在上，亦以刚阳睽离无与，自然同类相合，同是阳爻，同居下，又当相应之位，二阳本非相应者，以在睽故合也。上下相与，故能亡其悔也。在睽诸爻皆有应，夫合则有睽，本异则何睽？唯初与四虽非应，而同德相与，故相遇。马者，所以行也。阳，上行者也。睽独无与则不能行，是丧其马也。四既与之合则能行矣，是勿逐而马复得也。"恶人"，与己乖异者也。"见"者，与相通也。当睽之时，虽同德者相遇，然小人乖异者至众，若弃绝之，不几尽天下以仇君子乎？如此则失含弘之义，致凶咎之道也。又安能化不善而使之合乎？故必"见恶人"则"无咎"也。古之圣王，所以能化奸凶为善良，革仇敌为臣民者，由弗绝也。

《象》曰：见恶人，以辟咎也。

睽离之时，人情乖违，求和合之，且病其不能得也。若以恶人而拒绝之，则将众仇于君子，而祸咎至矣，故必见之，所以免避怨咎也。无怨咎，则有可合之道。

九二　遇主于巷。无咎。

二与五正应，为相与者也。然在睽乖之时，阴阳相应之道衰，而刚柔相戾之意胜。学《易》者识此，则知变通矣。故二五虽正应，当委曲以相求也。二以刚中之德居下，上应六五之君，道合则志行，成济睽之功矣。而居睽离之时，其交非固，二当委曲求于相遇，觊其得合也。故曰"遇主于巷"。必能合而后无咎。君臣睽离，其咎大矣。"巷"者，委曲之途也。"遇"者，会逢之谓也。当委曲相求，期于会遇，与之合也。所谓委曲者，以善道宛转将就使合而已，非枉己屈道也。

《象》曰：遇主于巷，未失道也。

当睽之时，君心未合，贤臣在下，竭力尽诚，期使之信合而已。至诚以感动之，尽力以扶持之，明义理以致其知，杜蔽惑以诚其意，如是宛转以求其合也。"遇"非枉道迎逢也。"巷"非邪僻由径也。故夫子特云"遇主于巷，未失道也"，未非必也。非必谓失道也。

六三　见舆曳。其牛掣。其人天且劓。无初有终。

阴柔于平时，且不足以自立，况当睽离之际乎！三居二刚之间，处不得其所安，其见侵陵可知矣。三以正应在上，欲进与上合志，而四阻于前，二牵于后。车牛，所以行之具也。"舆曳"，牵于后也。"牛掣"，阻于前也。在后者牵曳之矣，当前者进者之所力犯也。故重伤于上，为四所伤也。"其人天且劓"，"天"，髡首也。"劓"，截鼻也。三从正应，而四隔止之，三虽阴柔，处刚而志行，故力进以犯之，是以伤也。"天"而又"劓"，言重伤也。三不合于二与四，睽之时自无合义，适合居刚守正之道也。其于正应，则睽极有终合之理。始为二阳所厄，是无初也。后必得合，是有终也。掣从制从手，执止之义也。

《象》曰：见舆曳，位不当也。无初有终，遇刚也。

以六居三，非正也。非正则不安，又在二阳之间，所以有如是艰厄，由"位不当也。无初有终"者，终必与上九相遇而合，乃"遇刚也"，不正而合，未有久而不离者也。合以正道，自无终睽之理，故贤者顺理而安行，知者知几而固守。

九四　睽孤。遇元夫。交孚。厉无咎。

"睽孤"，谓无应。"遇元夫"，谓得初九。"交孚"，谓同德相信。九四当睽时，居非所安，无应而在二阴之间，是睽离孤处者也。以刚阳之德，当睽离之时，孤立无与，必以气类相求而合，是以"遇元夫"也。"夫"，阳称。"元"，善也。初九当睽之初，遂能与同德而亡睽之悔，处睽之至善者也。故目之为"元夫"，犹云善士也。四则过中，为睽已甚，不若初之善也。四与初皆以阳处一卦之下，居相应之位，当睽乖之时，各无应援，自然同德相亲，故会遇也。同德相遇，必须至诚相与。"交孚"，各有孚诚也。上下二阳以至诚相合，则何时之不能行？何危之不能济？故虽处危"厉"而"无咎"也。当睽离之时，孤居二阴之间，处不当位，"危"且有"咎"也。以"遇元夫"而"交孚"，故得"无咎"也。然当睽时，故必"危"厉乃得"无咎"，占者亦如是也。

《象》曰：交孚无咎，志行也。

初四皆阳刚君子，当睽乖之时，上下以至诚相交，协志同力，则其志可以行，不止无咎而已。卦辞但言"无咎"，夫子又从而明之，云可以行其志，救时之睽也。盖以君子阳刚之才，而至诚相辅，何所不能济也？唯有君子，则能行其志矣。

六五　悔亡。厥宗噬肤。往何咎。

以阴居阳，"悔"也。居中得应，故能"亡"之。"厥宗"，指九二。"噬肤"，言易合。六以阴柔当睽离之时，而居尊位，有"悔"可知。然而下有九二刚阳之贤，与之为应，以辅翼之，故得"悔亡"。"厥宗"，其党也。谓九二正应也。"噬肤"，噬啮其肌肤，而深入之也。当睽之时，非入之者深，岂能合也？五虽阴柔之才，二辅以阳刚之道而深入之，则可往而有庆，复何过咎之有？以周成之幼稚而兴盛王之治，以刘禅之昏弱而有中兴之势，盖由任圣贤之辅，而姬公、孔明所以入之者深也。

六五有柔中之德，故其象占如是。

《象》曰：厥宗噬肤，往有庆也。

爻辞但言"厥宗噬肤"，则可以往而无咎，《象》复推明其义，言人君虽己才不足，若能信任贤铺，使以其道深入于己，则可以有为，是往而有福庆也。

上九　睽孤。见豕负涂。载鬼一车。先张之弧。后说之弧。匪寇婚媾。往遇雨则吉。

"睽孤"，谓六三为二阳所制，而已以刚处明极、睽极之地，又自猜恨而乖离也。"见豕负涂"，见其污也。"载鬼一车"，以无为有也。张弧，欲射之也。说弧，疑稍释也。"匪寇婚媾"，知其非寇而实亲也。"往遇雨则吉"，疑尽释而睽合也。上九之与六三，先睽后合，故其象占如此。上居卦之终，睽之极也。阳刚居上，刚之极也。在离之上，用明之极也。睽极则怫戾而难合，刚极则躁暴而不详，明极则过察而多疑。上九有六三之正应，实不孤，而其才性如此，自"睽孤"也。如人虽有亲党，而多自疑猜，妄生乖离，虽处骨肉亲党之间，而常孤独也。上之与三，虽为正应，然居睽极，无所不疑。其见三如豕之污秽，而又背负泥涂，见其可恶之甚也。既恶之甚，则猜成其罪恶，如见载鬼满一车也。鬼本无形，而见载之一车，言其以无为有，妄之极也。物理极而必反，以近明之。如人适东，东极矣，动则西也。如升高，高极矣，动则下也。既极则动而必反也。上之睽乖既极，三之所处者正理，大凡失道既极，则必反正理。故上于三，始疑而终必合也。先张之弧，始疑恶而欲射之也。疑之者妄也。妄安能常？故终必复于正。三实无恶，故后说弧而弗射。睽极而反，故与三非复为寇仇，乃"婚媾"也。此"匪寇婚媾"之语，与他卦同，而义则殊也。阴阳交而和畅则为雨，上于三始疑而睽，睽极则不疑而合，阴阳合而益和则为雨，故云"往遇雨则吉"。"往"者自此以往也。谓既合而益和则"吉"也。

《象》曰：遇雨之吉，群疑亡也。

上九睽极有应而疑之。夫睽之极，则物有似是而非者。虽明犹疑，疑之已甚，则以无为有。无所不至，况于不明者乎？怪力乱神，圣人所不语，而此卦言之甚详，故圣人断之曰"疑"。盖心疑则境见，心明则疑亡。知此者，志怪之书可焚，无鬼之论可熄。上九刚过中，用明而过者也。故其始不能无疑。

蹇卦第三十九

（艮下坎上）䷦ 蹇 利西南。不利东北。利见大人。贞吉。

"蹇"，难也。足不能进，行之难也。为卦艮下坎上，见险而止，故为蹇。"西南"平易，"东北"险阻，又艮方也。方在蹇中，不宜走险。"西南"，坤方。坤，地也。体顺而易。"东北"，艮方。艮，山也。体止而险。在蹇难之时，利于顺处平易之地，不利止于危险也。处顺易则难可纾，止于险则难益甚矣。蹇难之时，必有圣贤之人，则能济天下之难，故"利见大人"也。济难者，必以大正之道，而坚固其守，故"贞"则"吉"也。凡处难者，必在乎守贞正。设使难不解，不失正德，是以"吉"也。若遇难而不能固其守，入于邪滥，虽使苟免，亦恶德也。知义命者不为也。又卦自小过而来，阳进则往居五而得中，退则入于艮而不进，故其占曰"利西南"而"不利东北"。当蹇之时，必见"大人"，然后可以济难。又必守正，然后得"吉"。而卦之九五，刚健中正，有大人之象。自二以上五爻，皆得正位，则又贞之义也。故其占又曰"利见大人，贞吉"。盖见险者贵于能止，而又不可终于止；处险者利于进，而不可失其正也。

《彖》曰：蹇，难也。险在前也。见险而能止，知矣哉！

"蹇"，难也。蹇之为难，如乾之为健，若易之为难，则义有未足。蹇有险阻之义，屯亦难也。困亦难也。同为难而义则异。屯者，始难而未得通。困者，力之穷。蹇乃险阻艰难之义，各不同也。"险在前也"，坎险在前，下止而不得进，故为蹇。见险而能止，以卦才言，处蹇之道也。上险而下止，"见险而能止"也。犯险而进，则有悔咎，故美其能止为知也。险而止为蒙，止于外也。"见险而能止"为智，止于内也。止于外者，阻而不得进也。止于内者，有所见而不妄进也。此蒙与蹇之所以分也。屯与蹇皆训难，屯者"动乎险中"，济难者也。蹇者"止乎险中"，涉难者也。此屯与蹇之所以分也。方蹇难之时，唯能止为善。故诸爻除五与二外，皆以往为失，来为得也。

蹇利西南，往得中也。不利东北，其道穷也。利见大人，往有功也。当位贞吉，以正邦也。蹇之时用大矣哉！

诸卦皆指内为来，外为往，则此"往得中"谓五也。蹇、解相循，覆视蹇卦则为解。九二得中，则曰"其来复吉，乃得中也"。往者得中，中在外也。来复得中，中在内也。蹇之时，利于处平易。西南坤方为顺易，东北艮方为险阻。九上居五而得中正之位，是往而得平易之地，故为利也。五居坎险之中，而谓之平易者，盖卦本坤，由五往而成坎，故但取往而得中，不取成坎之义。方蹇而又止危险之地，则蹇益甚矣，故"不利东北，其道穷也"，谓蹇之极也。蹇难之时，非圣贤不能济天下之蹇，故利于见大人也。大人当位，则成济蹇之功矣，往而有功也。能济天下之蹇者，唯大正之道。夫子又取卦才而言，蹇之诸爻，除初外，余皆当正位，故为贞正而吉也。初六虽以阴居阳，而处下，亦阴之正也。以如此正道正其邦，可以济于蹇矣。处蹇之时，济蹇之道，其用至大，故云"大矣哉！"天下之难，岂易平地。非圣贤不能，其用可谓大矣。顺时而处，量险而行，从平易之道，由至正之理，乃蹇之时用也。

《象》曰：山上有水，蹇。君子以反身修德。

山之峻阻，上复有水，坎水为险陷之象，上下险阻，故为蹇也。君子观蹇难之象，而以"反身修德"，君子之遇艰阻，必反求诸己而益自修。孟子曰：行有不得者，皆反求诸己。故遇艰蹇，必自省于身有失而致之乎，是反身也。有所未善，则改之。无歉于心，则加勉，乃自修其德也。君子修德以俟时而已。

初六 往蹇来誉。

处难之始，居止之初，独见前识，睹险而止，以待其时，故"往"则遇"蹇"，"来"则得"誉"。六居蹇之初，往进则益入于蹇，"往蹇"也。当蹇之时，以阴柔无援而进，其蹇可知。来者对往之辞，上进则为往，不进则为来。止而不进，是有见几知时之美，来则"有誉"也。

《象》曰：往蹇来誉，宜待也。

方蹇之初，进则益蹇，时之未可进也。故宜见几而止，以待时可行而后行也。诸爻皆蹇往而善来，然则无出蹇之义乎。曰：在蹇而往，则蹇也。蹇终则变矣，故上已有硕义。

六二 王臣蹇蹇。匪躬之故。

柔顺中正，正应在上，而在险中，故蹇而又蹇，以求济之，非以其身之故也。不言吉凶者，占者但当鞠躬尽力而已，至于成败利钝则非所论也。二以中正之德居艮体，止于中正者也。与五相应，是中正之人，为中正之君所信任，故谓之"王臣"。虽上下同德，而五方在大蹇之中，致力于蹇难之时，其艰蹇至甚，故为蹇于蹇也。二虽中正，以阴柔之才，岂易胜其任？所以蹇于蹇也。志在济君于蹇难之中，其"蹇蹇"者，非为身之故也。虽使不胜，志义可嘉，故称其忠荩不为己也。然其才不足以济蹇也。小可济，则圣人当盛称以为劝矣。

《象》曰：王臣蹇蹇，终无尤也。

事虽不济，亦无可尤。

九三　往蹇来反。

九三与坎为邻，进则入险，故曰"往蹇"；来则得位，故曰"来反"。九三以刚居正，处下体之上。当蹇之时，在下者皆柔，必依于三，是为下所附者也。三与上为正应，上阴柔而无位，不足以为援，故上往则蹇也。"来"，下来也。"反"，还归也。三为下二阴所喜，故来为反其所也。稍安之地也。

《象》曰：往蹇来反，内喜之也。

"内"，在下之阴也。方蹇之时，阴柔不能自立，故皆附于九三之阳而喜爱之。九之处三，在蹇为得其所也。处蹇而得下之心，可以求安，故以"来"为"反"，犹《春秋》之言"归"也。

六四　往蹇来连。

蹇难之世，不安其所，故曰"往蹇"也。来还承五，则与至尊相连，故曰"来连"也。往则益入于坎险之深，"往蹇"也。居蹇难之时，同处艰厄者，其志不谋而同也。又四居上位，而与在下者，同有得位之正，又与三相比相亲者也。二与初同类，相与者也。是与下同志，众所从附也。故曰"来连"。来则与在下之众相连合也。能与众合，得处蹇之道也。

《象》曰：往蹇来连，当位实也。

四当蹇之时，居上位，不往而来，与下同志，固足以得众矣。又以阴居阴，为得其实，以诚实与下，故能连合而下之。二三亦各得其实，初以阴居下，亦其实也。当同患之时，相交以实其合可知，故来而连者，当位以实也。处蹇难，非诚实何以济？当位不曰正而曰实，上下之交，主于诚实，用各有其所也。

九五　大蹇朋来。

"大蹇"者，非常之蹇也。九五居尊，而有刚健中正之德，必有朋来而助之者。占者有是德，则有是助矣。五居君位，而在蹇难之中，是天下之"大蹇"也。当蹇而又在险中，亦为"大蹇"。大蹇之时而二在下以中正相应，是其朋助之来也。方天下之蹇，而得中正之臣相辅，其助岂小也？得"朋来"而无吉，何也？曰：未足以济蹇也。以刚阳中正之君，而方在大蹇之中，非得刚阳中正之臣相辅之，不能济天下之蹇也。

二之中正，固有助矣。欲以阴柔之助，济天下之难，非所能也。自古圣王济天下之蹇，未有不由圣贤之臣为之助者，汤、武得伊、吕是也。中常之君，得刚明之臣，而能济大难者，则有矣。刘禅之孔明，唐肃宗之郭子仪，德宗之李晟是也。虽贤明之君，苟无其臣，则不能济于难也。故凡六居五，九居二者，则多由助而有功，蒙、泰之类是也。九居五，六居二，则其功多不足，屯、否之类是也。盖臣贤于君，则辅君以君所不能；臣不及君，则赞助之而已，故不能成大功也。

《象》曰：大蹇朋来，以中节也。

"朋"者，其朋类也。得位履中，不改其节，则同志者自远而来，故曰"朋来"。五有中正之德，而二亦中正，虽大蹇之时，不失其守，蹇与蹇以相应助，是以其中正之节也。上下中正而弗济者，臣之才不足也。自古守节秉义，而才不足以济者，岂少乎？汉李固、王允，晋周顗、王导之徒是也。

上六　往蹇来硕。吉。利见大人。

六以阴柔居蹇之极，冒极险而往，所以蹇也。不往而来，从五求三，得刚阳之助，是以"硕"也。蹇之道，厄塞穷蹙。"硕"，大也。宽裕之称。来则宽大，其蹇纾矣。蹇之极有出蹇之道，上六以阴柔，故不得出。得刚阳之助，可以纾蹇而已。在蹇极之时，得纾则为"吉"矣。非刚阳中正，岂能出乎蹇也？"利见大人"，蹇极之时，见大德之人，则能有济于蹇也。"大人"，谓五，以相比发此义，五刚阳中正而居君位，大人也。在五不言其济蹇之功，而上六利见之，何也？曰：在五不言，以其居坎险之中，无刚阳之助，故无能济蹇之义。在上六蹇极，而见大德之人则能济于蹇，故为利也。各爻取义不同，如屯初九之志正，而于六二则目之为寇也。诸爻皆不言"吉"，上独言"吉"者，诸爻皆得正，各有所善。然皆未能出于蹇，故未足为吉。唯上处蹇极而得宽裕，乃为"吉"也。

《象》曰：往蹇来硕，志在内也。利见大人，以从贵也。

上六应三而从五，志在内也。蹇既极而有助，是以硕而吉也。六以阴柔当蹇之极，密近刚阳中正之君，自然其志从附以来自济，故"利见大人"，谓从九五之贵也。所以云"从贵"，恐人不知大人为指五也。

卷　六

解卦第四十

（坎下震上）䷧　解　利西南。无所往。其来复吉。有攸往。夙吉。

"解"，难之散也。居险能动，则出于险之外矣，解之象也。解之为义，解难而济厄者也。以解来复则不失中，有难而往，则以速为吉也。无难则能复其中，有难则能济其厄也。"西南"，坤方。坤之体，广大平易。当天下之难方解，人始离艰苦，不可复以烦苛严急治之，当济以宽大简易，乃其宜也。如是则人心怀而安之，故利于西南也。汤除桀之虐而以宽治，武王诛纣之暴而反商政，皆从宽易也。"无所往，其来复吉，有攸往，夙吉"。"无所往"，谓天下之难已解散，无所为也。"有攸往"，谓尚有所当解之事也。夫天下国家，必纪纲法度废乱，而后祸患生。圣人既解其难，而安平无事矣，是"无所往"也。则当修复治道，正纪纲，明法度，进复先代明王之治，是"来复"也。谓反理正也。天下之"吉"也。"其"，发语辞。自古圣王救难定乱，其始未暇遽为也。既安定，则为可久可继之治。自汉以下，乱既除，则不复有为，姑随时维持而已，故不能成善治，盖不知来复之义也。"有攸往，夙吉"，谓尚有当解之事，则早为之乃吉也。当解而未尽者，不早去则将复盛。事之复生者，不早为则将渐大，故"夙"则"吉"也。难之既解，利于平易安静，不欲久为烦扰。且其卦自升来，三往居四，入于坤体，二居其所而又得中，故利于西南平易之地。若"无所往"，则宜来复其所而安静。若尚有所往，则宜早往早复，不可久烦扰也。解之时，异于蹇之时，故其辞小异。然处解之道，犹然处蹇之道，故其意大同。言"利西南"，不言不利东北，是辞小异也。然"西南"者退后也。犹蹇所云"来"也。"东北"者前进也。犹蹇所谓"往"也。今无事则来，固以"西南"为"利"矣。有事虽可以往，而必以"夙"为"吉"，不可以往而忘返也。是犹不以东北为利，而终以"西南"为"利"也。其与处蹇之道，意大同矣。盖国家无论有事无事，皆以退而自修为本。以爻义与卦相参，皆可见矣。

《彖》曰：解，险以动。动而免乎险，解。

坎险震动，"险以动"也。不险则非难，不动则不能出难。动而出于险外，是"免乎险难"也。故为解。

解利西南，往得众也。其来复吉，乃得中也。有攸往夙吉，往有功也。

坤为众。"得众"，谓九四入坤体。"得中"、"有功"，皆指九二。解难之道，利在广大平易，以宽易而往济解，则得众心之归也。不云无所往，省文尔。救乱除难，一时之事，未能成治道也。必待难解无所往，然后来复先王之治，乃得中道，谓合宜也。有所为，则"夙吉"也。早则往而有功，缓则恶滋而害深矣。

天地解而雷雨作，雷雨作而百果草木皆甲坼。解之时大矣哉！

解上下体易为屯，"动乎险中"为屯，动而出乎险之外为解。屯象草穿地而未申，解则"雷雨作而百果草木皆甲坼"。当蹇之未解，必动而免乎险，方可以为解。蹇之既解，则宜安静而不可久烦扰。故蹇、解之时，圣人皆赞其大。既明处解之道，复言天地之解，以见解时之大。天地之气，开散交感而和畅，则成雷雨。天地否结，则雷雨不作。交通感散，"雷雨乃作"也。雷雨之作，否结则散，故"百果草木皆甲坼"。雷雨作而万物皆生发甲坼，天地之功，由解而成，故赞"解之时大矣哉！"王者法天道，行宽宥，施恩惠，养育兆民，至于昆虫草木，乃顺解之时，与天地合德也。

《象》曰：雷雨作，解。君子以赦过宥罪。

天地解散而成雷雨，故"雷雨作"而为解也。与"明两"而作离语不同。"赦"，释之；"宥"，宽之。过失则赦之可也。罪恶而赦之，则非义也。故宽之而已。君子观雷雨作解之象，体其发育，则施恩仁，体其解散，则行宽释也。

初六　无咎。

难既解矣，以柔在下，上有正应，何"咎"之有？故其占如此。六居解初，患难既解之时，以柔居刚，以阴应阳，柔而能刚之义，既无患难，而自处得刚柔之宜。患难既解，安宁无事，唯自处得宜，则为"无咎"矣。方解之初，宜安静以休息之。爻之辞寡，所以示意。

《象》曰：刚柔之际，义无咎也。

初四相应，是刚柔相际接也。刚柔相际，为得其宜，艰既解而处之，刚柔得宜，其"义无咎"也。

九二　田获三狐。得黄矢。贞吉。

九二以阳刚得中之才，上应六五之君，用于时者也。天下小人常众，刚明之君在上，则明足以照之，威足以惧之，刚足以断之，故小人不敢用其情。然犹常存警戒，虑其有间而害正也。六五以阴柔居尊位，其明易蔽，其威易犯，其断不果而易惑。小人一近之，则移其心矣。况难方解而治之初，其变尚易。二既当用，必须能去小人，则可以正君心，而行其刚中之道。"田"者去害之事，"狐"者邪媚之兽。"三狐"，指卦之三阴，时之小人也。"获"，谓能变化除去之，如田之获狐也。获之则得中直之道，乃"贞"正而"吉"也。"黄"，中色。"矢"，直物。"黄矢"，谓中直也。群邪不去，君心一入，则中直之道，无由行矣。桓敬之不去武三思是也。当解之时，此爻欲其获狐，三戒其致寇，四欲其解"拇"，五欲其退"小人"，六欲其"射隼"。一卦六爻，而去"小人"之象居其五。然则召天下多难者谁乎？人君亦何利于天下之多难，而乐于近小人以疏君子哉！

《象》曰：九二贞吉，得中道也。

"黄"者，中也。"矢"者，直也。人臣之道，固主乎直，然直而不中，则有以嫉恶去邪，而激成祸乱者多矣，得中道，正释得"黄矢"之义。所谓"贞吉"者，得其中道也。除去邪恶，使其中直之道得行，乃正而吉也。

六三　负且乘。致寇至。贞吝。

"乘"者君子之器也。"负"者小人之事也。施之于人，即在车骑之上而负物也。故寇盗知其非己所有，于是竞欲夺之。六三阴柔居下之上，处非其位，犹小人宜在下以负荷。而且乘车，非其据也。必致寇夺之至。虽使所为得正，亦可鄙吝也。小人而窃盛位，虽勉为正事，而气质卑下。本非在上之物，终可"吝"也。若能大正则如何？曰：大正非阴柔所能也。若能之，则是化为君子矣。三阴柔小人，宜在下而反处下之上，犹小人宜负而反乘，当致寇夺也。难解之时，而小人窃位，复致寇矣。

《象》曰：负且乘，亦可丑也。自我致戎，又谁咎也？

负荷之人，而且乘载，为可丑恶也。处非其据，德不称其器，则寇戎之致，乃己招取，将谁咎乎？圣人又于《系辞》明其致寇之道，谓"作《易》者其知盗乎！"盗者乘衅而至，苟无衅隙，则盗安能犯？"负者小人之事，乘者君子之器"，以小人而乘君子之器，非其所能安也。故盗乘衅而夺之，小人而居君子之位，非其所能堪也。故满假而陵慢其上，侵暴其下，盗则乘其过恶而伐之矣。"伐"者，声其罪也。"盗"，横暴而至者也。货财而轻慢其藏，是教诲乎盗使取之也！女子而夭冶其容，是教诲淫者使暴之也。小人而乘君子之器，是招盗使夺之也。皆自取之之谓也。

九四 解而拇。朋至斯孚。

"拇"，谓初也。居下体之下而应于己，故曰"拇"。初与四皆不得其位而相应，应之不以正者也。然四阳初阴，其类不同，若能解而去之，则君子之朋至而相信矣。九四以阳刚之才居上位，承六五之君，大臣也。而下与初六之阴为应，"拇"，在下而微者，谓初也。居上位而亲小人，则贤人正士远退矣。斥去小人，则君子之党进而诚相得也。四能解去初六之阴柔，则阳刚君子之朋来至而诚合矣。不解去小人，则己之诚未至，安能得人之孚也。初六其应，故谓远之为解。

《象》曰：解而拇，未当位也。

四虽阳刚，然居阴，于正疑不足，若复亲比小人，则其失正必矣，故戒必"解其拇"，然后能来君子，以其处未当位也。"解"者，本合而离之也。必解拇而后朋孚，盖君子之交，而小人容于其间，是与君子之诚未至也。

六五 君子维有解。吉。有孚于小人。

卦凡四阴，而六五当君位，与三阴同类者，必解而去之则"吉"也。"孚"，验也。君子有解，以小人之退为验也。六五居尊位，为解之主，人君之解也。以君子通言之，君子所亲比者，必君子也。所解去者，必"小人"也。故"君子维有解"则"吉"也。小人去，则君子进矣，吉孰大焉。"有孚"者，世云见验也。可验之于小人，小人之党去，则是君子能有解也。小人去，则君子自进，正道自行，天下不足治也。

《象》曰：君子有解，小人退也。

君子能有解，则小人退矣。小人若未退，则是君子未能解也。以小人之退，验君子之解，虽不言有孚，而有孚之义明矣。

上六　公用射隼于高墉之上。获之无不利。

上六尊高之地，而非君位，故曰"公"，但据解终而言也。"隼"，鸷害之物，象为害之小人。"墉"，墙，内外之限也。害若在内，则是未解之时也。若出墉外，则是无害矣。复何所解，故在墉上，离乎内而未去也。云"高"，见防限之严而未去者。"上"，解之极也。解极之时，而独有未解者，乃害之坚强者也。上居解极，解道已至，器已成也。故能射而获之。既获之，则天下之患，解已尽矣，何所不利？夫子于《系辞》复伸其义曰："隼者禽也。弓矢者器也。射之者人也。君子藏器于身，待时而动，何不利之有。动而不括，是以出而有获，语成器而动者也。"鸷害之物在墉上，苟无其器，与不待时而发，则安能获之，所以解之之道，器也。事之当解，与已解之之道至者时也。如是而动，故无括结，发而无不利矣。括结，谓阻碍。圣人于此，发明藏器待时之义。夫行一身至于天下之事，苟无其器，与不以时而动，小则括塞，大则丧败。自古喜有为而无成功，或颠覆者，皆由是也。

《象》曰：公用射隼，以解悖也。

解卦以去小人为要义。天下之难，由小人作，群比如"拇"，邪媚如"狐"，鸷害如"隼"。解"拇"、获"狐"、射"隼"而难解矣。

损卦第四十一

（兑下艮上）　䷨　损　有孚，元吉。无咎，可贞。利有攸往。

"损"，减损也。为卦损下卦上画之阳，益上卦上画之阴。损兑泽之深，益艮山之高。损下益上，损内益外，剥民奉君之象，所以为损也。损之道不可以为正，当损之时，故曰"可贞"。时损则损，时益则益，苟当其时，无往而不可，故损、益皆"利有攸往"。损所当损，而有孚信，则其占当有此下四者之应矣。凡损抑其过以就义理，皆损之道也。损之道必有孚诚，谓至诚顺于理也。损而顺理，则大善而"吉"，所损无过差，"可贞"固常行，而利有所往也。人之所损，或过或不及，或不常，皆不合正理，非有孚也。非"有孚"则无吉而有咎，非"可贞"之道，不可行也。

曷之用，二簋可用享。

"损"者，损过而就中，损浮末而就本实也。圣人以宁俭为礼之本，故为损发明其义。"曷之用，二簋可用享"者，明行损之礼。贵夫诚信，不在于丰，"二簋"至约，可用享祭。以享祀言之，享祀之礼，其文最繁，然以诚敬为本，多仪备物，所以将饰其诚敬之心，饰过其诚，则为伪矣。损饰，所以存诚也。故云"曷之用，二簋可用享。""二簋"之约，可用享祭，言在乎诚而已，诚为本也。天下之害，无不由末之胜也。峻宇雕墙，本于宫室。酒池肉林，本于饮食。淫酷残忍，本于刑罚。穷兵黩武，本于征讨。凡人欲之过者，皆本于奉养，其流之远则为害矣。先王制其本者天理也。后人流于末者人欲也。损之义，损人欲以复天理而已。

《彖》曰：损，损下益上，其道上行。

损之所以为损者，以损于下而益于上也。取下以益上，故云"其道上行"。夫损上而益下则为益，损下而益上则为损，损基本以为高者，岂可谓之益乎？

损而有孚，元吉。无咎，可贞。利用攸往，曷之用，二簋可用享。二簋应有时，损刚益柔有时。损益盈虚，与时偕行。

此释卦辞。"时"，谓当损之时。谓损而以至诚，则有此"元吉"以下四者，损道之尽善也。夫子特释"曷之用二簋可用享"，卦辞简直，谓当损去浮饰。曰何所用哉，二簋可以享也。厚本损末之谓也。夫子恐后人不达，遂以为文饰当尽去，故详言之。有本必有末，有实必有文，天下万事无不然者。无本不立，无文不行。父子主恩，必有严顺之体。君臣主敬，必有承接之仪。礼让存乎内，待威仪而后行。尊卑有其序，非物采则无别，文之与实，相须而不可缺也。乃夫文之胜，末之流，远本丧实，乃当损之时也。故云曷所用哉。二簋足以荐其诚矣，谓当务实而损饰也。夫子恐人之泥言也。故复明之曰：二簋之质，用之当有时，非其所用而用之，不可也。谓文饰未过而损之，与损之至于过甚，则非也。损刚益柔有时，刚为过，柔为不足，损益皆损刚益柔也。必顺时而行，不当时而损益之，则非也。或损或益，或盈或虚，唯随时而已，过者损之，不足者益之，亏者盈之，实者虚之，"与时偕行"也。

《象》曰：山下有泽，损。君子以惩忿窒欲。

山下有泽，气通上润与深下以增高，皆损下之象。兑说故"惩忿"，艮止故"窒欲"。君子观损之象，以损于己，在修己之道所当损者，唯"忿"与"欲"，故以惩戒其忿怒，窒塞其意欲也。

初九 已事遄往，无咎。酌损之。

损之为道，损下益上，如人臣欲自损己奉上。然各有职掌，若废事而往，咎莫大焉。竟事速往，乃得无咎。酌损之者，以刚奉柔，初未见亲也。故须酌而减损之。初九当损下益上之时，上应六四之阴，辍所为之事而速往以益之，"无咎"之道也。故其象占如此。然居下而益上，亦当斟酌其浅深也。损之义，损刚益柔，损下益上也。初以阳刚应于四，四以阴柔居上位，赖初之益者也。下之益上，当损己而不自以为功。所益于上者，事既已则速去之，不居其功，乃无咎也。若享其成功之美，非损己益上也。于为下之道为有咎矣。四之阴柔，赖初者也。故听于初。初当酌度其宜而损己以益之，过与不及，皆不可也。

《象》曰：已事遄往，尚合志也。

"尚"，上也。时之所崇用为尚，初之所尚者，与上合志也。四赖于初，初益于四，与上合志也。《易》例，初九与六四虽正应，却无往从之之义，在下位不援上也。唯损初爻言"遄往"，而《传》谓"上合志"，盖当损下益上之时故也。

九二 利贞。征凶。弗损。益之。

二以刚中当损刚之时，居柔而说体，上应六五阴柔之君，以柔说应上，则失其刚中之德，故戒所利在贞正也。"征"，行也。离乎中，则失其贞正而凶矣，守其中乃"贞"也。"弗损，益之"，不自损其刚贞，则能益其上，乃"益之"也。若失其刚贞，而用柔说，适足以损之而已，非损己而益上也。世之愚者，有虽无邪心，而唯知竭力顺上为忠者，盖不知弗损益之之义也。九二在爻则为刚中，在人事则为志在自守，不肯妄进。志在自守，不肯妄进，九二之贞也。故占者利于守贞。若征行，则是变其所守而得"凶"矣。夫自守而不妄进，宜若无益于上矣。然由是而启时君尊德乐道之心，止士大夫奔竞之习；其益于上也不少，是弗损乃所以益之也。桐江一丝，系汉九鼎，清风高节，披拂士习，可当此爻之义。

《象》曰：九二利贞，中以为志也。

九居二，非正也。处说，非刚也。而得中为善。若守其中德，何有不善，岂有中而不正者，岂有中而有过者。二所谓"利贞"，谓以中为志也。志存乎中，则自正矣，大率中重于正，中则正矣，正不必中也。能守中则有益于上矣。

六三 三人行。则损一人。一人行。则得其友。

"损者"，损有余也。"益"者，益不足也。"三人"，谓下三阳上三阴，三阳同行，则损九三以益上，三阴同行，则损上六以为三，"三人行则损一人"也。上以柔易刚而谓之损，但言其减一耳。上与三虽本相应，由二爻升降，而一卦皆成，两相与也。初二二阳，四五二阴，同德相比，三与上应，皆两相与，则其志专，皆为得其友也。三虽与四相比，然异体而应上，非同行者也。三人则损一人，一人则得其友。盖天下无不二者，一与二相对待，生生之本也。三则余而当损矣，此损、益之大义也。夫子又于《系辞》尽其义曰："天地纲缊，万物化醇，男女媾精，万物化生，《易》曰："三人行则损一人，一人行则得其友"，言致一也。""纲缊"，交密之状。天地之气，相交而密，则生万物之化醇。"醇"，谓酝厚，酝厚，犹精一也。男女精气交媾，则化生万物。唯精醇专一，所以能生也。一阴一阳，岂可二也。故三则当损，言专致乎一也。天地之间，当损益之明且大者，莫过此也。戒占者当致一也。

《象》曰：一人行，三则疑也。

一人行而得一人，乃得友也。若三人行，则疑所与矣，理当损去其一人，损其余也。

六四 损其疾。使遄有喜。无咎。

"遄"者初九也。"损其疾"，则初之从我也易，故"遄有喜"。四以阴柔居上，与初之刚阳相应，在损时而应刚，能自损以从刚阳也。损不善以从善也。初之益四，损其柔而益之以刚，损其不善也。故曰"损其疾"。"疾"，谓疾病，不善也。损于不善，唯使之遄速，则"有喜"而"无咎"。人之损过，唯患不速，速则不致于深过，为可喜也。

《象》曰：损其疾，亦可喜也。

损其所疾，固可喜也。云"亦"，发语辞。

六五 或益之十朋之龟。弗克违，元吉。

柔顺虚中，以居尊位，当损之时，受天下之益者也。六五于损时，以中顺居尊位，虚其中以应乎二之刚阳，是人君能虚中自损，以顺从在下之贤也。能如是，天下孰不损己自尽以益之，故或有益之之事，则十朋助之矣。"十"，众辞。"龟"者，决是非吉凶之物。众人之公论，必合正理，虽龟策不能违也。如此可谓大善之吉矣。古人曰：谋从众则合天心。两龟为"朋"。"十朋之龟"，大宝也。或以此益之而不能辞，其吉可知。占者有是德，则获其应也。

《象》曰：六五元吉，自上祐也。

所以得"元吉"者，以其能尽众人之见，合天地之理，故自上天降之福祐也。

上九 弗损。益之。无咎。贞吉。利有攸行。得臣无家。

凡损之义有三，损己从人也。自损以益于人也。行损道以损于人也。损己从人，徙于义也。自损益人，及于物也。行损道以损于人，行其义也。各因其时，取大者言之，四五二爻，取损己从人，下体三爻，取自损以益人，损时之用，行损道以损天下之当损者也。上九则取不行其损为义，九居损之终，损极而当变者也。以刚阳居上，若用刚以损削于下，非为上之道，其咎大矣。若不行其损，变而以刚阳之道益于下，则"无咎"而得其正且"吉"也。如是则宜有所往，往则有益矣。在上能不损其下而益之，天下孰不服从。从服之众，无有内外也。故曰"得臣无家"。"得臣"，谓得人心归服。"无家"，谓无有远近内外之限也。上九当损下益上之时，居卦之上，受益之极，而欲自损以益人也。然居上而益下，有所谓惠而不费者，不待损己，然后可以益人也。能如是则"无咎"，然亦必以正则"吉"，而利有所往。惠而不费，其惠广矣，故又曰"得臣无家"。九二之"弗损"，谓损己。"益之"，谓益人。此爻之"弗损"，谓损人。"益之"，谓益己。辞同而指异者，卦义损下益上，故在下卦为自损，在上卦为受益。

《象》曰：弗损，益之，大得志也。

居上不损下而反益之，是君子大得行其志也。君子之志，唯在益于人而已。

益卦第四十二

（震下巽上） ䷩ 益　利有攸往。利涉大川。

"益"，增益也。"益"者，益于天下之道也。故"利有攸往"。益之道可以济险难，"利涉大川"也。为卦损上卦初画之阳，益下卦初画之阴，自上卦而下于下卦之下，故为益。卦之九五六二，皆得中正，下震上巽，皆木之象，故其占利有所往，而"利涉大川"也。

《彖》曰：益，损上益下，民说无疆。自上下下，其道大光。

以卦义与卦才言也。卦之为益，以其"损上益下"也。损于上而益于下，则民说之。"无疆"，为无穷极也。自上而降己以下下，其道之大光显也。阳下居初，阴上居四，为自上下下之义。

利有攸往，中正有庆。利涉大川，木道乃行。

五以刚阳中正居尊位，二复以中正应之，是以中正之道益天下，天下受其福庆也。益之为道，于平常无事之际，其益犹小。当艰危险难，则所益至大，故"利涉大川"也。于济艰险，乃益道大行之时也。"益"误作"木"。或以为上巽下震，故云"木道"，非也。

益动而巽，日进无疆。天施地生，其益无方。凡益之道，与时偕行。

又以二体言，卦才下动而上巽，"动而巽"也。既奋发，又沈潜，学所以日新，故"日进无疆"。天下施，地上行，化所以不已，故"其益无方"。此皆时之自然者，故曰"凡益之道，与时偕行"。为益之道，其动巽顺于理，则其益日进，广大无有疆限也。动而不顺于理，岂能成大益也。以天地之功，言益道之大，圣人体之以益天下也。天道资始，地道生物，"天施地生"，化育万物，"各正性命"，"其益"可谓"无方"矣。方，所也。有方所，则有限量。"无方"，谓广大无穷极也。天地之益万物，岂有穷际乎？天地之益无穷者，理而已矣。圣人利益天下之道，应时顺理，与天地合，"与时偕行"也。

《象》曰：风雷，益。君子以见善则迁，有过则改。

风烈则雷迅，雷激则风怒，二物相益者也。君子观风雷相益之象，而求益于己。为益之道，无若"见善则迁，有过则改"也。见善能迁，则可以尽天下之善，有过能改，则无过矣，益于人者，无大于是。

初九　利用为大作。元吉。无咎。

初虽居下，然当益下之时，受上之益者也。不可徒然无所报效，故"利用为大作"，必"元吉"，然后得"无咎"。初九震动之主，刚阳之盛也。居益之时，其才足以益物。虽居至下，而上有六四之大臣应于己。四巽顺之主，上能巽于君，下能顺于贤才也。在下者不能有为也。得在上者应从之，则宜以其道辅于上，作大益天下之事，"利用为大作"也。居下而得上之用以行其志，必须所为大善而"吉"。则无过"咎"，不能"元吉"。则不唯在己有咎乃累乎上，为上之"咎"也。在至下而当大任，小善不足以称也。故必"元吉"，然后得"无咎"。

《象》曰：元吉，无咎，下不厚事也。

在下者本不当处厚事。"厚事"，重大之事也。以为在上所住，所以当大事，必能济大事，而致"元吉"，乃为无咎。能致"元吉"，则在上者任之为知人，己当之为胜任，不然，则上下皆有咎也。

六二　或益之十朋之龟。弗克违。永贞吉。王用享于帝吉。

六二处中正而体柔顺，有虚中之象。人处中正之道，虚其中以求益，而能顺从，天下孰不愿告而益之。孟子曰：夫苟好善，则四海之内，皆将轻千里而来告之以善。夫满则不受，虚则来物，理自然也。故或有可益之事，则众朋助而益之。"十"者，众辞众人所是，理之至当也。"龟"者，占吉凶辨是非之物。言其至是，龟不能违也。"永贞吉"，就六二之才而言。二中正虚中，能得众人之益者也。然而质本阴柔，故戒在常永贞固，则吉也。求益之道，非永贞则安能守也。损之六五，十朋之则"元吉"

者，盖居尊自损，应下之刚，以柔而居刚，柔为虚受，刚为固守，求益之至善，故"元吉"也。六二虚中求益，亦有刚阳之应，而以柔居柔，疑益之未固也。故戒能常永贞固则吉也。"王用享于帝吉"，如二之虚中而能永贞，用以享上帝，犹当获吉，况与人接物其意有不通乎？求益于人，有不应乎？祭天，天子之事，故云"王用"也。

《象》曰：或益之，自外来也。

既中正虚中，能受天下之善而固守，则有有益之事，众人自外来益之矣。或曰"自外来"岂非谓五乎？曰如二之中正虚中，天下孰不愿益之，五为正应，固在其中矣。

六三　益之用凶事。无咎。有孚中行。告公用圭。

三居下体之上，在民上者也。乃守令也。居阳应刚，处动之极，居民上而刚决，果于为益者也。果于为益，用之"凶事"则"无咎"。"凶事"，谓患难非常之事。三居下之上，在下当承禀于上，安得自任擅为益乎？唯于患难非常之事，则可量宜应卒，奋不顾身，力庇其民，故"无咎"也。下专自任，上必忌疾，虽当凶难，以义在可为，然必有其孚诚，而所为合于中道，则诚意通于上，而上信与之矣。专为而无为上爱民之至诚，固不可也。虽有诚意，而所为不合中行，亦不可也。圭者通信之物，《礼》云：大夫执圭而使，所以申信也。凡祭祀朝聘，用圭玉，所以通达诚信也。有诚孚而得中道，则能使上信之，是犹告公上用圭玉也。其孚能通达于上矣。在下而有为之道，固当"有孚中行"。又三阴爻而不中，故发此义。或曰：三乃阴柔，何得反以刚果任事为义？曰：三质虽本阴，然其居阳乃自处以刚也。应刚，乃志在乎刚也。居动之极，刚果于行也。以此行益，非刚果而何。《易》以所胜为义，故不论其本质也。

《象》曰：益用凶事，固有之也。

六三益之独可用于凶事者，以其"固有之也"，谓专固自任其事也。居下当禀承于上，乃专任其事，唯救民之凶灾，拯时之艰急，则可也。乃处急难变故之权宜，故得"无咎"，若平时则不可也。

六四　中行。告公从。利用为依迁国。

二四皆不得中，故皆以"中行"为戒。此言以益下为心，而合于"中行"，则"告公"而见"从"矣。《传》曰：周之东迁，晋郑焉依。盖古者迁国以益下，必有所依，然后能立。此爻又为迁国之吉占也。四当益时，处近君之位，居得其正，以柔巽辅上，而下顺应于初之刚阳，如是可以益于上也。唯处不得其中，而所应又不中，是不足于中也。故云若行得中道，则可以益于君上，告于上而获信从矣。以柔巽之体，非有刚特之操，故"利用为依迁国"。"为依"，依附于上也。"迁国"，顺下而动也。上依刚中之君，而致其益，下顺刚阳之才，以行其事，利用如是也。自古国邑，民不安其居则迁。迁国者，顺下而动也。

《象》曰：告公从，以益志也。

爻辞但云得"中行"，则"告公"而获从。《象》复明之曰"告公"而获"从"者，告之以益天下之志也。志苟在于益天下，上必信而从之，事君者不患上之不从，患志之不诚也。

九五　有孚惠心。勿问元吉。有孚惠我德。

五刚阳中正居尊位，又得六二之中正相应，以行其益，何所不利。以阳实在中，"有孚"之象也。以九五之德之才之位，而中心至诚在惠益于物，其至善大吉，不问可知，故云"勿问元吉"。人君居得致之位，操可致之权，苟至诚益于天下，天下受其大福，其"元吉"不假言也。"有孚惠我德"，人君至诚益于天下，天下之人，无不至诚爱戴，以君之德泽为恩惠也。得立履尊，为益之主者也。为益之大，莫大于信。为惠之大，莫大于心。因民所利而利之焉，惠而不费。惠心者也。信以惠心，尽物之愿，固不待问而"元吉"，以诚惠物，物亦应之，故曰"有孚惠我德"也。

《象》曰：有孚惠心，勿问之矣。惠我德，大得志也。

损上之时，一以损己为念，虽"有孚惠心"及下，终不言以彰己功，故曰"有孚惠心，勿问"。"问"，犹言也。如是获"元吉"，且为下所信而怀己德，故曰"有孚惠我德"。君虽不言，人惠其德，则我"大得志也"。

上九　莫益之。或击之。立心勿恒。凶。

上居无位之地，非行益于人者也。以刚处益之极，求益之甚者也。所应者阴，非取善自益者也。上九处益之极，益之过甚者也。求益无厌，怨者非一，故曰"莫益之，或击之"也。"勿"，犹无也。求益无已，是"立心无恒"者也。无恒之人，必凶咎之所集。利者，众人所同欲也。专欲益己，其害大矣。欲之甚，则昏蔽而忘义理。求之极，则侵夺而致仇怨。或夫子曰：放于利而行多怨，孟子谓先利则不夺不厌，圣贤之深戒也。九以刚而求益之极，众人所共恶，故无益之者，而或攻击之矣。"立心勿恒凶"，圣人戒人存心不可专利。云"勿恒"如是，"凶"之道也。所当速改也。

《象》曰：莫益之，偏辞也。或击之，自外来也。

理者天下之至公，利者众人所同欲，苟公其心，不失其正理，则与众同利，无侵于人，人亦欲与之，若切于好利，蔽于自私，求自益以损于人，则人亦与之力争，故莫肯益之而有击夺之者矣。云"莫益之"者，非其偏已之辞也。苟不偏已，合于公道，则人亦益之，何为击之乎！既求益于人，至于甚极，则人皆恶而欲攻之，故击之者"自外来"也。人为善，则千里之外应之，六二中正虚己，益之者自外而至是也。苟为不善，则千里之外违之，上九求益之极，击之者自外而至是也。《系辞》曰："君子安其身而后动，易其心而后语，定其交而后求，君子修此三者故全也。危以动，则民不与也。惧以语，则民不应也。无交而求，则民不与也。莫之与，则伤之者至矣。《易》曰：'莫益之，或击之，立心勿恒凶'。"君子言动与求，皆以其道，乃完善也。不然，则取伤而凶矣。

夬卦第四十三

（乾下兑上） ䷪ 夬　扬于王庭。孚号有厉。告自邑。不利即戎，利有攸往。

"夬"，决也。阳决阴也。三月之卦也。以五阳去一阴，决之而已。然其决之也。必正名其罪，而尽诚以呼号其众，相与合力。然亦尚有危厉，不可安肆，又当先治其私，而不可专尚威武，则利有所往也。皆戒之之辞。小人方盛之时，君子之道未胜，安能显然以正道决去之。故含晦俟时，渐图消之之道。今既小人衰微，君子道盛，当显行之于公朝，使人明知善恶，故云"扬于王庭"。"孚"，信之在中，诚意也。"号"者，命众之辞。君子之道虽长盛，而不敢忘戒备，故至诚以命众，使知尚有危道。虽以此之甚盛，决彼之甚衰，若易而无备，则有不虞之悔。是尚有危理，必有戒惧之心，则无患也。圣人设戒之意深矣。君子之治小人，以其不善也。必以己之善道胜革之。故圣人诛乱，必先修己，舜之敷文德是也。"邑"，私邑。"告自邑"，先自治也。以众阳之盛，决于一阴，力固有余。然不可极其刚至于太过，太过乃如蒙上九之为寇也。

戎兵者强武之事，"不利即戎"，谓不宜尚壮武也。"即"，从也。从戎，尚武也。"利有攸往"，阳虽盛，未极乎上，阴虽微，犹有未去，是小人尚有存者，君子之道有未至也。故宜进而往也。不尚刚武，而其道益进，乃夬之善也。

《彖》曰：夬，决也。刚决柔也。健而说，决而和。

"夬"为决义，五阳决上之一阴也。"健而说，决而和"，以二体言卦才也。下健而上说，是健而能说，决而能和，决之至善也。兑说为和。

扬于王庭，柔乘五刚也。孚号有厉，其危乃光也。告自邑。不利即戎，所尚乃穷也。利有攸往，刚长乃终也。

柔虽消矣，然居五刚之上，犹为乘陵之象。阴而乘阳，非理之甚，君子势既足以去之，当显扬其罪于王朝大庭，使众知善恶。尽诚信以命其众，而知有危惧，则君子之道，乃无虞而光大也。当先自治，不宜专尚刚武。"即戎"，则所尚乃至穷极矣。夬之时所尚，谓刚武也。阳则虽盛，长犹未终，尚有一阴，更当决去，则君子之道纯一而无害之者矣，乃刚长之终也。

《象》曰：泽上于天，夬。君子以施禄及下，居德则忌。

泽，水之聚也。而上于天至高之处，故为夬象。"泽上于天"，溃决之势也。"施禄及下"，溃决之意也。君子观泽决于上而注溉于下之象，则以"施禄及下"，谓施其禄泽以及于下也。观其决溃之象，则以"居德则忌"。"居德"，谓安处其德。"则"，约也。"忌"，防也。谓约立防禁，有防禁则无溃散也。王弼作"明忌"，亦通。不云泽在天上，而云泽上于天，上于天，则意不安而有决溃之势，云在天上，乃安辞也。

初九　壮于前趾。往不胜为咎。

"前"，犹进也。当决之时，居下任壮，不胜宜矣，故其象占如此。九阳爻而乾体，刚健在上之物，乃在下而居决时，壮于前进者也。"前趾"，谓进行，人之决于行也。行而宜，则其决为是。往而不宜，则决之过也。故"往"而"不胜"，则"为咎"也。夬之时而往，往决也。故以胜负言。九居初而壮于进，躁于动者也。故有不胜之戒。阴虽将尽，而己之躁动，自宜有不胜之咎，不计彼也。

《象》曰：不胜而往，咎也。

人之行，必度其事可为，然后决之，则无过矣。理不能胜而且往，其咎可知，凡行而有咎者，皆决之过也。

九二 惕号。莫夜有戎，勿恤。

夬者，阳决阴，君子决小人之时，不可忘戒备也。阳长将极之时，而二处中居柔，不为过刚。能知戒备，处决之至善也。内怀兢惕，而外严诫号，虽"莫夜"有兵戎，亦可"勿恤"矣。此爻辞有以"惕号莫夜"为句，"有戎，勿恤"为句者，言莫夜人所忽也。而犹惕号，则所以警惧者素矣。有戎人所畏也。而不之恤，则所以持重者至矣。盖即象之所谓"孚号有厉"，"不利即戎"者也。夫唯无事而惕号，故有事而能"勿恤"。史称终日钦钦，如对大敌，及临陈则志气安闲，若不欲战者是也。此卦当以九五为卦主，而爻辞之意独备于九二者，盖九二远阴，主于平时，则发"孚号"告邑"不利即戎"之义。九五近阴，主于临事，则发"扬于王庭，利有攸往"之义，然其为中行中道则一也。

《象》曰：有戎勿恤，得中道也。

莫夜有兵戎，可惧之甚也。然可勿恤者，以自处之善也。既得中道，又知惕惧，且有戒备，何事之足恤也。九居二虽得中，然非正，其为至善何也？曰：阳决阴，君子决小人而得中，岂有不正也。知时识势，学《易》之大方也。

九三 壮于頄，有凶。君子夬夬。独行遇雨。若濡有愠。无咎。

"頄"，颧也。九三当决之时，以刚而过乎中，是欲决小人，而刚壮见于面目也。如是则有凶道矣，然在众阳之中，独与上六为应，若能果决其决，不系私爱，则虽合于上六，如"独行遇雨"，至于"若濡"，而为君子所愠，然终必能决去小人而无所咎也。温峤之于王敦，其事类此。

《象》曰：君子夬夬，终无咎也。

牵梏于私好，由无决也。君子义之与比，决于当决，故终不至于有咎也。

九四 臀无肤。其行次且。牵羊悔亡。闻言不信。

"臀无肤"，居不安也。"行次且"，进不前也。"次且"，进难之状。九四以阳居阴，刚决不足，欲止则众阳并进于下，势不得安，犹臀伤而居不能安也。欲行则居柔失其刚壮，不能强进，故其行次且也。"牵羊悔亡"，"羊"者，群行之物。"牵"者，挽拽之义。言若能自强而牵挽以从群行，则可以"亡"其"悔"。然既处柔，必不能也。虽使闻是言，亦必不能信用也。夫过而能改，闻善而能用，克己以从义，唯刚明者能之。在它卦九居四，其失未至如此之甚。在夬而居柔，其害大矣。以阳居阴，不中不正，居则不安，行则不进，若不与众阳竞进而安出其后，则可以"亡"其"悔"。然当决之时，志在上进，必不能也。占者闻言而信，则转凶而吉矣。"牵羊"者，当其前则不进，纵之使前而随其后，则可以行矣。

《象》曰：其行次且，位不当也。闻言不信，聪不明也。

九处阴，位不当也。以阳居柔，失其刚决，故不能强进，"其行次且"，刚然后能明，处柔则迁，失其正性，岂复有明也。故"闻言"而不能"信"者，盖其"聪"听之"不明"也。

九五　苋陆夬夬。中行无咎。

五虽刚阳中正居尊位，然切近于上六。上六说体，而卦独一阴，阳之所比也。五为决阴之主，而反比之，其咎大矣。故必决其决，如"苋陆"然，则于其"中行"之德为"无咎"也。"中行"，中道也。"苋陆"，一名"商陆"，今所谓马齿苋是也。其根至蔓，虽尽取之，而旁根复生。曝之难干，感阴气之多者也。小人之类难绝如此。而脆易折，五若如苋陆，虽感于阴而决断之易，则于"中行"无过咎矣。不然，则失其中正也。感阴多之物，"苋陆"为易断，故取为象。

《象》曰：中行无咎，中未光也。

卦辞言"夬夬"，则于中行为无咎矣。《象》复尽其义云"中未光也"。夫人心正意诚，乃能极中正之道，而充实光辉，五心有所比，以义之不可而决之，虽行于外，不失中正之义，可以"无咎"。然于中道未得为光大也。盖人心一有所欲，则离道矣，夫子于此，示人之意深矣！

上六　无号。终有凶。

阳长将极，阴消将尽，独一阴处穷极之地，是众君子得时，决去危极之小人也。

其势必须消尽，故云无用号咷畏惧，终必"有凶"也。阴柔小人，居穷极之时，党类已尽，无所号呼，终必"有凶"也。占者有君子之德，则其敌当之，不然反是。

《象》曰：无号之凶，终不可长也。

阳刚君子之道，进而益盛，小人之道，既已穷极，自然消亡，岂复能长久乎？虽号咷无以为也。故云"终不可长也"。先儒以卦中有"孚号""惕号"，欲以"无号"为"无号"作去声，谓无用更加号令，非也。一卦中适有两去声字一平声字何害？而读《易》者，率皆疑之，或曰：圣人之于天下，虽大恶未尝必绝之也。今直使之"无号"，谓必有凶可乎？曰：夬者，小人之道，消亡之时也。决去小人之道，岂必尽诛之乎！使之变革，乃小人之道亡也。道亡乃其凶也。

姤卦第四十四

（巽下乾上） ䷫ 姤 女壮。勿用取女。

"姤"，遇也。此卦一柔而遇五刚，故名为姤。施之于人，则是一女而遇五男，为壮至甚。故戒之曰"此女壮甚，勿用取此女"也。一阴始生，自是而长，渐以盛大，是女之将长壮也。阴长则阳消，"女壮"则男弱，故戒"勿用取"如是之女。"取女"者，欲其柔和顺从以成家道。姤乃方进之阴，渐壮而敌阳者，是以不可取也。女渐壮，则失男女之正，家道败矣。姤虽一阴甚微，然有渐壮之道，所以戒也。

《彖》曰：姤，遇也。柔遇刚也。

"姤"之义遇也。卦之为姤，以柔遇刚也。一阴方生，始与阳相遇也。

勿用取女，不可与长也。

一阴既生，渐长而盛，阴盛则阳衰矣。"取女"者欲长久而成家也。此渐盛之阴，将消胜于阳，不可与之长久也。凡女子小人夷狄，势苟渐盛，何可与久也？故戒"勿用取"如是之"女"。

天地相遇，品物咸章也。

阴始生于下，与阳相遇，"天地相遇"也。阴阳不相交遇，则万物不生，"天地相遇"，则化育庶类。"品物咸章"，万物章明也。

刚遇中正，天下大行也。

以卦才言也。五与二皆以阳刚居中与正，以中正相遇也。君得刚中之臣，臣遇中正之君，君臣以刚阳遇中正，其道可以大行于天下矣。

姤之时义大矣哉！

赞姤之时与姤之义至大也。天地不相遇，则万物不生。君臣不相遇，则政治不兴。圣贤不相遇，则道德不亨。事物不相遇，则功用不成。姤之"时"与"义"皆甚大也。

《象》曰：天下有风，姤。后以施命诰四方。

风行天下，无所不周，为君后者观其周遍之象，以施其命令，用诰四方也。"风行地上"，与"天下有风"，皆为周遍庶物之象，而行于地上，遍触万物则为观，经历观省之象也。行于天下，周遍四方，则为姤，施发命令之象也。诸象或称"先王"，或称"后"，或称"君子""大人"。称"先王"者，先王所以立法制，建国，作乐，省方，敕法，闭关，育物，享帝，皆是也。称"后"者，后王之所为也。"财成天地之道"，"施命诰四方"是也。"君子"则上下之通称，"大人"者，王公之通称。

初六　系于金柅。贞吉。有攸往。见凶。羸豕孚蹢躅。

姤阴始生而将长之卦，一阴生，则长而渐盛，阴长则阳消，小人道长也。制之当于其微而未盛之时。柅，止车之物，金为之，坚强之至也。止之以金柅，而又系之，止之固也。固止使不得进，则阳刚贞正之道吉也。使之进往，则渐盛而害于阳，是见凶也。"羸豕孚蹢躅"，圣人重为之戒，言阴虽甚微，不可忽也。"豕"，阴躁之物，故以为况。羸弱之豕，虽未能强猛，然其中心在乎"蹢躅"。"蹢躅"，跳踯也。阴微而在下，可谓"羸"矣。然其中心常在乎消阳也。君子小人异道，小人虽微弱之时，未尝无害君子之心。防于微，则无能为矣。

《象》曰：系于金柅，柔道牵也。

"牵"者，引而进也。阴始生而渐进，柔道方牵也。系之于"金柅"，所以止其进也。不使进，则不能消正道，乃"贞吉"也。

九二　包有鱼。无咎。不利宾。

"姤"，遇也。二与初密比，相遇者也。在它卦则初正应于四，在姤则以遇为重。相遇之道，主于专一。二之刚中，遇固以诚。然初之阴柔，群阳在上，而又有所应者，其志所求也。阴柔之质，鲜克贞固。二之于初，难得其诚心矣。所遇不得其诚心，遇道之乖也。"包"者，苴裹也。"鱼"，阴物之美者，阳之于阴，其所悦美，故取鱼象。二于初，若能固畜之，如包苴之有鱼，则于遇为"无咎"矣。"宾"，外来者也。"不利宾"，包苴之鱼，岂能及宾？谓不可更及外人也。遇道当专一，二则杂矣。"鱼"，阴物。二与初遇，为"包有鱼"之象。然制之在己，故犹可以"无咎"。若不制而使遇于众，则其为害广矣。故其象占如此。

《象》曰：包有鱼，义不及宾也。

二之遇初，不可使有二于外，当如包苴之有鱼，包苴之鱼，义不及于宾客也。

九三　臀无肤。其行次且。厉。无大咎。

二与初既相遇，三说初而密比于二，非所安也。又为二所忌恶，其居不安，若臀之无肤也。处既不安，则当去之。而居姤之时，志求乎遇，一阴在下，是所欲也。故处虽不安，而"其行"则又"次且"也。"次且"，进难之状，谓不能遽舍也。然三刚正而处巽，有不终迷之义，若知其不正而怀危惧，不敢妄动，则可以"无大咎"也。非义求遇，固已有咎矣。知危而止，则不至于大也。

《象》曰：其行次且，行未牵也。

其始志在求遇于初，故其行迟迟。"未牵"，不促其行也。既知危而改之，故未至于大咎也。

九四　包无鱼。起凶。

"包"者，所裹畜也。"鱼"，所美也。四与初为正应，当相遇者也。而初已遇于二矣，失其所遇，犹包之"无鱼"，亡其所有也。四当姤遇之时，居上位而失其下，下之离，由己之失德也。四之失者，不中正也。以不中正而失其民，所以凶也。曰：初之从二，以比近也。岂四之罪乎？曰：在四而言，义当有咎，不能保其下，由失道也。岂有上不失道而下离者乎？遇之道，君臣民主夫妇朋友皆在焉。四以下睽，故主民而言，为上而下离，必有凶变。起者，将生之谓，民心既离，难将作矣。

《象》曰：无鱼之凶，远民也。

九四因与阴相应，故恶而欲远之，正如夬三"壮于頄"之意，徒欲远之而不能容之制之，此所以"包无鱼"也。君子之于小人也。唯其能容之，是以能制之，不能容之，则彼自绝矣，欲以力制，不亦难乎？《书》曰"民可近，不可下"，此之谓也。

九五　以杞包瓜。含章。有陨自天。

"瓜"，阴物之在下者，甘美而善溃。"杞"，高大坚实之木也。五以阳刚中正主卦于上，而下防始生必溃之阴，其象如此。然阴阳迭胜，时运之常，若能含晦章美，静以制之，则可以回造化矣。"有陨自天"，本无而倏有之象也。九五下亦无应，非有遇也。然得遇之道，故终必有遇。夫上下之遇，由相求也。杞高木而叶大，处高体大而可以包物者杞也。美实之在下者瓜也。美而居下者，侧微之贤之象也。九五尊居君位，而下求贤才，以至高而求至下，犹以杞叶而包瓜，能自降屈如此。又其内蕴中正之德，充实章美。人君如是，则无有不遇所求者也。虽屈己求贤，若其德不正，贤者不屑也。故必含蓄章美，内积至诚，则"有陨自天"矣。犹言自天而降，言必得之也。自古人君至诚降屈，以中正之道，求天下之贤，未有不遇者也。高宗感于梦寐，文王遇于渔钓，皆由是道也。

《象》曰：九五含章，中正也。有陨自天，志不舍命也。

《诗》云"桑之落矣，其黄而陨"，故"有陨自天"，谓天时既至而瓜陨也。虽天命之必然，亦由君子积诚修德，与之符会，故曰"志不舍命"。所谓"含章"，谓其含蕴中正之德也。德充实，则成章而有辉光。"命"，天理也。"舍"，违也。至诚中正，屈己求贤，存志合于天理，所以"有陨自天"，必得之矣。阴长而消阳，天之命也。有以胜之，人之志也。君子不以命废志，故九五之志坚，则必有自天而陨者，言人之至者，天不能胜也。

上九　姤其角。吝。无咎。

"角"，刚乎上者也。至刚而在最上者，角也。九以刚居上，故以"角"为象。人之相遇，由降屈以相从，和顺以相接，故能合也。上九高亢而刚极，人谁与之，以此求遇，固可"吝"也。已则如是，人之远之，非他人之罪也。由己致之，故无所归

"咎"。

《象》曰：姤其角，上穷吝也。

既处穷上，刚亦极矣，是上穷而致吝也。以刚极居高而求遇，不亦难乎？

萃卦第四十五

（坤下兑上）☷☱ 萃 亨。王假有庙。利见大人。亨，利贞。用大牲吉。利有攸往。

"萃"，聚也。坤顺兑说，九五刚中而二应之，又为泽上于地，万物萃聚之象，故为萃。亨字衍文。"王假有庙"，言王者可以至乎宗庙之中，王者卜祭之吉占也。《祭义》曰"公假于太庙"是也。庙所以聚祖考之精神，又人必能聚己之精神，则可以至于庙而承祖考也。物既聚，则必"见大人"而后可以得"亨"。然又必利于正，所聚不正，则亦不能亨也。大牲必聚而后有，聚则可以有所往，皆占吉而有戒之辞。王者萃聚天下之道，至于"有庙"极也。群生至众也。而可一其归仰，人心莫知其乡也。而能致其诚敬，鬼神之不可度也。而能致其来格，天下萃合人心总摄众志之道非一，其至大莫过于宗庙。故王者萃天下之道，至于"有庙"，则萃道之至也。祭祀之报，本于人心。圣人制礼以成其德耳，故豺獭能祭，其性然也。萃下有亨字，羡文也。亨字自在下，与涣不同。涣则先言卦才，萃乃先言卦义，彖辞甚明。天下之聚，必得大人以治之。人聚则乱，物聚则争，事聚则紊，非大人治之，则萃所以致争乱也。萃以不正，则人聚为苟合，财聚为悖入，安得亨乎？故"利贞"。萃者丰厚之时也。其用宜称，故"用大牲吉"。事莫重于祭，故以祭享而言。上交鬼神，下接民物，百用莫不皆然。当萃之时，而交物以厚，则是享丰富之吉也。天下莫不同其富乐矣。若时之厚，而交物以薄，乃不享其丰美，天下莫之与而悔吝生矣。盖随时之宜，顺理而行，故《象》云"顺天命也"。夫不能有为者，力之不足也。当萃之时，故"利有攸往"。大凡兴工立事，贵得可为之时，萃而后用，是动而有裕，天理然也。

《彖》曰：萃，聚也。顺以说，刚中而应，故聚也。

"萃"之义聚也。"顺以说"，以卦才言也。上说而下顺，为上以说道使民，而顺于人心。下说上之政令，而顺从于上。既上下顺说，又阳刚处中正之位，而下有应助，如此故所聚也。欲天下之萃，才非如是不能也。

王假有庙，致孝享也。利见大人亨，聚以正也。用大牲吉。利有攸往，顺天命也。

王者萃人心之道，至于建立宗庙，所以致其孝享之诚也。祭祀，人心之所自尽也。故萃天下之心者，无如孝享。王者萃天下之道，至于有庙，则其极也。萃之时，见大人则能亨，盖聚以正道也。"见大人"，则其聚以正道，得其正则亨矣。萃不以正，其能亨乎？"用大牲"，承上"有庙"之文，以享祀而言，凡事莫不如是。丰聚之时，交于物者当厚，称其宜也。物聚而力赡，乃可以有为，故"利有攸往"，皆天理然也。故云"顺天命也"。

观其所聚，而天地万物之情可见矣。

观萃之理，可以见天地万物之情也。天地之化育，万物之生成，凡有者皆聚也。有无动静终始之理，聚散而已，故观其所以聚，则"天地万物之情可见矣"。

《象》曰：泽上于地，萃。君子以除戎器，戒不虞。

泽上于地，为萃聚之象，君子观萃象，以除治戎器，用戒备于不虞。凡物之萃，则有不虞度之事，故众聚则有争，物聚则有夺，大率既聚则多故矣，故观萃象而戒也。"除"，谓简治也。去弊恶也。除而聚之，所以"戒不虞"也。

初六　有孚不终。乃乱乃萃。若号，一握为笑。勿恤。往无咎。

初与四为正应，本"有孚"以相从者也。然当萃时，三阴聚处，柔无守正之节。若舍正应而从其类，乃"有孚"而"不终"也。"乃乱"，惑乱其心也。"乃萃"，与其同类聚也。初若守正不从，号呼以求正应，则一握笑之矣。"号"，谓号咷也。萃聚之世，必上下相求和会，然后必有所济，故始有号咷之怨，终得与四萃聚而有欢笑也。"一握"，俗语一团也。谓众以为笑也。若能"勿恤"而往从刚阳之正应，则无过咎。不然，则入小人之群矣。

《象》曰：乃乱乃萃，其志乱也。

其心志为同类所惑乱，故乃萃于群阴也。不能固其守，则为小人所惑乱而失其正矣。

六二 引吉，无咎。孚乃利用禴。

初阴柔，又非中正，恐不能终其孚，故因其才而为之戒。二虽阴柔而得中正，故虽戒而微辞。凡爻之辞关得失二端者，为法为戒，亦各随其才而设也。"引吉无咎"，"引"者，相牵也。人之交，相求则合，相待则离。二与五为正应，当萃者也。而相远，又在群阴之间，必相牵引，则得其萃矣。五居尊位，有中正之德，二亦以中正之道，往与之萃，乃君臣和合也。其所共致，岂可量也。是以"吉"而"无咎"也。"无咎者善补过也"，二与五不相引则过矣。"孚乃利用禴"，"孚"，信之在中，诚之谓也。"禴"，祭之简薄者也。菲薄而祭，不尚备物，直以诚意交于神明也。"孚乃"者，谓有其孚，则可不用文饰，专以至诚交于上也。以"禴"言者，谓荐其诚而已，上下相聚而尚饰焉，是未诚也。盖其中实者，不假饰于外，"用禴"之义也。孚信者，萃之本也。不独君臣之聚，凡天下之聚，在诚而已。

《象》曰：引吉，无咎，中未变也。

萃之时以得聚为吉，故九四为得上下之萃，二与五虽正应，然异处有间，乃当萃而未合者也。故能相引而萃，则吉而无咎，以其有中正之德，未遽至改变也。变则不相引矣。或曰：二既有中正之德，而《象》云"未变"，辞若不足，何也？曰：群阴比处，乃其类聚，方萃之时，居其间能自守不变，远须正应，刚立者能之，二阴柔之才，以其有中正之德，可冀其未至于变耳，故《象》含其意以存戒也。

六三 萃如嗟如。无攸利。往无咎。小吝。

二阴柔不中正之人也。求萃于人，而人莫与，求四则非其正应，又非其类，是以不正为四所弃也。与二则二自以中正应五，是以不正为二所不与也。故欲"萃如"，则为人弃绝而"嗟如"，不获萃而嗟恨也。上下皆不与，无所利也。唯往而从上六，则得其萃，为"无咎"也。三与上虽非阴阳正应，然萃之时，以类相从，皆以柔居一体之上，又皆无与，居相应之地，上复处说顺之极，故得其萃而"无咎"也。《易》道变动无常，在人识之，然而小吝，何也？三始求萃于四与二，不获而后往从上六。人之动为如此，虽得所求，亦可小羞吝也。

《象》曰：往无咎，上巽也。

下二阴皆萃于阳矣，三独无附，故咨嗟怨叹而无攸利。虽然，当萃之时，下欲萃于上，上亦欲下之萃于我，三不以无应之故，能往归于上，虽"小吝"而亦可以"无咎"，"上"非上六，谓在上之阳也。

九四 大吉。无咎。

四当萃之时，上比九五之君，得君臣之聚也。下比下体群阴，得下民之聚也。得上下之聚，可谓善矣。然四以阳居阴，非正也。虽得上下之聚，必得"大吉"，然后为"无咎"也。"大"为周遍之义，无所不周，然后为大，无所不正，则为"大吉"，"大吉"则"无咎"也。夫上下之聚，固有不由正道而得者，非理枉道而得君者，自古多矣。非理枉道而得民者，盖亦有焉。如齐之陈恒、鲁之季氏是也。然得为"大吉"乎？得为"无咎"乎？故九四必能"大吉"，然后为"无咎"也。

《象》曰：大吉，无咎，位不当也。

其位近，其德同，其为下之所归亦同，自非所为至善，则其君病之，乌能无咎？戒之也。凡言位不当，其义不一，此所谓不当者，为其以刚阳迫近其君也。

九五 萃有位。无咎匪孚。元永贞。悔亡。

九五居天下之尊，萃天下之众，而君临之，当正其位，修其德，以阳刚居尊位称其"位"矣。为有其位矣，得中正之道，无过"咎"也。如是而有不信而未归者，则当自反以修其"元永贞"之德，则无思不服，而"悔亡"矣。"元永贞"者，君之德，民所归也。故比天下之道，与萃天下之道，皆在此三者。王者既有其位，又有其德，中正无过咎，而天下尚有未信服归附者。盖其道未光大也。"元永贞"之道未至也。在修德以来之。如苗民逆命，帝乃诞敷文德，舜德非不至也。盖有远近昏明之异，故其归有先后。既有未归，则当修德也。所谓德，"元永贞"之道也。"元"，首也。长也。为君德首出庶物君长群生，有尊大之义焉，有主统之义焉。而又恒永贞固，则通于神明，光于四海，无思不服矣。乃无匪孚而其"悔亡"也。所谓悔，志之未光，心之未慊也。

《象》曰：萃有位，志未光也。

《象》举爻上句，王者之志，必欲诚信著于天下，有感必通，含生之类，莫不怀归，若尚有"匪孚"，是其志之"未光"大也。

上六　赍咨涕洟。无咎。

六，说之主。阴柔小人，说高位而处之，天下孰肯与也。求萃而人莫之与，具穷至于"赍咨"而"涕洟"也。"赍咨"，咨嗟也。人之绝之，由己自取，又将谁咎？为人恶绝，不知所为，则陨获而至嗟涕，真小人之情状也。

《象》曰：赍咨涕洟，未安上也。

小人所处，常失其宜。既贪而从欲，不能自择安地，至于困穷，则颠沛不知所为，六之"涕洟"，盖不安于处上也。君子慎其所处，非义不居，不幸而有危困，则泰然自安，不以累其心。小人居不择安，常履非据，及其穷迫，则陨获躁挠，甚至"涕洟"，为可羞也。"未"者，非遽之辞，犹俗云未便也。未便能安于上也。阴而居上，孤处无与，既非其据，岂能安乎？

升卦第四十六

（巽下坤上）䷭ 升　元亨。用见大人。勿恤。南征吉。

"升"者，进而上也。升进则有亨义，而以卦才之善，故"元亨"也。用此道以见"大人"，不假忧恤，前进则"吉"也。"南征"，前进也。卦直言"元亨"而无他辞者，大有、鼎也。虽有他辞而非戒辞者，升也。历选《易》卦，唯此三者，盖大有与比相似。然所比者阴也。民也。所有者阳也。贤也。鼎与井相似，然"往来井井"者，民也。"大亨以养"者，贤也。升与渐相似，然渐者，贤之有所需待而进者也。升者，贤之无所阻碍而登者也。《易》道莫大于尚贤，而贤人得时之卦，莫盛于此三者。故其象皆曰"元亨"，而无戒辞也。尊爻无此人，故不云"利见"。

《彖》曰：柔以时升。

"升"之为义，自下升高，故就六五居尊以释名升之义。

巽而顺，刚中而应，是以大亨。

以二体言，柔升，谓坤上行也。巽既体卑而就下，坤乃顺时而上，升以时也。谓时当升也。柔既上而成升，则下巽而上顺，以巽顺之道升，可谓时矣。二以刚中之道应于五，五以中顺之德应于二，能巽而顺，其升以时，是以"元亨"也。《彖》文误作"大亨"，解在大有卦。

用见大人，勿恤，有庆也。南征吉，志行也。

凡升之道，必由大人。升于位则由王公，升于道则由圣贤。用巽顺刚中之道以见大人，必遂其升。"勿恤"，不忧其不遂也。遂其升，则己之福庆，而福庆及物也。"南"，人之所向。"南征"，谓前进也。前进则遂其升而得行其志，是以"吉"也。

《象》曰：地中生木，升。君子以顺德，积小以高大。

木生地中，长而上升，为升之象。君子观升之象，以顺修其德，积累微小以至高大也。顺则可进，逆乃退也。万物之进，皆以顺道也。"善不积不足以成名"，学业之充实，道德之崇高，皆由积累而至，积小所以成高大，升之义也。

初六　允升，大吉。

初以柔居巽体之下，又巽之主。上承于九二之刚，巽之至者也。二以刚中之德，上应于君，当升之任者也。"允"者，信从也。初之柔巽，唯信从于二，信二而从之同升，乃"大吉"也。二以德言则刚中，以力言则当任，初之阴柔又无应援，不能自升，从于刚中之贤以进，是由刚中之道也。吉孰大焉。

《象》曰：允升，大吉，上合志也。

初六以柔居下，当升之时，柔进而上，虽处至下，志与三阴同升，众之所允，无所不利，故曰"允升大吉"。

九二　孚乃利用禴。无咎。

二阳刚而在下，五阴柔而居上，夫以刚而事柔，以阳而从阴，虽有时而然，非顺道也。以暗而临明，以刚而事弱，若黾勉于事势，非诚服也。上下之交，不以诚，其可以久乎，其可以有为乎。五虽阴柔，然居尊位，二虽刚阳，事上者也。当内存至诚，不假文饰于外，诚积于中，则自不事外饰，故曰"利用禴"，谓尚诚敬也。自古刚强之臣，事柔弱之君，未有不为矫饰者也。"禴"，祭之简质者也。云"孚乃"，谓既孚乃宜不用文饰，专以其诚感通于上也。如是则得"无咎"。以刚强之臣，而事柔弱之君，又当升之时，非诚意相交，其能免于咎乎。

《象》曰：九二之孚，有喜也。

二能以孚诚事上，则不唯为臣之道无咎而已，可以行刚中之道，泽及天下，是"有喜也"。凡《象》言有庆者，如是则有福庆及于物也。言有喜者，事既善而又有可喜也。如大畜"童牛之牿元吉"，《象》云"有喜"，盖"牿"于"童"则易，又免强制之难，是有可喜也。

九三　升虚邑。

三以阳刚之才，正而且巽，上皆顺之，复有援应，以是而升。如入无人之邑，孰御哉？诸爻皆有吉利之占，三独无之，则"升虚邑"者，但言其勇于进而无所疑畏耳。方升之时，故无凶咎之辞。然终不如二五之中，初四之顺也。九三过刚，与柔以时升之义反，故其辞非尽善。

《象》曰：升虚邑，无所疑也。

九三以阳用阳，其升也果矣，故曰"升虚邑，无所疑也"。不言吉者，其为祸福未可知也。存乎其人而已。

六四　王用亨于岐山。吉，无咎。

四柔顺之才，上顺君之升，下顺下之进，已则止其所焉。以阴居柔，阴而在下，止其所也。昔者文王之居岐山之下，上顺天子，而欲致之有道，下顺天下之贤而使之升进，已则柔顺谦恭，不出其位，至德如此，周之王业用是而亨也。四能如是，则"亨"而"吉"且"无咎"矣。四之才固自善矣，复有"无咎"之辞，何也？曰：四之才虽善，而其位当戒也。居近君之位，在升之时，不可复升，升则凶咎可知，故云如文王则"吉"而"无咎"也。然处大臣之位，不得无事于升，当上升其君之道，下升天下之贤，已则止其分焉。分虽当止，而德则当升也。道则当亨也。尽斯道者其唯文王乎？

《象》曰：王用亨于岐山，顺事也。

四居近君之位而当升时，得"吉"而"无咎"者，以其有顺德也。以柔居坤，顺之至也。文王之亨于岐山，亦以顺时而已，上顺于上，下顺乎下，已顺处其义，故云

"顺事也"。

六五　贞吉，升阶。

"贞吉升阶"，升而有序，故以阶言之，谓宾主以揖逊而升者也。五以下有刚中之应，故能居尊位而吉。然质本阴柔，必守贞固，乃得其吉也。若不能贞固，则信贤不笃，任贤不终，安能吉也。阶所由而升也。任刚中之贤，辅之而升，犹登进自阶，言有由而易也。指言九二正应，然在下之贤，皆用升之阶也。能用贤，则汇升矣。升至五而极，居坤地之中，亦有"南征"之象焉，乃卦之主也。不取君象，但为臣位之极者，与晋、渐之五同也。盖古者宾主三揖三让而后升阶，将上堂矣。而犹退逊如此，以况君子始终之进以礼者也。升、晋之所以必贵于柔顺者以此，升阶之戒不在贞字之外，乃发明贞吉之意尔。

《象》曰：贞吉，升阶，大得志也。

倚任贤才而能贞固，如是而升，可以致天下之大治，其志可大得也。君道之升，患无贤才之助尔，有助，则犹自阶而升也。

上六　冥升。利于不息之贞。

已在升极，是昧于升进之理。若能知时消息，但自消退，不更求进，乃利也。六以阴居升之极，昏冥于升，知进而不知止者也。其为不明甚矣。然求升不已之心，有时而用于贞正而当不息之事，则为宜矣。君子于贞正之德，"终日乾乾"，"自强不息"。如上六不已之心，用之于此，则利也。以小人贪求无已之心，移于进德，则何善如之？

《象》曰：冥升在上，消不富也。

昏冥于升极，上而不知已，唯有消亡，岂复有加益也。"不富"，无复增益也。升既极，则有退而无进也。

困卦第四十七

（坎下兑上）　䷮　困　亨。贞，大人吉。无咎。有言不信。

"困"者，穷厄委顿之名，道穷力竭，不能自济，故名为困。小人遭困，则穷斯滥矣。君子遇之，则不改其操，处困而不失其自通之道，故曰"困亨"。"困、亨"者，非谓处困而能亨也。盖困穷者，所以动人之心，忍人之性，因屈以致伸，有必通之理也。然唯守正之大人，则能进德于困，而得其所以可通者尔，岂小人之所能乎？困者，君子道屈之时也。屈则不伸矣。"有言不信"，信字疑当作伸字解，盖有言而动见沮抑，乃是困厄之极，不特人疑之而不信。夬卦"闻言不信"，已不信人之言也。而夫子以聪不明解之，以信字对聪字，则信字当为疑信之信。此卦"有言不信"，人不行己之言也。而夫子以尚口乃穷解之，以信字对穷字，则信字当为屈伸之伸。处困而能自通，必是履正体大之人。能济于困，然后得"吉"而"无咎"，故曰"贞，大人吉，无咎"。处困求济，在于正身修德。若巧言饰辞，人所不信，则其道弥穷，故诫之以有言不信也。

《彖》曰：困，刚掩也。

卦所以为困，以刚为柔所掩蔽也。陷于下而掩于上，所以困也。陷亦掩也。刚阳君子而为阴柔小人所掩蔽，君子之道困窒之时也。

险以说，困而不失其所亨，其惟君子乎？贞大人吉，以刚中也。有言不信，尚口乃穷也。

以卦才言处困之道也。下险而上说，为处险而能说。虽在困穷艰险之中，乐天安义，自得其说乐也。时虽困也。处不失义，则其道自亨，困而不失其所亨也。能如是者，"其唯君子乎"！若时当困而反亨，身虽亨，乃其道之困也。君子，大人通称。困而能贞，大人所以吉也。盖其以刚中之道也。五与二是也。非刚中，刚遇困而失其正矣。当困而言，人所不信，欲以口免困，乃所以致穷也。以说处困，故有"尚口"之戒。

《象》曰：泽无水，困。君子以致命遂志。

水下漏，则泽上枯，故曰"泽无水"。"泽无水"，困乏之象也。君子当困穷之时，既尽其防虑之道而不得免，则命也。当推致其命以遂其志，知命之当然也。则穷塞祸患，不以动其心，行吾义而已。苟不知命，则恐惧于险难，陨获于穷厄，所守亡矣，安能遂其为善之志乎？"致命"，犹言授命，言持以与人而不之有也。能如是则虽困而亨矣。

初六 臀困于株木。入于幽谷。三岁不觌。

"臀",物之底也。"困于株木",伤而不能安也。初六以阴柔处困之底,居暗之甚,故其象占如此。六以阴柔处于至卑,又居坎险之下,在困不能自济者也。必得在上刚明之人为援助,则可以济其困矣。初与四为正应,九四以阳而居阴为不正,失刚而不中,又方困于阴掩,是恶能济人之困。犹"株木"之下,不能荫覆于物。"株木",无枝叶之木也。四,近君之位,在它卦不为无助,以居困而不能庇物,故为"株木"。"臀",所以居也。"臀困于株木",谓无所庇而不得安其居,居安则非困也。"入于幽谷",阴柔之人,非能安其所遇。既不能免于困,则益迷暗妄动,入于深困。"幽谷",深暗之所也。方益入于困,无自出之势,故于至"三岁不觌",终困者也。"不觌",不遇其所亨也。

《象》曰:入于幽谷,幽不明也。

"幽不明也",谓益入昏暗,自陷于深困也。明则不至于陷矣。

九二 困于酒食。朱绂方来。利用享祀。征凶无咎。

"困于酒食",厌饫苦恼之意。"酒食"人之所欲,然醉饱过宜,则是反为所困矣。"朱绂方来",上应之也。九二有刚中之德,以处困时,虽无凶害,而反困于得其所欲之多,故其象如此,而其占利以享祀。若征行则非其时,故"凶",而于义为"无咎"也。"酒食"人所欲,而所以施惠也。二以刚中之才,而处困之时,君子安其所遇,虽穷厄险难,无所动其心,不恤其为困也。所困者唯困于所欲耳,君子之所欲者,泽天下之民,济天下之困也。二未得遂其欲,施其惠故为"困于酒食"也。大人君子怀其道而困于下,必得有道之君,求而用之,然后能施其所蕴。二以刚中之德困于下,上有九五刚中之君,道同德合,必来相求,故云"朱绂方来"。"方来",方且来也。"朱绂",王者之服,蔽膝也。以行来为义,故以蔽膝言之。"利用享祀","享祀",以至诚通神明也。在困之时,利用至诚,如享祀然。其德既诚,自能感通于上。自昔贤哲困于幽远,而德卒升闻,道卒为用者,唯自守至诚而已。"征凶无咎",方困之时,若不至诚安处以俟命,往而求之,则犯难得凶,乃自取也。将谁咎乎!不度时而征,乃不安其所,为困所动。失刚中之德,自取凶悔,何所怨咎。诸卦二五以阴阳相应而吉,唯小畜与困,乃厄于阴,故同道相求。小畜阳为阴所畜,困阳为阴所掩也。

《象》曰:困于酒食,中有庆也。

虽困于所欲，未能施惠于人，然守其刚中之德，必能致亨而有福庆也。虽使时未亨通，守其中德，亦君子之道亨，乃"有庆也"。二有中德，故能以酒食享祀而有福庆。

六三　困于石。据于蒺藜。入于其宫。不见其妻。凶。

六三以阴柔不中正之质，处险极而用刚，居阳用刚也。不善处困之甚者也。"石"，坚重难胜之物。"蒺藜"，刺不可据之物。三以刚险而上进，则二阳在上，力不能胜，坚不可犯，益自困耳，"困于石"也。以不善之德，居九二刚中之上，其不安犹藉刺，"据于蒺藜"也。进退既皆益困，欲安其所，益不能矣。"宫"，其居所安也。"妻"，所安之主也。知进退之不可，而欲安其居，则失其所安矣。进退与处皆不可，唯死而已，其凶可知。《系辞》曰："非所困而困焉，名必辱，非所据而据焉，身必危，既辱且危，死期将至，妻其可得见邪？"二阳不可犯也。而犯之以取困，是非所困而困也。名辱，其事恶也。三在二上，固为据之，然苟能谦柔以下之，则无害矣。乃用刚险以乘之，则不安而取困，如据蒺藜也。如是，死期将至。所安之主，可得而见乎？

《象》曰：据于蒺藜，乘刚也。入于其宫，不见其妻，不祥也。

"据于蒺藜"，谓乘九二之刚，不安，犹藉刺也。"不祥"者，不善之征，失其所安者，不善之效，故云"不见其妻，不祥也"。

九四　来徐徐。困于金车。吝。有终。

"徐徐"者，舒缓不敢决进也。唯力不足，故"困"。亨困之道，必由援助。当困之时，上下相求，理当然也。四与初为正应，然四以不中正处困，其才不足以济人之困。初比二，二有刚中之才，足以拯困，则宜为初所从矣。"金"，刚也。"车"，载物者也。二以刚在下载己，故谓之"金车"。四欲从初而阻于二，故其"来"迟疑而"徐徐"，是"困于金车"也。己之所应，疑其少己而之它，将从之，则犹豫不敢遽前，岂不可羞"吝"乎？有"终"者，事之所归者正也。初四正应，终必相从也。寒士之妻，弱国之臣，各安其正而已。苟择势而从，则恶之大者，不容于世矣。二与四皆以阳居阴，而二以刚中之才，所以能济困也。居阴者，尚柔也。得中者，不失刚柔之宜也。

《象》曰：来徐徐，志在下也。虽不当位，有与也。

四与五同为上六所掩，进而见掩，岂君子直遂之时耶？唯沈潜以养其晦，从容以俟其几，故五曰"乃徐"，四曰"徐徐"，志在下矣，四位虽上而心则下也。然四、五合德，天下之事，终以舒徐济之，故曰"有与"，又曰"有终"。

九五　劓刖。困于赤绂。乃徐有说。利用祭祀。

截鼻曰"劓"，伤于上也。去足为"刖"，伤于下也。上下皆掩于阴，为其伤害，"劓刖"之象也。五，君位也。人君之困，由上下无与也。"赤绂"，臣下之服，取行来之义，故以绂言。人君之困，以天下不来也。天下皆来，则非困也。五虽在困，而有刚中之德，下有九二刚中之贤，道同德合，徐必相应而来，共济天下之困，是始困而徐有喜说也。"利用祭祀"，祭祀之事，必致其诚敬而后受福。人君在困时，宜念天下之困，求天下之贤，若祭祀然。致其诚敬，则能致天下之贤，济天下之困矣。五与二同德，而云上下无与，何也？曰：阴阳相应者，自然相应也。如夫妇骨肉分定也。五与二皆阳爻，以刚中之德同而相应，相求而后合者也。如君臣朋友义合也。方其始困，安有上下之与。有与则非困，故徐合而后有说也。二云"享祀"，五云"祭祀"，大意则宜用至诚，乃受福也。祭与祀享，泛言之则可通。分而言之，祭天神，祀地示，享人鬼。五君位言祭，二在下言享，各以其所当用也。

《象》曰：劓刖，志未得也。乃徐有说，以中直也。利用祭祀，受福也。

始为阴掩，无上下之与，方困未得志之时也。困穷而通，德辨而明，中正道行，志则大遂，故"乃徐有说"也。徐而有说，以中直之道，得在下之贤，共济于困也。不曰中正与二合者，云"直"乃宜也。"直"比正意差缓，尽其诚意，如"祭祀"然。以求天下之贤，则能亨天下之困，而享受其福庆也。

上六　困于葛藟。于臲卼。曰动悔有悔。征吉。

物极则反，事极则变，困既极矣，理当变矣。"葛藟"，缠束之物。"臲卼"，危动之状。六处困之极，为困所缠束，而居最高危之地，"困于葛藟"与"臲卼"也。"动悔"，动辄有悔，无所不困也。"有悔"，咎前之失也。曰：自谓也。若能曰如是动皆得悔，当变前之所为有悔也。能悔则往而得吉也。困极而征，则出于困矣，故"吉"。三以阴在下卦之上而凶，上居一卦之上而无凶，何也？曰三居刚而处险，困而用刚险，故凶，上以柔居说，唯为困极耳。困极则有变困之道也。困与屯之上皆以无应居卦终，屯则"泣血涟如",困则"有悔征吉",屯险极而困说,体故也。以说顺进,可以离乎困也。

《象》曰:困于葛藟,未当也。动悔有悔,吉行也。

为困所缠而不能变,未得其道也。是处之未当也。知动则得悔,遂有悔而去之,可出于困,是其行而吉也。

卷　七

井卦第四十八

（巽下坎上）☵ 井　改邑不改井。无丧无得。往来井井。汔至亦未繘井。羸其瓶。凶。

"井"者，穴地出水之外，以巽木入乎坎水之下，而上出其水，故为井。"改邑不改井"，故"无丧无得"，而"往"者、"来"者，皆"井"其"井"也。"汔"，几也。"繘"，绠也。"羸"，败也。汲井几至，未尽绠而败其瓶，则"凶"也。其占为事仍旧无得，丧而又当敬勉，不可几成而败也。井之为物，常而不可改也。邑可改而之它，井不可迁也。故曰"改邑不改井"。汲之而不竭，存之而不盈，"无丧无得"也。至者皆得其用，"往来井井"也。"无丧无得"，其德也常。"往来井井"，其用也周。常也，周也，井之道也。井以济用为功，几至而未及用，亦与未下繘于井同也。君子之道贵乎有成，所以五谷不熟，不知荑稗。掘井九仞而不及泉，犹为弃井。有济物之用而未及物，犹无有也。羸败其瓶而失之，其用丧矣，是以"凶"也。"羸"，毁败也。

《彖》曰：巽乎水而上水，井。井养而不穷也。

以卦象释卦名义。

改邑不改井，乃以刚中也。汔至亦未繘井，未有功也。羸其瓶，是以凶也。

以卦体释卦辞。"无丧无得，往来井井"两句，意与"不改井"同，故不复出。"刚中"，以二五而言。"未有功"而败其瓶，所以"凶"也。巽入于水下而上其水者，井也。井之养于物，不有穷已，取之而不竭，德有常也。邑可改，井不可迁，亦其德之常也。二五之爻，刚中之德。其常乃如是，卦之才与义合也。虽使几至，既未为用，亦与"未繘井"同。井以济用为功，水出乃为用，未出则何功也。瓶所以上水而致用也。羸败其瓶，则不为用矣，是以"凶"也。

《象》曰：木上有水，井。君子以劳民劝相。

木承水而上之，乃器汲水而出井之象，君子观井之象，法井之德，以劳徕其民，而劝勉以相助之道也。劳徕其民，法井之用也。劝民使相助，法井之施也。

初六 井泥不食。旧井无禽。

井与鼎皆物也。就物以为义，六以阴柔居下，上无应援，无上水之象，不能济物，乃井之不可食也。井之不可食，以泥汙也。在井之下，有"泥"之象。井之用，以其水之养人也。无水则舍置不用矣。井水之上，人获其用，禽鸟亦就而求焉。旧废之井，人既不食，水不复上，则禽鸟亦不复往矣，盖无以济物也。井本济人之物，六以阴居下，无上水之象，故为"不食。"井之不食，以"泥"也。犹人当济物之时，而才弱无援，不能及物，为时所舍也。

《象》曰：井泥不食，下也。旧井无禽，时舍也。

以阴而居井之下，泥之象也。无水而泥，人所不食也。人不食，则水不上，无以及禽鸟，禽鸟亦不至矣。见其不能济物，为时所舍置不用也。若能及禽鸟，是亦有所济也。"舍"，上声，与乾之"时舍"音不同。

九二 井谷射鲋。瓮敝漏。

二虽刚阳之才而居下，上无应而比于初，不上而下之象也。井之道，上行者也。涧谷之水，则旁出而就下。二居井而就下，失井之道，乃井而如谷也。井上出，则养人而济物。今乃下就污泥，注于鲋而已。"鲋"，或以为虾，或以为蟆，井泥中微物耳。"射"，注也。如谷之下流注于鲋也。"瓮敝漏"，如瓮之破漏也。阳刚之才，本可以养人济物，而上无应援，故不能上而就下，是以无济用之功。如水之在瓮，本可为用，乃破敝而漏之，不为用也。井之初二无功，而不言悔咎，何也？曰失则有悔，过则为咎，无应援而不能成用，非悔咎乎？居二比初，岂非过乎？曰：处中非过也。不能上由无援，非以比初也。

《象》曰：井谷射鲋，无与也。

井以上出为功，二阳刚之才，本可济用，以在下而上无应援，是以下比而"射鲋"，若上有与之者，则当汲引而上，成井之功矣。

九三　井渫不食。为我心恻。可用汲。王明。并受其福。

"渫"，不停污也。"井渫不食"而使人"心恻"，"可用汲"矣。"王明"，则汲井以及物，而施者受者"并受其福"也。九三以阳居阳，在下之上，而未为时用，故其象占如此。三以阳刚居得其正，是有济用之才者也。在井下之上，水之清洁可食者也。井以上为用，居下未得其用也。阳之性上，又志应上六，处刚而过中，汲汲于上进，乃有才用而切于施为，未得其用，则如井之渫治清洁而不见食，为心之恻怛也。三居井之时，刚而不中，故切于施为，异乎用之则行，舍之则藏者也。然明王用人，岂求备也。故"王明"则受福矣。三之才足以济用，如井之清洁可用汲而食也。若上有明王，则当用之而得其效。贤才见用，则己得行其道，君得享其功，下得被其泽，上下"并受其福"也。

《象》曰：井渫不食，行恻也。求王明，受福也。

"井渫"，治而不见食，乃人有才知而不见用，以不得行为忧恻也。既以不得行为"恻"，则岂免有求也？故求王明而受福，志切于行也。

六四　井甃。无咎。

以六居四，虽得其正，然阴柔不泉，则但能修治而无及物之功，故其象为"井甃"，而占则"无咎"。占者能自修治，则虽无及物之功，而亦可以"无咎"矣。四虽阴柔而处正，上承九五之君，才不足以广施利物，亦可自守者也。故能修治则得"无咎"。"甃"，砌累也。谓修治也。四虽才弱不能广济物之功，修治其事，不至于废可也。若不能修治，废其养人之功，则失井之道，其咎大矣。居高位而得刚阳中正之君，但能处正承上，不废其事，亦可以免咎也。

《象》曰：井甃，无咎，修井也。

"修"，治也。以瓦甓垒井称"甃"。"甃"者，修治于井也。虽不能大其济物之功，亦能修治不废也。故"无咎"，仅能免咎而已，若在刚阳，自不至如是，如是则可咎矣。

九五　井冽，寒泉食。

五以阳刚中正，其才其德，尽善尽美，"井冽寒泉食"也。"冽"，谓甘洁也。井泉以寒为美，甘洁之寒泉，可为人食也。于井道为至善也。然而不言吉者，井以上出为成功，未至于上，未及用也。故至上而后言"元吉"。三与五皆泉之洁者，三居鐅下，未汲之泉也。故曰"不食"。五出乎鐅，已汲之泉也。故言"食"。

《象》曰：寒泉之食，中正也。

《诗》云："泉之竭矣，不云自中。"盖不中则源不常裕而不寒也。又云："洌彼下泉，浸彼苞萧"。盖不正则流不逮下而不食也。"寒泉"而可食，井道之至善者也。九五中正之德，为至善之义。

上六　井收勿幕。有孚元吉。

井以上出为用，居井之上，井道之成也。"收"，汲取也。"幕"，蔽覆也。"勿幕"，谓取之无禁，所谓往来井井者也。"有孚"，谓有源不穷，所谓"无丧无得"者也。此爻得备卦之义者，巽乎水而上水，至此爻则上之极也。取而不蔽，其利无穷，井之施广矣大矣。"有孚"，有常而不变也。博施而有常，大善之吉也。大体井之用，博施而有常，非大人孰能。它卦之终，为极为变，唯井与鼎，终乃为成功，是以吉也。

《象》曰：元吉在上，大成也。

以大善之吉在卦之上，井道之大成也。井以上为成功。

革卦第四十九

（离下兑上）　革　巳日乃孚。元亨。利贞。悔亡。

"革"，变革也。兑泽在上，离火在下，火燃则水乾，水决则火灭。中少二女，合为一卦，而少上中下，志不相得，故其卦为革也。变革之初，人未之信，故必"巳日"而后信。又以其内有文明之德，而外有和说之气，故其占为有所更革，皆大亨而得其正。所革皆当，而所革之"悔亡"也。一有不正，则所革不信不通，而反有悔矣。"巳日"，即六二所谓"巳日"也。"乃孚"，即九三九四九五所谓"有孚"也。"悔亡"，即九四所谓"悔亡"也。所以云"巳日"者。变革天下之事，不当轻遽，乃能孚信于人。"乃"，难辞也。下三爻，方欲革故而为新，故有谨重不轻革之意。上三爻，则故者已革而为新矣。九四当上下卦之交，正改命之时，故"悔亡"独于九四见之。即《象传》所云"革而当，其悔乃亡"也。

《彖》曰：革，水火相息。二女同居，其志不相得，曰革。

泽火相灭息，又二女志不相得，故为革。"息"为止息，又为生息，物止而后有生，故为生义。革之"相息"，谓止息也。

巳日乃孚，革而信之。文明以说，大亨以正。革而当，其悔乃亡。

事之变革，人心岂能便信，必终日而后孚。在上者于改为之际，当详告申令。至于"巳日"，使人信之，人心不信，虽强之行，不能成也。先王政令，人心始以为疑者有矣。然其久也必信，终不孚而成善治者，未之有也。"文明以说"，以卦才言革之道也。离为文明，兑为说，文明则理无不尽，事无不察。说则人心和顺，革而能照察事理。和顺人心，可致大亨而得贞正。如是变革得其至当，故"悔""亡"也。天下之事，革之不得其道，则反致弊害，故革有悔之道。唯革之至当，则新旧之"悔"皆"亡"也。

天地革而四时成。汤武革命，顺乎天而应乎人。革之时大矣哉！

推革之道，极乎天地变易，时运终始也。天地阴阳推迁变易而成四时，万物于是生长成终，各得其宜，革而后四时成也。时运既终，必有革而新之者。王者之兴，受命于天，故易世谓之"革命"。汤武之王，上顺天命，下应人心，"顺乎天而应乎人"也。天道变改，世故迁易，革之至大也。故赞之曰"革之时大矣哉！"

《象》曰：泽中有火，革。君子以治历明时。

四时之变，革之大者。水火相息为革。"革"，变也。君子观变革之象，推日月星辰之迁易，以治历数，明四时之序也。夫变易之道，事之至大，理之至明，迹之至著，莫如四时，观四时而顺变革，则"与天地合其序"矣。

初九　巩用黄牛之革。

变革，事之大也。必有其时，有其位，有其才，审虑而慎动，而后可以无悔。九以时则初也。动于事初，则无审慎之意而有躁。《易》之象，以位则下也。无时无援而动于下，则有僭妄之咎，而无体势之重，以才则离体而阳也。离性上而刚体健，皆速于动也。其才如此，有为则凶咎至矣。盖刚不中而体躁，所不足者，中与顺也。当以中顺自固而无妄动则可也。"鞏"，局束也。革所以包束。"黄"，中色。"牛"，顺物。"鞏用黄牛之革"，谓以中顺之道自固，不妄动也。不云吉凶，何也？曰：妄动则有凶咎，以中顺自固，则不革而已，安得便有吉凶乎？

《象》曰：巩用黄牛，不可以有为也。

凡革之道，必须已日，然后可以革之也。民固即日而未孚，可遽革之乎？故但可固守中顺，未可大有所为。

六二　巳日乃革之。征吉无咎。

以六居二，柔顺而得中正。又文明之主，上有刚阳之君，同德相应，中正则无偏蔽，文明则尽事理，应上则得权势，体顺则无违悖，时可矣，位得矣，才足矣，处革之至善者也。然臣道不当为革之先，又必待上下之信，故巳日乃革之也。如二之才德，所居之地，所逢之时，足以革天下之弊，新天下之治，当进而上辅于君以行其道，则"吉"而"无咎"也。不进则失可为之时，为有咎也。以二体柔而处当位，体柔则其进缓，当位则其处固。变革者事之大，故有此戒。二得中而应刚，未至失于柔也。圣人因其有可戒之疑，而明其义耳，使贤才不失可为之时也。

《象》曰：巳日革之，行有嘉也。

巳日而革之，征则吉而无咎者，行则有嘉庆也。谓可以革天下之弊，新天下之事，处而不行，是无救弊济世之心，失时而有咎也。

九三　征凶贞厉。革言三就。有孚。

九三以刚阳为下之上，又居离之上而不得中，躁动于革者也。在下而躁于变革，以是而行，则有凶也。然居下之上，事苟当革，岂可不为也？在乎守贞正而怀危惧，顺从公论，则可行之不疑。"革言"，犹当革之论。"就"，成也。合也。审察当革之言，至于三而皆合，则可信也。言重慎之至能如是，则必得至当乃"有孚"也。已可信而众所信也。如此则可以革矣。在革之时，居下之上，事之当革，若畏惧而不为，则失时为害。唯当慎重之至，不自任其刚明，审稽公论，至于三就而后革之，则无过矣。

《象》曰：革言三就，又何之矣。

稽之众论，至于"三就"，事至当也。"又何之矣"，乃俗语更何往也。如是而行，乃顺理时行，非己之私意所欲为也。必得其宜矣。

九四 悔亡。有孚。改命吉。

将革而谋谓之言，革而行之谓之命。以阳居阴故有"悔"，然卦已过中，水火之际，乃革之时，而刚柔不偏，又革之用也。是以"悔亡"。然又必"有孚"然后革，乃可获"吉"。明占者有其德而当其时，又必有信，乃"悔亡"而得"吉"也。九四，革之盛也。阳刚，革之才也。离下体而进上体，革之时也。居水火之际，革之势也。得近君之位，革之任也。下无系应，革之志也。以九居四，刚柔相际，革之用也。四既具此，可谓当革之时也。事之可悔而后革之，革之而当，其"悔"乃"亡"也。革之既当，唯在处之以至诚，故"有孚"则"改命"吉。"改命"，改为也。谓革之也。既事当而弊革，行之以诚，上信而下顺，其吉可知。四非中正而至善何也？曰：唯其处柔也。故刚而不过，近而不逼，顺承中正之君，乃中正之人也。《易》之取义无常也。随时而已。

《象》曰：改命之吉，信志也。

改命而吉，以上下信其志也。诚既至，则上下信矣。革之道，以上下之信为本，不当不孚则不信，当而不信，犹不可行也。况不当乎？

九五 大人虎变。未占有孚。

"虎"，大人之象。"变"，谓希革而毛毬也。在大人则自新新民之极，顺天应人之时也。九五以阳刚中正为革之主，故有此象。占而得此，则有此应，然亦必自其未占之时，人已信其如此，乃足以当之耳。九五以阳刚之才，中正之德，居尊位，大人也。以大人之道，革天下之事，无不当也。无不时也。所过变化，事理炳著。如虎之文采，故云"虎变"。龙虎,大人之象也。变者事物之变。曰虎何也?曰:大人变之,乃大人之变也。以大人中正之道变革之,炳然昭著,不待占决,知其至当,而天下必信也。天下蒙大人之革,不待占决,知其至当而信之也。

《象》曰:大人虎变,其文炳也。

事理明著,若虎文之炳焕明盛也。天下有不孚乎?

上六 君子豹变。小人革面。征凶。居贞吉。

革之终,革道之成也。"君子",谓善人。良善则已从革而变,其著见若豹之彬蔚也。"小人",昏愚难迁者。虽未能心化,亦革其面以从上之教令也。龙虎,大人之象。故"大人"云"虎","君子"云"豹"也。人性本善,皆可以变化。然有下愚,虽圣人不能移者,以尧舜为君,以圣继圣,百有余年,天下被化,可谓深且久矣。小人既革其外,革道可以为成也。苟更从而深治之,则为已甚,已甚非道也。故至革之终而又征则凶也。当贞固以自守,革至于极,而不守以贞,则所革随复变矣。天下之事,始则患乎难革,已革则患乎不能守也。故革之终,戒以"居贞"则"吉"也。居贞非为六戒乎?曰:为革终言也。莫不在其中矣。人性本善,有不可革者何也?曰:语其性,则皆善也。语其才,则有下愚之不移。所谓下愚有二焉,自暴也。自弃也。人苟以善自治,则无不可移者,虽昏愚之至,皆可渐摩而进也。唯自暴者拒之以不信,自弃者绝之以不为,虽圣人与居,不能化而入也。仲尼之所谓下愚也。然天下自弃自暴者,非必皆昏愚也。往往强戾而才力有过人者,商辛是也。圣人以其自绝于善,谓之下愚,然考其归则诚愚也。既曰下愚,其能革面,何也?曰:心虽绝于善道,其畏威而寡罪,则与人同也。唯其有与人同,所以知其非性之罪也。

《象》曰:君子豹变,其文蔚也。小人革面,顺以从君也。

君子从化迁善,成文彬蔚,章见于外也。中人以上,莫不变革,虽不移之小人,则亦不敢肆其恶。革易其外,以顺从君上之教令,是革面也。至此革道成矣。小人勉而假善,君子所容也。更往而治之,则凶矣。

鼎卦第五十

（巽下离上） ䷱ 鼎 元吉。亨。

"鼎"，烹饪之器，为卦下阴为足，二三四阳为腹，五阴为耳，上阳为铉，有鼎之象。又以巽木入离火而致烹饪，鼎之用也。故其卦为鼎，下巽，巽也。上离为目而五为耳，有内巽顺而外聪明之象。卦自巽来，阴进居五，而下应九二之阳，故其占曰"元亨"。"吉"，衍文也。《上经》颐卦言养道，曰"圣人养贤以及万民"。然则王者之所当养，此两端而已。《下经》井言养，鼎亦言养，然井在邑里之间，往来行汲，养民之象也。鼎在朝庙之中，燕飨则用之，养贤之象也。养民者存乎政，行政者存乎人，是其得失未可知也。故井之象犹多戒辞。至于能养贤，则与之食天禄，治天职，而所以养民者，在是矣，故其辞直曰"元亨"，与大有同。

《彖》曰：鼎，象也。以木巽火，亨饪也。圣人亨以享上帝，而大亨以养圣贤。

"亨"通烹。卦之为鼎，取鼎之象也。鼎之为器，法卦之象也。有象而后有器，卦复用器而为义也。"鼎"，大器也。重宝也。故其制作形模，法象尤严。鼎之名正也。古人训方，方实正也。以形言，则耳对植于上，足分峙于下。周圆内外，高卑厚薄，莫不有法而至正。至正然后成安重之象，故鼎者法象之器，卦之为鼎，以其象也。"以木巽火"，以二体言鼎之用也。"以木巽火"，以木从火，所以"亨饪"也。鼎之为器，生人所赖至切者也。极其用之大，则"圣人亨以享上帝"，"大亨以养圣贤"。"圣人"，古之圣王，"大"言其广。

巽而耳目聪明，柔进而上行，得中而应乎刚，是以元亨。

上既言鼎之用矣，复以卦才言。人能如卦之才，可以致"元亨"也。下体巽，为巽顺于理，离明而中虚于上，为"耳目聪明"之象。凡离在上者，皆云"柔进而上行"。柔在下之物，乃居尊位，"进而上行"也。以明居尊而得中道，"应乎刚"，能用刚阳之道也。五居中，而又以柔而应刚，为得中道，其才如是，所以能"元亨"也。

247

《象》曰：木上有火，鼎。君子以正位凝命。

鼎，重器也。故有"正位凝命"之意。"凝"，犹至道不凝之凝。"木上有火"，以木巽火也。烹饪之象，故为鼎，君子观鼎之象，以"正位凝命"。鼎者，法象之器，其形端正，其体安重，取其端正之象，则以正其位，谓正其所居之位，君子所处必正，其小至于席不正不坐，毋跛毋倚，取其安重之象，则凝其命令，安重其命令也。"凝"，聚止之义谓安重也。今世俗有凝然之语，以命令而言耳，凡动为皆当安重也。

初六　鼎颠趾。利出否。得妾以其子。无咎。

六在鼎下，"趾"之象也。上应于四，趾而向上，"颠"之象也。鼎覆则趾颠，趾颠则覆其实矣，非顺道也。然有当颠之时，谓倾出败恶以致洁取新，则可也。故"颠趾"利在于"出否"，"否"，恶也。四近君大臣之位，初在下之人而相应，乃上求于下，下从其上也。上能用下之善，下能辅上之为，可以成事功，乃善道。如鼎之"颠趾"，有当颠之时，未为悖理也。"得妾"以其子"无咎"，六阴而卑，故为妾。"得妾"，谓得其人也。若得良妾，则能辅助其主，使无过咎也。"子"，主也。"以其子"，致其主于无咎也。六阴居下，而卑巽从阳，妾之象也。以六上应四为"颠趾"而发此义，初六本无才德可取，故云"得妾"。言得其人则如是也。

《象》曰：鼎颠趾，未悖也。利出否，以从贵也。

鼎，覆而趾颠，悖道也。然非必为悖者，盖有倾出否恶之时也。去故而纳新，泻恶而受美，从贵之义也。应于四，上从于贵者也。

九二　鼎有实。我仇有疾。不我能即。吉。

二以刚实居中，鼎中"有实"之象。鼎之有实，上出则为用。二阳刚有济用之才，与五相应，上从六五之君，则得正而其道可亨。然与初密比，阴从阳者也。九二居中而应中，不至失正，己虽自守，彼必相求，故戒能远之，使不来即我，则"吉"也。"仇"，对也。阴阳相对之物，谓初也。相从则非正而害义，是有"疾"也。二当以正自守，使之不能来就己。人能自守以正，则不正不能就之矣，所以"吉"也。

《象》曰：鼎有实，慎所之也。我仇有疾，终无尤也。

以阳居中故"有实"，实而与物竞，则所丧多矣，故"所之"不可不"慎"也。鼎之有实，乃人之有才业也。当慎所趋向，不慎所往，则亦陷于非义，二能不昵于初，而上从六五之正应，乃是慎所之也。"我仇有疾"，举上文也。"我仇"对己者，谓初也。初比己而非正，是"有疾"也。既自守以正，则彼不能即我，所以终无过尤也。

九三　鼎耳革。其行塞。雉膏不食。方雨亏悔。终吉。

"鼎耳"，六五也。为鼎为主。三以阳居巽之上，刚而能巽，其才足以济务。然与五非应而不同，五中而非正，三正而非中，不同也。未得于君者也。不得于君，则其道何由而行。"革"，变革为异也。三与五异而不合也。"其行塞"，不能亨也。不合于君，则不得其任，无以施其用。"膏"，甘美之物，象禄位。"雉"，指五也。有文明之德，故谓之雉。三有才用，而不得六五之禄位，是不得"雉膏"食之也。君子蕴其德，久而必彰，守其道，其终必亨。五有聪明之象，而三终上进之物，阴阳交畅则雨。"方雨"，且将雨也。言五与三方将和合。"亏悔终吉"，谓不足之悔，终当获吉也。三怀才而不偶，故有不足之悔。然其有阳刚之德，上聪明而下巽正，终必相得，故吉也。三虽不中，以巽体故无过刚之失，若过刚则岂能"终吉"。

《象》曰：鼎耳革，失其义也。

始与鼎耳革异者，失其相求之义也。与五非应，失求合之道也。不中，非同志之象也。是以其行塞而不通，然上明而下才，终必和合，故"方雨"而"吉"也。

九四　鼎折足。覆公餗。其形渥。凶。

"渥"，沾濡之貌也。既"覆公餗"，体为沾濡，知小谋大，不堪其任，受其至辱，灾及其身，故曰"其形渥，凶"也。四，大臣之位，任天下之事者也。天下之事，岂一人所能独任，必当求天下之贤智，与之协力。得其人，则天下之治，可不劳而致也。用非其人，则败国家之事，贻天下之患。四下应于初，初阴柔小人，不可用者也。而四用之，其不胜任而败事。犹鼎之折足也。"鼎折足"，则倾覆公上之餗。"餗"，鼎实也。居大臣之位，当天下之任，而所用非人，至于覆败，乃不胜其任，可羞愧之甚也。"其形渥"，谓赧汗也。其凶可知。《系辞》曰："德薄而位尊，知小而谋大，力少而任重，鲜不及矣。"言不胜其任也。蔽于所私，德薄知小也。

《象》曰：覆公餗，信如何也？

大臣当天下之任，必能成天下之治安，则不误君上之所倚。下民之所望，与己致身任道之志，不失所期，乃所谓信也。不然，则失其职，误上之委任，得为信乎？故曰"信如何也"？

六五　鼎黄耳。金铉。利贞。

五在鼎上，耳之象也。鼎之举措在耳，为鼎之主也。五有中德，故云"黄耳"。"铉"，加耳者也。二应于五，来从于耳者铉也。二有刚中之德，阳体刚，中色黄，故为"金铉"。五文明得中而应刚，二刚中巽体而上应，才无不足也。相应至善矣。所利在贞固而已，六五居中应中，不至于失正，而质本阴柔，故戒以贞固于中也。

《象》曰：鼎黄耳，中以为实也。

六五以得中为善，是以中为实德也。五之所以聪明应刚，为鼎之主，得鼎之道，皆由得中也。

上九　鼎玉铉。大吉。无不利。

井与鼎以上出为用，处终，鼎功之成也。在上铉之象，刚而温者玉也。九虽刚阳，而居阴履柔，不极刚而能温者也。居成功之道，唯善处而已。刚柔适宜，动静不过，则为"大吉"，无所不利矣。在上为铉，虽居无位之地，实当用也。与它卦异矣，井亦然。

《象》曰：玉铉在上，刚柔节也。

刚而温，乃有节也。上居成功致用之地，而刚柔中节，所以"大吉无不利"也。井、鼎皆以上出为成功，而鼎不云"元吉"何也？曰井之功用皆在上出，又有博施有常之德，是以"元吉"。鼎以烹饪为功，居上为成，德与井异，以"刚柔节"，故得"大吉"也。

震卦第五十一

（震下震上）䷲　震　亨。震来虩虩。笑言哑哑。震惊百里。不丧匕鬯。

"震"，动也。一阳始生于二阴之下，震而动也。其象为雷，其属为长子。震有亨道，"震来"，当震之来时也。"虩虩"，恐惧惊顾之貌。"震惊百里"，以雷言。"匕"，所以举鼎实；"鬯"，以秬黍酒和郁金，所以灌地降神者也。"不丧匕鬯"，以长子言也。阳生于下而上进，有"亨"之义。又震为动，为恐惧，为有主。震而奋发，动而进，惧而修，有主而保大，皆可以致亨，故震则有"亨"。当震动之来，则恐惧不敢自宁，旋顾周虑，虩虩然也。"虩虩"，顾虑不安之貌。蝇虎谓之虩者，以其周环顾虑不自宁也。处震如是，则能保其安裕，故"笑言哑哑"，"哑哑"，言笑和适之貌。"震惊百里""不丧匕鬯"，言震动之大。而处之之道，动之大者，莫若雷。震为雷，故以雷言。雷之震动惊及百里之远，人无不惧而自失，雷声所及百里也。唯宗庙祭祀执匕鬯者，则不致于丧失。人之致其诚敬，莫如祭祀，匕以载鼎实升之于俎，鬯以灌地而降神，方其酌祼以求神，荐牲而祈享，尽其诚敬之心，则虽雷震之威，不能使之惧而失守，故临大震惧，能安而不自失者，唯诚敬而已，此处震之道。卦才无取，故但言处震之道。此卦之占，为能恐惧则致福，而不失其所主之重。

《彖》曰：震，亨。震来虩虩，恐致福也。笑言哑哑，后有则也。

"恐致福"，恐惧以致福也。"则"，法也。震自有亨之义，非由卦才。"震来"而能恐惧，自修自慎，则可反致福吉也。"笑言哑哑"，言自若也。由能恐惧，而后自处有法则也。"有则"，则安而不惧矣，处震之道也。

震惊百里，惊远而惧迩也。出可以守宗庙社稷，以为祭主也。

雷之震及于百里，远者惊，近者惧，言其威远大也。《彖》文脱"不丧匕鬯"一句，卦辞云"不丧匕鬯"，本谓诚敬之至，威惧不能使之自失。《彖》以长子宜如是，因承上文用长子之义通解之，谓其诚敬能"不丧匕鬯"，则君出而可以守宗庙社稷为祭主也。长子如是，而后可以守世祀承国家也。

《象》曰：洊雷，震。君子以恐惧修省。

"洊"，重袭也。上下皆震，故为"洊雷"。雷重仍则威益盛，君子观洊雷威震之象，以恐惧自修饬循省也。君子畏天之威，则修正其身，思省其过咎而改之，不唯雷震，凡遇惊惧之事，皆当如是。

初九　震来虩虩，后笑言哑哑。吉。

初九成震之主，致震者也。在卦之下，处震之初也。知震之来，当震之始，若能以为恐惧，而周旋顾虑，"虩虩"然不敢宁止，则终必保其安吉，故后"笑言哑哑"也。

《象》曰：震来虩虩，恐致福也。笑言哑哑，后有则也。

震来而能恐惧周顾，则无患矣，是能因恐惧而反致福也。因恐惧而自修省，不敢违于法度，是由震而后有法则，故能保其安吉，而"笑言哑哑"也。

六二　震来厉。亿丧贝。跻于九陵。勿逐。七日得。

六二居中得正，善处震者也。而乘初九之刚。九，震之主。震刚动而上奋，孰能御之？"厉"，猛也。危也。彼来既猛，则己处危矣。"亿"，度也。"贝"，所有之资也。"跻"，升也。"九陵"，陵之高也。"逐"，往追也。以"震来"之"厉"，度不能当，而必丧其所有，则升至高以避之也。"九"，言其重。冈陵之重，高之至也。"九"，重之多也。如九天九地也。"勿逐七日得"，二之所贵者中正也。遇震惧之来，虽量势巽避，当守其中正，无自失也。亿之必丧也。故远避以自守，过则复其常矣，是勿逐而自得也。"逐"，即物也。以己即物，失其守矣。故戒"勿逐"，避远自守，处震之大方也。如二者当危惧而善处者也。卦位有六，七乃更始，事既终，时既易也。不失其守，虽一时不能御其来，然时过事已，则复其常，故云"七日得"。

《象》曰：震来厉，乘刚也。

当震而乘刚，是以彼厉而己危。震刚之来，其可御乎？

六三　震苏苏。震行无眚。

"苏苏"，神气缓散自失之状。三以阴居阳不正，处不正，于平时且不能安，况处震乎，故其震惧而"苏苏"然。当震时而惧益甚，精神涣散，故为"震苏苏"之象。然天下不患有忧惧之时，而患无修省之功。若能因此惧心而行，则持身无妄动，应事有成规，又何眚之有？若因震惧而能行，去不正而就正，则可以无过。"眚"，过也。三行则至四，正也。动以就正为善，故二"勿逐"则自得。三能行则"无眚"，以不正而处震惧，有眚可知。

《象》曰：震苏苏，位不当也。

其恐惧自失"苏苏"然，由其所处不当故也。不中不正，其能安乎。

九四　震遂泥。

九四居震动之时，不中不正，处柔失刚健之道，居四无中正之德，陷溺于重阴之间，不能自震奋者也。故云"遂泥"。"泥"，滞溺也。以不正之阳，而上下重阴，安能免于泥乎？"遂"，无反之意，处震惧则莫能守也。欲震动则莫能奋也。震道亡矣，岂复能光亨也？

《象》曰：震遂泥，未光也。

阳者刚物，震者动义，以刚处动，本有光亨之道，乃失其刚正而陷于重阴，以致"遂泥"，岂能光也！云"未光"，见阳刚本能震也。以失德故"泥"耳。

六五　震往来厉。亿无丧有事。

《春秋》凡祭祀皆曰"有事"，故此"有事"谓祭也。二五之震同，其有中德而能亿度于事理者亦同。然二"丧贝"而五"无丧"者，二居下位，所有者贝耳。五居尊，所守者则宗庙社稷也。贝可丧也。宗庙社稷可以失守乎？故二以"丧贝"为中，五以"无丧有事"为中。六五虽以阴居阳不当位为不正，然以柔居刚又得中，乃有中德者也。不失中则不违于正矣，所以中为贵也。可以守宗庙社稷为祭主，故"无丧有事"也。诸卦二五虽不当位，多以中为美。三四虽当位，或以不中为过，中常重于正也。盖中则不违于正，正不必中也。天下之理，莫善于中，于六二六五可见。五之动，上往则柔不可居动之极，下来则犯刚，是往来皆危也。当君位为动之主，随宜应变，在中而已，故当亿度无丧失其所有之事而已。所有之事，谓中德，苟不失中，虽有危不至于凶也。亿度，谓图虑求不失中也。五所以危，由非刚阳而无助，若以刚阳有助为动之主，则能亨矣。往来皆危，时则甚难，但期于不失中，则可自守，以柔主动，固不能致亨济也。

《象》曰：震往来厉，危行也。其事在中，大无丧也。

往来皆厉，行则有危也。动皆有危，唯在无丧其事而已，"其事"，谓中也。能不

253

失其中，则可自守也。"大无丧"，以无丧为大也。

上六　震索索。视矍矍。征凶。震不于其躬。于其邻。无咎。婚媾有言。

"索索"，消索不存之状，谓其志气如是。六以阴柔居震动之极，其惊惧之甚，志气殚索也。"矍矍"，不安定貌。志气索索，则视瞻徊徨。以阴柔不中正之质而处震动之极，故"征"则"凶"也。震之及身，乃于其躬也。"不于其躬"，谓未及身也。"邻"者，近于身者也。能震惧于未及身之前，则不至于极矣，故得"无咎"。苟未至于极，尚有可改之道。震终当变，柔不固守，故有畏邻戒而能变之义。圣人于震终，示人知惧能改之义，为劝深矣。"婚媾"，所亲也。谓同动者。"有言"，有怨咎之言也。六居震之上，始为众动之首，今乃畏邻戒而不敢进，与诸处震者异矣，故"婚媾有言"也。

《象》曰：震索索，中未得也。虽凶无咎，畏邻戒也。

所以恐惧自失如此，以未得于中道也。谓过中也使之得中，则不至于"索索"矣，极而复征则凶也。若能见邻戒而知惧，变于未极之前，则"无咎"也。上六动之极，震极则有变义也。

艮卦第五十二

（艮下艮上）䷳艮其背。不获其身。行其庭。不见其人。无咎。

"艮"，止也。一阳止于二阴之上，阳自下升，极上而止也。其象为山，取坤地而隆其上之状，亦止于极而不进之意也。其占则必能止于背而不有"其身"，"行其庭而不见其人"，乃"无咎"也。盖身动物也。唯背为止，"艮其背"，则止于所当止也。止于所当止，则不随身而动矣，是不有其身也。如是则虽行于庭除有人之地，而亦不见其人矣。盖"艮其背"而"不获其身"者，止而止也。"行其庭"而"不见其人"者，行而止也。动静而止其所，而皆主夫静焉，所以得"无咎"也。人之所以不能安其止者，动于欲也。欲牵于前而求其止，不可得也。故艮之道，当"艮其背"，所见者在前，而背乃背之，是所不见也。止于所不见，则无欲以乱其心，而止乃安。"不获其身"，不见其身也。谓忘我也。无我则止矣，不能无我，无可止之道，"行其庭不见其人"，庭除之间至近也。在背则虽至近不见，谓不交于物也。外物不接，内欲不萌，如是而止，乃得止之道，于止为"无咎"也。

《彖》曰：艮，止也。时止则止，时行则行。动静不失其时，其道光明。

此释卦名，艮之义则止也。然行止各有其时，故"时止而止"，止也。"时行而行"，亦止也。艮体笃实，故又有光明之义，大畜于艮亦以"辉光"言之。艮为止，止之道唯其时，行止动静不以时，则妄也。不失其时，则顺理而合义。在物为理，处物为义，动静合理义，不失其时也。乃"其道"之"光明"也。君子所贵乎时，仲尼行止久速是也。艮体笃实，有光明之义。

艮其止，止其所也。上下敌应，不相与也。是以不获其身，行其庭不见其人，无咎也。

此释卦辞，易背为止，以明背即止也。背者，止之所也。以卦体言，内外之卦，阴阳敌应而"不相与也"。不相与则内不见己，外不见人，而"无咎"矣。"艮其止"，谓止之而止也。止之而能止者，由止得其所也。止而不得其所，则无可止之理。夫子曰"于止知其所止"，谓当止之所也。夫有物必有则，父止于慈，子止于孝，君止于仁，臣止于敬。万物庶事，莫不各有其所，得其所则安，失其所则悖。圣人所以能使天下顺治，非能为物作则也。唯止之各于其所而已。"上下敌应"，以卦才言也。上下二体以敌相应，无相与之义。阴阳相应，则情通而相与，乃以其敌故不相与也。不相与则相背，为"艮其背"，止之义也。相背故"不获其身""不见其人"，是以能止，能止则"无咎"也。

《象》曰：兼山，艮。君子以思不出其位。

上下皆山，故为"兼山"。此而并彼为兼，谓重复也。重艮之象也。君子观艮止之象，而思安所止，"不出其位"也。"位"者，所处之分也。万事各有其所，得其所，则止而安，若当行而止，当速而久，或过或不及，皆出其位也。况逾分非据乎？

初六　艮其趾。无咎。利永贞。

六在最下，"趾"之象。"趾"，动之先也。"艮其趾"，止于动之初也。事当止者，当于其始而止之，乃可"无咎"。事止于初，未至失正，故"无咎"也。以柔处下，当趾之时也。行则失其正矣，故止乃"无咎"。阴柔患其不能常也。不能固也。故方止之初，戒以利在常"永贞"固，则不失止之道也。

《象》曰：艮其趾，未失正也。

当止而行，非正也。止之于初，故未至失正，事止于始则易，而未至于失也。

六二　艮其腓。不拯其随。其心不快。

六二居中得正，得止之道者也。上无应援，不获其君矣。三居下之上，成止之主，主乎止者也。乃刚而失中，不得止之宜，刚止于上，非能降而下求。二虽有中正之德，不能从也。二之行止系乎所主，非得自由，故为"腓"之象。股动则腓随，动止在股而不在腓也。二既不得以中正之道，拯救三之不中，则必勉而随之，不能拯而唯随也。虽咎不在己，然岂其所欲哉。言不听，道不行也。故其心不快，不得行其志也。士之处高位则有拯而无随，左下位，则有当拯，有当随，有拯之不得而后随。

《象》曰：不拯其随，未退听也。

所以不拯之而唯随者，在上者未能下从也。"退听"，下从也。

九三　艮其限。列其夤。厉熏心。

"限"，分隔也。谓上下之际。三以刚居刚而不中，为成艮之主，决止之极也。已在下体之上，而隔上下之限，皆为止义，故为"艮其限"，是确乎止而不复能进退者也。在人身如"列其夤"。"夤"，膂也。上下之际也。列绝其夤，则上下不相从属，言止于下之坚也。止道贵乎得宜，行止不能以时而定于一，其坚强如此，则处世乖戾，与物睽绝，其危甚矣。人之固止一隅，而举世莫与宜者，则艰蹇忿畏，焚挠其中，岂有安裕之理？"厉薰心"，谓不安之势，薰烁其中也。九三下体之终也。以上下二体观之，则交际之地也。故曰限夫人之身。虽有体节程度，然其脉络血气，必也周流会通，曾无上下之间，故能屈伸俯仰，无不如意，而心得以夷然居中。今也"艮其限"，而有所止焉，则截然不相关属。而所谓心者，其能独宁乎？故曰"厉薰心"。

《象》曰：艮其限，危熏心也。

谓其固止不能进退，危惧之虑，常薰烁其中心也。

六四 艮其身。无咎。

四，大臣之位，止天下之当止者也。以阴柔而不遇刚阳之君，故不能止物。唯自止其身，则可"无咎"，所以能"无咎"者，以止于正也。言"止其身无咎"，则见其不能止物，施于政则有咎矣。在上位而仅能善其身，无取之甚也。咸五居心上，故"咸其脢"者背也。此爻亦居心上，则亦背之象矣。不言"艮其背"者，"艮其背"为卦义，非中正之德，不足以当之。四虽直其位而德非中，故但言"艮其身"而已，盖"艮其背"则"不获其身"矣。"不获其身"者忘也。若"艮其身"，则能止而未能忘也。然止者忘之路，故其占亦曰"无咎"。正犹同人之卦义曰"于野"，上九虽直野位，而其德未至，故次于"野"而曰"郊"。此之卦义曰艮背，此爻虽直背位，而其德亦未至，故次于"不获其身"而曰"艮其身"也。

《象》曰：艮其身，止诸躬也。

不能为天下之止，能止于其身而已，岂足称大臣之位也？

六五 艮其辅。言有序。悔亡。

五君位，艮之主也。主天下之止者也。而阴柔之才，不足以当此义，故止以在上取辅义言之。人之所当慎而止者，唯言行也。五在上，故以辅言。"辅"，言之所由出也。艮于辅，则不妄出而有序也。言轻发而无序，则有悔。止之于辅，则悔亡也。"有序"，中节有次序也。辅与颊舌，皆言所由出，而辅在中，"艮其辅"，谓止于中也。

《象》曰：艮其辅，以中正也。

五之所善者，中也。"艮其辅"，谓止于中也。言以得中为正，止之于辅，使不失中，乃得正也。

上九 敦艮。吉。

九以刚实居上，而又成艮之主。在艮之终，止之至坚笃者也。"敦"，笃实也。居止之极，故不过而为"敦"。人之止难于久终，故节或移于晚，守或失于终，事或废于久，人之所同患也。上九能敦厚于终，止道之至善，所以"吉"也。六爻之德，唯此为"吉"。

《象》曰：敦艮之"吉"，以厚终也。

艮者，"万物之所成终而所成始"，故于上言"厚终"。凡人之心，唯患其养之不厚，不患其发之不光。水蓄则弥盛，火宿则弥壮。厚其终，则万事皆由此始。

渐卦第五十三

（艮下巽上） 渐 女归吉。利贞。

"渐"，渐进也。为卦止于下而巽于上，为不遽进之义，有"女归"之象焉。又自二至五，位皆得正，故其占为"女归吉"，而又戒以"利贞"也。以卦才兼渐义而言，乾坤之变为巽艮，巽艮重而为渐。在渐体而言，中二爻交也。由二爻之交，然后男女各得正位。初终二爻，虽不当位，亦阳上阴下，得尊卑之正。男女各得其正，亦得位也。与归妹正相对，女之归，能如是之正则"吉"也。天下之事，进必以渐者，莫如"女归"。臣之进于朝，人之进于事，固当有序。不以其序，则陵节犯义，凶咎随之。然以义之轻重，廉耻之道，女之从人，最为大也。故以"女归"为义。且男女，万事之先也。诸卦多有利贞而所施或不同，有涉不正之疑而为之戒者，有其事必贞乃得其宜者，有言所以利者，以其有贞也。所谓涉不正之疑而为之戒者，损之九二是也。处阴居说，故戒以宜贞也。有其事必贞乃得宜者，大畜是也。言所畜利于贞也。有言所以利者以其有贞者，渐是也。言女归之所以吉，利于如此贞正。盖其固有，非设戒也。渐之义宜能亨而不云亨者，盖亨者通达之义，非渐进之义也。

《彖》曰：渐之进也，女归吉也。

《传》言渐之进，如女之归则吉，所以明卦辞也。盖世俗多失渐进之道，独"女归"有渐存焉耳。

进得位，往有功也。进以正，可以正邦也。

以卦变释"利贞"之意，盖此卦之变，自涣而来。九进居三，自旅而来，九进居五，皆为得位之正。渐进之时，而阴阳各得正位，进而有功也。四复由上进而得正位，三离下而为上，遂得正位，亦为进得位之义。以正道而进，可以正邦国至于天下也。凡进于事，进于德，进于位，莫不皆当以正也。

其位，刚得中也。

卦自二至五，阴阳各得正位，此所以进而有功也。"进得位"，以位言。"进以正"，以道言。渐进之时，而阴阳各得正位，进而有功也。四复由上进而得正位，三离下而为上，遂得正位，亦为进得位之义。以正道而进，可以正邦国至于天下也。凡进于事，进于德，进于位，莫不皆当以正也。

止而巽，动不穷也。

内艮止，外巽顺，"止"为安静之象，"巽"为和顺之义。人之进也。若以欲心之动，则躁而不得其渐，故有困穷。在渐之义，内止静而外巽顺，故其进动不有困穷也。

《象》曰：山上有木，渐。君子以居贤德善俗。

"山上有木"，其高有因，渐之义也。君子观渐之象以居贤善之德，化美于风俗，人之进于贤德，必有其渐，习而后能安，非可陵节而遽至也。在己且然，教化之于人，不以渐，其能入乎？移风移俗，非一朝一夕所能成，故善俗必以渐也。

初六　鸿渐于干。小子厉有言。无咎。

渐诸爻皆取鸿象，鸿之为物，至有时而群有序，不失其时序，乃为渐也。"干"，水湄。水鸟止于水之湄，水至近也。其进可谓渐矣。行而以时，乃所谓渐，进不失渐，得其宜矣。六居初，至下也。阴之才，至弱也。而上无应援，以此而进，常情之所忧也。君子则深识远照，知义理之所安，时事之所宜，处之不疑，小人幼子，唯能见已然之事，从众人之知，非能烛理也。故危惧而有言。盖不知在下所以有进也。用柔所以不躁也。无应所以能渐也。于义自"无咎"也。若渐之初而用刚急进，则失渐之义，不能进而有咎必矣。

《象》曰：小子之厉，义无咎也。

虽"小子"以为危厉，在义理实"无咎也"。

六二　鸿渐于磐。饮食衎衎。吉。

"磐"，大石也。渐远于水，进于干而益安矣。"衎衎"，和乐意。二居中得正，上应于五，进之安裕者也。但居渐故进不速。"磐"，石之安平者，江河之滨所有。象进之安，自"干"之"磐"，又渐进也。二与九五之君，以中正之道相应，其进之安固平易莫加焉。故其"饮食"和乐"衎衎"然，"吉"可知也。六二柔顺中正，进以其渐，而上有九五之应，故其象如此，而占则"吉"也。

《象》曰：饮食衎衎，不素饱也。

"素饱"，如《诗》言"素餐"，得之以道，是不为徒饱而处之安矣。爻辞以其进之安平，故取饮食和乐为言，夫子恐后人之未喻，又释之云中正君子，遇中正之主，渐进于上，将行其道以及天下，所谓"饮食衎衎"，谓其得志和乐，不谓空饱饮食而已。

九三　鸿渐于陆。夫征不复。妇孕不育。凶。利御寇。

"鸿"，水鸟，陆非所安也。平高曰"陆"，平原也。三在下卦之上，进至于陆也。阳上进者也。居渐之时，志将渐进，而上无应援，当守正以俟时。安处平地，则得渐之道。若或不能自守，欲有所牵，志有所就，则失渐之道。四阴在上而密比，阳所说也。三阳在下而相亲，阴所从也。二爻相比而无应，相比则相亲而易合，无应则无适而相求，故为之戒。"夫"，阳也。夫，谓三。三若不守正而与四合，是知征而不知复。"征"，行也。"复"，反也。"不复"，谓不反顾义理。"妇"，谓四。若以不正而合，则虽孕而不育，盖非其道也。如是则"凶"也。三之所利，在"于御寇"，非理而至者寇也。守正以闲邪，所谓"御寇"也。不能御寇，则自失而凶矣。九三过刚不中而无应，故其象如此。而其占夫征则不复，"妇孕"则"不育"，"凶"莫甚焉，然以其过刚也。故"利御寇"。

《象》曰：夫征不复，离群丑也。妇孕不育，失其道也。利用御寇，顺相保也。

"夫征不复"，则失渐之正，从欲而失正，离判其群类，为可丑也。卦之诸爻，皆无不善，若独失正，是离其群类，"妇孕"不由其道，所以"不育"也。所利在"御寇"，谓以顺道相保。君子之与小人比也。自守以正，岂唯君子自完其己而已乎？亦使小人得不陷于非义，是以顺道相保，御止其恶，故曰"御寇"。

六四　鸿渐于木。或得其桷。无咎。

当渐之时，四以阴柔进据刚阳之上，阳刚而上进，岂能安处阴柔之下？故四之处非安地，如鸿之进于木也。木渐高矣，而有不安之象。鸿趾连，不能握枝，故不木栖。"桷"，横平之柯，唯平柯之上，乃能安处。谓四之处本危，或能自得安宁之道，则"无咎"也。如鸿之于木本不安，或得平柯而处之，则安也。四居正而巽顺，宜"无咎"者也。必以得失言者，因得失以明其义也。

《象》曰：或得其桷，顺以巽也。

"桷"者，平安之处。求安之道，唯顺与巽。若其义顺正，其处卑巽，何处而不安？如四之顺正而巽，乃得"桷"也。

九五　鸿渐于陵。妇三岁不孕。终莫之胜。吉。

"陵"，高阜也。鸿之所止，最高处也。象君之位。虽得尊位，然渐之时，其道之行，固亦非遽。与二为正应，而中正之德同，乃隔于三四，三比二，四比五，皆隔其交者也。未能即合，故"三岁不孕"。然中正之道，有必亨之理，不正岂能隔害之？故"终莫之"能"胜"。但其合有渐耳，终得其"吉"也。以不正而敌中正，一时之为耳，久其能胜乎。

《象》曰：终莫之胜吉，得所愿也。

君臣以中正相交，其道当行，虽有间其间者，终岂能胜哉？徐必得其所愿，乃渐之吉也。

上九　鸿渐于陆。其羽可用为仪。吉。

安定胡公以陆为逵。"逵"，云路也。谓虚空之中。《尔雅》：九达谓之逵。逵，通达无阻蔽之义也。上九在至高之位，又益上进，是出乎位之外，在它时则为过矣。于渐之时，居巽之极，必有其序。如鸿之离所止，而飞于云空，在人则超逸乎常事之外者也。进至于是而不失其渐，贤达之高致也。故可用为仪法而吉也。"羽"，鸿之所用进也。以其进之用，况上九进之道也。

《象》曰：其羽可用为仪吉，不可乱也。

君子之进,自下而上,由微而著,跬步造次,莫不有序,不失其序,则无所不得其吉,故九虽穷高而不失其吉,可用为仪法者,以其有序而不可乱也。

归妹卦第五十四

（兑下震上） ䷵ 归妹 征凶。无攸利。

妇人谓嫁曰"归"。"妹",少女也。兑以少女而从震之长男,而其情又为以说而动,皆非正也。故卦为归妹。而卦之诸爻,自二至五,皆不得正。三五又皆以柔乘刚,故其占"征凶"而无所利也。以说而动,动而不当,故"凶"。不当,位不当也。"征凶",动则凶也。如卦之义,不独女归,无所往而利也。

《彖》曰:归妹,天地之大义也。天地不交,而万物不兴。归妹,人之终始也。

"有男女然后有夫妇","天地之大义也"。"有夫妇然后有父子","人之终始也"。"归"者,女之终。生育者,人之始。"一阴一阳之谓道",阴阳交感,男女配合,天地之常理也。归妹,女归于男也。故云"天地之大义也"。男在女上,阴从阳动,故为女归之象。天地不交,则万物何从而生?女之归男,乃生生相续之道。男女交而后有生息,有生息而后其终不穷。前者有终,而后者有始。相续不穷,是"人之终始也"。

说以动,所归妹也。

长男居上,少女居下,以女下男也。少女"说以动",而又先下于男,其所归者妹,故以"征"则"凶",且"无攸利"。

征凶,位不当也。无攸利,柔乘刚也。

以二体释归妹之义。男女相感说而动者,少女之事,故以"说而动",所归者妹也。所以征则凶者,以诸爻皆不当位也。所处皆不正,何动而不凶。大率以"说而动",安有不失正者,不唯位不当也。又有乘刚之过,三五皆乘刚,男女有尊卑之序,夫妇有唱随之礼,此常理也。如恒是也。苟不由常正之道,徇情肆欲,唯说是动,则夫妇渎乱，男牵欲而失其刚，妇狃说而忘其顺，如归妹之乘刚是也。所以凶，无所往而利也。夫阴阳之配合，男女之交媾，理之常也。然从欲而流放，不由义理，则淫邪无所不至，伤身败德，岂人理哉！归妹之所以"凶"也。

《象》曰：泽上有雷，归妹。君子以永终知敝。

雷震于上，泽随而动，阳动于上，阴说而从，女从男之象也。故为归妹。君子观男女配合生息相续之象，而以永其终知有敝也。"永终"，谓生息嗣续永久其传也。"知敝"，谓知物有敝坏而为相继之道也。女归则有生息，故有永终之义。又夫妇之道，当常永有终，必知其有敝坏之理而戒慎之。敝坏，谓离隙。归妹说以动者也。异乎恒之巽而动，渐之止而巽也。少女之说，情之感动，动则失正，非夫妇正而可常之道，久必敝坏，知其必敝，则当思永其终也。天下之反目者，皆不能永终者也。不独夫妇之道，天下之事，莫不有终有敝，莫不有可继可久之道，观归妹则当思永终之戒也。

初九　归妹以娣。跛能履。征吉。

女之归，居下而无正应，"娣"之象也。刚阳在妇人为贤贞之德，而处卑顺，娣之贤正者也。处说居下为顺义，娣之卑下，虽贤何所能为？不过自善其身，以承助其君而已。如跛之能履，言不能及远也。然在其分为善，故以是而行则"吉"也。

《象》曰：归妹以娣，以恒也。跛能履吉，相承也。

恒，谓有常久之德。归妹之义，以说而动，非夫妇能常之道。九乃刚阳，有贤贞之德。虽娣之微，乃能以常者也。虽在下不能有所为，如跛者之能履，然征而吉者，以其能相承助也。能助其君，娣之吉也。

九二　眇能视。利幽人之贞。

"眇能视"，承上爻而言。九二阳刚得中，女之贤也。上有正应，而反阴柔不正，乃女贤而配不良，不能大成内助之功，故为"眇能视"之象。而其占则"利幽人之贞"也。"幽人"，亦抱道守正而不偶者也。九二阳刚而得中，女之贤正者也。上有正应，而反阴柔之质，动于说者也。乃女贤而配不良，故二虽贤，不能自遂以成其内助之功，适可以善其身而小施之。如眇者之能视而已，言不能及远也。男女之际，当以正礼。五虽不正，二自守其幽静贞正，乃所利也。二有刚正之德，幽静之人也。二之才如是，而言利贞者，利言宜于如是之贞，非不足而为之戒也。

《象》曰：利幽人之贞，未变常也。

守其幽贞，未失夫妇常正之道也。世人以媟狎为常，故以贞静为变常，不知乃常久之道也。

六三 归妹以须。反归以娣。

三居下之上，本非贱者，以失德而无正应，故为欲有归而未得其归。"须"，待也。待者，未有所适也。六居三不当位，德不正也。柔而尚刚，行不顺也。为说之主，以说求归，动非礼也。上无应，无受之者也。无所适，故须也。女子之处如是，人谁取之？不可以为人配矣。当反归而求为娣媵则可也。以不正而失其所也。

《象》曰：归妹以须，未当也。

"未当"者，其处其德其求归之道，皆不当，故无取之者，所以"须"也。

九四 归妹愆期。迟归有时。

九以阳居四，四上体，地之高也。阳刚在女子为正德，贤明者也。无正应，未得其归也。过时未归，故云"愆期"。女子居贵高之地，有贤明之资，人情所愿取，故其"愆期"乃为"有时"。盖自有待，非不售也。待得佳配而后行也。九居四虽不当位，而处柔乃妇人之道，以无应故为"愆期"之义。而圣人推理，以女贤而"愆期"，盖有待也。

《象》曰：愆期之志，有待而行也。

所以"愆期"者，由己而不由彼，贤女人所愿取，所以"愆期"。乃其志欲有所待，待得佳配而后行也。

六五 帝乙归妹。其君之袂。不如其娣之袂良。月几望。吉。

六五居尊位，妹之贵高者也。下应于二，为下嫁之象。王姬下嫁，自古而然。至帝乙而后正婚姻之礼，明男女之分，虽至贵之女，不得失柔巽之道，有贵骄之志，故《易》中阴尊而廉降者，则曰"帝乙归妹"，泰六五是也。贵女之归，唯谦降以从礼，乃尊高之德也。不事容饰以说于人也。娣媵者，以容饰为事者也。衣袂，所以为容饰也。六五尊贵之女，尚礼而不尚饰，故其袂不及其娣之袂良也。"良"，美好也。"月望"，阴之盈也。盈则敌阳矣。"几望"，未至于盈也。五之贵高，常不至于盈极，则不亢其夫，乃为吉也。女之处尊贵之道也。

《象》曰：帝乙归妹，不如其娣之袂良也。其位在中，以贵行也。

以"帝乙归妹"之道言，"其袂不如其娣之袂良"，尚礼而不尚饰也。五以柔中在尊高之位，以尊贵而行中道也。柔顺降屈，尚礼而不尚饰，乃中道也。

上六　女承筐无实。士刲羊无血。无攸利。

上六女归之终而无应，女归之无终者也。"妇"者，所以承先祖，奉祭祀。不能奉祭祀，则不可以为妇矣。筐篚之实，妇职所供也。古者房中之俎，葅醢之类，后夫人职之。诸侯之祭亲割牲，卿士大夫皆然。割，取血以祭。《礼》云：血祭盛气也。女当承事筐篚而无实，"无实"则无以祭，谓不能奉祭祀也。夫妇共承宗庙，妇不能奉祭祀，乃夫不能承祭祀也。故"刲羊"而"无血"，亦无以祭也。谓不可以承祭祀也。妇不能奉祭祀，则当离绝矣。是夫妇之无终者也。何所往而利哉。

《象》曰：上六无实，承虚筐也。

"筐无实"，是空筐也。空筐可以祭乎？言不可以奉祭祀也。女不可以承祭祀，则离绝而已，是女归之无终者也。

丰卦第五十五

（离下震上）䷶ 丰 亨。王假之。勿忧。宜日中。

"丰"，大也。以明而动，盛大之势也。故其占有"亨"道焉。丰为盛大，其义自"亨"。极天下之光大者，唯王者能至之。"假"，至也。天位之尊，四海之富，群生之众，王道之大，极丰之道其唯王者乎？丰之时，人民之繁庶，事物之殷盛，治之岂易周，为可忧虑，宜如日中之盛明广照，无所不及，然后无忧也。然王者至此，盛极当衰，则又有忧道焉。圣人以为徒忧无益，但能守常，不至于过盛则可矣，故戒以"勿忧宜日中"也。

《彖》曰：丰大也。明以动，故丰。

"丰"者，盛大之义。离明而震动，明动相资而成丰大也。"明以动故丰"，亦非正释名义，乃推明其所以致丰之故，以起释辞之端，与壮、萃同。"以"字与"而"字不同，"而"字有两意，"以"字只是一意，重在首字。如以刚而动，所以致壮，可见处壮者之必贞也。以顺而说，所以致聚，可见处萃者之必顺也。以明而动，所以致丰，可见处丰者之必明也。卦爻之义，皆欲其明而防其昏，故《传》先发此义，以示玩辞之要。

王假之，尚大也。勿忧宜日中，宜照天下也。

王者有四海之广，兆民之众，极天下之大也。故丰大之道，唯王者能致之。所有既大，其保之治之之道亦当大也。故王者之所尚至大也。所有既广，所治既众，当忧虑其不能周及。宜如日中之盛明，普照天下，无所不至，则可勿虑矣。如是，然后能保其丰大。保有丰大，岂小才小知之所能也。

日中则昃，月盈则食。天地盈虚，与时消息。而况于人乎？况于鬼神乎？

既言丰盛之至，复言其难常以为诫也。日中盛极，则当昃昳。月既盈满，则有亏缺。天地之盈虚，尚与时消息，况人与鬼神乎！"盈虚"，谓盛衰。"消息"，谓进退。天地之运，亦随时进退也。"鬼神"，谓造化之迹。于万物盛衰可见其消息也。于丰盛之时而为此诫，欲其守中不至过盛。处丰之道，岂易也哉？

《象》曰：雷电皆至，丰。君子以折狱致刑。

雷电皆至，明震并行也。二体相合，故云"皆至"。明动相资，成丰之象。离，明也。照察之象。震，动也。威断之象。"折狱"者必照其情实，唯明克允，致刑者以威于奸恶，唯断乃成。故君子观雷电明动之象，以"折狱致刑"也。噬嗑言先王"饬法"，丰言君子"折狱"，以明在上而丽于威震，王者之事，故为制刑立法，以明在下而丽于威震，君子之用，故为"折狱致刑"，旅明在上而云君子者，旅取慎用刑与不留狱，君子皆当然也。

初九　遇其配主。虽旬无咎。往有尚。

雷电皆至，成丰之象。明动相资，致丰之道。非明无以照，非动无以行，相须犹形影，相资犹表里。初九明之初，九四动之初，宜相须以成其用，故虽旬而相应。位则相应，用则相资，故初谓四为配主，己所配也。配虽匹称，然就之者也。如配天以配君子，故初于四云"配"，四于初云"夷"也。"虽旬无咎"，"旬"，均也。天下之相应者，常非均敌，如阴之应阳，柔之从刚，下之附上，敌则安肯相从。唯丰之初四，其用则相资，其应则相成，故虽均是阳刚，相从而无过咎也。盖非明则动无所之，非动则明无所用，相资而成用，同舟则胡越一心，共难则仇怨协力，事势使然也。往而相从，则能成其丰，故云"有尚"，有可嘉尚也。在它卦则不相下而离隙矣。

《象》曰：虽旬无咎，过旬灾也。

圣人因时而处宜，随事而顺理，夫势均则不相下者，常理也。然有虽敌而相资者，则相求也。初四是也。所以虽旬而无咎也。与人同而力均者，在乎降己以相求，协力以从事，若怀先己之私，有加上之意，则患当至矣，故曰"过旬灾也"。均而先己，是过旬也。一求胜则不能同矣。

六二　丰其蔀。日中见斗。往得疑疾。有孚发若。吉。

明动相资，乃能成丰。二为明之主，又得中正，可谓明者也。而五在正应之地，阴柔不正，非能动者。二五虽皆阴，而在明动相资之时，居相应之地，五才不足，既其应之才不足资，则独明不能成丰，既不能成丰，则丧其明功，故为"丰其蔀"。"日中见斗"，二至明之才，以所应不足与，而不能成其丰，丧其明功，无明功则为昏暗，故云"见斗"。"斗"，昏见者也。"蔀"，周匝之义，用障蔽之物，掩晦于明者也。斗属阴而主运乎，象五以阴柔而当君位。日中盛明之时乃见斗，犹丰大之时，乃遇柔弱之主。斗以昏见，言"见斗"，则是明丧而暗矣。二虽至明中正之才，所遇乃柔暗不正之君，既不能下求于己，若往求之，则反得疑猜忌疾，暗主如是也。然则如之何而可？夫君子之事上也。不得其心，则尽其至诚以感发其志意而已。苟诚意能动，则虽昏蒙可开也。虽柔弱可辅也。虽不正可正也。古人之事庸君常主，而克行其道者，己之诚意上达，而君见信之笃耳。管仲之相桓公，孔明之辅后主是也。若能以诚信发其志意，则得行其道，乃为吉也。

《象》曰：有孚发若，信以发志也。

"有孚发若"，谓以己之孚信，感发上之心志也。苟能发，则其吉可知，虽柔暗有可发之道也。

九三 丰其沛。日中见沫；折其右肱，无咎。

"沛"字，古本有作"旆"字者，王弼以为幡幔，则是"旆"也。幡幔围蔽于内者，"丰其沛"，其暗更甚于蔀也。三明体而反暗于四者，所应阴暗故也。三居明体之上，阳刚得正，本能明者也。丰之道，必明动相资而成。三应于上，上阴柔，又无位而处震之终，既终则止矣。不能动者也。它卦至终则极，震至终则止矣。三无上之应，则不能成丰。"沫"，星之微小无名数者。"见沫"，暗之甚也。丰之时而遇上六，"日中"而"见沫"者也。"右肱"，人之所用，乃折矣，其无能为可知。贤智之才遇明君，则能有为于天下。上无可赖之主，则不能有为，如人之折其右肱也。人之为有所失，则有所归咎，曰由是故致是，若欲动而无右肱，欲为而上无所赖，则不能而已，更复何言，无所归咎也。

《象》曰：丰其沛，不可大事也。折其右肱，终不可用也。

三应于上，上应而无位，阴柔无势力而处既终，其可共济大事乎？既无所赖，如右肱之折，终不可用矣。

九四 丰其蔀。日中见斗。遇其夷主。吉。

四虽阳刚，为动之主，又得大臣之位，然以不中正，遇阴暗柔弱之主，岂能致丰大也。故为"丰其蔀"。"蔀"，周围掩蔽之物。周围则不大，掩蔽则不明。"日中见斗"，当盛明之时反昏暗也。"夷主"，其等夷也。相应故谓之主。初四皆阳而居初，是其德同。又居相应之地，故为"夷主"。居大臣之位，而得在下之贤，同德相辅，其助岂小也哉，故"吉"也。如四之才，得在下之贤为之助，则能致丰大乎？曰：在下者上有当位为之与，在上者下有贤才为之助，岂无益乎，故"吉"也。然而致天下之丰，有君而后能也。五阴柔居尊而震体，无虚中巽顺下贤之象。下虽多贤，亦将何为？盖非阳刚中正，不能致天下之丰也。

《象》曰：丰其蔀，位不当也。日中见斗，幽不明也。遇其夷主，吉行也。

"位不当"，谓以不中正居高位，所以暗而不能致丰，"日中见斗，幽不明也"，谓幽暗不能光明，君阴柔而臣不中正故也。"遇其夷主吉，行也"。阳刚相遇，吉之行也。下就于初，故云行，下求则为吉也。

六五　来章。有庆誉，吉。

五以阴柔之才，为丰之主，固不能成其丰大。若能来致在下章美之才而用之，则有福庆，复得美誉，所谓"吉"也。六二文明中正，章美之才也。为五者诚能致之在位而委任之，可以致丰大之庆，名誉之美，故"吉"也。章美之才，主二而言。然初与三四，皆阳刚之才，五能用贤则汇征矣。二虽阴，有文明中正之德，大贤之在下者也。五与二虽非阴阳正应，在明动相资之时，有相为用之义，五若能来章，则"有庆誉"而"吉"也。然六五无虚己下贤之义，圣人设此义以为教耳。

《象》曰：六五之吉，有庆也。

其所谓吉者，可以有庆福及于天下也。人君虽柔暗，若能用贤才，则可以为天下之福，唯患不能耳。

上六　丰其屋。蔀其家。窥其户。阒其无人。三岁不觌。凶。

六以阴柔之质，而居丰之极，处动之终，其满假躁动甚矣。处丰大之时，宜乎谦屈，而处极高，致丰大之功，在乎刚健，而体阴柔，当丰大之任，在乎得时，而不当位。如上六者，处无一当，其凶可知。"丰其屋"，处太高也。"蔀其家"，居不明也。以阴柔居丰大，而在无位之地，乃高亢昏暗，自绝于人，人谁与之，故"窥其户，阒其无人"也。至于三岁之久，而不知变，其"凶"宜矣。"不觌"，谓尚不见人，盖不变也。六居卦终，有变之义，而不能迁，是其才不能也。

《象》曰：丰其屋，天际翔也。窥其户，阒其无人，自

cáng yě
藏也。

　　始显大，终自藏，皆圣人戒其过盛。子云曰"炎炎者灭，隆隆者绝，观雷观火，为盈为实，天收其声，地藏其热，高明之家，鬼瞰其室"，正合此义。六处丰大之极，在上而自高，若飞翔于天际，谓其高大之甚。"窥其户"而"无人"者，虽居丰大之极，而实无位之地。人以其昏暗自高大，故皆弃绝之，自藏避而弗与亲也。

卷　八

旅卦第五十六

（艮下离上）☷ 旅　小亨。旅贞吉。

"旅"，羁旅也。山止于下，火炎于上，为去其所止而不处之象，故为旅。以六五得中于外，而顺乎上下之二阳，艮止而离丽于明，故其占可以"小亨"。而能守其旅之贞则"吉"，旅非常居，若可苟者，然道无不在，故自有其正，不可须臾离也。

《彖》曰：旅，小亨。柔得中乎外而顺乎刚，止而丽乎明，是以小亨旅贞吉也。

六上居五，"柔得中乎外"也。丽乎上下之刚，"顺乎刚"也。下艮止，上离丽，"止而丽于明"也。柔顺而得在外之中，所止能丽于明，是以"小亨"。得旅之贞正而吉也。旅困之时，非阳刚中正有助于下，不能致大亨也。所谓得在外之中，中非一揆，旅有旅之中也。止丽于明，则不失时宜，然后得处旅之道。

旅之时义大矣哉！

天下之事，当随时各适其宜。而旅为难处，故称其时义之大。

《象》曰：山上有火，旅。君子以明慎用刑，而不留狱。

火之在高，明无不照，君子观明照之象，则"以明慎用刑"。明不可恃，故戒于慎，明而止，亦慎象。观火行不处之象，则"不留狱"，狱者不得已而设，民有罪而入，岂可留滞淹久也。

初六　旅琐琐。斯其所取灾。

六以阴柔在旅之时，处于卑下，是柔弱之人。处旅困而在卑贱，所存污下者也。志卑之人，既处旅困，鄙猥琐细，无所不至，乃其所以致侮辱，取灾咎也。"琐琐"，猥细之状。当旅困之时，才质如是，上虽有援，无能为也。四阳性而离体，亦非就下者也。又在旅，与他卦为大臣之位者异矣。

《象》曰：旅琐琐，志穷灾也。

志意穷迫，益自取灾也。灾眚对言则有分，独言则谓灾患耳。

六二　旅即次。怀其资。得童仆贞。

"即次"则安，"怀""资"则裕，得其童仆之贞信，则无欺而有赖，旅之最吉者也。二有柔顺中正之德，故其象占如此。二有柔顺中正之德，柔顺则众与之，中正则处不失当，故能保其所有。童仆亦尽其忠信，虽不若五有文明之德，上下之助，亦处旅之善者也。次舍，旅所安也。财货，旅所资也。童仆，旅所赖也。得就次舍，怀蓄其资财，又得童仆之贞良，旅之善也。柔弱在下者，"童"也。强壮处外者，"仆"也。二柔顺中正，故得内外之心，在旅所亲比者，"童仆"也。不云"吉"者，旅寓之际，得免于灾厉，则已善矣。

《象》曰：得童仆贞，终无尤也。

羁旅之人，所赖者童仆也。既得童仆之忠贞，终无尤悔矣。

九三　旅焚其次。丧其童仆。贞厉。

处旅之道，以柔顺谦下为先。三刚而不中，又居下体之上，与艮之上，有自高之象。在旅而过刚自高，致困灾之道也。自高则不顺于上，故上不与而焚其次，失所安也。上离为焚象，过刚则暴下，故下离而"丧其童仆"之贞信，谓失其心也。如此则危厉之道也。

《象》曰：旅焚其次，亦以伤矣。以旅与下，其义丧也。

旅焚失其次舍，亦以困伤矣。以旅之时，而与下之道如此，义当丧也。在旅而以过刚自高待下，必丧其忠贞，谓失其心也。在旅而失其童仆之心，为可危也。

九四　旅于处。得其资斧。我心不快。

四阳刚虽不居中，而处柔在上体之下，有用柔能下之象，得旅之宜也。以刚明之才，为五所与，为初所应，在旅之善者也。然四非正位，故虽得其处止，不若二云就次舍也。有刚明之才，为上下所与，乃旅而得货财之资，器用之利也。虽在旅为善，然上无刚阳之与，下唯阴柔之应，故不能伸其才，行其志，"其心不快"也。云"我"者，据四而言。

《象》曰：旅于处，未得位也。得其资斧，心未快也。

四以近君为当位，在旅五不取君义，故四为"未得位也"，曰：然则以九居四不正为有咎矣。曰：以刚居柔，旅之宜也。九以刚明之才，欲得时而行其志，故虽得"资斧"，于旅为善，其心志未快也。"资斧"防患之物，"得其资斧"，不过有以自防，故曰"心未快也"。

六五　射雉。一矢亡。终以誉命。

六五有文明柔顺之德，处得中道而上下与之，处旅之至善者也。人之处旅，能合文明之道，可谓善矣。羁旅之人，动而或失，则困辱随之。动而无失，然后为善。离为雉，文明之物，"射雉"谓取则于文明之道而必合。如"射雉一矢"而"亡"之，发无不中，则终能致"誉命"也。"誉"，令闻也。"命"，福禄也。五居文明之位，有文明之德，故动必中文明之道也。五君位，人君无旅，旅则失位，故不取君义。

《象》曰：终以誉命，上逮也。

有文明柔顺之德，则上下与之。"逮"，与也。能顺承于上而上与之，为上所逮也。在上而得乎下，为下所上逮也。在旅而上下与之，所以致"誉命"也。"旅"者，困而未得所安之时也。"终以誉命"，终当致誉命也。已"誉命"则非旅也。困而亲寡则为旅，不必在外也。

上九　鸟焚其巢。旅人先笑后号咷。丧牛于易。凶。

"鸟"，飞腾处高者也。上九刚不中而处最高，又离体，其亢可知，故取鸟象。在旅之时，谦降柔和，乃可自保，而过刚自高，失其所安，宜矣。"巢"，鸟所安止。"焚其巢"，失其所安，无所止也。在离上为焚象，阳刚自处于至高，始快其意，故"先笑"，既而失安莫与，故"号咷"，轻易以丧其顺德，所以"凶"也。"牛"，顺物，"丧牛于易"，谓忽易以失其顺也。离火性上，为躁易之象，上承"鸟焚其巢"，故更加"旅人"字，不云"旅人"，则是鸟笑哭也。

《象》曰：以旅在上，其义焚也。丧牛于易，终莫之闻也。

以旅在上，而以尊高自处，岂能保其居。其义当有焚巢之事，方以极刚自高为得志而笑，不知丧其顺德于躁易，是终莫之闻，谓终不自闻知也。使自觉知，则不至于极而"号咷"矣，阳刚不中而处极，固有高亢躁动之象，而火复炎上，则又甚焉。

巽卦第五十七

（巽下巽上）䷸ 巽 小亨。利有攸往。利见大人。

"巽"，入也。从来说者，皆以为一阴入于二阳之下，非也。盖一阴伏于内，阳必入而散之。阴性疑滞，必散而后与阳合德也。其在造化，则吹浮云，散积阴者也。其在人心，则察几微，穷隐伏也。其在国家，则除奸慝，蠲弊事者也。三者皆非入不能，卦之所以名巽者以此，"亨"之所以"小"者，如蛊则坏极而更新之，故其亨大。巽但修敝举废而已，观卦爻"庚""甲"之义可见也。天下之事，既察知之，则必见之于行，故曰"利有攸往"。非有刚德之人不能济也。故又曰"利见大人"。

《彖》曰：重巽以申命。

"重巽"者，上下皆巽也。上顺道以出命，下奉命而顺从，上下皆顺，"重巽"之象也。又重为重复之义，君子体重巽之义，以申复其命令。"申"，重复也。丁宁之谓也。

刚巽乎中正而志行。柔皆顺乎刚，是以小亨，利有攸往，利见大人。

以卦才言也。阳刚居巽而得中正，巽顺于中正之道也。阳性上，其志在以中正之道上行也。又上下之柔，皆巽顺于刚。其才如是，虽内柔可以"小亨"也。巽顺之道，无往不能入，故"利有攸往"。巽顺虽善道，必知所从。能巽顺于阳刚中正之大人则为利，故"利见大人"也。如五二之阳刚中正，大人也。巽顺不于大人，未必不为过也。

《象》曰：随风，巽。君子以申命行事。

两风相重，随风也。"随"，相继之义，君子观重巽相继以顺之象，而以申命令，行政事。随与重，上下皆顺也。上顺下而出之，下顺上而从之，上下皆顺，重巽之义也。命令政事，顺理则合民心，而民顺从矣。

初六　进退。利武人之贞。

六以阴柔居卑巽而不中，处最下而承刚，过于卑巽者也。阴柔之人，卑巽太过，则志意恐畏而不安，或进或退，不知所从，其所"利"在"武人之贞"。若能用武人刚贞之志，则为宜也。勉为刚贞，则无过卑恐畏之失矣。

《象》曰：进退，志疑也。利武人之贞，志治也。

进退不知所安者，其志疑惧也。利用武人之刚贞以立其志，则其"志治也"。"治"，谓修立也。

九二　巽在床下。用史巫。纷若吉。无咎。

二居巽时，以阳处阴而在下，过于巽者也。"床"，人之所安。"巽在床下"，是过于巽，过所安矣。"床下"者，阴邪所伏也。入于床下，则察之深矣。于是既以史占而知之，复以巫祓而去之，虽有物妖神怪，无能为害矣。"纷若"者，以喻"申命"之频烦，而"行事"之织悉也。二与五，皆所谓"刚巽乎中正而志行"者，卦之主也。故能尽"申命行事"之道如此。人之过于卑巽，非恐怯则谄说，皆非正也。二实刚中，虽巽体而居柔，为过于巽，非有邪心也。恭巽之过，虽非正礼，可以远耻辱，绝怨咎，亦吉道也。"史巫"者，通诚意于神明者也。"纷若"，多也。苟至诚安于谦巽，能便通其诚意者多，则"吉"而"无咎"。谓其诚足以动人也。人不察其诚意，则以过巽为谄矣。

《象》曰：纷若之吉，得中也。

二以居柔在下，为过巽之象，而能使通其诚意者众多纷然，由得中也。阳居中，为中实之象，中既诚实，则人自当信之，以诚意则非谄畏也。所以"吉"而"无咎"。

九三　频巽。吝。

三以阳处刚，不得其中，又在下体之上，以刚亢之质，而居巽顺之时，非能巽者，勉而为之，故屡失也。居巽之时，处下而上临之以巽，又四以柔顺相亲，所乘者刚，而上复有重刚，虽欲不巽得乎？故频失而"频巽"，是可"吝"也。

《象》曰：频巽之吝，志穷也。

九三之"频巽"，非勉为之而失，习为之而过也。"巽"而"频"焉，则振作之气不足，其志亦穷而无所复之矣。

六四　悔亡。田获三品。

阴柔无援，而承乘皆刚，宜有"悔"也。而四以阴居阴，得巽之正，在上体之下，居上而能下也。居上之下，巽于上也。以巽临下，巽于下也。善处如此，故得"悔亡"。所以得"悔亡"，以如田之"获三品"也。"田获三品"，及于上下也。田猎之获分三品：一为乾豆，一供宾客与充庖，一颁徒御。四能巽于上下之阳，如田之"获三品"，谓遍及上下也。四之地本有悔，以处之至善，故"悔亡"。而复有功，天下之事，苟善处，则悔或可以为功。

《象》曰：田获三品，有功也。

巽于上下，如田之获三品而遍及上下，成巽之功也。"有功"者，田猎有获，以喻行命有功也。

九五　贞吉。悔亡。无不利。无初有终。先庚三日。后庚三日。吉。

五居尊位，为巽之主，命令之所出也。处得中正，尽巽之善，然巽者柔顺之道，所利在贞，非五之不足，在巽当戒也。既"贞"则"吉"而"悔亡"，无所不利。"贞"，正中也。处巽出令，皆以中正为吉。柔巽而不贞则有悔，安能无所不利也？命令之出，有所变更也。"无初"，始未善也。"有终"，更之始善也。若已善，则何用命也？何用更也？"先庚三日，后庚三日。吉"。出命更改之道，当如是也。"甲"者，事之端也。"庚"者，变更之始也。十干戊己为中，过中则变，故谓之庚。事之改更，当

"原始要终"，如"先甲""后甲"之义。如是则"吉"也。解在蛊卦。

《象》曰：九五之吉，位正中也。

九五之吉，以处正中也。得正中之道则吉，而其悔亡也。"正中"，谓不过无不及，正得其中也。处柔巽与出命令，唯得中为善，失中则悔也。

上九　巽在床下。丧其资斧。贞凶。

"床"，人所安也。"在床下"，过所安之义也。九居巽之极，过于巽者也。"资"，所有也。"斧，以断也。阳刚本有断，以过巽而失其刚断，失其所有，"丧资斧"也。居上而过巽，至于自失，在正道为凶也。

《象》曰：巽在床下，上穷也。丧其资斧，正乎凶也。

"巽在床下"，过于巽也。处卦之上，巽至于穷极也。居上而过极于巽，至于自失，得为正乎，乃凶道也。巽本善行，故疑之曰得为正乎，复断之曰乃凶也。

兑卦第五十八

（兑下兑上）䷹　兑　亨。利贞。

"兑"，说也。一阴进乎二阳之上，喜之见乎外也。其象为"泽"，取其说万物，又取坎水而寒，其下流之象。卦体刚中而柔外，刚中，故"说"而"亨"。柔外，故"利"于"贞"。盖说有亨道，而其妄说不可以不戒，故其占如此。又柔外故为"说亨"，刚中故"利"于"贞"，亦一义也。

《彖》曰：兑，说也。

此释名义类咸，兑者无言之说，以说解兑，兑本为说，特以其说不在言而称兑耳。

刚中而柔外，说以利贞，是以顺乎天而应乎人。说以先民，民忘其劳。说以犯难，民忘其死。说之大，民劝矣哉！

兑之义，说也。一阴居二阳之上，阴说于阳而为阳所说也。阳刚居中，中心诚实之象。柔爻在外，接物和柔之象。故为说而能贞也。"利贞"，说之道宜正也。卦有刚中之德，能贞者也。说而能贞，是以上顺天理，下应人心，说道之至正至善者也。若夫违道以干百姓之誉者，苟说之道，违道不顺天，干誉非应人，苟取一时之说耳，非君子之正道。君子之道，其说于民，如天地之施，感于其心而说服无斁，故以之先民，则民心说随而忘其劳。率之以犯难，则民心说服于义而不恤其死。说道之大，民莫不知劝。劝，谓信之而勉力顺从。人君之道，以人心说服为本，故圣人赞其大。

《象》曰：丽泽，兑。君子以朋友讲习。

"丽泽"，二泽相附丽也。两泽相丽，交相浸润，互有滋益之象，故君子观其象，而"以朋友讲习"。"朋友讲习"，互相益也。先儒谓天下之可说，莫若朋友讲习。"朋友讲习"，固可说之大者，然当明相益之象。

初九　和兑。吉。

初虽阳爻。居说体而在最下，无所系应，是能卑下和顺以为说，而无所偏私者也。以和为说，而无所偏私，说之正也。阳刚则不卑，居下则能巽，处说则能和，无应则不偏，处说如是，所以"吉"也。

《象》曰：和兑之吉，行未疑也。

有求而和，则涉于邪谄，初随时顺处，心无所系，无所为也。以和而已，是以吉也。象又以其处说在下而非中正，故云"行未疑也"。其行未有可疑，谓未见其有失也。若得中正，则无是言也。说以中正为本，爻直陈其义，《象》则推而尽之。

九二　孚兑。吉。悔亡。

二承比阴柔，阴柔小人也。说之则当有"悔"，二刚中之德，孚信内充，虽比小人，自守不失。"君子和而不同"，说而不失刚中，故"吉"而"悔亡"，非二之刚中则有悔矣。以自守而亡也。

《象》曰：孚兑之吉，信志也。

心之所存为"志"，二刚实居中，孚信存于中也。志存诚信，岂至说小人而自失乎？是以"吉"也。

六三　来兑。凶。

六三阴柔不中正之人，说不以道者也。"来兑"，就之以求说也。比于在下之阳，枉己非道，就以求说，所以"凶"也。之内为来，上下俱阳而独之内者，以同体而阴性下也。失道下行也。

《象》曰：来兑之凶，位不当也。

六三位不当，居上下二兑之间，下兑方终，上兑又来，说而又说，不得其正者也。上六曰"引兑"，盖与六三相表里。

九四　商兑未宁。介疾有喜。

四上承中正之五，而下比柔邪之三，虽刚阳而处非正。三阴柔阳所说也。故不能决而商度未宁，谓拟议所从而未决，未能有定也。两间谓之介，分限也。地之界则加田义乃同也。故人有节守谓之介，若介然守正，而疾远邪恶，则"有喜"也。从五，正也。说三，邪也。四近君之位，若刚介守正，疾远邪恶，将得君以行道，福庆及物，为"有喜"也。若四者得失未有定，系所从耳。

《象》曰：九四之喜，有庆也。

所谓"喜"者，若守正而君说之，则得行其阳刚之道，而福庆及物也。当兑之时，处上下之际，不妄从说，知所择者也。介然自守，故能全兑说之喜。喜非独一身而已，终亦有及物之庆也。

九五　孚于剥。有厉。

九五得尊位而处中正，尽说道之善矣。而圣人复设有厉之戒，盖尧舜之盛，未尝无戒也。戒所当戒而已，虽圣贤在上，天下未尝无小人，然不敢肆其恶也。圣人亦说，其能勉而革面也。彼小人者，未尝不知圣贤之可说也。如四凶处尧朝，隐恶而顺命是也。圣人非不知其终恶也。取其畏罪而强仁耳。五若诚心信小人之假善为实善，而不知其包藏，则危道也。小人者备之不至，则害于善，圣人为戒之意深矣。"剥"者，消阳之名，阴消阳者也。盖指上六，故"孚于剥"则危也。以五在说之时而密比于上六，故为之戒。虽舜之圣，且畏"巧言令色"，安得不戒也。说之惑人，易入而可惧也如此。

《象》曰：孚于剥，位正当也。

戒"孚于剥"者，以五所处之位，正当戒也。密比阴柔，有相说之道，故戒在信之也。

上六　引兑。

他卦至极则变，兑为说，极则愈说。上六成说之主，居说之极，说不知已者也。故说既极矣，又引而长之，然而不至悔咎何也？曰：方言其说不知已，未见其所说善恶也。又，下乘九五之中正，无所施其邪说，六三则承乘皆非正，是以有凶。

《象》曰：上六引兑，未光也。

说既极矣，又引而长之，虽说之不已，而事理已过，实无所说。事之盛则有光辉，既极而强引之长，其无意味甚矣，岂有光也？"未"，非必之辞，《象》中多用。非必能有光辉，谓不能光也。

涣卦第五十九

（坎下巽上）　涣　亨。王假有庙。利涉大川。利贞。

"涣"，散也。为卦下坎上巽，风行水上，离披解散之象，故为涣。其变则本自渐卦九来居二而得中，六往居三，得九之位，而上同于四，故其占可"亨"。又以祖考之精神既散，故王者当至于庙以聚之，又以巽木坎水，舟楫之象，故"利涉大川"。其曰"利贞"，则占者之深戒也。

《彖》曰：涣亨，刚来而不穷，柔得位乎外而上同。

涣之能"亨"者，以卦才如是也。涣之成涣，由九来居二，六上居四也。刚阳之来，则不穷极于下，而处得其中。柔之往，则得正位于外，而上同于五之中。巽顺于五，乃上同也。四五君臣之位，当涣而比，其义相通。同五，乃从中也。当涣之时而守其中，则不至于离散，故能"亨"也。

王假有庙，王乃在中。

"王假有庙"之义，在萃卦详矣。天下离散之时，王者收合人心，至于"有庙"，乃是在其中也。在中，谓求得其中，摄其心之谓也。中者，心之象。"刚来而不穷"，"柔得位而上同"，卦才之义，皆主于中也。王者拯涣之道，在得其中而已。孟子曰：得其民有道，得其心斯得民矣。亨帝立庙，民心所归从也。归人心之道无大于此，故云。至于"有庙"，拯涣之道极于此也。

利涉大川，乘木有功也。

治涣之道，当济于险难。而卦有乘木济川之象，上巽木也。下坎水，大川也。利涉险以济涣也。木在水上，乘木之象。乘木所以涉川也。涉则有济涣之功，卦有是义有是象也。

《象》曰：风行水上，涣。先王以享于帝立庙。

"风行水上"，有涣散之象。先王观是象，救天下之涣散，至于享帝立庙也。收合人心，无如宗庙，祭祀之报，出于其心，故享帝立庙，人心之所归也。系人心合离散之道，无大于此。

初六　用拯马壮吉。

六居卦之初，涣之始也。始涣而拯之，又得马壮，所以吉也。六爻独初不云涣者，离散之势，辨之宜早，方始而拯之，则不至于涣也。为教深矣。"马"，人之所托也。托于壮马，故能拯涣。"马"，谓二也。二有刚中之才，初阴柔顺，两皆无应，无应则亲比相求，初之柔顺，而托于刚中之才以拯其涣。如得壮马以致远，必有济矣，故"吉"也。涣拯于始，为力则易，时之顺也。

《象》曰：初六之吉，顺也。

初之所以"吉"者，以其能顺从刚中之才也。始涣而用拯，能顺乎时也。

九二　涣奔其机。悔亡。

诸爻皆云"涣",谓涣之时也。在涣离之时,而处险中,其有"悔"可知。若能奔就所安,则得"悔亡"也。"机"者,俯凭以为安者也。俯,就下也。"奔",急往也。二与初虽非正应,而当涣离之时两皆无与。以阴阳亲比相求,则相赖者也。故二目初为"机",初谓二为"马"。二急就于初以为安,则能"亡"其"悔"矣。初虽坎体,而不在阴中也。或疑初之柔微何足赖,盖涣之时,合力为胜。先儒皆以五为机,非也。方涣离之时,二阳岂能同也。若能同,则成济涣之功当大,岂止"悔亡"而已。机,谓俯就也。

《象》曰:涣奔其机,得愿也。

当涣之时,以阳刚来居二,二安静之位也。故有奔其机之象。夫唯安静,方能一天下之动。五尊王居于上,而二"奔其机"于下,各得所安,此所以能合天下之涣也。

六三 涣其躬。无悔。

三在涣时,独有应与,无涣散之悔也。然以阴柔之质,不中正之才,上居无位之地,岂能拯时之涣而及人也。止于其身可以"无悔"而已。上加涣字,在涣之时,躬无涣之悔也。

《象》曰:涣其躬,志在外也。

志应于上,在外也。与上相应,故其身得免于涣而无悔。"悔亡"者,本有而得亡,"无悔"者,本无也。

六四 涣其群。元吉。涣有丘。匪夷所思。

涣四五二爻义相须,故通言之,《象》故曰"上同"也。四巽顺而正,居大臣之位。五刚中而正,居君位,君臣合力,刚柔相济,以拯天下之涣者也。方涣散之时,用刚则不能使之怀附,用柔则不足为之依归。四以巽顺之正道,辅刚中正之君,君臣同功,所以能济涣也。天下涣散而能使之群聚,可谓大善之"吉"也。"涣有丘","匪夷所思",赞美之辞也。"丘",聚之大也。方涣散而能致其大聚,其功甚大,其事甚难,其用至妙。"夷",平常也。非平常之见所能思及也。非贤智孰能如是?

《象》曰:涣其群,元吉,光大也。

凡树私党者,皆心之暗昧狭小者也。唯无一豪之私,则光明正大,自能"涣其群"

矣，故曰"光大也"。

九五　涣汗其大号。涣。王居无咎。

五与四君臣合德，以刚中正巽顺之道治涣，得其道矣。惟在涣洽于人心，则顺从也。当使号令洽于民心，如人身之汗，浃于四体，则信服而从矣。如是则可以济天下之涣，居王位为称而"无咎"。"大号"，大政令也。谓新民之大命，救涣之大政。再云"涣"者，上谓涣之时，下谓处涣如是则"无咎"也。在四已言"元吉"，五惟言称其位也。涣之四五通言者，涣以离散为害，拯之使合也。非君臣同功合力，其能济乎？爻义相须，时之宜也。

《象》曰：王居无咎，正位也。

"王居"，谓正位，人君之尊位也。能如五之为，则居尊位为称而"无咎"也。

上九　涣其血。去逖出。无咎。

"逖"，远也。涣之诸爻，皆无系应。亦涣离之象，惟上应于三。三居险陷之极，上若下从于彼，则不能出于涣也。险有伤害畏惧之象，故云血惕。然九以阳刚处涣之外，有出涣之象。又居巽之极，为能巽顺于事理，故云若能使其血去，其惕出，则"无咎"也。其者，所有也。涣之时，以能合为功，独九居涣之极，有系而临险，故以能出涣远害为善也。

《象》曰：涣其血，远害也。

若如《象》文为"涣其血"，乃与"屯其膏"同也。义则不然。盖"血"字下脱"去"字。"血去惕出"，谓能远害则"无咎"也。

节卦第六十

（兑下坎上）䷻　节　亨。苦节不可贞。

"节"，有限而止也。为卦下兑上坎，泽上有水，其容有限，故为节。节固自有亨道矣。事既有节，则能致亨通，故节有"亨"义。节贵适中，过则苦矣，节至于苦，岂能常也。不可固守以为常,"不可贞"也。又其体阴阳各半,而二五皆阳,故其占得"亨"。然至于太甚则苦矣,故又戒以不可守以为贞也。

《彖》曰:节亨,刚柔分而刚得中。

统观全体,而刚柔适均,则刚以济柔,柔以济刚,一张一弛,唯其称也。析观二体,而二五得中,则不失之过,不失之不及。一损一益,唯其宜也。由是以"制数度"而隆杀皆中,以"议德行"而进反皆中,此节之所以"亨"也。

苦节不可贞,其道穷也。

中节则和,否则不和。稼穑作甘,以得中央之土也。火炎上则苦,亦以焦枯之极也。"刚得中"而能节,乃为九五之甘。柔失中而过节,则为上六之苦。故物得中则甘,失中则苦。

说以行险,当位以节,中正以通。

以卦才言也。内兑外坎,"说以行险"也。人于所说则不知已,遇艰险则思止,方说而止,为节之义。"当位以节",五居尊,当位也。在泽上,有节也。当位而以节,主节者也。处得中正,节而能通也。中正则通,过则苦矣。

天地节而四时成。节以制度,不伤财,不害民。

天地以气序为节,使寒暑往来各以其序,则四时功成也。王者以"制度"为节,使用之有道,役之有时,则"不伤财不害民"也。

《象》曰:泽上有水,节。君子以制数度,议德行。

泽之容水有限,过则盈溢,是有节,故为节也。君子观节之象,以制立"数度",凡物之大小轻重高下文质,皆有"数度",所以为节也。"数",多寡;"度",法制。"议德行"者,存诸中为德,发于外为行,人之德行,当"议"则中节。"议",谓商度求中节也。

初九 不出户庭。无咎。

"户庭",户外之庭。"门庭",门内之庭。初以阳在下,上复有应,非能节者也。

又当节之初，故戒之谨守，至于"不出户庭"，则"无咎"也。初能固守，终或渝之，不谨于初，安能有卒，故于节之初为戒甚严也。

《象》曰：不出户庭，知通塞也。

爻辞于节之初，戒之谨守，故云"不出户庭"则"无咎"也。《象》恐人之泥于言也。故复明之云，虽当谨守"不出户庭"，又必知时之通塞也。通则行，塞则止。义当出则出矣，尾生之信，水至不去，不知通塞也。故君子贞而不谅。《系辞》所解独以"言"者，在人所节唯"言"与"行"，节于"言"则"行"可知，"言"当在先也。

九二　不出门庭。凶。

二虽刚中之质，然处阴居说而承柔。处阴，不正也。居说，失刚也。承柔，近邪也。节之道当以刚中正。二失其刚中之德，与九五刚中正异矣。"不出门庭"，不之于外也。谓不从于五也。二五非阴阳正应，故不相从。若以刚中之道相合，则可以成节之功。惟其失德失时，是以"凶"也。不合于五，乃不正之节也。以刚中正为节，如惩忿窒欲。损过益有余，是也。不正之节，如啬节于用，懦节于行，是也。

《象》曰：不出门庭凶，失时极也。

水之始至，泽当塞而不当通，既至当通而不当塞，故初九以"不出户庭"为"无咎"，言当"塞"也。九二以"不出门庭"为凶，言当"通"也。至是而不通，则"失时"而至于极。

六三　不节若。则嗟若。无咎。

六三不中正，乘刚而临险，固宜有咎。然柔顺而和说，若能自节而顺于义，则可以无过。不然，则凶咎必至，可伤嗟也。故"不节若则嗟若"。己所自致，无所归"咎"也。

《象》曰：不节之嗟，又谁咎也？

"节"则可以免过，而不能自节以致可嗟，将谁咎乎？

六四　安节。亨。

四顺承九五刚中正之道，是以中正为节也。以阴居阴，安于正也。当位为有节之象。下应于初，四坎体水也。水上溢为无节，就下有节也。如四之义，非强节之，安于节者也。故能致"亨"。节以安为善，强守而不安则不能常，岂能亨也。

《象》曰：安节之亨，承上道也。

四能安节之义非一。《象》独举其重者，上承九五刚中正之道以为节，足以亨矣，余善亦不出于中正也。

九五　甘节。吉。往有尚。

九五刚中正居尊位，为节之主。所谓当位以节，中正以通者也。在己则安行，天下则说从，节之甘美者也。其"吉"可知。以此而行，其功大矣，故"往"则有可嘉"尚"也。

《象》曰：甘节之吉，居位中也。

既居尊位，又得中道，所以吉而有功。节以中为贵，得中则正矣，正不能尽中也。

上六　苦节。贞凶。悔亡。

上六居节之极，节之苦者也。居险之极，亦为苦义，固守则"凶"，"悔"则凶"亡"。"悔"，损过从中之谓也。节之"悔亡"，与他卦之悔亡，辞同而义异也。

《象》曰：苦节，贞凶，其道穷也。

爻言"苦节贞凶"，《象》言"苦节不可贞"，唯其"贞凶"，是以"不可贞"也。故《彖》、《象》传皆以"其道穷也"释之。

中孚卦第六十一

（兑下巽上）　中孚　豚鱼吉。利涉大川。利贞。

信发于中，谓之"中孚"。"鱼"者虫之幽隐，"豚"者兽之微贱。内有诚信，则虽微隐之物信皆及矣。既有诚信，光被万物，以斯涉难，何往不通？故曰"利涉大川"。

信而不正，凶邪之道，故"利"在"贞"也。

《彖》曰：中孚，柔在内而刚得中，说而巽孚，乃化邦也。

二柔在内，中虚为诚之象。二刚得上下体之中，中实为孚之象。卦所以为中孚也。"说而巽"，以二体言卦之用也。上巽下说，为上至诚以顺巽于下，下有孚以说从其上。如是，其孚乃能化于邦国也。若人不说从，或违拂事理，岂能化天下乎？

豚鱼吉，信及豚鱼也。利涉大川，乘木舟虚也。

信能及于"豚鱼"，信道至矣，所以"吉"也。以"中孚"涉险难，其利如乘木济用而以虚舟也。舟虚则无沈覆之患，卦虚中，为虚舟之象。

中孚以利贞，乃应乎天也。

信而正，则"应乎天"矣。

《象》曰：泽上有风，中孚。君子以议狱缓死。

"泽上有风"，感于泽中，水体虚故风能入之，人心虚，故物能感之。风之动乎泽，犹物之感于中，故为中孚之象。君子观其象以"议狱"与"缓死"，君子之于"议狱"，尽其忠而已，于决死，极于测而已，故诚意常求于缓。"缓"，宽也。于天下之事，无所不尽其忠，而"议狱缓死"，最其大者也。

初九　虞吉。有他不燕。

九当中孚之初，故戒在审其所信。"虞"，度也。度其可信而后从也。虽有至信，若不得其所，则有悔咎。故虞度而后信则吉也。既得所信，则当诚一，若"有它"，则不得其燕安矣。"燕"，安裕也。"有它"，志不定也。人志不定，则惑而不安。初与四为正应，四巽体而居正，无不善也。爻以谋始之义大，故不取相应之义，若用应则非虞也。

《象》曰：初九虞吉，志未变也。

当信之始，志未有所存，而虞度所信，则得其正，是以吉也。盖其志未有变动，志有所从，则是变动，虞之不得其正矣，在初言求所信之道也。

九二　鸣鹤在阴。其子和之。我有好爵。吾与尔靡之。

刚实于中，孚之至者也。孚至则能感通，鹤鸣于幽隐之处，不闻也。而其子相应和中心之愿相通也。"好爵"我有，而彼亦系慕，说"好爵"之意同也。有孚于中，物无不应，诚同故也。至诚无远近幽深之间，故《系辞》云，"善则千里之外应之，不善则千里违之"。言诚通也。至诚感通之理，知道者为能识之。《易》例：凡言"子"言"童"者，皆初之象。"好爵"，谓旨酒也。"靡"，谓醉也。九二有刚中之实德，无应于上，而初与之同德，故有鹤鸣子和好爵尔靡之象。言父子，明不逾出户庭也。言尔我，明不逾同类也。《诗》云：鹤鸣于九皋，声闻于天，则居爽垲之地，而声及远矣。处于阴而子和，则不求远闻可知。又曰：我有旨酒，嘉宾式燕以佣，则同乐者众矣。"吾与尔靡"，则惟二人同心而已。君子之实德实行，不务于远而修于近。故《系辞》两言"况其近者乎"！然后推广而极言之。

《象》曰：其子和之，中心愿也。

"中心愿"，谓诚意所愿也。故通而相应。

六三　得敌。或鼓或罢。或泣或歌。

"敌"，对敌也。谓所交孚者，正应上九是也。三四皆以虚中为成孚之主，然所处则异。四得位居正，故亡匹以从上，三不中失正，故"得敌"以累志。以柔说之质，既有所系，惟所信是从。或鼓张，或罢废，或悲泣，或歌乐，动息忧乐皆系乎所信也。惟系所信，故未知吉凶，然非明达君子之所为也。

《象》曰：或鼓或罢，位不当也。

居不当位，故无所主，唯所信是从，所处得正，则所信有方矣。

六四　月几望。马匹亡。无咎。

四为成孚之主，居近君之位，处得其正，而上信之至，当孚之任者也。如月之几望盛之至也。已望则敌矣，臣而敌君，祸败必至，故以几望为至盛。"马匹亡"，四与初为正应，匹也。古者驾车用四马，不能备纯色，则两服两骖各一色，又小大必相称，故两马为匹，谓对也。马者，行物也。初上应四，而四亦进从五，皆上行，故以马为象。孚道在一，四既从五，若复下系于初，则不一而害于孚，为有咎矣。故"马匹亡"

则"无咎"也。上从五而不系于初，是亡其匹也。系初则不进，不能成孚之功也。

《象》曰：马匹亡，绝类上也。

绝其类而上从五也。"类"，谓应也。

九五　有孚挛如。无咎。

五居君位，人君之道，当以至诚感通天下，使天下之心信之，固结如拘挛然，则为"无咎"也。人君之孚，不能使天下固结如是，则亿兆之心，安能保其不离乎？

《象》曰：有孚挛如，位正当也。

五居君位之尊，由中正之道，能使天下信之，如拘挛之固，乃称其位。人君之道，当如是也。

上九　翰音登于天。贞凶。

"翰"，高飞也。飞音者，音飞而实不从之谓也。居卦之上，处信之终，信终则衰，忠笃内丧，华美外扬，故曰"翰音登于天"也。

《象》曰：翰音登于天，何可长也？

守孚至于穷极而不知变，岂可长久也？固守而不通，如是则凶也。

小过卦第六十二

（艮下震上）䷽　小过　亨。利贞。可小事。不可大事。飞鸟遗之音。不宜上宜下。大吉。

"小"，谓阴也。"过"者，过其常也。若矫枉而过正，过所以就正也。事有时而当然，有得过而后能亨者，故小过自有"亨"义。"利贞"者，过之道，利于贞也不失时宜之谓正，过所以求就中也。所过者"小事"也。事之大者，岂可过也？于大过论之详矣。"飞鸟遗之音"谓过之不远也。"不宜上宜下",谓宜顺也。顺则"大吉",过以就之,盖顺理也。过而顺理,其吉必大。为卦四阴在外,二阳在内,阴多于阳,小者过也。既过于阳,可以"亨"矣。然必利于守贞,则又不可以不戒也。卦之二五,皆以柔而得中,故"可小事"。三四皆以刚失位而不中,故"不可大事"。卦体内实外虚,如鸟之飞,其声下而不上,故能致飞鸟遗音之应,则"宜下"而"大吉",亦"不可大事"之类也。

《彖》曰：小过，小者过而亨也。

阳大阴小，阴得位，刚失位而不中，是"小者过"也。故为小事过。过之小小者与小事有时而当过，过之亦小，故为小过。事固有待过而后能亨者，过之所以能亨也。

过以利贞，与时行也。

《彖》之所谓"利贞"，即《象》之所谓"过乎恭"。"俭"与"哀"者，时当然也。过而利于贞，谓"与时行也"。时当过而过，乃非过也。时之宜也。乃所谓正也。

柔得中，是以小事吉也。刚失位而不中，是以不可大事也。

小过之道，于小事有过则吉者，而《彖》以卦才言吉义。"柔得中"，二五居中也。阴柔得位，能致"小事吉"耳，不能济大事也。"刚失位而不中"，是以不可大事，大事非刚阳之才不能济。三不中，四失位，是以"不可大事"。小过之时，自"不可大事"，而卦才又不堪大事，与时合也。

有飞鸟之象焉，飞鸟遗之音，不宜上宜下，大吉，上逆而下顺也。

"有飞鸟之象焉"，此一句不类《彖》体。盖解者之辞误入《彖》中。中刚外柔，飞鸟之象。卦有此象，故就"飞鸟"为义。事有时而当过，所以从宜，然岂可甚过也。如"过恭""过哀""过俭"，大过则不可，所以在小过也。所过当如飞鸟之遗音，鸟飞迅疾，声出而身已过，然岂能相远也。事之当过者亦如是。身不能甚远于声，事不可远过其常，在得宜耳。"不宜上宜下"，更就鸟音取宜顺之义。过之道，当如飞鸟之遗音，夫声逆而上则难，顺而下则易，故在高则大。山上有雷，所以为过也。过之道，顺行则吉，如飞鸟之遗音宜顺也。所以过者，为顺乎宜也。能顺乎宜，所以大吉。

《象》曰：山上有雷，小过。君子以行过乎恭，丧过乎哀，用过乎俭。

雷震于山上，其声过常，故为小过。天下之事，有时当过，而不可过甚，故为小过，君子观小过之象，事之宜过者则勉之，"行过乎恭，丧过乎哀，用过乎俭"，是也。当过而过，乃其宜也。不当过而过则过矣。

初六　飞鸟以凶。

初六阴柔在下，小人之象。又上应于四，四，复动体，小人躁易，而上有应助，于所当过，必至过甚，况不当过而过乎？其过如飞鸟之迅疾，所以凶也。躁疾如是，所以过之速且远，救止莫及也。

《象》曰：飞鸟以凶，不可如何也。

其过之疾，如飞鸟之迅，岂容救止也。凶其宜矣，"不可如何"，无所用其力也。

六二　过其祖。遇其妣。不及其君，遇其臣。无咎。

古者重昭穆，故孙则祔于祖，孙妇则祔于祖姑。晋之"王母"，此爻之"妣"，皆谓祖姑也。两阴相应，故取妣妇相配之象。凡《易》之义，阴阳有应者，则为君臣，为夫妇，取其耦配也。无应者，则或为父子，或为等夷，或为嫡媵，或为妣妇，取其同类也。此爻二五皆柔，有妣妇之配，无君臣之交，故取遇妣不及其君为义。孙行而附于祖列，疑其过矣。然礼所当然是适得其分也。无应于君者，不敢仰干于君之象。然守柔居下，是臣节不失也。以人事类之，则事之可过者。过而得其恭顺之体。事之必不可过者，不及而安于名分之常。夫子之言麻冕拜下，意正如此也。小过之义主于过恭过俭，妻道也。臣道也。二当其位，而有中正之德，故能权衡于过不及而得其中，于六爻为最善。阳之在上者父之象，尊于父者祖之象。四在三上，故为"祖"。二与五居相应之地，同有柔中之德，志不从于三四，故过四而遇五，是"过其祖"也。五阴而尊，祖、妣之象，与二同德相应，在它卦则阴阳相求，过之时必过其常，故异也。无所不过，故二从五亦戒其过。不及其君遇其臣，谓上进而不陵及于君。适当臣道，则"无咎"也。"遇"，当也。过臣之分，则其咎可知。

《象》曰：弗及其君，臣不可过也。

过之时，事无不过其常。故于上进，则戒及其君。臣不可过，臣之分也。

九三 弗过防之。从或戕之。凶。

小过阴过阳失位之时，三独居正，然在下无所能为，而为阴所忌恶。故有当过者，在过防于小人，若"弗过防之"，则或从而戕害之矣，如是则"凶"也。三于阴过之时，以阳居刚，过于刚也。既戒之过防，则过刚亦在所戒矣。防小人之道，正己为先。三不失正，故无必凶之义，能过防则免矣。三居下之上，居上为下，皆如是也。

《象》曰：从或戕之，凶如何也？

阴过之时，必害于阳，小人道盛，必害君子，当过为之防，防之不至，则为其所戕矣，故曰"凶如何也"，言其甚也。

九四 无咎。弗过遇之。往厉必戒。勿用永贞。

四当小过之时，以刚处柔，刚不过也。是以"无咎"。既弗过则合其宜矣，故云"遇之"，谓得其道也。若"往"则有"危"，必当戒惧也。往去柔而以刚进也。"勿用永贞"，阳性坚刚，故戒以随宜不可固守也。方阴过之时，阳刚失位，则君子当随时顺处，不可固守其常也。四居高位，而无上下之交，虽比五应初，方阴过之时，彼岂肯从阳也。故"往"则有"厉"。

《象》曰：弗过遇之，位不当也。往厉必戒，终不可长也。

"位不当"，谓处柔，九四当过之时，不过刚而反居柔，乃得其宜，故曰"遇之"，遇其宜也。以九居四，"位不当也"，居柔乃遇其宜也。当阴过之时，阳退缩自保足矣，终岂能长而盛也。故往则有危，必当戒也。"长"，上声。作平声，则大失《易》意。以夬与剥观之，可见与夬之象，文同而音异也。

六五 密云不雨。自我西郊。公弋取彼在穴。

五以阴柔居尊位，虽欲过为，岂能成功，如"密云"而不能成雨。所以不能成雨，自"西郊"故也。阴不能成雨，小畜卦中已解。"公弋取彼在穴"，"弋"，射取之也。"射"止是射，"弋"有取义。"穴"，山中之空，中虚乃空也。"在穴"，指六二也。五与二本非相应，乃弋而取之，五当位，故云"公"，谓公上也。同类相取，虽得之，两阴岂能济大事乎？犹"密云之不能成雨"也。小过有飞鸟之象，而所恶者飞。盖飞则上而不下，违乎"不宜上宜下"之义也。云亦飞物也。下而降则为雨。"密云不雨"是犹飞而未下也。五在上体，又居尊位，当小过之时，上而未下者也。故取"密云不雨"为象。云而"不雨"，则膏泽不下于民矣。以其虚中也。故能降心以从道，抑志以下交。如弋鸟然，不弋其飞者，而弋其在穴者，如此则合乎"宜下"之义。而云之飞者，不崇朝而为雨之润矣，此爻变鸟之象而为云者，以居尊位故也。

《象》曰：密云不雨，已上也。

阳降阴升，合则和而成雨。阴已在上，云虽密岂能成雨乎？阴过不能成大之义也。

上六　弗遇过之。飞鸟离之。凶。是谓灾眚。

六阴而动体，处过之极，不与理遇，动皆过之，其违理过常如飞鸟之迅速，所以"凶"也。"离"，过之远也。是谓"灾眚"，是当有灾眚也。"灾"者天殃，"眚"者人为。既过之极，岂惟人眚，天灾亦至，其"凶"可知，天理人事皆然也。

《象》曰：弗遇过之，已亢也。

居过之终，弗遇于理而过之。过已亢极，其凶宜也。

既济卦第六十三

（离下坎上）䷾　既济　亨小。利贞。初吉。终乱。

"既济"，事之既成也。为卦水火相交，各得其用，六爻之位，各得其正，故为既济。既济之时，大者既已亨矣，小者尚有未亨也。虽既济之时，不能无小未亨也。小字在下，语当然也。若言"小亨"，则为亨之小也。"利贞"处既济之时，利在贞固以守之也。"初吉"，方济之时也。"终乱"，济极则反也。"亨小"当为"小亨"，大抵此卦及六爻占辞，皆有警戒之意，时当然也。

《彖》曰：既济亨，小者亨也。

国家当极盛时，纵有好处，都只是寻常事，所以说"小者亨"。

利贞，刚柔正而位当也。

既济之时，大者固已亨矣，唯有小者未亨也。时既济矣，固宜贞固以守之，卦才刚柔正当其位，当位者其常也。乃正固之义，利于如是之贞也。阴阳各得正位，所以为既济也。

初吉，柔得中也。

二以柔顺文明而得中，故能成既济之功。二居下体，方济之初也。而又善处，是以吉也。

终止则乱，其道穷也。

天下之事，不进则退，无一定之理，济之终不进而止矣，无常止也。衰乱至矣，盖其道已穷极也。九五之才非不善也。时极道穷，理当必变也。圣人至此奈何？曰：唯圣人为能通其变于未穷，不使至于极也。尧舜是也。故有终而无乱。

《象》曰：水在火上，既济。君子以思患而豫防之。

水火既交，各得其用为既济。时当既济，唯虑患害之生。故思而豫防，使不至于患也。自古天下既济，而致祸乱者，盖不能"思患而豫防"也。

初九　曳其轮。濡其尾。无咎。

初以阳居下，上应于四，又火体，其进之志锐也。然时既济矣，进不已则及于悔咎，故"曳其轮"，"濡其尾"，乃得"无咎"，轮所以行，倒曳之使不进也。兽之涉水，必揭其尾，"濡其尾"则不能济。方既济之初，能止其进，乃得"无咎"。不知已则至于咎也。

《象》曰：曳其轮，义无咎也。

既济之初，而能止其进，则不至于极，其义自"无咎"也。

六二　妇丧其茀。勿逐。七日得。

二以文明中正之德，上应九五刚阳中正之君，宜得行其志也。然五既得尊位，时已既济，无复进而有为矣。则于在下贤才，岂有求用之意，故二不得遂其行也。自古既济而能用人者鲜矣，以唐太宗之用贤，尚怠于终，况其下者乎？于斯时也。则刚中反为中满，坎离乃为相戾矣，人能识时知变则可以言《易》矣。二，阴也。故以"妇"言。"茀"，妇人出门以自蔽者也。"丧其茀"，则不可行矣。二不为五之求用，则不得行，如妇之丧茀也。然中正之道，岂可废也。时过则行矣。"逐"者，从物也。从物则失其素守，故戒"勿逐"。自守不失，则"七日"当复得也。卦有六位，七则变矣，"七日得"谓时变也。虽不为上所用，中正之道，无终废之理，不得行于今，必行于异时也。圣人之劝戒深矣。

《象》曰：七日得，以中道也。

中正之道，虽不为时所用，然无终不行之理，故"丧茀"。七日当复得，谓自守其中，异时必行也。不失其中则正矣。

九三　高宗伐鬼方。三年克之。小人勿用。

九三当既济之时，以刚居刚，用刚之至也。既济而用刚如是，乃"高宗伐鬼方"之事。高宗必商之高宗。天下之事既济，而远伐暴乱也。威武可及，而以救民为心，乃王者之事也。惟圣贤之君则可，若骋威武，忿不服，贪土地，则残民肆欲也。故戒不可用小人。小人为之，则以贪忿私意也。非贪忿则莫肯为也。"三年克之"，见其劳惫之甚，圣人因九三当既济而用刚，发此义以示人为法为戒，岂浅见所能及也？

《象》曰：三年克之，惫也。

言"惫"以见其事之至难，在高宗为之则可，无高宗之心，则贪忿以殃民也。

六四　繻有衣袽。终日戒。

四在济卦而水体，故取舟为义。四近君之位，当其任者也。当既济之时，以防患虑变为急。"繻"当作濡，谓渗漏也。舟有罅漏则塞以"衣袽"，"有衣袽"以备濡漏。又"终日戒"惧不怠，虑患当如是也。不言吉，方免于患也。既济之时，免患则足矣，岂复有加也。

《象》曰：终日戒，有所疑也。

终日戒惧，常疑患之将至也。处既济之时，当畏慎如是也。

九五　东邻杀牛，不如西邻之禴祭。实受其福。

五中实，孚也。二虚中诚也。故皆取祭祀为义。"东邻"，阳也。谓五。"西邻"，阴也。谓二。"杀牛"，盛祭也。"禴"，薄祭也。盛不如薄者，时不同也。二五皆有孚诚中正之德，二在济下，尚有进也。故受福。五处济极，无所进矣，以至诚中正守之，苟未至于反耳，理无极而终不反者也。已至于极，虽善处无如之何矣，故爻象惟言其时也。

《象》曰：东邻杀牛，不如西邻之时也。实受其福，吉大来也。

五之才德非不善，不如二之时也。二在下有进之时，故中正而孚，则其"吉大来"，所谓受福也。"吉大来"者，在既济之时为大来也。亨小初吉是也。

上六　濡其首。厉。

物盛则衰，治极必乱，理之常也。上六处既济之终，其道穷极，至于衰乱，如涉险而濡溺其首，是危厉之极也。皆由治不思乱，安不虑危以至穷极而反于未济也。既济之极，固不安而危也。又阴柔处之，而在险体之上，坎为水，济亦取水义，故言其穷至于濡首危可知也。既济之终，而小人处之，其败坏可立而待也。

《象》曰：濡其首，厉，何可久也？

既济之终，反于未济，至于濡没其首，故当翻然而警，惕然而改，何可久如此乎？

未济卦第六十四

（坎下离上） ䷿ 未济 亨。小狐汔济。濡其尾。无攸利。

"未济"，事未成之时也。水火不交，不相为用。卦之六爻，皆失其位，故为未济。未济之时，有亨之理，而卦才复有致亨之道。惟在慎处，狐能度水，濡尾则不能济。其老者多疑畏，故履冰而听，惧其陷也。小者则未能畏慎，故勇于济。"汔"，当为仡，壮勇之状。《书》曰：仡仡勇夫。小狐果于济，则"濡其尾"而不能济也。未济之时，求济之道，当致惧则能"亨"。若如小狐之果，则不能济也。既不能济，无所利矣。占者如此，何所利哉？

《彖》曰：未济，亨，柔得中也。

以卦才言也。所以能"亨"者，以"柔得中"也。五以柔居尊位，居刚而应刚，得柔之中也。刚柔得中，处未济之时可以"亨"也。

小狐汔济，未出中也。濡其尾，无攸利，不续终也。虽不当位，刚柔应也。

据二而言也。二以刚阳居险中，将济者也。又上应于五，险非可安之地。五有从之理，故果于济如"小狐"也。既果于济，故有"濡尾"之患，未能出于险中也。其进锐者其退速，始虽勇于济，不能继续而终之，无所往而利也。虽阴阳不当位，然刚柔皆相应。当未济而有与，若能重慎，则有可济之理。二以"汔济"，故"濡尾"也。卦之诸爻皆不得位，故为未济。《杂卦》云："未济，男之穷也"。谓三阳皆失位也。斯义也。闻之成都隐者。

《象》曰：火在水上，未济。君子以慎辨物居方。

水火不交，不相济为用，故为未济。火在水上，非其处也。君子观其处不当之象，以慎处于事物，辨其所当，各居其方。

初六　濡其尾。吝。

六以阴柔在下，处险而应四，处险则不安其居，有应则志行于上。然己既阴柔，而四非中正之才，不能援之以济也。兽之济水，必揭其尾，尾濡则不能济。"濡其尾"，言不能济也。不度其才力而进，终不能济，可羞吝也。

《象》曰：濡其尾，亦不知极也。

不度其才力而进，至于濡尾，是"不知"之"极"也。

九二　曳其轮。贞吉。

在他卦九居二为居柔得中，无过刚之义也。于未济圣人深取卦象以为戒，明事上恭顺之道。未济者，君道艰难之时也。五以柔处君位，而二乃刚阳之才，而居相应之地，当用者也。刚有陵柔之义，水有胜火之象。方艰难之时，所赖者才臣耳。尤当尽恭顺之道，故戒"曳其轮"，则得正而"吉"也。倒"曳其轮"，杀其势，缓其进，戒用刚之过也。刚过则好犯上而顺不足，唐之郭子仪李晟，当艰危未济之时，能极其恭顺，所以为得正而能保其终吉也。于六五则言其"贞吉"光辉，尽君道之善。于九二则戒其恭顺，尽臣道之正，尽上下之道也。

《象》曰：九二贞吉，中以行正也。

九居二，本非正，以中故得正也。

六三　未济。征凶。利涉大川。

未济"征凶"，谓居险无出险之用，而行则凶也。必出险而后可证。三以阴柔不中正之才而居险，不足以济，未有可济之道出险之用，而征所以凶也。然未济有可济之道，险终有出险之理，上有刚阳之应，若能涉险而往从之，则济矣，故"利涉大川"也。然三之阴柔，岂能出险而往，非时不可，才不能也。

《象》曰：未济，征凶，位不当也。

三征则凶者，以"位不当也"，谓阴柔不中正，无济险之才也。若能涉险以从应则利矣。

九四　贞吉。悔亡。震用伐鬼方。三年有赏于大国。

九四阳刚，居大臣之位，上有虚中明顺之主。又已出于险，未济已过中矣，有可济之道也。济天下之艰难，非刚健之才不能也。九虽阳而居四，故戒以贞固则吉而"悔亡"。不贞则不能济，有悔者也。"震"，动之极也。古之人用力之甚者，"伐鬼方"也。故以为义。力勤而远伐，至于三年，然后成功，而行大国之赏，必如是乃能济也。济天下之道，当贞固如是。四居柔，故设此戒。

《象》曰：贞吉悔亡，志行也。

如四之才与时合，而加以贞固，则能行其志，吉而悔亡。鬼方之伐，贞之至也。

六五　贞吉。无悔。君子之光。有孚吉。

五文明之主，居刚而应刚，其处得中，虚其心而阳为之辅。虽以柔居尊，处之至正至善，无不足也。既得贞正，故"吉"而"无悔"。贞其固有，非戒也。以此而济，无不济也。五文明之主，故称其光。君子德辉之盛，而功实称之，"有孚"也。上云吉，以贞也。柔而能贞，德之吉也。下云吉，以功也。既"光"而"有孚"，时可济也。

《象》曰：君子之光，其晖吉也。

光盛则有晖。"晖"，光之散也。君子积充而光盛，至于有晖，善之至也。故重云"吉"。

上九　有孚于饮酒。无咎。濡其首。有孚失是。

九以刚在上，刚之极也。居月之上，明之极也。刚极而能明，则不为躁而为决。明能烛理，刚能断义。居未济之极，非得济之位，无可济之理，则当乐天顺命而已。若否终则有倾，时之变也。未济则无极而自济之理，故止为未济之极，至诚安于义命而自乐，则可"无咎"。"饮酒"，自乐也。不乐其处，则忿躁陨获，入于凶咎矣。若从乐而耽肆过礼，至"濡其首"，亦非能安其处也。"有孚"，自信于中也。"失是"，失其宜也。如是则于有孚为失也。人之处患难，知其无可奈何，而放意不反者，岂安于义命者哉？

《象》曰：饮酒濡首，亦不知节也。

"饮酒"至于"濡首"，"不知节"之甚也。所以至如是，不能安义命也。能安则不失其常矣。

卷 九

系辞上传

熟读六十四卦，则觉得《系辞》之语，甚为精密，是《易》之括例。夫子本作"十翼"，申说上下二篇经文。《系辞》条贯义理，别自为卷，总曰《系辞》，分为上下二篇。"系辞"，本谓文王周公所作之辞，系于卦爻之下者，即今经文。

天尊地卑，乾坤定矣。卑高以陈，贵贱位矣。动静有常，刚柔断矣。方以类聚，物以群分，吉凶生矣。在天成象，在地成形，变化见矣。

"天地"者，阴阳形气之实体。"乾坤"者，《易》中纯阴纯阳之卦名也。"卑高"者，天地万物上下之位。"贵贱"者，《易》中卦爻上下之位也。"动"者，阳之常。"静"者，阴之常。"刚柔"者，《易》中卦爻阴阳之称也。"方"，谓事情所向，言事物善恶，各以"类"分。而"吉凶"者，《易》中卦爻占决之辞也。"象"者，日月星辰之属。"形"者，山川动植之属。"变化"者，《易》中蓍策卦爻，阴变为阳，阳化为阴者也。此言圣人作《易》，因阴阳之实体，为卦爻之法象，庄周所谓《易》以道阴阳，此之谓也。

是故刚柔相摩，八卦相荡。

"摩"是那两个物事相摩戛，"荡"则是圈转推荡将出来。"摩"是八卦以前事，"荡"是八卦以后为六十四卦底事，团旋推荡那六十四卦出来。此言《易》卦之变化也。六十四卦之初，刚柔两画而已，两相摩而为四，四相摩而为八，八相荡而为六十四。

鼓之以雷霆，润之以风雨。日月运行，一寒一暑。

重明上"变化见矣"，及"刚柔相摩，八卦相荡"之事。八卦既相推荡，各有功之所用也。鼓动之以震雷离电，滋润之以巽风坎雨，离日坎月，运动而行，一节为寒，一节为暑，不云乾坤艮兑者，乾坤上下备言，雷电风雨亦出山泽也。

乾道成男，坤道成女。

天地父母，分明是一理，乾道成男，坤道成女，则凡天下之男皆乾之气，天下之女皆坤之气，从这里便彻上彻下，即是一个气都透了。通人物言之，在动物如牝牡之类，在植物亦有男女，如麻有牡麻，及竹有雌雄之类，皆离阴阳刚柔不得。

乾知大始，坤作成物。

"知"训"管"字，不当解作"知见"之"知"。大始未有形，知之而已，"成物"乃流行之时。"知"，犹主也。乾主始物，而坤作成之，承上文男女而言乾坤之理。盖凡物之属乎阴阳者，莫不如此。大抵阳先阴后，阳施阴受，阳之轻清未形，而阴之重浊有迹也。

乾以易知，坤以简能。

天行健，所以"易"，"易"是知阻难之谓，人有私意便难。"简"只是顺从而已，若外更生出一分，如何得"简"？今人都是私意，所以不能"简易"。天地之道，不为而善始，不劳而善成，故曰"易简"。乾健而动，即其所知，便能始物而无所难。故为以易而知"大始"。坤顺而静，凡其所能，皆从乎阳而不自作，故为以简而能"成物"。

易则易知，简则易从。易知则有亲，易从则有功。有亲则可久，有功则可大。可久则贤人之德，可大则贤人之业。

初始无形，未有营作，故但云"知"也。已成之物，事可营为，故云"作"也。"易"谓易略，无所造为，以此为知，故曰"乾以易知"。"简"谓简省，不须繁劳，以此为能，故曰"坤以简能"。若于物艰难，则不可以知，若于事繁劳，则不可能也。"易知则有亲"者，性意易知，心无险难，则相和亲。"易从则有功"者，于事易从不有繁劳，其功易就。"有亲则可久"者，物既和亲，无相残害，故"可久"也。"有功则可大"者，事业有功，则积渐可大。"可久则贤人之德"者，使物长久，是贤人之德，"可大则贤人之业"者，功业既大，则是贤人事业。人之所为，如乾之易，则其心明白而人易知，如坤之简，则其事要约而人易从。"易知"，则与之同心者多，故"有亲"，"易从"，则与之协力者众，故"有功"。有亲则一于内，故"可久"，有功则兼于外，故"可大"。"德"，谓得于己者。"业"，谓成于事者。上言乾坤之德不同，此言人法乾坤之道至此，则可以为贤矣。

易简，而天下之理得矣。天下之理得，而成位乎其中矣。

"易简"理得，是净净洁洁，无许多劳扰委曲。"成位"，谓成人之位。"其中"，谓天地之中。至此则体道之极功。圣人之能事，可以与天地参矣。

此第一章，以造化之实，明作经之理。又言乾坤之理，分见于天地，而人兼体之也。

圣人设卦观象，系辞焉而明吉凶。

圣人设卦，本以观象，自伏羲至于文王一也。《易》当初只是为卜筮而作，《文言》、《彖》、《象》，却是推说作义理上去，观乾、坤二卦便可见。圣人忧患后世，惧观者智不足以知此，于是系之卦辞，又系之爻辞，以吉凶明告之。象者，物之似也。设之卦象，则有吉有凶，故下文云"吉凶者失得之象，悔吝者忧虞之象，变化者进退之象，刚柔者昼夜之象"。是施设其卦，有此诸象也。此"设卦观象"，总为下而言，卦象爻象，有吉有凶，若不系辞，其理未显，故系属吉凶之文辞于卦爻之下，而显明此卦爻吉凶也。案：吉凶之外，犹有悔吝忧虞，举吉凶则包之。此言圣人作《易》，观卦爻之象，而系以辞也。

刚柔相推而生变化。

言卦爻阴阳迭相推荡，而阴或变阳，阳或化阴，圣人所以观象而系辞，众人所以因著而求卦者也。

是故吉凶者，失得之象也。悔吝者，忧虞之象也。

"吉凶""悔吝"者，《易》之辞也。"失得""忧虞"者，事之变也。得则吉，失则凶，忧虞虽未至凶，然已足以致悔而取羞矣。盖"吉凶"相对，而"悔吝"居其中间，

"悔"自凶而趋吉，"吝"自吉而向凶也。故圣人观卦爻之中，或有此象，则系之以此辞也。

变化者，进退之象也。刚柔者，昼夜之象也。六爻之动，三极之道也。

柔变而趋于刚者，退极而进也。刚化而趋于柔者，进极而退也。既变而刚，则昼而阳矣，既化而柔，则夜而阴矣，六爻初二为地，三四为人，五上为天，"动"，即变化也。"极"，至也。"三极"，天地人之至理，三才各一太极也。此明刚柔相推以生变化，而变化之极，复为刚柔，流行于一卦六爻之间，而占者得因所值以断吉凶也。

是故君子所居而安者，《易》之序也。所乐而玩者，爻之辞也。

"《易》之序"，谓卦爻所著事理当然之次第。"玩"者，观之详。"居"以位言，"安"，谓安其分也。"乐"以心言，"玩"谓绎之而不厌也。君子观《易》之序而循是理故"安"，观爻之辞而达是理故"乐"。

是故君子居则观其象而玩其辞，动则观其变而玩其占，是以自天祐之，吉无不利。

观象玩辞，学《易》也。观变玩占，用《易》也。学《易》则无所不尽其理，用《易》则唯尽乎一。爻之时，居既尽乎天之理，动必合乎天之道，故曰"自天祐之，吉无不利也"。"占"，谓其所值吉凶之决也。"以动者尚其变"，占事知来，故"玩其占"也。

此第二章，言圣人作《易》，君子学《易》之事。

彖者，言乎象者也。爻者，言乎变者也。

"彖"，谓卦辞，文王所作者。"爻"，谓爻辞，周公所作者。"象"，指全体而言。"变"，指一节而言。《易》有实理而无实事，故谓之"象"，卦立而象形。《易》有定理而无定用，故谓之"变"。"八卦以象告"，故言乎象也。爻有六画，九六变化，故言乎变者也。

吉凶者，言乎其失得也。悔吝者，言乎其小疵也。无咎者，善补过也。

"吉凶""悔吝""无咎"，即卦与爻之断辞也。"失得"者，事之已成著者也。"小疵"者，事之得失未分，而能致得失者也。"善补过者"，先本有咎，修之则可免咎也。此卦爻辞之通例。

是故列贵贱者存乎位，齐小大者存乎卦，辨吉凶者存乎辞。

"位"，谓六爻之位。"齐"，犹正也。"小"谓阴，"大"谓阳。卦之所设，本乎阴阳，阴小阳大，体固不同，而各以所遇之时为正。阳得位则阳用事，阴得位则阴用事，"小大"之理，至卦而齐。阳卦大，阴卦小，卦列则"小大"分，故曰"齐小大者，存乎卦"也。

忧悔吝者存乎介，震无咎者存乎悔。

"介"，谓辨别之端，盖善恶已动而未形之时也。于此忧之，则不至于"悔吝"矣。震，动也。知悔，则有以动其补过之心，而可以无咎矣。《易》凡言"悔""吝"，即寓"介"之意，言"无咎"，即寓"悔"之意，"忧""盱""豫"之悔，存乎迟速之"介"也。忧"即鹿"之"吝"，存乎"往舍"之介也。震"甘临"之"无咎"，存乎"忧"而"悔"也。震"频复"之"无咎"，存乎"厉"而"悔"也。

是故卦有小大，辞有险易。辞也者，各指其所之。

"小"险"大"易，各随所向。卦有小有大，随其消长而分；辞有险有易，因其安危而别。辞者各指其所向，凶则指其可避之方，吉则指其可趋之所，以示乎人也。贵贱以位言，小大以材言，卦各有主，主各有材，圣人随其材之大小，时之难易，而命之辞，使人之知所适从也。

此第三章，释卦爻辞之通例。

《易》与天地准，故能弥纶天地之道。

《易》书卦爻，具有天地之道，与之齐准。"弥"，如弥缝之弥，有终竟联合之意。"纶"，有选择条理之意。言圣人作《易》，与天地相准，谓准拟天地，则乾健以法天，坤顺以法地之类是也。

仰以观于天文，俯以察于地理，是故知幽明之故。原始反终，故知死生之说。精气为物，游魂为变，是故知鬼神之情状。

此穷理之事。"以"者，圣人以《易》之书也。"易"者，阴阳而已，"幽明""死生""鬼神"，皆阴阳之变，天地之道也。"天文"则有昼夜上下，"地理"则有南北高深。"幽明"者，有形无形之象。"原"者，推之于前。"反"者，要之于后。"生"者，始终之数也。阴精阳气，聚而成物，"神"之伸也。魂游魄降，散而为变，"鬼"之归也。"幽明之故"，"死生之说"，"鬼神之情状"，其理皆在于《易》。故圣人用《易》以穷之也。然亦要见得为圣人穷理尽性之书尔，非圣人真个即易而后"穷理尽性"也。

与天地相似，故不违。知周乎万物而道济天下，故不过。旁行而不流，乐天知命，故不忧。安土敦乎仁，故能爱。

此圣人尽性之事也。天地之道，知仁而已。知周万物者，天也。道济天下者，地也。"知"且"仁"，则知而不过矣。"旁行"者，行权之知也。"不流"者，守正之仁也。既乐天理，而又知天命，故能无忧而其知益深，随处皆安而无一息之不仁，故能不忘其济物之心，而仁益笃。盖仁者爱之理，爱者仁之用，故其相为表里如此。

范围天地之化而不过，曲成万物而不遗，通乎昼夜之道而知，故神无方而易无体。

此圣人至命之事也。"范"，谓模范，如铸金之有模范。"围"，谓周围。天地之化无穷，而圣人为之"范围"，不使过于中道，所谓"裁成"者也。"通"，犹兼也。"昼夜"，即幽明死生鬼神之谓。此然后可见至神之妙，无有方所；易之变化，无有形体也。

此第四章，言易道之大，圣人用之如此。

一阴一阳之谓道。

道无声无形，不可得而见者也。故假道路之道而为名。人之有行，必由乎道。一阴一阳，天地之道也。物由是而生，由是而成者也。

继之者善也，成之者性也。

道具于阴而行乎阳。"继"，言其发也。"善"，谓化育之功，阳之事也。"成"，言其具也。"性"，谓物之所受，言物生则有性，而各具是道也。阴之事也。

仁者见之谓之仁，知者见之谓之知。百姓日用而不知，故君子之道鲜矣。

道者，一阴一阳也。动静无端，阴阳无始，非知道者孰能识之，动静相因而成变化，顺继此道则为善也。成之在人，则谓之性也。在众人则不能识，随其所知，故仁者谓之仁，知者谓之知，百姓则由之而不知，故君子之道，人鲜克知也。君子体道以为用，仁知则滞于所见，百姓则"日用而不知"。体斯道者，不亦鲜矣乎？

显诸仁，藏诸用，鼓万物而不与圣人同忧，盛德大业至矣哉！

"显"，自内而外也。"仁"，谓造化之功，德之发也。"藏"，自外而内也。"用"，谓机缄之妙，业之本也。程子曰：天地无心而成化，圣人有心而无为。"显诸仁"者，德之所以盛，显见仁功，衣被万物。"藏诸用"者，业之所以成，潜藏功用，不使物知。譬如一树一根，生许多枝叶花实，此是"显诸仁"处。及至结实，一核成一个种子，此是"藏诸用"处。

富有之谓大业，日新之谓盛德。

富有者，大而无外，物无不备，万物无不具此理，故曰"富有"。日新者，久而无穷，变化不息，生生不已，故曰"日新"。

生生之谓易，成象之谓乾，效法之谓坤，极数知来之谓

卷九·系辞上传

307

占，通变之谓事，阴阳不测之谓神。

阴生阳，阳生阴，其变无穷，理与书皆然也。"效"，呈也。"法"，谓造化之详密而可见者。"占"，筮也。事之未定者，属乎阳也。"事"，行事也。占之已决者，属乎阴也。"极数知来"，所以通事之变。生生谓易，论其理也。有理即有数，阴阳消息，易数也。推极之可以知来，占之义也。通数之变，亦易变也。变"不与时偕极"，通之"即成天下之事"。一阴一阳，无时而不生生，是之谓易。成此一阴一阳生生之象，是之谓"乾"。效此一阴一阳生生之法，是之谓"坤"。极一阴一阳生生之数而知来，是"之谓占"。通一阴一阳生生之变，是"之谓事"。

此第五章，言道之体用不外乎阴阳，而其所以然者，则未尝倚于阴阳也。

夫《易》，广矣大矣。以言乎远则不御，以言乎近则静而正，以言乎天地之间则备矣。

"不御"，言无尽。"静而正"，言即物而理存。"备"，言无所不有。远近是横说，天地之间是直说。理极于无外，故曰远。性具于一身，故曰近。命者，自天而人，彻上彻下，故曰天地之间不御者，所谓弥纶也。静正者，所谓相似也。备者，所谓范围也。

夫乾，其静也专，其动也直，是以大生焉。夫坤，其静也翕，其动也辟，是以广生焉。

若气不发动，则静而专一，故云"其静也专"。若其运转，则四时不忒，寒暑无差，刚而得正，故云"其动也直"。以其动静如此，故能"大生焉"。闭藏翕敛，故"其静也翕"。动则开生万物，故"其动也辟"。以其如此，故能"广生"于物焉。乾坤各有动静，于其四德见之。静体而动用，静别而动交也。乾一而实，故以质言而曰"大"，坤二而虚，故以量言而曰"广"。盖天之形虽包于地之外，而其气常行乎地之中也。《易》之所以广大者以此。

广大配天地，变通配四时，阴阳之义配日月，易简之善配至德。

《易》之广大变通，与其所言阴阳之说，易简之德，配之天道人事则如此。

此上三章，申"变化者，进退之象"一节之义，首言《易》"能弥纶天地之道"，而所谓幽明死生神鬼之理，即进退昼夜之机也。次言易与天地相似，而所谓仁义之性，即三极之道也。又言易"能范围天地之化"，盖以其赞天地之化育，而又知天地之化育，则三极之道，进退昼夜之机，一以贯之矣，"穷理尽性以至于命"，则神化之事备，此《易》之蕴也。既乃一一申明之。所谓天地之道者，一阴一阳之谓也。所谓天地之性者，一仁一智之谓也。所谓天地之化者，一显一藏以鼓万物之谓也。所谓《易》"无体"者，生生之谓也。著于乾坤，形乎占事者皆是；而所谓"神无方"者，则阴阳不测之谓也。终乃总而极赞之，谓《易》之穷理也。远不御，其尽性也。静而正，其至命也。于天地之间备矣。又推原其根于易简之理，"静专""动直"，易也。"静翕""动辟"，简也。易简之理，具十三极之道，而行乎进退昼夜之间。故易者，统而言之，"广大配天地"也。析而言之，"变化者，进退之象"，"变通配四时"也。"刚柔者，昼夜之象"，"阴阳之义配日月"也。"六爻之动，三极之道"，"易简之善配至德也"。

此第六章。

子曰：《易》其至矣乎！夫《易》，圣人所以崇德而广业也。知崇礼卑，崇效天，卑法地。

"崇德"者，立心之易，而所得日进日新也。"广业"者，行事之简，而所就日充日富也。德之进而新，由所知之崇，高明如天业之充而富，由所履之卑，平实如地。言《易》道至极，圣人用之以增崇其德，广大其业。

天地设位，而易行乎其中矣。成性存存，道义之门。

天地设位而变化行，犹知礼存性而道义出也。"成性"，本成之性也。"存存"，谓存而又存，不已之意也。识见高于上，所行实于下，中间便生生而不穷，故说易行乎其中，"成性存存，道义之门"。

此第七章。

圣人有以见天下之赜，而拟诸其形容，象其物宜，是故谓之象。

赜，杂乱也。象，卦之象，如说卦所列者。

圣人有以见天下之动，而观其会通，以行其典礼，系辞焉以断其吉凶，是故谓之爻。

会，谓理之所聚而不可遗处。通，谓理之可行而无所碍处。如庖丁解牛，会则其族，而通则其虚也。会通，谓大中至正之理，非一偏一曲有所拘碍者也。典，常也。礼者，理之可行者也。据圣人立为常法而言则曰"典礼"。圣人见天下不一之动，而观其极善之理以行其事，见理精审，则行事允当也。以处事之法为辞，系于各爻之下，使筮而遇此爻者，如此处事则吉，不如此处事则凶也。

言天下之至赜而不可恶也。言天下之至动而不可乱也。

恶，犹厌也。六十四卦之义，所以章显天下至幽之义而名言宜称，人所易知，则自不至厌恶其赜矣。三百八十四爻之辞，所以该载天下至多之事，而处决精当，人所易从，则自不至棼乱其动矣。

拟之而后言，议之而后动，拟议以成其变化。

"拟议"只是裁度，自家言动，使合此理，变易以从道之意。观象玩辞，观变玩占，而法行之，此下七爻，则其例也。

鸣鹤在阴，其子和之，我有好爵，吾与尔靡之。子曰：君子居其室，出其言善，则千里之外应之，况其迩者乎？居其室，出其言不善，则千里之外违之，况其迩者乎？言出乎身，加乎民，行发乎迩，见乎远。言行，君子之枢机。枢机之发，荣辱之主也。言行，君子之所以动天地也。可不慎乎？

释中孚九二爻义。鹤鸣于阴，气同则和，出言户庭，千里或应，出言犹然，况其大者乎？千里或应，况其近者乎？故夫忧悔吝者存乎纤介，定失得者慎于枢机，是以君子拟议以动，慎其微也。

同人先号咷而后笑。子曰：君子之道，或出或处，或默或语。二人同心，其利断金。同心之言，其臭如兰。

释同人九五爻义。言君子之道，初若不同，而后实无间，断金如兰，言物莫能间，而其言有味也。

初六，藉用白茅，无咎。子曰：苟错诸地而可矣，藉之用茅，何咎之有？慎之至也。夫茅之为物薄，而用可重也。慎斯术也以往，其无所失矣。

释大过初六爻义。天下事成于慎而败于忽，况当大过时，时事艰难，慎心不到，便有所失，故有取于慎之至，言宁过于畏慎也。

劳谦，君子有终，吉。子曰：劳而不伐，有功而不德，厚之至也。语以其功，下人者也。德言盛，礼言恭。谦也者，致恭以存其位者也。

释谦九三爻义。人之谦与傲，系其德之厚与薄，德厚者无盈色，德薄者无卑辞，如钟磬焉，愈厚者声愈缓，薄者反是。故有劳有功而不伐不德，唯至厚者能之，其德愈盛，则其礼愈恭矣。"德言盛，礼言恭"。言德欲其盛，礼欲其恭也。

亢龙有悔。子曰：贵而无位，高而无民，贤人在下位而无辅，是以动而有悔也。

释乾上九爻义，当属《文言》，此盖重出。上既以谦德保位，此明无谦则有悔，故引乾之上九，"亢龙有悔"，证骄亢不谦也。

不出户庭，无咎。子曰：乱之所生也。则言语以为阶，君不密则失臣，臣不密则失身，几事不密则害成，是以君子慎密而不出也。

释节初九爻义。不言则是非不形，人之招祸，唯言为甚，故言所当节也。密于言语，即"不出户庭"之义。

子曰：作《易》者其知盗乎？《易》曰："负且乘，致寇至。"负也者，小人之事也。乘也者，君子之器也。小人而乘君子之器，盗思夺之矣。上慢下暴，盗思伐之矣。慢藏诲盗，冶容诲淫。《易》曰："负且乘致寇至。"盗之招也。

释解六三爻义。此结上不密失身之事，事若不密，人则乘此机危而害之，犹若财之不密，盗则乘此机危而窃之。小人居君子之位，不唯盗之所夺，抑亦为盗之侵伐矣。盖在上之人，不能选贤任能，遂使小人乘时得势而至于高位，非小人之然也。

此第八章，言卦爻之用。

天一，地二；天三，地四；天五，地六；天七，地八；天九，地十。

此言天地之数，阳奇阴偶，即所谓河图者也。其位一六居下，二七居上，三八居左，四九居右，五十居中。就此章而言之，则中五为衍母，十为衍子，次一二三四为四象之位，次六七八九为四象之数。二老位于西北，二少位于东南，其数则各以其类交错于外也。

天数五，地数五。五位相得而各有合，天数二十有五，地数三十，凡天地之数，五十有五，此所以成变化而行鬼神也。

地数五者，二四六八十皆偶也。相得，谓一与二，三与四，五与六，七与八，九与十，各以奇偶为类而自相得。有合，谓一与六，二与七，三与八，四与九，五与十，皆两相合。二十有五者，五奇之积也。三十者，五偶之积也。变化，谓一变生水，而六化成之，二化生火，而七变成之，三变生木，而八化成之，四化生金，而九变成之，五变生土，而十化成之。鬼神，谓凡奇偶生成之屈伸往来者。

大衍之数五十，其用四十有九。分而为二以象两，挂一以象三。揲之以四，以象四时，归奇于扐以象闰。五岁再闰，故再扐而后挂。

"大衍之数五十"，盖以河图中宫，天五乘地十而得之。至用以筮，则又止用四十有九，盖皆出于理势之自然，而非人之知力所能损益也。两。谓天地也。挂，悬其一于左手小指之间也。三，三才也。揲，间而数之也。奇，所揲四数之余也。扐，勒于左手中三指之两间也。闰，积月之余日而成月者也。五岁之间，再积日而再成月，故五岁之中，凡有再闰，然后别起积分，如一挂之后，左右各一揲而一扐，故五者之中，凡有再扐，然后别起一挂也。

又朱子《蓍卦考误》曰：五十之内去其一，但用四十九策，合同未分，是象太一也。以四十九策分置左右两手，左手象天，右手象地，是象两仪也。挂，犹悬也。于右手之中，取其一策，悬于左手小指之间，所以象人而配天地，是象三才。揲，数之也。谓先置右手之策于一处，而以右手四四而数左手之策，又置左手之策，而以左手四四而数右手之策也。皆以四数是象四时。奇，零也。扐，勒也。谓既四数两手之策，则其四四之后，必有零数，或一或二或三或四，左手者归之于第四第三指之间，右手者归之于第三第二指之间而扐之也。象闰者，积余分而成闰月也。凡前后闰相去大略三十二月，在五岁之中，此挂一揲四归奇之法，亦一变之间，凡一挂两揲两扐为五岁之象，其间凡两扐以象闰，是五岁之中，凡有再闰，然后置前挂扐之策，复以见存之策，分二挂一而为第二变也。

又答郭雍曰：过揲之数，虽先得之，然其数众而繁，归奇之数，虽后得之，然其数寡而约，纪数之法，以约御繁，不以众制寡，故先儒旧说，专以多少决阴阳之老少，而过揲之数，亦冥会焉，初非有异说也。然七八九六所以为阴阳之老少者，其说又本于图书。定于四象，其归奇之数，亦因揲而得之耳。大抵河图洛书者，七八九六之祖也。四象之形体次第者，其父也。归奇之奇偶方圆者，其子也。过揲而以四乘之者，其孙也。今自归奇以上，皆弃不录，而独以过揲四乘之数为说，恐或未究象数之本原也。

乾之策二百一十有六，坤之策百四十有四，凡三百有六十，

dāng qī zhī rì
当期之日。

凡此策数，生于四象，盖河图四面。太阳居一而连九，少阴居二而连八，少阳居三而连七，太阴居四而连六，揲蓍之法，则通计三变之余，去其初挂之一，凡四为奇，凡八为偶，奇圆围三，偶方围四，三用其全，四用其半，积而数之，则为六七八九，而第三变揲数策数，亦皆符会，盖余三奇则九，而其揲亦九，策亦四九三十六，是为居一之太阳。余二奇一偶则八，而其揲亦八，策亦四八三十二，是为居二之少阴。二偶一奇则七，而其揲亦七，策亦四七二十八，是为居三之少阳。三偶则六，而其揲亦六，策亦四六二十四，是为居四之老阴，是其变化往来进退离合之妙，皆出自然，非人之所能为也。少阴退而未极乎虚，少阳进而未极乎盈，故此独以老阳老阴计乾坤六爻之策数，余可推而知也。期，周一岁也。凡三百六十五日四分日之一，此特举成数而概言之耳。

shì gù sì yíng ér chéng yì　shí yǒu bā biàn ér chéng guà
是故四营而成易，十有八变而成卦。

营，谓经营，谓四度经营蓍策，乃成易之一变也。四营，谓分二挂一揲四归奇也。易，变易也。谓一变也。三变成爻，十八变则成六爻也。一爻有三变，初一揲不五则九，是一变也。第二揲不四则八，是二变也。三揲亦不四则八，是三变也。若三者俱多为老阴，谓初得九，第二第三俱得八也。若三者俱少为老阳，谓初得五，第二第三俱得四也。若两少一多为少阴，谓初与二三之间，或有四有五而有八，或有二四而有一九也。其两多一少为少阳，谓三揲之间，或有一九一八而有一四，或为二八而有一五也。三变既毕，乃定一爻，六爻则十有八变乃始成卦也。

bā guà ér xiǎochéng
八卦而小成。

八卦而小成者，象天地雷风日月山泽，于大象略尽，是《易》道"小成"。

yǐn ér shēn zhī　chù lèi ér zhǎng zhī　tiān xià zhī néng shì bì yǐ
引而伸之，触类而长之，天下之能事毕矣。

谓已成六爻，而视其爻之变与不变，以为动静，则一卦可变而为六十四卦，以定吉凶，凡四千九十六卦也。六十四卦变为四千九十六卦之法，即如八卦变为六十四卦之法，画上加画，至于四千九十六卦，则六画者积十二画矣。如引寸以为尺，引尺以为丈，故曰"引而伸之"。圣人设六十四卦，又系以辞，则事类大略已尽，今又就其变之所适而加一卦焉，彼此相触，或相因以相生，或相反以相成，其变无穷，则义类亦无穷，故曰"触类而长之"。如此则足以该事变而周民用，故曰"天下之能事毕。"

显道神德行，是故可与酬酢，可与祐神矣。

可以应对万物之求，助成神化之功也。酬酢，犹应对。示人吉凶，其道显，阴阳不测，其德神，显故可与酬酢，神故可与祐神。显道者，危使平，易使倾，惧以终始，其要无咎之道也。神德行者，寂然不动，冥会于万化之感，而莫知为之者也。受命如响，故可与酬酢。曲尽鬼谋，故可与祐神，显道神德行，此言蓍龟之德也。

子曰：知变化之道者，其知神之所为乎？

阳化为阴，阴变为阳者，变化也。所以变化者，道也。道者本然之妙，变化者所乘之机，故阴变阳化，而道无不在，两在故不测，故曰"知变化之道者，其知神之所为乎"。唯神为能变化，以其一天下之动也。人能知变化之道，其必知神之所为也。变化之道，皆非人之所能为，故夫子叹之，而门人加"子曰"以别上文也。

此第九章，言天地大衍之数，揲蓍求卦之法，然亦略矣。意其详具于大卜筮人之官，而今不可考耳。其可推者，《启蒙》备言之。

《易》有圣人之道四焉，以言者尚其辞，以动者尚其变，以制器者尚其象，以卜筮者尚其占。

四者皆变化之道，神之所为者也。言所以述理，以言者尚其辞，谓以言求理者，则存意于辞也。以动者尚其变，动则变也。顺变而动，乃合道也。制器作事，当体乎象；卜筮吉凶，当考乎占。

是以君子将有为也，将有行也，问焉而以言，其受命也如响，无有远近幽深，遂知来物。非天下之至精，其孰能与于此？

此尚辞尚占之事，言人以蓍问《易》，求其卦爻之辞，而以之发言处事，则《易》受人之命而有以告之，如响之应声，以决其未来之吉凶也。以言，与"以言者尚其辞"之以言义同。命，则将筮而告蓍之语，《冠礼》"筮日宰自右赞命"是也。

参伍以变，错综其数。通其变，遂成天地之文；极其数，

遂定天下之象。非天下之至变，其孰能与于此？

此尚象之事。变则象之未定者也。参者三数之也。伍者五数之也。既参以变，又伍以变一先一后，更相考覈，以审其多寡之实也。错者，交而互之一左一右之谓也。综者，总而挈之，一低一昂之谓也。此亦皆谓揲蓍求卦之事，盖通三揲两手之策，以成阴阳老少之画，究七八九六之数，以定卦爻动静之象也。参伍错综皆古语，而参伍尤难晓，按《荀子》云：窥敌制变，欲伍以参。韩非曰：省同异之言，以知朋党之分，偶参伍之验，以责陈言之实。又曰：参之以比物，伍之以合参。《史记》曰：必参而伍之。又曰：参伍不失。《汉书》曰：参伍其贾，以类相准，此足以相发明矣。

《易》无思也，无为也。寂然不动，感而遂通天下之故。非天下之至神，其孰能与于此？

此四者之体所以立，而用所以行者也。《易》指蓍卦，无思无为，言其无心也。寂然者，感之体；感通者，寂之用，人心之妙，其动静亦如此。既"无思无为"，故"寂然不动"，有感必应，万事皆通，是"感而遂通天下之故"也。言《易》理神功不测。

夫《易》，圣人之所以极深而研几也。

研，犹审也。几，微也。所以极深者，至精也。所以研几者，至变也。言《易》道弘大，故圣人用之，所以穷极幽深而研覆几微也。"无有远近幽深"，是"极深"也。"参伍以变，错综其数"，是"研几"也。

唯深也，故能通天下之志。唯几也，故能成天下之务。唯神也，故不疾而速，不行而至。

深，谓"幽赞神明"。"无有远近幽深，遂知来物"，"故通天下之志"，谓蓍也。务，事也。谓《易》研几，故成天下之务，谓卦也。"寂然不动，感而遂通"，故"不行而至"者也。所以通志而成务者，神之所为也。

此第十章，承上章之意，言《易》之用有此四者。

子曰：夫《易》何为者也？夫《易》开物成务，冒天下之道，如斯而已者也。是故圣人以通天下之志，以定天下之业，以断天下之疑。

古时民淳俗朴，风气未开，于天下事全未知识，故圣人立龟与之卜，作《易》与之筮，使人趋吉避害以成天下之事，故曰"开物成务"，谓使人卜筮，以知吉凶而成事业。冒天下之道，谓卦爻既设，而天下之道皆在其中。

是故蓍之德圆而神，卦之德方以知，六爻之义易以贡。圣人以此洗心退藏于密，吉凶与民同患。神以知来，知以藏往，其孰能与于此哉？古之聪明睿知，神武而不杀者夫。

圆神，谓变化无方。方知，谓事有定理。易以贡，谓变易以告人。圣人体具三者之德，而无一尘之累，无事则其心寂然，人莫能窥，有事则神知之用，随感而应，所谓无卜筮而知吉凶也。神武不杀，得其理而不假其物之谓。

《朱子语类》云：此言圣人所以作《易》之本也。蓍动卦静，而爻之变易无穷，未画之前，此理已具于圣人之心矣，然物之未感，则寂然不动，而无朕兆之可名，及其出而应物，则忧以天下，而圆神方知者，各见于功用之实。"聪明睿知神武而不杀者"，言其体用之妙也。"洗心"、"退藏"言体，知来藏往言用，然亦只言体用具矣，而未及使出来处，到下文是"兴神物以前民用"，方发挥许多道理以尽，见于用也。

是以明于天之道，而察于民之故，是兴神物以前民用。圣人以此斋戒，以神明其德夫。

神物，谓蓍龟。湛然纯一之谓斋，肃然警惕之谓戒。天道，故知神物之可兴，察民故，故知其用之不可不有以开其先，是以作为卜筮以教人，而于此焉斋戒以考其占，使其心神明不测，如鬼神之能知来也。

《朱子语类》云：此言作《易》之事也。圣人以此斋戒以神明其德夫，言用《易》之事也。斋戒敬也。圣人无一时一事而不敬，此特因卜筮而尤见其精诚之至，如孔子所慎斋战疾之意也。

是故阖户谓之坤，辟户谓之乾，一阖一辟谓之变，往来不穷谓之通。见乃谓之象，形乃谓之器，制而用之谓之法。利用出入，民咸用之谓之神。

阖辟，动静之机也。先言坤者，由静而动也。乾坤变通者，化育之功也。见象形器者，生物之序也。法者，圣人修道之所为。而神者，百姓自然之日用也。见乃谓之象，谓日月星辰，光见在天而成象也。"形乃谓之器"，万物生长，在地成形，可以为器用者也。观象于天，观形于地，制而用之，可以为法。

是故易有太极，是生两仪，两仪生四象，四象生八卦。

一每生二，自然之理也。易者，阴阳之变。太极者，其理也。两仪者，始为一画以分阴阳。四象者，次为二画以分太少。八卦者，次为三画而三才之象始备。此数言者实圣人作《易》自然之次第，有不假丝豪智力而成者。扐卦揲蓍，其序皆然，详见《启蒙》。

八卦定吉凶，吉凶生大业。

八卦具而定吉凶，则足"以断天下之疑"矣，吉凶定而生大业，则有"以成天下之务"矣。有吉有凶，是生大业。

是故法象莫大乎天地，变通莫大乎四时，县象著明，莫大乎日月。崇高莫大乎富贵，备物致用，立成器以为天下利，莫大乎圣人。探赜索隐，钩深致远，以定天下之吉凶，成天下之亹亹者，莫大乎蓍龟。

赜，谓杂乱。探者抽而出之也。隐谓隐僻。索者，寻而得之也。深，谓不可测。钩者，曲而取之也。远谓难至。致者，推而极之也。富贵，谓有天下履帝位。"立"下疑有阙文。亹亹，犹勉勉也。疑则怠，决故勉。

是故天生神物，圣人则之。天地变化，圣人效之。天垂象，见吉凶，圣人象之。河出图，洛出书，圣人则之。

此四者，圣人作《易》之所由也。《易》之所以作，由于卜筮，故以天生神物始焉。《春秋纬》云：以通乾出天苞，洛以流坤吐地符，河龙图发，洛龟书感，《河图》有九篇，《洛书》有六篇。孔安国以为河图则八卦是也，洛书则九畴是也。

《易》有四象，所以示也。系辞焉，所以告也。定之以吉凶，所以断也。

四象，谓阴阳老少。示，谓示人以所值之卦爻。

此第十一章，专言卜筮。

《易》曰："自天祐之，吉无不利。"子曰：祐者，助也。天之所助者，顺也。人之所助者，信也。履信思乎顺，又以尚贤也。是以"自天祐之，吉无不利"也。

释大有上九爻义。圣人兴《易》以示天下，欲"居则观其象而玩其辞，动则观其变而玩其占"，舍逆取顺，避凶趋吉而已，六十四卦中如大有上九辞之顺道而获吉者多矣，夫子于此再三举之者，以"自天祐之吉无不利"之辞，深见人顺道而行，自与吉会之意。

子曰：书不尽言，言不尽意，然则圣人之意其不可见乎？子曰：圣人立象以尽意，设卦以尽情伪，系辞焉以尽其言，变而通之以尽利，鼓之舞之以尽神。

言之所传者浅，象之所示者深。观奇偶二画，包含变化，无有穷尽，则可见矣。变通鼓舞以事而言，两"子曰"字宜衍其一，盖"子曰"字皆后人所加，故有此误。

乾坤，其易之缊邪？乾坤成列，而易立乎其中矣。乾坤毁，则无以见易。易不可见，则乾坤或几乎息矣。

缊，所包蓄者，犹衣之著也。易之所有，阴阳而已。凡阳皆乾，凡阴皆坤，画卦定位，则二者成列，而易之体立矣。乾坤毁，谓卦画不立；乾坤息，谓变化不行。此言大易之道，本始于天地，天地设立，阴阳之端，万物之理，万事之情，以至寒暑往来，日月运行，皆由乾坤之所生，故乾坤成而易道变化建立乎其中矣。若乾坤毁弃，则无以见易之用。易既毁，则无以见乾坤之用，如是，"乾坤或几乎息矣"。

是故形而上者谓之道，形而下者谓之器，化而裁之谓之变，推而行之谓之通，举而错之天下之民谓之事业。

道也者，无方无体，所以妙是器也。器也者，有方有体，所以显是道也。道外无器，器外无道，其本一也。故"形而上者"与"形而下者"，皆谓之形。"化而裁之"，则是器。有所指别，而名体各异，故谓之变。"推而行之"，则是变，无所凝滞，而运用不穷，故谓之通。"举"是变通之用"而措之天下之民"，使之各尽其所以相生相养之道，故"谓之事业"。卦爻阴阳皆"形而下者"，其理则道也。因其自然之化而裁制之，变之义也。"变"、"通"二字，上章以天言，此章以人言。

是故夫象，圣人有以见天下之赜，而拟诸其形容，象其物宜，是故谓之象。圣人有以见天下之动，而观其会通，以行其典礼，系辞焉以断其吉凶，是故谓之爻。

陆氏绩曰：此明说立象尽意设卦尽情伪之意也。

极天下之赜者存乎卦，鼓天下之动者存乎辞。

卦即象也。辞即爻也。赜以象著，卦有象，则穷天下之至杂至乱，无有遗者，故曰极。动以辞决，使天下乐于趋事赴功者，手舞足蹈而不能自己，故曰鼓。"极天下之赜者存乎卦"，谓卦体之中，备阴阳变易之形容，"鼓天下之动者存乎辞"，是说出这天下之动，如"鼓之""舞之"相似。

化而裁之存乎变；推而行之存乎通；神而明之存乎其人；默而成之，不言而信，存乎德行。

卦爻所以变通者在人，人之所以能神而明之者在德。《易》因爻象论变化，因变化论神，因神论人，因人论德行、大体通论《易》道，而终于"默而成之，不言而信，存乎德行。"

此第十二章。

系辞下传

八卦成列，象在其中矣。因而重之，爻在其中矣。

成列，谓乾一兑二，离三震四，巽五坎六，艮七坤八之类。象，谓卦之形体也。因而重之，谓各因一卦而以八卦次第加之为六十四也。爻，六爻也。既重而后卦有六爻也。夫八卦备天下之理而未极其变，故"因而重之"，以象其动用，则爻卦之义，所存各异，故"爻在其中矣"。

刚柔相推，变在其中矣。系辞焉而命之，动在其中矣。

"天文地理，人事物类，一刚一柔尽之矣。二者之外，再无余物也。故凡刚者皆柔之所推也。凡柔者皆刚之所推也。而《易》卦中亦只是刚柔二者而已，非刚则柔，非柔则刚。在刚皆柔之所推，在柔皆刚之所推。"刚柔相推"，而卦爻之变，往来交错，无不可见，圣人因其如此而皆系之辞以命其吉凶，则占者所值当动之爻象，亦不出乎此矣。

吉凶悔吝者，生乎动者也。

吉凶悔吝，皆辞之所命也。然必因卦爻之动而后见。

刚柔者，立本者也。变通者，趣时者也。

爻有刚柔，不有两则一不立，所以"立本"也。刚柔相变，通其变以尽利者趣时也。"趣时者"时中也。一刚一柔，各有定位，自此而彼，变以从时。

吉凶者，贞胜者也。

贞，正也。常也。物以其所正为常者也。天下之事，非吉则凶，非凶则吉，常相胜而不已也。

天地之道，贞观者也。日月之道，贞明者也。天下之动，贞夫一者也。

观，示也。天下之动，其变无穷，然顺理则吉，逆理则凶，则其所正而常者，亦一理而已矣。吉凶常相胜，不是吉胜凶，便是凶胜吉，二者常相胜，古曰"贞胜"。天地之道则常示，日月之道则常明，"天下之动贞夫一者也"，天下之动虽不齐，常有一个是底，故曰"贞夫一"。

夫乾，确然示人易矣。夫坤，隤然示人简矣。

确然，健貌。隤然，顺貌，所谓贞观者也。此节又承刚柔立本，变通趣时之意，而明其理之一也。乾坤者，刚柔之宗也。乾坤定位，而变化不穷矣。然其所以立本者，一归于易简之理，所谓天有显道，厥类维彰，万古不易者也。

爻也者，效此者也。象也者，像此者也。

此，谓上文乾坤所示之理，爻之奇偶卦之消息，所以效而像之。"爻也者效此"，是结"吉凶悔吝生乎动"而"贞夫一"之意。"象也者像此"，是结刚柔变通而归于易简之意。

爻象动乎内，吉凶见乎外，功业见乎变，圣人之情见乎辞。

内，谓蓍卦之中。外，谓蓍卦之外。变，即动乎内之变。辞，即见乎外之辞。功业由变以兴，故"见乎变"也。辞也者各指其所之，故曰"情"也。

天地之大德曰生，圣人之大宝曰位。何以守位曰仁，何以聚人曰财。理财正辞，禁民为非曰义。

言圣人行易之道，当须法天地之大德，宝万乘之大位，谓以道济天下为宝，是其大宝也。夫财货人所贪爱，不以义理之，则必有败也。言辞人之枢要，不以义正之，则必有辱也。百姓有非，不以义禁之，则必不改也。此三者皆资于义，以此行之，得其宜也。故知仁义，圣人宝位之所要也。

此第一章，言卦爻吉凶，造化功业。

古者包牺氏之王天下也。仰则观象于天，俯则观法于地，观鸟兽之文与地之宜，近取诸身，远取诸物，于是始作八卦，以通神明之德，以类万物之情。

伏羲氏继天立极，画八卦以前民用，后之圣人，相继而作，制为相生相养之具，皆所以广天地生生之德，自网罟至书契是也。

作结绳而为网罟，以佃以渔，盖取诸离。

盖者疑之辞也。言圣人创立其事，不必观此卦而成之，盖圣人作事立器，自然符合于此之卦象也。非准拟此卦而后成之，故曰"盖取"。

包牺氏没，神农氏作，斫木为耜，揉木为耒，耒耨之利，以教天下，盖取诸益。

耜，耒首也。断木之锐而为之。耒，耜柄也。揉木使曲而为之。益上巽二阳，象耒之自地上而入，下震一阳，象耜之在地下而动也。二体皆木，上入下动，天下之益，莫大于此。

日中为市，致天下之民，聚天下之货，交易而退，各得其所，盖取诸噬嗑。

有菽粟者，或不足乎禽鱼；有禽鱼者，或不足乎菽粟。罄者无所取，积者无所散，则利不布，养不均矣，于是"日中为市"焉。日中者，万物相见之时也。当万物相见之时，而"致天下之民，聚天下之货"，使迁其有无，则得其所矣。日中为市，上明而下动，又借噬为市，嗑为合也。

神农氏没，黄帝尧舜氏作，通其变使民不倦，神而化之，使民宜之，《易》穷则变，变则通，通则久，是以自天祐之，吉无不利。黄帝尧舜垂衣裳而天下治，盖取诸乾坤。

神农以上，民用未滋，所急者食货而已，此聚人之本也。及黄帝尧舜之世，民用日滋，若复守其朴略，则非变而通之之道，故"黄帝尧舜氏作，通其变"。使民由之而不倦，神其化，使民宜之而不知，凡此者非圣人喜新而恶旧也。"穷则变，变则通，通则久"，《易》之道然也。

刳木为舟，剡木为楫，舟楫之利，以济不通，致远以利天下，盖取诸涣。

《九家易》曰：木在水上，流行若风，舟楫之象也。近而可以济不通，远而可以致远，均之为天下利矣。取诸涣者，其象巽木在坎水之上，故《象》曰"利涉大川"，《象传》曰"乘木有功。"

服牛乘马，引重致远，以利天下，盖取诸随。

平地任载之大车，载物之多者，则服牛以引重。田车兵车乘车之小车，载人而轻者，则乘马以致远。

重门击柝，以待暴客，盖取诸豫。

坤为阖户，"重门"之象也。震，动而有声之木，"击柝"之象也。豫，备之意。川途既通，则暴客至矣，又不可无御之之术，重门以御之，击柝以警之，则暴客无自而至。

断木为杵，掘地为臼，臼杵之利，万民以济，盖取诸小过。

以象言之，上震为木下艮为土，震木上动，艮土下止，杵臼治米之象。

弦木为弧，剡木为矢，弧矢之利，以威天下，盖取诸睽。

知耒耜而不知杵臼之利，则利天下者有未尽，故教之以杵臼之利，知门柝而不知"弧矢之利"，则威天下者有未尽，故教之以"弧矢之利。"其害之大者，以"重门""击柝"不足以待之，故必有弧矢以威之。

上古穴居而野处，后世圣人易之以宫室，上栋下宇，以待风雨，盖取诸大壮。

栋，屋脊檩也。宇，檐也。栋直而上，故曰"上栋"。宇两垂而下，故曰"下宇"。风雨，动物也。风雨动于上，栋宇健于下，大壮之象也。

古之葬者，厚衣之以薪，葬之中野，不封不树，丧期无数，后世圣人易之以棺椁，盖取诸大过。

棺椁者，取木在泽中也。又死者以土为安，故入而后说之。

上古结绳而治，后世圣人易之以书契，百官以治，万民以察，盖取诸夬。

兑为言语可以通彼此之情，书之象也。乾为健固，可以坚彼此之信，契之象也。

此第二章，言圣人制器尚象之事。

是故易者象也。象也者像也。

上明取象以制器之义，故以此重释于象，言易者象于万物，象者形像之象也。《易》卦之形，理之似也。

彖者材也。

"材"者，构屋之木也。聚众材而成室，象亦聚卦之众义以立辞，故《本义》谓"彖言一卦之材。"

爻也者，效天下之动者也。

效，放也。爻有变动，位有得失，变而合于道者为得，动而乖于理者为失，人事之情伪，物理之是非，皆在六爻之中，所以象天下之动也。

是故吉凶生而悔吝著也。

吉凶在事本显，故曰"生"。悔吝在心尚微，故曰"著"。悔有改过之意，至于吉则悔之著也。吝有文过之意，至于凶则吝之著也。原其始而言，吉凶生于悔吝，要其终而言，则悔吝著而为吉凶也。

此第三章。

阳卦多阴，阴卦多阳。

震坎艮为阳卦，皆一阳二阴，巽离兑为阴卦，皆一阴二阳。

其故何也？阳卦奇，阴卦偶。

凡阳卦皆五画，凡阴卦皆四画。二偶一奇，即奇为主，是为阳卦，二奇一偶，即偶为主，是为阴卦，故曰"阳卦多阴，阴卦多阳。"夫少者多之所宗，一者众之所归，阳卦二阴，故奇为之君，阴卦二阳，故偶为之主。

其德行何也？阳一君而二民，君子之道也。阴二君而一民，小人之道也。

君，谓阳。民，谓阴。阴阳二卦，其德行不同何也。阳卦一君而遍体二民，二民共事一君，一也。故为君子之道。阴卦一民共事二君，二君共争一民，二也。故为小人之道。

此第四章。

《易》曰："憧憧往来，朋从尔思。"子曰：天下何思何虑？天下同归而殊涂，一致而百虑，天下何思何虑？

引咸九四爻辞而释之，言理本无二，而殊涂百虑，莫非自然，何以思虑为哉？必思而从，则所从者亦狭矣。

日往则月来，月往则日来，日月相推而明生焉。寒往则暑来，暑往则寒来，寒暑相推而岁成焉。往者屈也，来者信也，屈信相感而利生焉。

"日往则月来"一段，乃承上文"憧憧往来"而言，往来皆人之所不能无，但憧憧则不可。言"往"、"来"、"屈"、"信"，皆感应自然之常理，加憧憧焉则入于私矣，所以必思而后有从也。夫子引此爻，是发明贞一之理，故亦从天地日月说来，日月有往来，而归于生明，所谓贞明者也。寒暑有往来，而归于成岁，所谓贞观者也。天下之动，有屈有信之后，何则？四时者，日月之所为也。观、豫、恒、《象传》及《系传》首章，而归于生利，顺理则利也。所谓贞夫一者也。言天地则应在日月之前，言寒暑则应在日月，皆不以四时先日月也。

尺蠖之屈，以求信也。龙蛇之蛰，以存身也。精义入神，以致用也。利用安身，以崇德也。

因言屈信往来之理，而又推以言学亦有自然之机也。精研其义，至于入神，屈之至也。然乃所以为出而致用之本，利其施用，无适不安，信之极也。然乃所以为入而崇德之资，内外交相养，互相发也。

过此以往，未之或知也。穷神知化，德之盛也。

下学之事，尽力于精义利用，而交养互发之机，身不能已，自是以上，则亦无所用其力矣，至于"穷神知化"，乃德盛仁熟而自致耳，然不知者往而屈也。自致者来而信也。是亦感应自然之理而已。张子曰：气有阴阳，推行有渐为化，合一不测为神。此上四节，皆以释咸九四爻义。

《易》曰："困于石，据于蒺藜，入于其宫，不见其妻，凶。"子曰：非所困而困焉，名必辱；非所据而据焉，身必危。既辱且危，死期将至，妻其可得见邪？

释困六三爻义。

《易》曰："公用射隼于高墉之上，获之，无不利。"子曰：隼者，禽也。弓矢者，器也。射之者，人也。君子藏器于身，待时而动，何不利之有？动而不括，是以出而有获，语成器而动者也。

括，结碍也。君子待时而动，则无结阂之患也。此释解上六爻义。

子曰：小人不耻不仁，不畏不义，不见利不劝，不威不惩。小惩而大诫，此小人之福也。《易》曰：屦校灭趾无咎，此之谓也。

此释噬嗑初九爻义。不以不仁为耻，故见利而后劝于为仁，不以不义为畏，故畏威而后惩于不义。

善不积，不足以成名；恶不积，不足以灭身。小人以小善为无益而弗为也。以小恶为无伤而弗去也。故恶积而不可掩，罪大而不可解。《易》曰：何校灭耳，凶。

此释噬嗑上九爻义。恶，以己之所行者言。罪，以法之所丽者言。积善在身，犹长日加益而人不知也。积恶在身，犹火之销膏而人不见也。

子曰：危者，安其位者也。亡者，保其存者也。乱者，有其治者也。是故君子安而不忘危，存而不忘亡，治而不忘乱。是以身安而国家可保也。《易》曰："其亡其亡，系于苞桑。"

此释否九五爻义。所以今有倾危者，由前安乐于其位，自以为安，故致今日危也。所以今日灭亡者，由前保有其存，恒以为存，故今致灭亡也。所以今有祸乱者，由前自恃有其治理，恒以为治，故今致祸乱也。是故君子今虽获安，心恒不志倾危之事。国虽存，心恒不忘灭亡之事；政虽治，心恒不忘祸乱之事。心恒畏惧其将灭亡，其将灭亡，乃"系于苞桑"之固也。

子曰：德薄而位尊，知小而谋大，力小而任重，鲜不及矣。
《易》曰："鼎折足，覆公悚，其形渥，凶。"言不胜其任也。

此释鼎九四爻义。古之人君，必量力度德而后授之官，古之人臣，亦必度力度德而后居其任，虽百工胥吏，且犹不苟，况三公乎？为君不明于所择，为臣不审于自择，以至亡身危主，误国乱天下，皆由不胜任之故，可不戒哉？自昔居台鼎之任，德力知三者一有阙，则弗能胜其事，而况俱不足者乎？有德而无知，则不足以应变，有知而无力，则不足以镇浮，若夫德之不立，虽有知力，亦无以感格天人，而措天下于治矣。

子曰：知几其神乎？君子上交不谄，下交不渎，其知几乎？几者，动之微，吉之先见者也。君子见几而作，不俟终日。《易》曰："介于石，不终日，贞吉。"介如石焉，宁用终日？断可识矣！君子知微知彰，知柔知刚，万夫之望。

动，谓心动，事动，初动之时，其理未著，唯纤微而已。已著之后，则心事显露。若未动之先，又寂然顿无，几是离无入有，在有无之际，故云"动之微"也。直云吉不云凶者，凡豫前知几，皆向吉而背凶，违凶而就吉，无复有凶，故特云吉也。

子曰：颜氏之子，其殆庶几乎？有不善，未尝不知；知之，未尝复行也。《易》曰："不远复，无祗悔，元吉。"

殆，危也。庶几，近意，言近道也。此释复初九爻义。"复以自知"，"自知"者明，谓颜子不迁怒，不贰过，克己复礼，天下归仁也。

天地细缊，万物化醇。男女构精，万物化生。《易》曰："三人行则损一人，一人行则得其友。"言致一也。

细缊，交密之状。醇，谓厚而凝也。言气化者也。化生，形化者也。此释损六三爻义。

子曰：君子安其身而后动，易其心而后语，定其交而后求，君子修此三者故全也。危以动，则民不与也。惧以语，则民不应也。无交而求，则民不与也。莫之与，则伤之者至矣。《易》曰："莫益之，或击之，立心勿恒，凶。"

此释益上九爻义。危以动则民不与"，党与之与，"无交而求则民不与"，取与之与也。

此第五章。

子曰：乾坤其易之门邪？乾，阳物也。坤，阴物也。阴阳合德而刚柔有体，以体天地之撰，以通神明之德。

阴阳相易，出于乾坤，故曰"门"。有形可拟，故曰"体"，有理可推，故曰"通"。"体天地之撰"承"刚柔有体"言，两"体"字相应，"通神明之德"，承"阴阳合德"言，两"德"字相应。诸卦刚柔之体，皆以乾坤合德而成，故曰"乾坤易之门"。撰，犹事也。

其称名也。杂而不越，于稽其类，其衰世之意邪？

万物虽多，无不出于阴阳之变，故卦爻之义，虽杂出而不差缪，然非上古淳质之时思虑所及也。故以为衰世之意，盖指文王与纣之时也。

夫《易》，彰往而察来，而微显阐幽。开而当名辨物，正言断辞则备矣。

当名，卦也。辨物，象也。正言，象辞也。断辞，系之以吉凶者也。"彰往"，即"藏往"也。谓明于天之道，而彰明已往之理。"察来"，即"知来"也。谓"察于民之故"，而察知未来之事。"微显"，即"神德行"也。谓以人事之显，而本之于天道，所以微其显。"阐幽"，即显道也。谓以天道之幽，而用之于人事，所以阐其幽。

其称名也小，其取类也大。其旨远，其辞文，其言曲而中，其事肆而隐。因贰以济民行，以明失得之报。

肆，陈也。贰，疑也。理贞夫一而民贰之，有失得故"贰"也。"明失得之报"，则天下晓然归于理之一，而民行济矣，"济"者，出之陷溺之危，而措之安吉之地，此其所以为衰世之意邪？

此第六章。

《易》之兴也。其于中古乎？作《易》者，其有忧患乎？

夏商之末，《易》道中微，文王拘于羑里而系彖辞，《易》道复兴。《易》之爻卦之象，则在上古伏羲之时，但其时理尚质素，直观其象，足以垂教，中古之时，事渐浇浮，非象可以为教，故爻卦之辞，起于中古，此之所论，谓《周易》也。身既忧患，须垂法以示于后，以防忧患之事。

是故履，德之基也。谦，德之柄也。复，德之本也。恒，德之固也。损，德之修也。益，德之裕也。困，德之辨也。井，德之地也。巽，德之制也。

履，礼也。上天下泽，定分不易，必谨乎此，然后其德有以为基而立也。谦者，自卑而尊人，又为礼者之所当执持而不可失者也。九卦皆反身修德以处忧患之事也。而有序焉。基所以立，"柄"所以持，复者心不外而善端存，恒者守不变而常且久，惩忿窒欲以修身，迁善改过以长善，困以自验其力，井以不变其所，然后能巽顺于理以制事变也。

履，和而至。谦，尊而光。复，小而辨于物。恒，杂而不厌。损，先难而后易。益，长裕而不设。困，穷而通。井，居其所而迁。巽，称而隐。

"和而不至"，从物者也。和而能至，故可履也。微而辨之，不远复也。"杂而不厌"，是以能恒，刻损以修身，故"先难"也。身修而无患；故"后易"也。有所兴为以益于物，故曰"长裕"，因物兴务，不虚设也。

履以和行，谦以制礼，复以自知，恒以一德，损以远害，益以兴利，困以寡怨，井以辨义，巽以行权。

寡怨，谓少所怨尤。辨义，谓安而能虑。礼和为贵，故"以和行"也。有不善未尝不知，故"自知"也。恒立不易方，故"一德"也。"履以和行"，行有不和，以不由礼故也。能由礼，则和矣。"谦以制礼"，自尊大则不能由礼，卑以自牧，乃能自节制以礼。"复以自知"，自克乃能复善，他人无与焉。"恒以一德"，不常则二三，常则一，终始唯一，时乃日新。"损以远害"，如忿欲之类，为德之害，损者损其害德而已，能损其害德者，则吾身之害，固有可远之道，特君子不取必乎此也。"益以兴利"，有益于己者为利，天下之有益于己者莫如善，君子观《易》之象而迁善，故曰"兴利"，能迁善则福庆之利，固有自致之理，在君子无加损焉，有不足言者。"困以寡怨"，君子于困厄之时，必推致其命，吾遂吾之志，何怨之有？推困之义，不必穷厄患难之已也。凡道有所不可行，皆困也。君子于此，自反而已，未尝有所怨也。"井以辨义"，君子之义，在于济物，于井之养人，可以明君子之义。"巽以行权"，巽顺于理，如权之于物，随轻重而应，则动静称宜，不以一定而悖理也。九卦之列，君子修身之要，其序如此，缺一不可也。故详复赞之。

此第七章，三陈九卦，以明处忧患之道。

《易》之为书也，不可远。为道也屡迁，变动不居，周流六虚。上下无常，刚柔相易。不可为典要，唯变所适。

屡迁，谓为道变通而不滞乎物，自"《易》之为书"至"屡迁"，此总言为书为道，以起下文之意也。自"变动不居"至"唯变所适"，言《易》道之屡迁也。不居，犹不止也。六虚，六位也。位未有爻曰"虚"，卦虽六位，而刚柔交画往来如寄，故以"虚"言。或自上而降，或由下而升，上下无常也。柔来文刚，分刚上而文柔，刚柔相易也。典，常也。要，约也。其屡变无常不可为典要，唯变所适而已。

其出入以度，外内使知惧。

《易》虽"不可为典要"，而其出入往来，皆有法度，而非妄动也。故卦之外内，皆足以使人知惧。

又明于忧患与故，无有师保，如临父母。

虽无师保，而常若父母临之，戒惧之至。忧患之来，苟不明其故，则人有苟免之志而怠，故《易》明忧患，又明其所以致之之故。又明于己之所当忧患，与所以致忧患之故，无有师保教训而严惮之，有如父母亲临而爱敬之，见圣人之情也。

初率其辞，而揆其方，既有典常，苟非其人，道不虚行。

方，道也。始由辞以度其理，则见其有典常矣，然神而明之，则存乎其人也。

此第八章。

《易》之为书也。原始要终，以为质也。六爻相杂，唯其时物也。

物，事也。一卦之中，六爻交相杂错，唯各会其时，各主其事。

吴氏澄曰：质谓卦之体质，文王原卦义之始，要卦义之终，以为卦之体质，各名其卦而系彖辞也。爻之为言交也。周公观六位之交错，唯其六爻之时，各因其义而系爻辞也。此章言六爻，而六爻统于彖，故先言彖，乃说六爻也。

其初难知，其上易知，本末也。初辞拟之，卒成之终。

此言初上二爻。"初辞拟之"者，复释"其初难知"也。以初时拟议其始，故"难知"也。"卒成之终"者，复释"其上易知"也。言"上"是事之卒了，而成就终竟，故"易知"也。

若夫杂物撰德，辨是与非，则非其中爻不备。

此谓卦中四爻。"杂"字"撰"字"辨"字，亦当属学《易》者。说"杂"者，参错其贵贱上下之位也。撰者，体察其刚柔健顺之德也。德位分而是非判矣。辨者，剖别之于象，以考验之于辞也。

噫！亦要存亡吉凶，则居可知矣。知者观其彖辞，则思过半矣。

象统论一卦六爻之体。象者，常论其用事之爻，故观其象，则其余皆象爻之所用者也。

二与四，同功而异位，其善不同。二多誉，四多惧，近也。柔之为道，不利远者。其要无咎，其用柔中也。

此以下论中爻，同功，谓皆阴位。异位，谓远近不同，四近君，故"多惧"，柔不利远，而"二多誉"者，以其"柔中"也。

三与五，同功而异位。三多凶，五多功，贵贱之等也。其柔危，其刚胜邪？

三处下卦之极，居上卦之下，而上承天子，若无含章之美，刚必致凶，五既居中不偏，贵乘天位，以道济物，广被寰中，故"多功"也。

此第九章。

《易》之为书也。广大悉备。有天道焉，有人道焉，有地道焉。兼三才而两之，故六。六者非它也。三才之道也。

三画已具三才，重之故六，而以上二爻为天，中二爻为人，下二爻为地。言圣人所以兼三才而两之者，非以私意傅会三才之道，自各有两，不得而不六也。

道有变动，故曰爻。爻有等，故曰物。物相杂，故曰文。文不当，故吉凶生焉。

道有变动，谓卦之一体。等，谓远近贵贱之差。相杂，谓刚柔之位相间。不当，谓爻不当位。天道有昼夜日月之变，地道有刚柔燥湿之变，人道有行止动静吉凶善恶之变，圣人设爻以效三才之变动，故谓之爻者也。

此第十章。

《易》之兴也。其当殷之末世，周之盛德邪？当文王与纣之事邪？是故其辞危。危者使平，易者使倾。其道甚大，百物不废。惧以终始，其要无咎，此之谓《易》之道也。

一部《易》原始要终，只是敬惧无咎而已，故曰"惧以终始"。"无咎者，善补过也"，《易》中凡说有喜有庆吉元吉，都是及于物处，若本等只到了无咎便好。

此第十一章。

夫乾，天下之至健也。德行恒易以知险。夫坤，天下之至顺也。德行恒简以知阻。

至健则所行无难，故易。至顺则所行不繁，故简。然其于事，皆有以知其难，而不敢易以处之，是以其有忧患，则健者如自高临下，而知其险，顺者如自下趋上，而知其阻，盖虽易而能知险，则不陷不险矣，既简而又知阻，则不困于阻矣，所以能危能惧，而无易者之倾也。

能说诸心，能研诸侯之虑，定天下之吉凶，成天下之亹亹者。是故变化云为，吉事有祥，象事知器，占事知来。

易简故能说诸心，知险阻故能研诸虑。简易者我心之所固有，反而得之，能无说乎，以我所有，虑其不然，能无研乎？"变化云为"，故象事可以知器，"吉事有祥"，故占事可以知来。

天地设位，圣人成能。人谋鬼谋，百姓与能。

"天地设位"，而圣人作《易》以成其功，于是"人谋鬼谋"，虽百姓之愚，皆得以与其能。凡卜筮问《易》者，先须谋诸人，然后乃可问《易》，虽圣人亦然，故《洪范》曰："谋及卿士，谋及庶人，然后曰谋及卜筮。"又曰："联志先定，询谋佥同，然后鬼神其依，龟筮协从是也。"

八卦以象告，爻彖以情言。刚柔杂居，而吉凶可见矣。

象，谓卦画。爻彖，谓卦爻辞。伏羲始画八卦，因而重之，以备万物而告于人也。爻，谓爻下辞。彖，谓卦下辞。皆是圣人之情，见乎系辞，而假爻象以言，故曰"爻象以情言",六爻刚柔相推,而物杂居,得理则吉,失理刚凶,故"吉凶可见"也。

变动以利言,吉凶以情迁。是故爱恶相攻而吉凶生,远近相取而悔吝生,情伪相感而利害生。凡《易》之情,近而不相得,则凶。或害之,悔且吝。

不相得,谓相恶也。凶害悔吝,皆由此生。远,谓应与不应。近,谓比与不比,或取远应而舍近比,或取近比而舍远应,由此远近相取,所以生悔吝于系辞矣。

将叛者其辞惭,中心疑者其辞枝,吉人之辞寡,躁人之辞多,诬善之人其辞游,失其守者其辞屈。

歉于中者必愧于外,故"将叛者其辞惭"。疑于中者必泛其说,故"中心疑者其辞枝"。吉德之人见理直,故其"辞寡"。躁竞之人急于售,故其"辞多"。诬善类者,必深匿其迹而阴寓其忮,故其"辞游"。"失其守"者,必见义不明而内无所主,故"其辞屈"。

此第十二章。

卷 十

说卦传

孔子以伏羲画八卦后重为六十四卦，《系辞》中略明八卦小成，引而伸之。又曰"八卦成列，象在其中矣，因而重之，爻在其中矣。"又曰："观象于天，观法于地，观鸟兽之文，与地之宜，近取诸身，远取诸物，始作八卦，以通神明之德，以类万物之情"，然引而伸之，重三成六之意，犹自未明，仰观俯察，近身远物之象，亦为未见，故于此更备说重卦之由，及八卦所为之象，谓之说卦焉。

昔者圣人之作《易》也。幽赞于神明而生蓍。

幽赞神明，犹言赞化育。《龟筴传》曰：天下和平，王道得，而蓍茎长丈，其丛生满百茎。以此圣知，深知神明之道，而生用蓍求卦之法，故曰"幽赞于神明而生蓍"。

参天两地而倚数。

天圆地方，圆者一而围三，三各一奇，故参天而为三。方者一而围四，四合二偶，故两地而为二。数皆倚此而起，故揲蓍三变之末，其余三奇，则三三而九，三偶，则三二而六。两二一三则为七，两三一二则为八。

观变于阴阳而立卦，发挥于刚柔而生爻，和顺于道德而理于义，穷理尽性以至于命。

和顺从容，无所乖逆，统言之也。理，谓随事得其条理，析言之也。穷天下之理，尽人物之性，而合于天道，此圣人作《易》之极功也。

此第一章。

昔者圣人之作《易》也。将以顺性命之理。是以立天之道

曰阴与阳，立地之道曰柔与刚，立人之道曰仁与义。兼三才而两之，故《易》六画而成卦。分阴分阳，迭用柔刚，故《易》六位而成章。

"兼三才而两之"，总言六画，又细分之，则阴阳之位，间杂而成文章也。此明一卦六爻，有三才二体之义，故明天道既立阴阳，地道又立刚柔，人道亦立仁义也。何则？在天虽刚，亦有柔德，在地虽柔，亦有刚德，故《书》曰"沈潜刚克，高明柔克"。人禀天地，岂不兼仁义乎？所以《易》道兼之矣。

此第二章。

天地定位，山泽通气，雷风相薄，水火不相射，八卦相错。

此伏羲八卦之位，乾南坤北，离东坎西，兑居东南，震居东北，巽居西南，艮居西北，于是八卦相交而成六十四卦，所谓先天之学也。

数往者顺，知来者逆，是故《易》逆数也。

起震而历离兑，以至于乾，数已生之卦也。自巽而历坎艮，以至于坤，推未生之卦也。《易》之生卦，则以乾兑离震巽坎艮坤为次，故皆"逆数"也。

此第三章。

雷以动之，风以散之。雨以润之，日以烜之，艮以止之，兑以说之。乾以君之，坤以藏之。

此卦阴性凝聚，阳性发散，阴聚之，阳必散之，其势均散，阳为阴累，则相持为雨而降，阴为阳得，则飘扬为云而升，故云物班布太虚者，阴为风驱，敛聚而未散者也。凡阴气凝聚，阳在内者不得出，则奋击而为雷霆，阳在外者不得入，则周旋不舍而为风，其聚有远近虚实，故雷风有大小暴缓，和而散，则为霜雪雨露，不和而散，则为戾气瞳霾，阴常散缓，受交于阳，则风雨调，寒暑正。

此第四章。

帝出乎震，齐乎巽，相见乎离，致役乎坤，说言乎兑，战乎乾，劳乎坎，成言乎艮。

《易》八卦之位，元不曾有人说，先儒以为乾位西北，坤位西南，乾坤任六子而自处于有为之地，此大故无义理，雷风山泽之类，便是天地之用，如人身之有耳目手足，便是人之用也。岂可谓手足耳目皆用，而身无为乎？

万物出乎震。震，东方也。齐乎巽。巽，东南也。齐也者，言万物之洁齐也。离也者，明也。万物皆相见，南方之卦也。圣人南面而听天下，向明而治，盖取诸此也。坤也者，地也。万物皆致养焉，故曰致役乎坤。兑，正秋也。万物之所说也。故曰说言乎兑。战乎乾。乾，西北之卦也。言阴阳相薄也。坎者，水也。正北方之卦也。劳卦也。万物之所归也。故曰劳乎坎。艮，东北之卦也。万物之所成终而所成始也。故曰成言乎艮。

"万物出乎"震雷发声以生之也。"齐乎巽"，风摇动以齐之也。洁，犹新也。"万物皆相见"，日照之使光大，万物皆致养，地气含养，使秀实也。万物之所说，草木皆老，犹以泽气说成之。战言"阴阳相薄"，西北阴也。而乾以纯阳临之。坎，"劳卦也"，水性劳而不倦，万物之所归也。万物自春出生于地，冬气闭藏，还皆入地，万物之所成终而所成始，言万物阴气终，阳气始，皆艮之用事也。艮，止也。生也。止则便生，不止则不生，此艮终始万物。冬至一阳生，每遇至后则倍寒。何也？阴阳消长之际，无截然断绝之理，故相搀掩过如天将晓，复至阴黑，亦是理也。

此第五章。

神也者，妙万物而为言者也。动万物者莫疾乎雷，桡万物者莫疾乎风，燥万物者莫熯乎火，说万物者莫说乎泽，润万物者莫润乎水，终万物始万物者莫盛乎艮。故水火相逮，雷风不相悖，山泽通气，然后能变化，既成万物也。

此言六卦之用，而不及乾坤者，以天地无为而无不为，故能成雷风等有为之神妙也。艮不言山，独举卦名者，以动桡燥润，功是雷风水火，至于终始万物，于山义则不然，故言卦，而余皆称物，各取便而论也。于此言"神"者，明八卦运动，变化推移，莫有使之然者，神无物，妙万物而为言，则雷疾风行，火炎水润，莫不自然相与为变化，故能万物既成也。

此第六章。

乾，健也。坤，顺也。震，动也。巽，入也。坎，陷也。离，丽也。艮，止也。兑，说也。

此一节说八卦名训。乾象天，天体运转不息，故为健；坤象地，地顺承于天，故为顺；震象雷，雷奋动万物，故为动；巽象风，风行无所不入，故为入；坎象水，水处险陷，故为陷；离象火，火必著于物，故为丽；艮象山，山体静止，故为止；兑象泽，泽润万物，故为说。

此第七章。

乾为马，坤为牛，震为龙，巽为鸡，坎为豕，离为雉，艮为狗，兑为羊。

此一节略明远取诸物也。乾象天，天行健，故为马；坤象地，任重而顺，故为牛；震动象，龙动物，故为龙；巽主号令，鸡能知时，故为鸡；坎主水渎，豕处污湿，故为豕；离为文明，雉有文章，故为雉；艮为静止，狗能善守，禁止外人，故为狗；兑说也，羊者顺之畜，故为羊也。

此第八章。

乾为首，坤为腹，震为足，巽为股，坎为耳，离为目，艮为手，兑为口。

此一节略明近取诸身也。乾尊而在上，故为"首"。坤能包藏含容，故为"腹"。足能动用，故"震为足"也。股随于足，则巽顺之谓，故"巽为股"也。坎北方之卦主听，故"为耳"也。离南方之卦主视，故"为目"也。艮既为止，手亦能止持其物，故"为手"也。兑主言语，故"为口"也。

此第九章。

乾，天也。故称乎父。坤，地也。故称乎母。震一索而得男，故谓之长男；巽一索而得女，故谓之长女。坎再索而得男，故谓之加中男；离再索而得女，故谓之中女。艮三索而得男，故谓之少男；兑三索而得女，故谓之少女。

索，求也。谓揲蓍以求爻也。男女，指卦中一阴一阳之爻而言。万物资始于天，犹子之气始于父也。资生于地，犹子之形生于母也。故"乾称父，坤称母"。索，求而取之也。坤交于乾，求取乾之初画中画上画，而得长中少三男，乾交于坤，求取坤之初画中画上画，而得长中少三女。"一索"，谓交初。"再索"，谓交中。"三索"，谓交上。以索之先后，为长中少之次也。

此第十章。

乾为天，为圆，为君，为父，为玉，为金，为寒，为冰，为大赤，为良马，为老马，为瘠马，为驳马，为木果。

此一节广明乾象。乾既为天，天动运转，故为"圆"，"为君为父"，取其尊道而为万物之始也。"为玉为金"，取其刚之清明也。"为寒为冰"，取其西北寒冰之地也。"为大赤"，取其盛阳之色也。"为良马"取其行健之善也。"老马"，取其行健之久也。"瘠马"，取其行健之甚；瘠马，骨多也。"驳马"有牙如锯，能食虎豹，取其至健也。"为木果"，取其果实著木，有似星之著天也。

坤为地，为母，为布，为釜，为吝啬，为均，为子母牛，为大舆，为文，为众，为柄。其于地也。为黑。

此一节，广明坤象。坤既为地，地受任生育，故"为母也"。"为布"，取其广载也。"为釜"，取其化生成熟也。"为吝啬"，取其生物不转移也。"为均"，地道平均也。"为子母牛"，取其多蕃育而顺之也。"为大舆"，取其载万物也。"为文"，取其万物之色杂也。"为众"，取其载物非一也。"为柄"，取其生物之本也。"为黑"，取其极阴之色也。

震为雷，为龙，为玄黄，为旉，为大涂，为长子，为决躁，为苍筤竹，为萑苇。其于马也。为善鸣，为馵足，为作足，为的颡。其于稼也。为反生。其究为健，为蕃鲜。

此一节广明震象。"为玄黄"，取其相杂而成苍色也。"为旉"，取其春时气至；草木皆吐，旉布而生也。"为大涂"，取其万物之所生也。"为长子"，震为长子也。"为决躁"，取其刚动也。"为苍筤竹"，竹初生色苍也。"为萑苇"，竹之类也。"其于马也"，为善明，取雷声之远闻也。"为馵足"，马后足白为馵，取其动而见也。"为作足"，取其动而行健也。"为的颡"，白额为的颡，亦取动而见也。"其于稼也。为反生"，取其始生戴甲而出。"其究为健"，极于震动则为健也。"为蕃鲜"，取其春时草木蕃育而鲜明。

巽为木，为风，为长女，为绳直，为工，为白，为长，为高，为进退，为不果，为臭。其于人也。为寡发，为广颡，为多白眼。为近利，市三倍。其究为躁卦。

此一节广明巽象。巽为木，木可以揉曲直，巽顺之谓也。"为绳直"，取其号令齐物也。"为工"，亦取绳直之类；"为白"，取其洁也。"为长"，取其风行之远也。"为高"，取其木生而上也。"为进退"，取其风性前却；"为不果"，亦进退之义也。"为臭"，取其风所发也。"为寡发"，风落树之华叶，则在树者稀疏，如人之少发；"为广颡"，额阔发寡少之义。"为多白眼"，取躁人之眼，其色多白也。"为近利"，取躁人之情，多近于利也。"市三倍"，取其木生蕃盛，于市则三倍之利也。"其究为躁卦"，取其风之势极于躁急也。

坎为水，为沟渎，为隐伏，为矫揉，为弓轮。其于人也。为加忧，为心病，为耳痛，为血卦，为赤。其于马也。为美脊，为亟心，为下首，为薄蹄，为曳。其于舆也。为多眚，为通，为月，为盗。其于木也。为坚多心。

此一节广明坎象。"坎为水"，取其北方之行也。"为沟渎"，取其水行无所不通也。"为隐伏"，取其水藏地中也。"为矫揉"，使曲者直为矫，使直者曲为揉，水流曲直，故为"矫揉"也。"为弓轮"，弓者激矢如水激射也。轮者运行如水行也。"为加忧"，取其忧险难也。"为心病"，忧险难故心病也。"为耳痛"，坎为劳卦，听劳则耳痛也。"为血卦"，人之有血，犹地有水也。"为赤"，亦取血之色；"其于马也。为美脊"，取其阳在中也。"为亟心"，亟，急也。取其中坚内动也。"为下首"，取其水流向下也。"为薄蹄"，取水流迫地而行也。"为曳"，取水磨地而行也。"其于舆也。为多眚"，取其表里有阴，力弱不能重载也。"为通"，取行有孔穴也。"为月"，月是水之精也。"为盗"，取水行潜窃也。"其于木也。为坚多心"，取刚在内也。

离为火，为日，为电，为中女，为甲胄，为戈兵。其于人也。为大腹，为乾卦，为鳖，为蟹，为蠃，为蚌，为龟。其于木也。为科上槁。

此一节广明离象。"离为火"，取南方之行也。"为日"，日是火精也。"为电"，火之类也。"为中女"，离为中女。"为甲胄"，取其刚在外也。"为戈兵"，取其以刚自捍也。"其于人也。为大腹"，取其怀阴气也。"为乾卦"，取其日所烜也。"为鳖，为蟹，为蠃，为蚌，为龟"皆取刚在外也。"其于木也。为科上槁"。科，空也。阴在内为空，木既空中，上必枯槁也。

艮为山，为径路，为小石，为门阙，为果蓏，为阍寺，为指，为狗，为鼠，为黔喙之属。其于木也。为坚多节。

此一节广明艮象。"艮为山"，取阴在下为止，阳在上为高，故艮象山也。"为径路"，取其山路有涧道也。"为小石"，取其艮为山，又为阳卦之小者也。"为门阙"，取其崇高也。"为果蓏"，木实为果，草实为蓏，取其出于山谷之中也。"为阍寺"，取其禁止入也。"为指"，取其执止物也。"为狗"，"为鼠"，取其皆止人家也。"为黔喙之属"，取其山居之兽也。"其于木也。为坚多节"，取其坚凝故多节也。

兑为泽，为少女，为巫，为口舌，为毁折，为附决。其于地也。为刚卤。为妾，为羊。

此一节广明兑象。"兑为泽"，取其阴卦之小，地类卑也；"为少女"，兑为少女也。"为巫"，取其口舌之官也。"为口舌"，取西方于五事而言也。"为毁折""为附决"，兑西方之卦，取秋物成熟，稿秆之属，则"毁折"也；果蓏之属，则"附决"也。"其于地也。为刚卤"，取水泽所停，刚咸卤也。"为妾"，取少女从姊为娣也。

此第十一章。广八卦之象也。

序卦传

卦之所以序者，必自有故，而孔子以义次之，就其所次，亦足以见天道之盈虚消长，人事之得失存亡，国家之兴衰理乱，如孔氏朱子之言皆是也。然须知若别为之序，则其理亦未尝不相贯，如蓍筮之法，一卦可变为六十四卦，随其所遇而其贞与悔皆可以相生，然后有以周义理而极事变，故曰天下之能事毕也。孔子盖因《序卦》之次以明例，所谓举其一隅焉尔，神而明之，则知《易》道之周流而趋时无定，且知筮法之变通而触类可长，此义盖《易》之旁通至极处也。

有天地，然后万物生焉。盈天地之间者唯万物，故受之以屯。屯者，盈也。屯者，物之始生也。物生必蒙，故受之以蒙。蒙者，蒙也，物之稚也。物稚不可不养也，故受之以需。需者，饮食之道也。饮食必有讼，故受之以讼。

上言"屯者盈也"，释屯次乾坤，其言已毕，更言"屯者物之始生者"，开说下

"物生必蒙"，直取始生之意，非重释屯之名也。蒙，冥昧也。物生者必始于冥昧，勾萌胎卵是也。故次之以蒙。蒙，童蒙也。物如此稚也。"饮食必有讼"，乾餱以愆，豕酒生祸，有血气者，必有争心，故次之以讼。

讼必有众起，故受之以师。师者，众也。众必有所比，故受之以比。比者，比也。

众起而不比，则争无由息，必相亲比，而后得宁。

比必有所畜，故受之以小畜。物畜然后有礼，故受之以履。履而泰，然后安，故受之以泰。

安上治民，莫善于礼，有礼然后泰，泰然后安也。

泰者，通也。物不可以终通，故受之以否。物不可以终否，故受之以同人。与人同者物必归焉，故受之以大有。有大者不可以盈，故受之以谦。有大而能谦必豫，故受之以豫。

以谦有大，则绝盈满之累，故优游不迫而暇豫也。

豫必有随，故受之以随。以喜随人者必有事，故受之以蛊。蛊者，事也。有事而后可大，故受之以临。临者，大也。

以喜随人，必有所事，臣事君，子事父，妇事夫，弟子事师，非乐于所事者，其肯随乎？

物大然后可观，故受之以观。可观而后有所合，故受之以噬嗑。嗑者，合也。物不可以苟合而已，故受之以贲。贲者，饰也。致饰然后亨则尽矣，故受之以剥。剥者，剥也。

君臣父子夫妇朋友之际，所谓合也。直情而行谓之苟，礼以饰情谓之贲，苟则易合，易则相渎，相渎则易以离，贲则难合，难合则相敬，相敬则能久，饰极则文胜而实衰，故剥。

物不可以终尽，剥穷上反下，故受之以复。复则不妄矣，故受之以无妄。有无妄然后可畜，故受之以大畜。

不善之动，妄也。妄复则无妄矣，无妄则诚矣，故无妄次复。健为天德，大畜止健，畜天德也。故曰"刚健笃实辉光，日新其德"。不能畜天德，则见于有为者，不能无妄，故天德止于大畜，而动于无妄也。

物畜然后可养，故受之以颐。颐者，养也。不养则不可动，故受之以大过。物不可以终过，故受之以坎。坎者，陷也。陷必有所丽，故受之以离。离者，丽也。

养而不用，其极必动，动而不已，其极必过。养者君子所以成已，动者君子所以应物，然君子处则中立，动则中央，岂求胜物哉？及其应变，则有时或过，故受之以大过。

有天地，然后有万物。有万物，然后有男女。有男女，然后有夫妇。有夫妇，然后有父子。有父子，然后有君臣。有君臣，然后有上下。有上下，然后礼义有所错。夫妇之道，不可以不久也，故受之以恒。恒者，久也。

此详言人道三纲六纪有自来也。人有男女阴阳之性，则自然有夫妇配合之道，阴阳化生，血体相传，则自然有父子之亲，以父立君，以子资臣，则必有君臣之位，有君臣之位，故有上下之序，有上下之位，则必礼以定其体，义以制其宜，明先王制作，盖取之于情者也。上经始于乾、坤，有生之本也。下经始于咸、恒，人道之首也。《易》之兴也。当殷之末世，有妲己之祸，当周之盛德，有三母之功，以言天不地不生，夫不妇不成，相须之至，王教之端。故《诗》以关雎为国风之始，而《易》于咸、恒，备论礼义所由生也。

物不可以久居其所，故受之以遁。遁者，退也。物不可以终遁，故受之以大壮。物不可以终壮，故受之以晋。晋者，进也。进必有所伤，故受之以明夷。夷者，伤也。伤于外者必反其家，故受之以家人。

"伤乎外者必反其家"，盖行有不得于人，则反求诸己。知进而已，不知消息盈虚，与时偕行，则伤之者至矣，故受之以明夷，以利合者，迫穷祸患害相弃也。以天属者，迫穷祸患害相收也。明夷之伤，岂得不反于家人乎？

家道穷必乖，故受之以睽。睽者，乖也。乖必有难，故受之以蹇。蹇者，难也。物不可以终难，故受之以解。解者，缓也。

家人离必起于妇人，故睽次家人，以二女同居而志不同行也。"缓"是散漫意。凡言屯者，皆以为难，而蹇又称难者，卦皆有坎也。然屯"动乎险中"，行乎患难者也。蹇见险而止，但为所阻难，而不得前耳，非患难之难也。故居屯者，必以经纶济之，遇蹇者，待其解缓而后前。

缓必有所失，故受之以损。损而不已必益，故受之以益。益而不已必决，故受之以夬。夬者，决也。决必有所遇，故受之以姤。姤者，遇也。

俞氏琰曰：损益盛衰，若循环然，损而不已，天道复还，故必益，益而不已，则所积满盈，故必决，此乃理之常也。损之后继以益，深谷为陵之意也。益之后继以夬，高岸为谷之意也。

物相遇而后聚，故受之以萃。萃者，聚也。聚而上者谓之升，故受之以升。升而不已必困，故受之以困。困乎上者必反下，故受之以井。

冥升在上则穷，故言"升而不已必困"也。天下之物，散之则小，合而聚之，则积小以成其高大，故"聚而上者"为"升"也。物相遇而聚者，彼此之情交相会也。以众言之也。比而有所畜者，系而止之也。自我言之也。畜有止而聚之义，聚者不必止也。

井道不可不革，故受之以革。

井在下者也。井久则秽浊不食，治井之道，革去其害井者而已。

革物者莫若鼎，故受之以鼎。主器者莫若长子，故受之以震。震者，动也。物不可以终动，止之，故受之以艮。艮者，止也。物不可以终止，故受之以渐。渐者，进也。进必有所归，故受之以归妹。得其所归者必大，故受之以丰。丰者，大也。

晋者进也，进必有所伤。渐者进也，进必有归。何也？曰：晋所谓进者，有进而已，此进必有伤也。渐之所谓进者，渐进而已，乌有不得所归者乎？

穷大者必失其居，故受之以旅。旅而无所容，故受之以巽。巽者，入也。

动极而止，止极复进，进极必伤，进以渐则有归，归得其所则大，穷其大则必失，盖非有大以谦故也。旅者"亲寡"之时，"无所容"也。唯巽然后得所入，故受之以巽，而巽者入也。

入而后说之，故受之以兑。兑者，说也。说而后散之，故受之以涣。涣者，离也。

入于道故有见而说，故巽而受之以兑，唯说于道，故推而及人，说而后散，故受之以涣。人之情，相拒则怒，相入则说，故入而后说之。

物不可以终离，故受之以节。节而信之，故受之以中孚。有其信者必行之，故受之以小过。

孚，信也。既已有节，则宜信以守之，守其信者，则失贞而不谅之道，而以信为过，故曰小过也。有其信，犹《书》所谓有其善，言以此自负而居有之也。自恃其信者，其行必果而过于中。

有过物者必济，故受之以既济。物不可穷也，故受之以未济。终焉。

行过乎恭，用过乎俭，可以矫世励俗，有所济也。大过则踰越常理，故必至于陷。小过或可济事，故有济而无陷也。坎离之交，谓之既济，此生生不穷之所从出也。而圣人犹以为有穷也。又分之以为未济，此即咸感之后，继之以恒久之义也。盖情之交者，不可以久而无弊，故必以分之正者终之。

杂卦传

乾刚坤柔，比乐师忧。

有亲则乐，动众则忧。此得位而众从之，故乐。师犯难而众比之，故忧。忧乐以天下也。

临观之义，或与或求。

以我临物曰"与"，物来观我曰"求"。或曰：二卦互有与求之义，临与所临，观与所观；二卦皆有与求之义，或有与无求，或有求无与，皆非临、观之道。

屯见而不失其居，蒙杂而著。

"君子以经纶"，故曰"见"。"盘桓利居贞"，故曰"不失其居"。蒙以养正，蒙正未分，故曰"杂"。童明，故曰"著"。不见则不足以济众，不居则不足以为主。在蒙昧之中，虽未有识别，而善理昭著。

震，起也。艮，止也。损益，盛衰之始也。

震阳动行，故起。艮阳终止，故止。阳起于坤而出震，则静者动；阳止于艮而入坤，则动者静。损已必盛，故为盛之始；益已必衰，故为衰之始。消长相循，在道常如是也。

大畜，时也。无妄，灾也。

"君子藏器于身，待时而动"，然则"多识前言往行以畜其德"，亦以待时也。无妄之谓灾，其余自作孽而已，故无妄"匪正有眚"。大畜若上九天衢之亨，可谓得时矣，然无畜而时，不谓时也。大畜故谓之"时"耳。无妄若六三"或系之牛"，可谓逢灾矣，然有妄而灾，不谓灾也。无妄故谓之"灾"耳。

萃聚而升不来也。谦轻而豫怠也。

自以为少，故"谦"。自以为多，故"豫"。小故"轻"，多故"怠"。谦轻己，豫怠己也。以乐豫，故心怠，是以君子贵知几。"轻"是不自尊重，卑少之义。"豫"是悦之极，便放倒了，如上六"冥豫"是也。

噬嗑，食也。贲，无色也。

物消曰"食"，噬者合，则强物消矣。此二语之义，即所谓"食"取其充腹，衣取其蔽体者也。若饫于膏粱，则噬之不能合，而失饮食之正。若竞于华美，则目迷五色，而非自然之文。

兑见而巽伏也。

兑阴外见，巽阴内伏。巽本以阴在下为能巽也。《象传》乃为"刚巽乎中正而志行，柔皆顺乎刚"。兑本以阴在上为能说也。《象传》乃谓"刚中而柔外，说以利贞"，盖终主阳也云尔。

随，无故也。蛊，则饬也。

随前无故，蛊后当饬。故，谓故旧，与革去故之故同，随人则忘旧，蛊则饬而新也。

剥，烂也。复，反也。

剥，烂尽。复，反生也。剥烂则阳穷于上，复反则阳生于下，犹果之烂坠于下，则可种而生矣。凡果烂而仁生，物烂而蛊生，木叶烂而根生，粪壤烂而苗生，皆剥、复之理也。

晋，昼也。明夷，诛也。

诛，伤也。离日在上，故"昼"也。明入地中，故"诛"也。晋与明夷，朝暮之象也。故言明出地上，明入地中，"诛"亦"伤"也。

井通而困相遇也。

往来不穷，故曰"井通"，遇阴则见掩而困，唯其时也。"往来井井"，则其道通，困遇刚掩，所以为困。

咸，速也。恒，久也。

有感则应故速，常故能久。"咸"非训速也。天下之事，无速于感通者，故曰"咸速"。

涣，离也。节，止也。解，缓也。蹇，难也。睽，外也。家人，内也。否泰，反其类也。

涣散故"离"，节制度数故"止"。天下之难既解，故安于佚乐，每失于缓。蹇者"见险而止"，故为"难"。涣、节正与井、困相反，井以木出水，故居塞而能通；涣则以水浮木，故通之极而至于散也。节以泽上之水，故居通而能塞；困为泽下之水，故塞之极而至于困也。

大壮则止，遁则退也。

止，谓不进。壮不知止，小人之壮也。君子之壮，则有止。遁之退，大壮之止，则克己之道。赵氏玉泉曰：大壮以"壮趾"为"凶"，"用壮"为"厉"，欲阳之知所止也。遁以"嘉遁"为"吉"，"肥遁"为"利"，欲阳之知所处也。壮不可用，宜止不宜躁，遁与时行，应退不应进。止者难进，退者易退也。

大有，众也。同人，亲也。革，去故也。鼎，取新也。小过，过也。中孚，信也。丰，多故也。亲寡，旅也。

物盛则多故，旅寡则少亲。大有六五，柔得尊位而有其众，有其众则众亦归之，故曰"大有众也"。同人六二，得中得位而同乎人，同乎人则人亦亲之，故曰"同人亲也"。

离上而坎下也。

火炎上，水润下。

小畜，寡也。履，不处也。

柔为君，故大有则众；柔为臣，故小畜则寡。寡者，一阴虽得位而畜众阳，其力寡也。不处者，一阴不得位而行乎众阳之中，不敢宁处也。

需，不进也。讼，不亲也。

乾上离下为同人，火性炎上而趋乾，故曰"同人亲也"。乾上坎下为讼，水性就下，与乾违行，故"不亲也"。

大过，颠也。姤，遇也，柔遇刚也。渐，女归待男行也。颐，养正也。既济，定也。归妹，女之终也。未济，男之穷也。夬，决也。刚决柔也。君子道长，小人道忧也。

刚柔失位，其道未济，故曰"穷也"。女待男而行，所以为渐。《杂卦》以乾为首，不终之以它卦，而必终之以夬者，盖夬、姤以五阳决一阴，决去一阴，则复为纯乾矣。大过之象，本末俱弱，而在杂卦之终。圣人作《易》，示天下以无终穷之理，教人以拨乱反正之法。是故原其乱之始生于姤，而极其势之上穷于夬。以示微之当防，盛之不足畏。自夬而乾，有终而复始之义也。

北京学易斋书目

书　　名	作　者	定　价	版别
影印涵芬楼本正统道藏[宣纸线装；全512函1120册]	[明]张宇初编	480000.00	九州
影印涵芬楼本正统道藏[道林纸线装；全512函1120册]	[明]张宇初编	280000.00	九州
易藏[宣纸线装；全50函200册]	编委会主编	98000.00	九州
重刊术藏[精装全100册]	编委会主编	68000.00	九州
续修术藏[精装全100册]	编委会主编	68000.00	九州
易藏[精装全60册]	编委会主编	48000.00	九州
道藏[精装全60册]	编委会主编	48000.00	九州
御制本草品汇精要[彩版8函32册]	(明)刘文泰等著	18000.00	海南
御纂医宗金鉴[20函80册]	(清)吴谦等著	28000.00	海南
影宋刻备急千金要方[4函16册]	(唐)孙思邈著	2380.00	海南
影元刻千金翼方[2函12册]	(唐)孙思邈著	2380.00	海南
芥子园画传[彩版3函13册]	(清)李渔纂辑	3800.00	华龄
十竹斋书画谱[彩版2函12册]	(明)胡正言编印	2800.00	华龄
影印明天启初刻武备志[精装全16册]	(明)茅元仪撰	13800.00	华龄
药王千金方合刊[精装全16册]	(唐)孙思邈著	13800.00	华龄
焦循文集[精装全18册，库存1套]	[清]焦循撰	9800.00	九州
邵子全书[精装全16册]	[宋]邵雍撰	12800.00	九州
子部珍本1：校正全本地学答问	1函3册	680.00	华龄
子部珍本2：赖仙原本催官经	1函1册	280.00	华龄
子部珍本3：赖仙催官篇注	1函1册	280.00	华龄
子部珍本4：尹注赖仙催官篇	1函1册	280.00	华龄
子部珍本5：赖仙心印	1函1册	280.00	华龄
子部珍本6：新刻赖太素天星催官解	1函2册	480.00	华龄
子部珍本7：天机秘传青囊内传	1函1册	280.00	华龄
子部珍本8：阳宅斗首连篇秘授	1函1册	280.00	华龄
子部珍本9：精刻编集阳宅真传秘诀	1函2册	480.00	华龄
子部珍本10：秘传全本六壬玉连环	1函2册	480.00	华龄
子部珍本11：秘传仙授奇门	1函2册	480.00	华龄
子部珍本12：祝由科诸符秘卷秘旨合刊	1函2册	480.00	华龄
子部珍本13：校正古本入地眼图说	1函2册	480.00	华龄
子部珍本14：校正全本钻地眼图说	1函2册	480.00	华龄
子部珍本15：赖公七十二葬法	1函2册	480.00	华龄
子部珍本16：杨筠松秘传开门放水阴阳捷径	1函2册	480.00	华龄
子部珍本17：校正古本地理五诀	1函2册	480.00	华龄
子部珍本18：重校古本地理雪心赋	1函2册	480.00	华龄

书　　名	作　者	定　价	版别
子部珍本19:吴景鸾先天后天理气心印补注	1函1册	280.00	华龄
子部珍本20:宋国师吴景鸾秘传夹竹梅花院纂	1函2册	480.00	华龄
子部珍本21:影印原本任铁樵注滴天髓阐微	1函4册	1080.00	华龄
子部珍本22:地理真宝一粒粟	1函1册	280.00	华龄
子部珍本23:聚珍全本天机一贯	1函3册	680.00	华龄
子部珍本24:阴宅造福秘诀	1函1册	280.00	华龄
子部珍本25:增补诹吉宝镜图	1函2册	480.00	华龄
子部珍本26:诹吉便览宝镜图	1函1册	280.00	华龄
子部珍本27:诹吉便览八卦图	1函1册	280.00	华龄
子部珍本28:甲遁真授秘集	1函4册	880.00	华龄
子部珍本29:太上祝由科	1函2册	680.00	华龄
子部珍本30:邵康节先生心易梅花数	1函1册	280.00	华龄
子部善本1:新刊地理玄珠(需预订)	2函10册	3000.00	华龄
子部善本2:参赞玄机地理仙婆集(需预订)	2函8册	2400.00	华龄
子部善本3:章仲山地理九种(需预订)	1函5册	1500.00	华龄
子部善本4:八门九星阴阳二遁全本奇门断	2函18册	5400.00	华龄
子部善本5:六壬统宗大全(需预订)	2函6册	1800.00	华龄
子部善本6:太乙统宗宝鉴(需预订)	2函8册	2400.00	华龄
子部善本7:重刊星海词林(需预订)	14函56册	16800.00	华龄
子部善本8:万历初刻三命通会(需预订)	2函12册	3600.00	华龄
子部善本9:增广沈氏玄空学(需预订)	2函8册	2400.00	华龄
子部善本10:江公择日秘稿(需预订)	2函6册	1800.00	华龄
子部善本11:刘氏家藏阐微通书(需预订)	3函12册	3600.00	华龄
子部善本12:影印增补高岛易断(需预订)	2函8册	2400.00	华龄
子部善本13:清刻足本铁板神数(需预订)	3函13册	3900.00	华龄
子部善本14:增订天官五星集腋(需预订)	2函10册	3000.00	华龄
子部善本15:太乙奇门六壬兵备统宗(需预订)	9函36册	10800.00	华龄
子部善本16:御定景祐奇门大全(需预订)	8函32册	9600.00	华龄
子部善本17:地理四秘全书十二种(需预订)	4函16册	4800.00	华龄
子部善本18:全本地理统一全书(需预订)	3函15册	4500.00	华龄
子部善本19:廖公画策扒砂经(需预订)	1函4册	1200.00	华龄
子部善本20:明刊玉髓真经(需预订)	7函21册	6300.00	华龄
子部善本21:蒋大鸿家藏地学捷旨(需预订)	1函4册	1200.00	华龄
子部善本22:阳宅安居金镜(需预订)	1函4册	1200.00	华龄
子部善本23:新刊地理紫囊书(需预订)	2函6册	1800.00	华龄
子部善本24:地理大成五种(需预订)	8函24册	7200.00	华龄
子部善本25:初刻鳌头通书大全(需预订)	2函10册	3000.00	华龄
子部善本26:初刻象吉备要通书大全(需预订)	3函12册	3600.00	华龄
子部善本27:武英殿板钦定协纪辨方书	8函24册	7200.00	华龄
子部善本28:初刻陈子性藏书(需预订)	2函6册	1800.00	华龄

书　　名	作　　者	定　价	版别
重刻故宫藏百二汉镜斋秘书四种(一):火珠林	1函1册	300.00	华龄
重刻故宫藏百二汉镜斋秘书四种(二):灵棋经	1函1册	300.00	华龄
重刻故宫藏百二汉镜斋秘书四种(三):滴天髓	1函1册	300.00	华龄
重刻故宫藏百二汉镜斋秘书四种(四):测字秘牒	1函1册	300.00	华龄
中外戏法图说:鹅幻汇编鹅幻余编合刊	1函3册	780.00	华龄
连山[一函一册]	[清]马国翰辑	280.00	华龄
归藏[一函一册]	[清]马国翰辑	280.00	华龄
周易虞氏义笺订[一函六册]	[清]李翊灼订	1180.00	华龄
周易参同契通真义	1函2册	480.00	华龄
御制周易[一函三册]	武英殿影宋本	680.00	华龄
宋刻周易本义[一函四册]	[宋]朱熹撰	980.00	华龄
易学启蒙[一函二册]	[宋]朱熹撰	480.00	华龄
易余[一函二册]	[明]方以智撰	480.00	九州
奇门鸣法	[一函二册]	680.00	华龄
奇门衍象	[一函二册]	480.00	华龄
奇门枢要	[一函二册]	480.00	华龄
奇门仙机[一函三册]	王力军校订	298.00	华龄
奇门心法秘纂[一函三册]	王力军校订	298.00	华龄
御定奇门秘诀[一函三册]	[清]湖海居士辑	680.00	华龄
宫藏奇门大全[线装五函二十五册]	[清]湖海居士辑	6800.00	星易
遁甲奇门秘传要旨大全[线装二函十册]	[清]范阳耐寒子辑	6200.00	星易
增广神相全编[线装一函四册]	[明]袁珙订正	980.00	星易
龙伏山人存世文稿[五函十册]	[清]矫子阳撰	2800.00	九州
奇门遁甲鸣法[一函二册]	[清]矫子阳撰	680.00	九州
奇门遁甲衍象[一函二册]	[清]矫子阳撰	480.00	九州
奇门遁甲枢要[一函二册]	[清]矫子阳撰	480.00	九州
遁甲括囊集[一函三册]	[清]矫子阳撰	980.00	九州
增注蒋公古镜歌[一函一册]	[清]矫子阳撰	180.00	九州
古本皇极经世书[一函三册]	[宋]邵雍撰	980.00	九州
明抄真本梅花易数[一函三册]	[宋]邵雍撰	480.00	九州
订正六壬金口诀[一函六册]	[清]巫国匡辑	1280.00	华龄
六壬神课金口诀[一函三册]	[明]适适子撰	298.00	华龄
改良三命通会[一函四册,第二版]	[明]万民英撰	980.00	华龄
增补选择通书玉匣记[一函二册]	[晋]许逊撰	480.00	华龄
绘图全本鲁班经匠家镜	1函4册	680.00	华龄
菊逸山房地理正书(天函):地理点穴撼龙经	1函3册	680.00	华龄
菊逸山房地理正书(地函):秘藏疑龙经大全	1函1册	280.00	华龄
菊逸山房地理正书(人函):杨公秘本山法备收	1函1册	280.00	华龄
青囊海角经	1函4册	680.00	华龄
阳宅三要	1函3册	298.00	华龄

书　　名	作　者	定　价	版别
子部珍本备要（宣纸线装）		分函售价	九州
001 岣嵝神书	1函1册	280.00	九州
002 地理唉蔗録	1函4册	880.00	九州
003 地理玄珠精选	1函4册	880.00	九州
004 地理琢玉斧峦头歌括	1函4册	880.00	九州
005 金氏地学粹编	3函8册	1840.00	九州
006 风水一书	1函4册	880.00	九州
007 风水二书	1函4册	880.00	九州
008 增注周易神应六亲百章海底眼	1函1册	280.00	九州
009 卜易指南	1函1册	280.00	九州
010 大六壬占验	1函1册	280.00	九州
011 真本六壬神课金口诀	1函3册	680.00	九州
012 太乙指津	1函2册	480.00	九州
013 太乙金钥匙 太乙金钥匙续集	1函1册	280.00	九州
014 奇门遁甲占验天时	1函2册	480.00	九州
015 南阳掌珍遁甲	1函1册	280.00	九州
016 达摩易筋经 易筋经外经图说 八段锦	1函1册	280.00	九州
017 钦天监彩绘真本推背图	1函2册	680.00	九州
018 清抄全本玉函通秘	1函3册	680.00	九州
019 灵棋经	1函1册	280.00	九州
020 道藏灵符秘法	4函9册	2100.00	九州
021 地理青囊玉尺度金针集	1函6册	1280.00	九州
022 奇门秘传九宫纂要	1函1册	280.00	九州
023 影印清抄耕寸集－真本子平真诠	1函2册	480.00	九州
024 新刊合并官板音义评注渊海子平	1函2册	480.00	九州
025 影抄宋本五行精纪	1函6册	1080.00	九州
026 影印明刻阴阳五要奇书1－郭氏阴阳元经	1函2册	480.00	九州
027 影印明刻阴阳五要奇书2－克择璇玑括要	1函1册	280.00	九州
028 影印明刻阴阳五要奇书3－阳明按索图	1函2册	480.00	九州
029 影印明刻阴阳五要奇书4－佐玄直指	1函2册	480.00	九州
030 影印明刻阴阳五要奇书5－三白宝海钩玄	1函1册	280.00	九州
031 相命图诀许负相法十六篇合刊	1函1册	280.00	九州
032 玉掌神相神相铁关刀合刊	1函1册	280.00	九州
033 古本太乙淘金歌	1函1册	280.00	九州
034 重刊地理葬埋黑通书	1函2册	480.00	九州
035 壬归	1函2册	480.00	九州
036 大六壬苗公鬼撮脚二种合刊	1函1册	280.00	九州
037 大六壬鬼撮脚射覆	1函2册	480.00	九州
038 大六壬金柜经	1函1册	280.00	九州
039 纪氏奇门秘书仕学备余	1函1册	280.00	九州

书　名	作　者	定　价	版别
040 八门九星阴阳二遁全本奇门断	2函18册	3680.00	九州
041 李卫公奇门心法	1函1册	280.00	九州
042 武侯行兵遁甲金函玉镜海底眼	1函1册	280.00	九州
043 诸葛武侯奇门千金诀	1函1册	280.00	九州
044 隔夜神算	1函1册	280.00	九州
045 地理五种秘笈合刊	1函1册	280.00	九州
046 地理雪心赋句解	1函2册	480.00	九州
047 九天玄女青囊经	1函1册	280.00	九州
048 考定撼龙经	1函1册	280.00	九州
049 刘江东家藏善本葬书	1函1册	280.00	九州
050 杨公六段玄机赋杨筠松安门楼玉辇经合刊	1函1册	280.00	九州
051 风水金鉴	1函1册	280.00	九州
052 新镌碎玉剖秘地理不求人	1函2册	480.00	九州
053 阳宅八门金光斗临经	1函1册	280.00	九州
054 新镌徐氏家藏罗经顶门针	1函2册	480.00	九州
055 影印乾隆丙午刻本地理五诀	1函4册	880.00	九州
056 地理诀要雪心赋	1函2册	480.00	九州
057 蒋氏平阶家藏善本插泥剑	1函1册	280.00	九州
058 蒋大鸿家传地理归厚录	1函1册	280.00	九州
059 蒋大鸿家传三元地理秘书	1函1册	280.00	九州
060 蒋大鸿家传天星选择秘旨	1函1册	280.00	九州
061 撼龙经批注校补	1函4册	880.00	九州
062 疑龙经批注校补一全	1函1册	280.00	九州
063 种筠书屋较订山法诸书	1函2册	480.00	九州
064 堪舆倒杖诀 拨砂经遗篇 合刊	1函1册	280.00	九州
065 认龙天宝经	1函1册	280.00	九州
066 天机望龙经刘氏心法 杨公骑龙穴诗合刊	1函1册	280.00	九州
067 风水一夜仙秘传三种合刊	1函1册	280.00	九州
068 新镌地理八窍	1函2册	480.00	九州
069 地理解醒	1函1册	280.00	九州
070 峦头指迷	1函3册	680.00	九州
071 茅山上清灵符	1函2册	480.00	九州
072 茅山上清镇禳摄制秘法	1函1册	280.00	九州
073 天医祝由科秘抄	1函2册	480.00	九州
074 千镇百镇桃花镇	1函2册	480.00	九州
075 轩辕碑记医学祝由十三科治病奇书合刊	1函1册	280.00	九州
076 清抄真本祝由科秘诀全书	1函3册	680.00	九州
077 增补秘传万法归宗	1函2册	480.00	九州
078 祝由科诸符秘卷祝由科诸符秘旨合刊	1函1册	280.00	九州
079 辰州符咒大全	1函4册	880.00	九州

书　名	作　者	定　价	版别
080 万历初刻三命通会	2函12册	2480.00	九州
081 新编三车一览子平渊源注解	1函3册	680.00	九州
082 命理用神精华	1函3册	680.00	九州
083 命学探骊集	1函1册	280.00	九州
084 相诀摘要	1函2册	480.00	九州
085 相法秘传	1函1册	280.00	九州
086 新编相法五总龟	1函1册	280.00	九州
087 相学统宗心易秘传	1函2册	480.00	九州
088 秘本大清相法	1函2册	480.00	九州
089 相法易知	1函1册	280.00	九州
090 星命风水秘传	1函1册	280.00	九州
091 大六壬隔山照	1函2册	480.00	九州
092 大六壬考正	1函1册	280.00	九州
093 大六壬类阐	1函2册	480.00	九州
094 六壬心镜集注	1函1册	280.00	九州
095 遁甲吾学编	1函2册	480.00	九州
096 刘明江家藏善本奇门衍象	1函1册	280.00	九州
097 遁甲天书秘文	1函2册	480.00	九州
098 金枢符应秘文	1函2册	480.00	九州
099 秘传金函奇门隐遁丁甲法书	1函2册	480.00	九州
100 六壬行军指南	2函10册	2080.00	九州
101 家藏阴阳二宅秘诀线法	1函2册	480.00	九州
102 阳宅一书阴宅一书合刊	1函1册	280.00	九州
103 地理法门全书	1函1册	280.00	九州
104 四真全书玉钥匙	1函1册	280.00	九州
105 重刊官板玉髓真经	1函4册	880.00	九州
106 明刊阳宅真诀	1函2册	480.00	九州
107 阳宅指南	1函1册	280.00	九州
108 阳宅秘传三书	1函1册	280.00	九州
109 阳宅都天滚盘珠	1函1册	280.00	九州
110 纪氏地理水法要诀	1函1册	280.00	九州
111 李默斋先生地理辟径集	1函2册	480.00	九州
112 李默斋先生辟径集续篇 地理秘缺	1函2册	480.00	九州
113 地理辨正自解	1函1册	280.00	九州
114 形家五要全编	1函4册	880.00	九州
115 地理辨正抉要	1函1册	280.00	九州
116 地理辨正揭隐	1函1册	280.00	九州
117 地学铁骨秘	1函1册	280.00	九州
118 地理辨正发秘初稿	1函1册	280.00	九州
119 三元宅墓图	1函1册	280.00	九州

书 名	作 者	定 价	版别
120 参赞玄机地理仙婆集	2函8册	1680.00	九州
121 幕讲禅师玄空秘旨浅注外七种	1函1册	280.00	九州
122 玄空挨星图诀	1函1册	280.00	九州
123 影印稿本玄空地理筌蹄	1函1册	280.00	九州
124 玄空古义四种通释	1函2册	480.00	九州
125 地理疑义答问	1函1册	280.00	九州
126 王元极地理辨正冒禁录	1函1册	280.00	九州
127 王元极校补天元选择辨正	1函3册	680.00	九州
128 王元极选择辨真全书	1函1册	280.00	九州
129 王元极增批地理冰海原本地理冰海合刊	1函1册	280.00	九州
130 王元极三元阳宅萃篇	1函2册	480.00	九州
131 尹一勺先生地理精语	1函1册	280.00	九州
132 古本地理元真	1函2册	480.00	九州
133 杨公秘本搜地灵	1函1册	280.00	九州
134 秘藏千里眼	1函1册	280.00	九州
135 道光刊本地理或问	1函1册	280.00	九州
136 影印稿本地理秘诀	1函2册	480.00	九州
137 地理秘诀隔山照 地理括要 合刊	1函1册	280.00	九州
138 地理前后五十段	1函2册	480.00	九州
139 心耕书屋藏本地经图说	1函1册	280.00	九州
140 地理古本道法双谭	1函1册	280.00	九州
141 奇门遁甲元灵经	1函1册	280.00	九州
142 黄帝遁甲归藏大意 白猿真经 合刊	1函1册	280.00	九州
143 遁甲符应经	1函2册	480.00	九州
144 遁甲通明钤	1函1册	280.00	九州
145 景祐奇门秘纂	1函2册	480.00	九州
146 奇门先天要论	1函2册	480.00	九州
147 御定奇门古本	1函2册	480.00	九州
148 奇门吉凶格解	1函1册	280.00	九州
149 御定奇门宝鉴	1函3册	680.00	九州
150 奇门阐易	1函2册	480.00	九州
151 六壬总论	1函1册	280.00	九州
152 稿抄本大六壬翠羽歌	1函1册	280.00	九州
153 都天六壬神课	1函1册	280.00	九州
154 大六壬易简	1函2册	480.00	九州
155 太上六壬明鉴符阴经	1函1册	280.00	九州
156 增补关煞袖里金百中经	1函1册	280.00	九州
157 演禽三世相法	1函2册	480.00	九州
158 合婚便览 和合婚姻咒 合刊	1函1册	280.00	九州
159 神数十种	1函1册	280.00	九州

书　名	作　者	定　价	版别
160 神机灵数—掌经金钱课合刊	1函1册	280.00	九州
161 阴阳二宅易知录	1函2册	480.00	九州
162 阴宅镜	1函2册	480.00	九州
163 阳宅镜	1函1册	280.00	九州
164 清精抄本六圃地学	1函1册	280.00	九州
165 形峦神断书	1函1册	280.00	九州
166 堪舆三昧	1函1册	280.00	九州
167 遁甲奇门捷要	1函1册	280.00	九州
168 奇门遁甲备览	1函1册	280.00	九州
169 原传真本石室藏本圆光真传秘诀合刊	1函1册	280.00	九州
170 明抄全本壬归	1函4册	880.00	九州
171 董德彰水法秘诀水法断诀合刊	1函1册	280.00	九州
172 董德彰先生水法图说	1函1册	280.00	九州
173 董德彰先生泄天机纂要	1函2册	480.00	九州
174 李默斋先生地理秘传	1函2册	480.00	九州
175 新锓希夷陈先生紫微斗数全书	1函3册	680.00	九州
176 海源阁藏明刊麻衣相法全编	1函2册	480.00	九州
177 袁忠彻先生相法秘传	1函3册	680.00	九州
178 火珠林要旨 筮杙	1函2册	480.00	九州
179 火珠林占法秘传 续筮杙	1函1册	280.00	九州
180 六壬类聚	1函4册	880.00	九州
181 新刻麻衣相神异赋	1函1册	280.00	九州
182 诸葛武侯奇门遁甲全书	1函2册	480.00	九州
183 张九仪传地理偶摘	1函1册	280.00	九州
184 张九仪传地理偶注	1函1册	280.00	九州
185 阳宅玄珠	1函1册	280.00	九州
186 阴宅总论	1函1册	280.00	九州
187 新刻杨救贫秘传阴阳二宅便用统宗	1函1册	280.00	九州
188 增补理气图说	1函2册	480.00	九州
189 增补罗经图说	1函1册	280.00	九州
190 重镌官板阳宅大全	1函4册	880.00	九州
191 景祐太乙福应经	1函1册	280.00	九州
192 景祐遁甲符应经	1函3册	680.00	九州
193 景祐六壬神定经	1函3册	680.00	九州
194 御制禽遁符应经	1函2册	480.00	九州
195 秘传匠家鲁班经符法	1函3册	680.00	九州
196 哈佛藏本太史黄际飞注天玉经	1函1册	280.00	九州
197 李三素先生红囊经解	1函1册	280.00	九州
198 杨曾青囊天玉通义	1函1册	280.00	九州
199 重编大清钦天监焦秉贞彩绘历代推背图解	1函2册	680.00	九州

书　名	作　者	定　价	版别
200 道光初刻相理衡真	1函4册	880.00	九州
201 新刻袁柳庄先生秘传相法	1函3册	680.00	九州
202 袁忠彻相法古今识鉴	1函2册	480.00	九州
203 袁天纲五星三命指南	1函2册	480.00	九州
204 新刻五星玉镜	1函3册	680.00	九州
205 游艺录:筮遁壬行年斗数相宅	1函1册	280.00	九州
206 新订王氏罗经透解	1函2册	480.00	九州
207 堪舆真诠	1函3册	680.00	九州
208 青囊天机奥旨二种	1函1册	280.00	九州
209 张九仪传地理偶录	1函1册	280.00	九州
210 地学形势集	1函8册	1680.00	九州
211 神相水镜集	1函4册	880.00	九州
212 稀见相学秘笈四种合刊	1函2册	480.00	九州
213 神相金较剪	1函1册	280.00	九州
214 神相证验百条	1函2册	480.00	九州
215 全本神相全编	1函3册	680.00	九州
216 神相全编正义	1函3册	680.00	九州
217 八宅明镜	1函2册	480.00	九州
218 阳宅卜居秘髓	1函3册	680.00	九州
219 地理乾坤法窍	1函3册	680.00	九州
220 秘传廖公画筴拨砂经	1函4册	880.00	九州
221 地理囊金集注	1函1册	280.00	九州
222 赤松子罗经要旨	1函1册	280.00	九州
223 萧仙地理心法堪舆经	1函2册	480.00	九州
224 新刻地理搜龙奥语	1函2册	480.00	九州
225 新刻风水珠神真经	1函2册	480.00	九州
226 寻龙点穴地理索隐	1函1册	280.00	九州
227 杨公撼龙经考注	1函2册	480.00	九州
228 李德贞秘授三元秘诀	1函1册	280.00	九州
229 地理支陇乘气论	1函2册	480.00	九州
230 道光刻全本相山撮要	2函6册	1500.00	九州
231 药王真传祝由科全编	1函1册	280.00	九州
232 梵音斗科符箓秘书	1函2册	580.00	九州
233 御定奇门灵占	1函4册	880.00	九州
234 御定奇门宝镜图	1函2册	480.00	九州
235 汇纂大六壬玉钥匙心诀	1函1册	280.00	九州
236 补完直解六壬五变中黄经	1函2册	480.00	九州
237 六壬节要直讲	1函2册	480.00	九州
238 六壬神课捷要占验	1函1册	280.00	九州
239 六壬袖传神课捷要	1函1册	280.00	九州

书 名	作 者	定 价	版别
240 秘藏大六壬大全善本	2函8册	1800.00	九州
241 阳宅藏书	1函2册	480.00	九州
242 阳宅觉元氏新书	1函1册	280.00	九州
243 阳宅拾遗	1函2册	480.00	九州
244 阳基集腋	1函2册	480.00	九州
245 阴阳二宅指正	1函2册	480.00	九州
246 九天玄妙秘书内经	1函1册	280.00	九州
247 青乌葬经葬经翼	1函1册	280.00	九州
248 阳宅六十四卦秘断	1函1册	280.00	九州
249 杨曾地理秘传捷诀	1函3册	680.00	九州
250 三元堪舆秘笈救败全书	1函4册	880.00	九州
251 纪氏地理末学	1函2册	480.00	九州
252 堪舆说原	1函1册	280.00	九州
253 河洛正变喝穴集	1函1册	280.00	九州
254 太上洞玄灵宝素灵真符	1函1册	280.00	九州
255 道家神符霉咒秘传	1函1册	280.00	九州
256 堪舆秘传六十四论记师口诀	1函2册	480.00	九州
257 相法秘笈太乙照神经	1函3册	680.00	九州
258 哈佛藏子平格局解要	1函2册	480.00	九州
259 三车一览命书详论	1函2册	480.00	九州
260 万历初刊平学大成	1函4册	880.00	九州
261 古本推背图说	1函2册	680.00	九州
262 董氏诹吉新书	1函2册	480.00	九州
263 蒋大鸿四十八局图	1函1册	280.00	九州
264 阳宅紫府宝鉴	1函2册	480.00	九州
265 宅经类纂	1函3册	680.00	九州
266 杨公画筴图	1函1册	280.00	九州
267 刘江东秘传金函经	1函1册	280.00	九州
268 茔元总录	1函2册	480.00	九州
269 纪氏奇门占验奇门遁甲要略合刊	1函1册	280.00	九州
270 奇门统宗大全	1函4册	880.00	九州
271 刘天君祛治符法秘卷	1函3册	680.00	九州
272 圣济总录祝由术全编	1函2册	480.00	九州
273 子平星学精华	1函1册	280.00	九州
274 紫微斗数命理宣微	1函1册	280.00	九州
275 火珠林卦爻精究集	1函2册	480.00	九州
276 韩图孤本奇门秘要	1函1册	280.00	九州
277 哈佛藏明抄六壬断易秘诀	1函1册	280.00	九州
278 大六壬会要全集	1函3册	680.00	九州
279 乾隆初刊六壬视斯	1函2册	480.00	九州

书　　名	作　者	定　价	版别
280 精抄历代六壬占验汇选	2函6册	1280.00	九州
281 张九仪先生东湖地学	1函1册	280.00	九州
282 张九仪先生东湖砂法	1函1册	280.00	九州
283 张九仪先生东湖水法	1函1册	280.00	九州
284 姚氏地理辨正图说	1函1册	280.00	九州
285 地理辨正补注	1函2册	480.00	九州
286 地理丛谈元运发微	1函1册	280.00	九州
287 元空宅法举隅	1函1册	280.00	九州
288 平洋地理玉函经	1函1册	280.00	九州
289 元空法鉴三种	1函3册	680.00	九州
290 蒋大鸿先生地理合璧	2函7册	1480.00	九州
291 新刊地理五经图解	1函3册	680.00	九州
292 三元地理辨惑	1函1册	280.00	九州
293 风水内传秘旨	1函1册	280.00	九州
294 杜氏地理图说	1函2册	480.00	九州
295 地学仁孝必读	1函5册	1080.00	九州
296 地理秘珍	1函2册	480.00	九州
297 秘传四课仙机水法	1函1册	280.00	九州
298 地理辨正图诀	1函1册	280.00	九州
299 灵城精义笺	1函1册	280.00	九州
300 仰山子新辑地理条贯	2函6册	1280.00	九州
301 秘传堪舆经传类纂	1函1册	280.00	九州
302 秘传堪舆论状类纂	1函1册	280.00	九州
303 秘传堪舆秘书类纂	1函1册	280.00	九州
304 秘传堪舆诗赋歌诀类纂	1函2册	480.00	九州
305 秘传堪舆问答类纂	1函1册	280.00	九州
306 秘传堪舆杂录类纂	1函2册	480.00	九州
307 秘传堪舆辨惑类纂	1函1册	280.00	九州
308 秘传堪舆断诀类纂	1函1册	280.00	九州
309 秘传堪舆穴法类纂	1函1册	280.00	九州
310 秘传堪舆葬法类纂	1函1册	280.00	九州
311 大六壬兵占三种	1函2册	480.00	九州
312 大六壬秘书四种	1函2册	480.00	九州
313 大六壬毕法注解	1函1册	280.00	九州
314 大六壬课体订讹	1函1册	280.00	九州
315 大六壬类占	1函2册	480.00	九州
316 大六壬全编	1函2册	480.00	九州
317 大六壬杂释	1函1册	280.00	九州
318 大六壬心镜	1函2册	480.00	九州
319 六壬灵课玉洞金书	1函1册	280.00	九州

书　名	作　者	定　价	版别
320 六壬通仙	1函4册	880.00	九州
321 五种秘窍全书－1－地理秘窍	1函1册	280.00	九州
322 五种秘窍全书－2－选择秘窍	1函4册	880.00	九州
323 五种秘窍全书－3－天星秘窍	1函1册	280.00	九州
324 五种秘窍全书－4－罗经秘窍	1函4册	880.00	九州
325 五种秘窍全书－5－奇门秘窍	1函2册	480.00	九州
326 新编杨曾地理家传心法捷诀一贯堪舆	2函8册	1780.00	九州
327 玉函铜函真经阴阳剪裁图注	1函3册	680.00	九州
328 新刻石函平砂玉尺经全书	1函2册	480.00	九州
329 三元通天照水经	1函2册	480.00	九州
330 堪舆经书	1函5册	1080.00	九州
331 神相汇编	1函2册	480.00	九州
332 管辂神相秘传	1函1册	280.00	九州
333 冰鉴秘本七篇月波洞中记合刊	1函1册	280.00	九州
334 太清神鉴录	1函2册	480.00	九州
335 新刊京本厘正总括天机星学正传	2函10册	2180.00	九州
336 新监七政归垣司台历数袖里璇玑	1函4册	880.00	九州
337 道藏古本紫微斗数	1函2册	480.00	九州
338 增补诸家选择万全玉匣记	1函2册	480.00	九州
339 杨公造命要诀	1函1册	280.00	九州
340 造命宗镜	1函6册	1280.00	九州
341 上清灵宝济度金书符咒大成	2函9册	1980.00	九州
342 青城山铜板祝由十三科	1函2册	480.00	九州
343 抄本祝由科别传	1函1册	280.00	九州
344 遁甲演义	1函2册	480.00	九州
345 武侯奇门遁甲玄机赋	1函1册	280.00	九州
346 北法变化禽书	1函1册	280.00	九州
347 卜筮全书	1函6册	1280.00	九州
348 卜筮正宗	1函4册	880.00	九州
349 易隐	1函4册	880.00	九州
350 野鹤老人占卜全书	1函5册	1280.00	九州
351 地理会心集	1函2册	480.00	九州
352 罗经会心集	1函2册	480.00	九州
353 阳宅会心集	1函1册	280.00	九州
354 秘传图注龙经全集	1函3册	680.00	九州
355 地理精微集	1函2册	480.00	九州
356 地理拾铅峦头理气合编	1函2册	480.00	九州
357 萧客真诀	1函1册	280.00	九州
358 地理铁案	1函2册	480.00	九州
359 秘传四神课书仙机消纳水法	1函2册	480.00	九州

书 名	作 者	定 价	版别
360 蒋大鸿先生地理真诠	2函7册	1480.00	九州
361 蒋大鸿仙诀小引	1函1册	280.00	九州
362 管氏地理指蒙	1函1册	280.00	九州
363 原本山洋指迷	1函2册	480.00	九州
364 形家集要	1函1册	280.00	九州
365 重镌地理天机会元	3函15册	3080.00	九州
366 地理方外别传	1函2册	480.00	九州
367 堪舆至秘旅寓集	1函1册	280.00	九州
368 堪舆管见	1函1册	280.00	九州
369 四神秘诀	1函2册	480.00	九州
370 地理辨正补	1函3册	680.00	九州
371 金书秘奥地理一片金合刊	1函1册	280.00	九州
372 阳宅玉髓真经阴宅制煞秘法合刊	1函1册	280.00	九州
373 堪舆至秘旅寓集 堪舆秘传	1函1册	280.00	九州
374 地学杂钞连珠水法合刊	1函1册	280.00	九州
375 黄妙应仙师五星仙机制化砂法	1函2册	480.00	九州
376 造葬便览	1函1册	280.00	九州
377 大六壬秘本	1函2册	480.00	九州
378 太乙统类	1函1册	280.00	九州
379 新雕注疏珞琭子三命消息赋	1函1册	280.00	九州
380 新编四家注解经进珞琭子消息赋	1函2册	480.00	九州
381 清代民间实用灵符汇编	1函2册	680.00	九州
382 王国维批校宋本焦氏易林	1函2册	480.00	九州
383 新刊应验天机易卦通神	1函1册	280.00	九州
384 新镌周易数	1函5册	1080.00	九州
增补四库青乌辑要[,全18函59册]	郑同校	11680.00	九州
第1种:宅经[1册]	[署]黄帝撰	180.00	九州
第2种:葬书[1册]	[晋]郭璞撰	220.00	九州
第3种:青囊序青囊奥语天玉经[1册]	[唐]杨筠松撰	220.00	九州
第4种:黄囊经[1册]	[唐]杨筠松撰	220.00	九州
第5种:黑囊经[2册]	[唐]杨筠松撰	380.00	九州
第6种:锦囊经[1册]	[晋]郭璞撰	200.00	九州
第7种:天机贯旨红囊经[2册]	[清]李三素撰	380.00	九州
第8种:玉函天机素书/至宝经[1册]	[明]董德彰撰	200.00	九州
第9种:天机一贯[2册]	[清]李三素撰辑	380.00	九州
第10种:撼龙经[1册]	[唐]杨筠松撰	200.00	九州
第11种:疑龙经葬法倒杖[1册]	[唐]杨筠松撰	220.00	九州
第12种:疑龙经辨正[1册]	[唐]杨筠松撰	200.00	九州
第13种:寻龙记太华经[1册]	[唐]曾文辿撰	220.00	九州
第14种:宅谱要典[2册]	[清]铣溪野人校	380.00	九州

书　名	作　者	定　价	版别
第15种:阳宅必用[2册]	心灯大师校订	380.00	九州
第16种:阳宅撮要[2册]	[清]吴鼒撰	380.00	九州
第17种:阳宅正宗[1册]	[清]姚承舆撰	200.00	九州
第18种:阳宅指掌[2册]	[清]黄海山人撰	380.00	九州
第19种:相宅新编[1册]	[清]焦循校刊	240.00	九州
第20种:阳宅井明[2册]	[清]邓颖出撰	380.00	九州
第21种:阴宅井明[1册]	[清]邓颖出撰	220.00	九州
第22种:灵城精义[2册]	[南唐]何溥撰	380.00	九州
第23种:龙穴砂水说[1册]	清抄秘本	180.00	九州
第24种:三元水法秘诀[2册]	清抄秘本	380.00	九州
第25种:罗经秘传[2册]	[清]傅禹辑	380.00	九州
第26种:穿山透地真传[2册]	[清]张九仪撰	380.00	九州
第27种:催官篇发微论[2册]	[宋]赖文俊撰	380.00	九州
第28种:入地眼神断要诀[2册]	清抄秘本	380.00	九州
第29种:玄空大卦秘断[1册]	清抄秘本	200.00	九州
第30种:玄空大五行真传口诀[1册]	[明]蒋大鸿等撰	220.00	九州
第31种:杨曾九宫颠倒打劫图说[1册]	[唐]杨筠松撰	200.00	九州
第32种:乌兔经奇验经[1册]	[唐]杨筠松撰	180.00	九州
第33种:挨星考注[1册]	[清]汪董缘订定	260.00	九州
第34种:地理挨星说汇要[1册]	[明]蒋大鸿撰辑	220.00	九州
第35种:地理捷诀[1册]	[清]傅禹辑	200.00	九州
第36种:地理三仙秘旨[1册]	清抄秘本	200.00	九州
第37种:地理三字经[3册]	[清]程思乐撰	580.00	九州
第38种:地理雪心赋注解[2册]	[唐]卜则巍撰	380.00	九州
第39种:蒋公天元余义[1册]	[明]蒋大鸿等撰	220.00	九州
第40种:地理真传秘旨[3册]	[唐]杨筠松撰	580.00	九州
增补四库未收方术汇刊第一辑(全28函)	线装影印本	11800.00	九州
第一辑01函:火珠林·卜筮正宗	[宋]麻衣道者著	340.00	九州
第一辑02函:全本增删卜易·增删卜易真诠	[清]野鹤老人撰	720.00	九州
第一辑03函:渊海子平音义评注·子平真诠·命理易知	[明]杨淙增校	360.00	九州
第一辑04函:滴天髓·附滴天秘诀·穷通宝鉴·附月谈赋	[宋]京图撰	360.00	九州
第一辑05函:参星秘要诹吉便览·玉函斗首三台通书·精校三元总录	[清]俞荣宽撰	460.00	九州
第一辑06函:陈子性藏书	[清]陈应选撰	580.00	九州
第一辑07函:崇正辟谬永吉通书·选择求真	[清]李奉来辑	500.00	九州
第一辑08函:增补选择通书玉匣记·永宁通书	[晋]许逊撰	400.00	九州
第一辑09函:新增阳宅爱众篇	[清]张觉正撰	480.00	九州
第一辑10函:地理四弹子·地理铅弹子砂水要诀	[清]张九仪注	340.00	九州
第一辑11函:地理五诀	[清]赵九峰著	200.00	九州

书 名	作 者	定 价	版别
第一辑12函:地理直指原真	[清]释如玉撰	280.00	九州
第一辑13函:宫藏真本入地眼全书	[宋]释静道著	680.00	九州
第一辑14函:罗经顶门针·罗经解定·罗经透解	[明]徐之镆撰	360.00	九州
第一辑15函:校正详图青囊经·平砂玉尺经·地理辨正疏	[清]王宗臣著	300.00	九州
第一辑16函:一贯堪舆	[明]唐世友辑	240.00	九州
第一辑17函:阳宅大全·阳宅十书	[明]一壑居士集	600.00	九州
第一辑18函:阳宅大成五种	[清]魏青江撰	600.00	九州
第一辑19函:奇门五总龟·奇门遁甲统宗大全·奇门遁甲元灵经	[明]池纪撰	500.00	九州
第一辑20函:奇门遁甲秘笈全书	[明]刘伯温辑	280.00	九州
第一辑21函:奇门庐中阐秘	[汉]诸葛武侯撰	600.00	九州
第一辑22函:奇门遁甲元机·太乙秘书·六壬大占	[宋]岳珂纂辑	360.00	九州
第一辑23函:性命圭旨	[明]尹真人撰	480.00	九州
第一辑24函:紫微斗数全书	[宋]陈抟撰	200.00	九州
第一辑25函:千镇百镇桃花镇	[清]云石道人校	220.00	九州
第一辑26函:清抄真本祝由科秘诀全书·轩辕碑记医学祝由十三科	[上古]黄帝传	800.00	九州
第一辑27函:增补秘传万法归宗	[唐]李淳风撰	160.00	九州
第一辑28函:神机灵数一掌经金钱课·牙牌神数七种·珍本演禽三世相法	[清]诚文信校	440.00	九州
增补四库未收方术汇刊第二辑(全36函)	线装影印本	13800.00	九州
第二辑第1函:六爻断易一撮金·卜易秘诀海底眼	[宋]邵雍撰	200.00	九州
第二辑第2函:秘传子平渊源	燕山郑同校辑	280.00	九州
第二辑第3函:命理探原	[清]袁树珊撰	280.00	九州
第二辑第4函:命理正宗	[明]张楠撰集	180.00	九州
第二辑第5函:造化玄钥	庄圆校补	220.00	九州
第二辑第6函:命理寻源·子平管见	[清]徐乐吾撰	280.00	九州
第二辑第7函:京本风鉴相法	[明]回阳子校辑	380.00	九州
第二辑第8-9函:钦定协纪辨方书8册	[清]允禄编	780.00	九州
第二辑第10-11函:鳌头通书10册	[明]熊宗立辑	880.00	九州
第二辑第12-13函:象吉通书	[清]魏明远辑	1080.00	九州
第二辑第14函:选择宗镜·选择纪要	[朝鲜]南秉吉撰	360.00	九州
第二辑第15函:选择正宗	[清]顾宗秀撰辑	480.00	九州
第二辑第16函:仪度六壬选日要诀	[清]张九仪撰	680.00	九州
第二辑第17函:葬事择日法	郑同校辑	280.00	九州
第二辑第18函:地理不求人	[清]吴明初撰辑	240.00	九州
第二辑第19函:地理大成一:山法全书	[清]叶九升撰	680.00	九州
第二辑第20函:地理大成二:平阳全书	[清]叶九升撰	360.00	九州
第二辑第21函:地理大成三:地理六经注·地理大成四:罗经指南拔雾集·地理大成五:理气四诀	[清]叶九升撰	300.00	九州

书 名	作 者	定 价	版别
第二辑第22函:地理录要	[明]蒋大鸿撰	480.00	九州
第二辑第23函:地理人子须知	[明]徐善继撰	480.00	九州
第二辑第24函:地理四秘全书	[清]尹一勺撰	380.00	九州
第二辑第25—26函:地理天机会元	[明]顾陵冈辑	1080.00	九州
第二辑第27函:地理正宗	[清]蒋宗城校订	280.00	九州
第二辑第28函:全图鲁班经	[明]午荣编	280.00	九州
第二辑第29函:秘传水龙经	[明]蒋大鸿撰	480.00	九州
第二辑第30函:阳宅集成	[清]姚廷銮纂	480.00	九州
第二辑第31函:阴宅集要	[清]姚廷銮纂	240.00	九州
第二辑第32函:辰州符咒大全	[清]觉玄子辑	480.00	九州
第二辑第33函:三元镇宅灵符秘箓·太上洞玄祛病灵符全书	[明]张宇初编	240.00	九州
第二辑第34函:太上混元祈福解灾三部神符	[明]张宇初编	360.00	九州
第二辑第35函:测字秘牒·先天易数·冲天易数/马前课	[清]程省撰	360.00	九州
第二辑第36函:秘传紫微	古朝鲜抄本	240.00	九州
子部善本1:新刊地理玄珠	精装古本影印	380.00	华龄
子部善本2:参赞玄机地理仙婆集	精装古本影印	380.00	华龄
子部善本3:章仲山地理九种(上下)	精装古本影印	760.00	华龄
子部善本4:八门九星阴阳二遁全本奇门断	精装古本影印	760.00	华龄
子部善本5:六壬统宗大全	精装古本影印	380.00	华龄
子部善本6:太乙统宗宝鉴	精装古本影印	380.00	华龄
子部善本7:重刊星海词林(全五册)	精装古本影印	1900.00	华龄
子部善本8:万历初刻三命通会(上下)	精装古本影印	760.00	华龄
子部善本9:增广沈氏玄空学(上下)	精装古本影印	760.00	华龄
子部善本10:江公择日秘稿	精装古本影印	380.00	华龄
子部善本11:刘氏家藏阐微通书(上下)	精装古本影印	760.00	华龄
子部善本12:影印增补高岛易断(上下)	精装古本影印	760.00	华龄
子部善本13:清刻足本铁板神数	精装古本影印	380.00	华龄
子部善本14:增订天官五星集腋(上下)	精装古本影印	760.00	华龄
子部善本15:太乙奇门六壬兵备统宗(上中下)	精装古本影印	1140.00	华龄
子部善本16:御定景祐奇门大全(上下)	精装古本影印	760.00	华龄
子部善本17:地理四秘全书十二种	精装古本影印	380.00	华龄
子部善本18:全本地理统一全书	精装古本影印	380.00	华龄
子部善本19:廖公画策扒砂经(上下)	精装古本影印	760.00	华龄
子部善本20:明刊玉髓真经(上下)	精装古本影印	760.00	华龄
子部善本21:蒋大鸿家藏地学捷旨	精装古本影印	380.00	华龄
子部善本22:阳宅安居金镜(上下)	精装古本影印	760.00	华龄
子部善本23:新刊地理紫囊书(上下)	精装古本影印	760.00	华龄
子部善本24:地理大成五种(上下)	精装古本影印	760.00	华龄

书 名	作 者	定 价	版别
子部善本25：初刻鳌头通书大全（上中下）	精装古本影印	1140.00	华龄
子部善本26：初刻象吉备要通书大全（上中下）	精装古本影印	1140.00	华龄
子部善本27：武英殿板钦定协纪辨方书（上下）	精装古本影印	760.00	华龄
子部善本28：初刻陈子性藏书（上下）	精装古本影印	760.00	华龄
子平遗书第1辑（断命案例集甲子至戊辰全三册）	精装古本影印	980.00	华龄
子平遗书第2辑（断命案例集庚午至甲戌全三册）	精装古本影印	980.00	华龄
子平遗书第3辑（断命案例集乙亥至戊戌全三册）	精装古本影印	980.00	华龄
子平遗书第4辑（断命案例集庚寅至庚子全三册）	精装古本影印	980.00	华龄
子平遗书第5辑（断命案例集辛丑至癸丑全三册）	精装古本影印	980.00	华龄
子平遗书第6辑（断命案例集甲寅至辛酉全三册）	精装古本影印	980.00	华龄
风水择吉第一书：辨方（简体精装）	李明清著	168.00	华龄
珞琭子三命消息赋古注通疏（精装上下）	一明注疏	188.00	华龄
增补高岛易断（简体横排精装上下）	（清）王治本编译	198.00	华龄
中国古代术数基础理论（精装1函5册）	刘昌易著	495.00	团结
飞盘奇门：鸣法体系校释（精装上下）	刘金亮撰	198.00	九州
白话高岛易断（上下）	孙正治孙奥麟译	128.00	九州
润德堂丛书全编1：述卜筮星相学	袁树珊著	38.00	华龄
润德堂丛书全编2：命理探原	袁树珊著	38.00	华龄
润德堂丛书全编3：命谱	袁树珊著	68.00	华龄
润德堂丛书全编4：大六壬探原 养生三要	袁树珊著	38.00	华龄
润德堂丛书全编5：中西相人探原	袁树珊著	38.00	华龄
润德堂丛书全编6：选吉探原 八字万年历	袁树珊著	38.00	华龄
润德堂丛书全编7：中国历代卜人传（上中下）	袁树珊著	168.00	华龄
三式汇刊1：大六壬口诀纂	[明]林昌长辑	68.00	华龄
三式汇刊2：大六壬集应钤	[明]黄宾廷撰	198.00	华龄
三式汇刊3：奇门大全秘纂	[清]湖海居士撰	68.00	华龄
三式汇刊4：大六壬总归	[宋]郭子晟撰	58.00	华龄
三式汇刊5：大六壬心镜	[唐]徐道符辑	48.00	华龄
三式汇刊6：壬窍	[清]无无野人撰	48.00	华龄
青囊汇刊1：青囊秘要	[晋]郭璞等撰	48.00	华龄
青囊汇刊2：青囊海角经	[晋]郭璞等撰	48.00	华龄
青囊汇刊3：阳宅十书	[明]王君荣撰	48.00	华龄
青囊汇刊4：秘传水龙经	[明]蒋大鸿撰	68.00	华龄
青囊汇刊5：管氏地理指蒙	[三国]管辂撰	48.00	华龄
青囊汇刊6：地理山洋指迷	[明]周景一撰	32.00	华龄
青囊汇刊7：地学答问	[清]魏清江撰	58.00	华龄
青囊汇刊8：地理铅弹子砂水要诀	[清]张九仪撰	68.00	华龄
青囊汇刊9：地理啖蔗录	[清]袁守定著	48.00	华龄
青囊汇刊10：八宅明镜	[清]箬冠道人编	48.00	华龄
青囊汇刊11：罗经透解	[清]王道亨著	58.00	华龄

书　　名	作　者	定　价	版别
青囊汇刊12:阳宅三要	[清]赵玉材撰	48.00	华龄
青囊汇刊13:一贯堪舆(上下)	[明]唐世友辑	108.00	华龄
青囊汇刊14:地理辨证图诀直解	[唐]杨筠松著	58.00	华龄
青囊汇刊15:地理雪心赋集解	[唐]卜应天著	58.00	华龄
青囊汇刊16:四神秘诀	[元]董德彰撰	58.00	华龄
子平汇刊1:渊海子平大全	[宋]徐子平撰	48.00	华龄
子平汇刊2:秘本子平真诠	[清]沈孝瞻撰	38.00	华龄
子平汇刊3:命理金鉴	[清]志于道撰	38.00	华龄
子平汇刊4:秘授滴天髓阐微	[清]任铁樵注	48.00	华龄
子平汇刊5:穷通宝鉴评注	[清]徐乐吾注	48.00	华龄
子平汇刊6:神峰通考命理正宗	[明]张楠撰	38.00	华龄
子平汇刊7:新校命理探原	[清]袁树珊撰	48.00	华龄
子平汇刊8:重校绘图袁氏命谱	[清]袁树珊撰	68.00	华龄
子平汇刊9:增广汇校三命通会(全三册)	[明]万民英撰	168.00	华龄
纳甲汇刊1:校正全本增删卜易	郑同点校	68.00	华龄
纳甲汇刊2:校正全本卜筮正宗	郑同点校	48.00	华龄
纳甲汇刊3:校正全本易隐	郑同点校	48.00	华龄
纳甲汇刊4:校正全本易冒	郑同点校	48.00	华龄
纳甲汇刊5:校正全本易林补遗	郑同点校	38.00	华龄
纳甲汇刊6:校正全本卜筮全书	郑同点校	68.00	华龄
纳甲汇刊7:火珠林注疏	刘恒注解	48.00	华龄
古今图书集成术数丛刊:卜筮(全二册)	[清]陈梦雷辑	80.00	华龄
古今图书集成术数丛刊:堪舆(全二册)	[清]陈梦雷辑	120.00	华龄
古今图书集成术数丛刊:相术(全一册)	[清]陈梦雷辑	60.00	华龄
古今图书集成术数丛刊:选择(全一册)	[清]陈梦雷辑	50.00	华龄
古今图书集成术数丛刊:星命(全三册)	[清]陈梦雷辑	180.00	华龄
古今图书集成术数丛刊:术数(全三册)	[清]陈梦雷辑	200.00	华龄
四库全书术数初集(全四册)	郑同点校	200.00	华龄
四库全书术数二集(全三册)	郑同点校	150.00	华龄
四库全书术数三集:钦定协纪辨方书(全二册)	郑同点校	98.00	华龄
增广沈氏玄空学	郑同点校	68.00	华龄
地理点穴撼龙经	郑同点校	32.00	华龄
绘图地理人子须知(上下)	郑同点校	78.00	华龄
玉函通秘	郑同点校	48.00	华龄
绘图入地眼全书	郑同点校	28.00	华龄
绘图地理五诀	郑同点校	48.00	华龄
一本书弄懂风水	郑同著	48.00	华龄
风水罗盘全解	傅洪光著	58.00	华龄
堪舆精论	胡一鸣著	29.80	华龄
堪舆的秘密	宝通著	36.00	华龄

书　名	作　者	定　价	版别
中国风水学初探	曾涌哲	58.00	华龄
全息太乙（修订版）	李德润著	68.00	华龄
时空太乙（修订版）	李德润著	68.00	华龄
故宫珍本六壬三书（上下）	张越点校	128.00	华龄
大六壬通解（全三册）	叶飘然著	168.00	华龄
壬占汇选（精抄历代六壬占验汇选）	肖岱宗点校	48.00	华龄
大六壬指南	郑同点校	28.00	华龄
六壬金口诀指玄	郑同点校	28.00	华龄
大六壬寻源编[全三册]	[清]周螭辑录	180.00	华龄
六壬辨疑　毕法案录	郑同点校	32.00	华龄
大六壬断案疏证	刘科乐著	58.00	华龄
六壬时空	刘科乐著	68.00	华龄
御定奇门宝鉴	郑同点校	58.00	华龄
御定奇门阳遁九局	郑同点校	78.00	华龄
御定奇门阴遁九局	郑同点校	78.00	华龄
奇门秘占合编：奇门庐中阐秘·四季开门	[汉]诸葛亮撰	68.00	华龄
奇门探索录	郑同编订	38.00	华龄
奇门遁甲秘笈大全	郑同点校	48.00	华龄
奇门旨归	郑同点校	48.00	华龄
奇门法窍	[清]锡孟樨撰	48.00	华龄
奇门精粹——奇门遁甲典籍大全	郑同点校	68.00	华龄
御定子平	郑同点校	48.00	华龄
增补星平会海全书	郑同点校	68.00	华龄
五行精纪：命理通考五行渊微	郑同点校	38.00	华龄
绘图三元总录	郑同编校	48.00	华龄
绘图全本玉匣记	郑同编校	32.00	华龄
周易初步：易学基础知识36讲	张绍金著	32.00	华龄
周易与中医养生：医易心法	成铁智著	32.00	华龄
增广梅花易数（精装）	刘恒注	98.00	华龄
梅花心易阐微	[清]杨体仁撰	48.00	华龄
梅花心易疏证	杨波著	48.00	华龄
梅花易数讲义	郑同著	58.00	华龄
白话梅花易数	郑同编著	30.00	华龄
梅花周易数全集	郑同点校	58.00	华龄
梅花易数	[宋]邵雍撰	28.00	九州
梅花易数（大字本）	[宋]邵雍撰	39.00	九州
河洛理数	[宋]邵雍述	48.00	九州
一本书读懂易经	郑同著	38.00	华龄
白话易经	郑同编著	38.00	华龄
知易术数学：开启术数之门	赵知易著	48.00	华龄

书 名	作 者	定 价	版别
术数入门——奇门遁甲与京氏易学	王居恭著	48.00	华龄
周易虞氏义笺订（上下）	[清]李翊灼校订	78.00	九州
阴阳五要奇书	[晋]郭璞撰	88.00	九州
壬奇要略（全5册，大六壬集应钤3册，大六壬口诀纂1册，御定奇门秘纂1册）	肖岱宗郑同点校	300.00	九州
周易明义	邸勇强著	73.00	九州
论语明义	邸勇强著	37.00	九州
中国风水史	傅洪光撰	32.00	九州
古本催官篇集注	李佳明校注	48.00	九州
鲁班经讲义	傅洪光著	48.00	九州
天星姓名学	侯景波著	38.00	燕山
解梦书	郑同、傅洪光著	58.00	燕山
命理精论（精装繁体竖排）	胡一鸣著	128.00	燕山
辨方（繁体横排）	张明清著	236.00	星易
古易旁通	刘子扬著	320.00	星易
四柱预测机缄通	明理著	300.00	星易
奇门万年历	刘恒著	58.00	资料
图解新编中医四大名著：温病条辨	周重建、郭号	68.00	天津
图解新编中医四大名著：伤寒论	周重建、郭号	68.00	天津
图解新编中医四大名著：黄帝内经	周重建、郭号	68.00	天津
图解新编中医四大名著：金匮要略	周重建、郭号	68.00	天津
中药学药物速认速查小红书（精装64开）	周重建	88.00	天津
国家药典药物速认速查小红书（精装64开）	高楠楠	88.00	天津

周易书斋是国内最大的提供易学术数类图书邮购服务的专业书店，成立于2001年，现有易学及术数类图书现货6000余种，在海内外易学研究者中有着巨大的影响力。

通讯地址：北京市102488信箱58分箱 邮编：102488 王兰梅收。

1、学易斋官方旗舰店网址：xyz888.jd.com 微信号：xyz15116975533

2、联系人：王兰梅 电话：15652026606，15116975533，13716780854

3、邮购费用固定，不论册数多少，每次收费7元。

4、银行汇款：户名：**王兰梅**。

邮政：601006359200109796 农行：6228480010308994218

工行：0200299001020728724 建行：1100579980130074603

交行：6222600910053875983 支付宝：13716780854

5、QQ：（周易书斋2）2839202242；QQ群：（周易书斋书友会）140125362。

北京周易书斋敬启